JOURNAL DE VOYAGE

★

Lettres à son mari

(11 août 1904 - 26 décembre 1917)

DU MEME AUTEUR

chez le même éditeur

AU PAYS DES BRIGANDS-GENTILHOMMES.
SOUS DES NUÉES D'ORAGE.
A L'OUEST BARBARE DE LA VASTE CHINE.
JOURNAL DE VOYAGE (Lettres à son mari) 2 tomes.
VOYAGE D'UNE PARISIENNE A LHASSA.
L'INDE OU J'AI VÉCU.
MYSTIQUES ET MAGICIENS DU TIBET.
EN CHINE - L'AMOUR UNIVERSEL ET L'INDIVIDUALISME INTÉ-
    GRAL : LES MAITRES MO-TSE ET YANG-TCHOU.
LE LAMA AUX CINQ SAGESSES.
LA PUISSANCE DU NÉANT.
MAGIE D'AMOUR ET MAGIE NOIRE.
40 SIÈCLES D'EXPANSION CHINOISE.
SORTILÈGE DU MYSTÈRE.
LE VIEUX TIBET FACE A LA CHINE NOUVELLE.

aux éditions du ROCHER (s'adresser chez PLON)

LE BOUDDHISME DU BOUDDHA.
IMMORTALITÉ ET RÉINCARNATION.
LA VIE SURHUMAINE DE GUÉSAR DE LING. (L'Iliade des Tibé-
    tains, avec la collaboration du lama Yongden.)
ASTAVAKRA GITA - AVADHUTA GITA. (Poèmes sanscrits
    Védantins.)
VOYAGE D'UNE PARISIENNE A LHASSA.

aux éditions PYGMALION

TEXTES TIBÉTAINS INÉDITS.
AU CŒUR DES HIMALAYAS : LE NÉPAL.
    aux éditions ADYAR : 4, Square Rapp, 75007 Paris
LES ENSEIGNEMENTS SECRETS DES BOUDDHISTES TIBÉTAINS.
LA CONNAISSANCE TRANSCENDANTE.
INITIATIONS LAMAÏQUES.

aux éditions Robert MOREL : Apt.

VIVRE AU TIBET : CUISINE, TRADITIONS ET IMAGES.

Ouvrages consacrés à l'auteur

LE TIBET D'ALEXANDRA DAVID-NÉEL - Album photos. Plon.
DIX ANS AVEC ALEXANDRA DAVID-NÉEL, Marie-Madeleine
    Peyronnet. Plon.

ALEXANDRA DAVID-NÉEL

JOURNAL DE VOYAGE

✶

Lettres à son mari

(11 août 1904 - 26 décembre 1917)

PLON

8, rue Garancière
PARIS

Les notes numérotées et rédigées par le professeur Gabriel Monod-Herzen renvoient au petit lexique des mots hindous placé en fin de volume.

© Librairie Plon, 1975

ISBN 2-259-01523-9

A LA FAMILLE NÉEL
   EN HOMMAGE RESPECTUEUX
   ET RECONNAISSANT

AVANT-PROPOS

« ... *Conserve les lettres dans lesquelles je te donne des détails sur les pays que je parcours et les gens que j'y vois. Tu dois en avoir un énorme paquet, c'est encombrant et inutile. Ne conserve que celles qui pourront me servir d'aide-mémoire pour la confection d'un ouvrage de voyages, les autres où je te raconte que je souffre d'une crise d'entérocolite ou que je suis sans le sou n'ont qu'un intérêt très momentané, brûle-les. Mais celles contenant même de très minimes détails sur les pays ou leurs habitants, ou les aventures personnelles qui m'y sont arrivées, je te prie, garde-les, quelque encombrant que cela puisse être [...] Mes seules notes sont ce que je t'écris, tu comprends leur importance pour raviver mes souvenirs et me remémorer certaines choses que je n'ai pas écrites, mais qui me reviendront en mémoire par leur liaison avec celles que je t'ai décrites...* »

Ce paragraphe est extrait d'une lettre qu'Alexandra David-Néel, exploratrice-écrivain-orientaliste adressait du monastère de Kum-Bum (au nord-est du Tibet dans la province chinoise du Chinghai) le 23 janvier 1920, à son mari Philippe Néel, sans la générosité de qui elle n'aurait jamais pu assouvir sa passion des voyages.

Cette correspondance commence en 1904 et s'achève en 1941, année de la mort de Philippe Néel, mais non celle du retour de l'auteur, puisque ce n'est que fin 1945 ou au début 1946, qu'Alexandra David-Néel rentrera en Europe, mettant ainsi un terme à un peu plus de trente *années de séjour en Asie. Elle avait soixante-dix-huit ans.*

Il est très difficile de donner des dates exactes concernant ses premiers voyages, mais se souvenant et racontant avec ravissement ses premières fugues — elle avait deux, cinq, quinze et dix-sept ans — Alexandra David-Néel m'a dit avoir visité Ceylan et l'Inde à l'âge de vingt-trois ans environ, grâce à un héritage légué par sa marraine.

Née à Saint-Mandé, le 24 octobre 1868, c'est donc vers 1891 qu'elle effectue son premier grand voyage.

Dans son livre l'Inde où j'ai vécu (Plon), elle décrit admirablement son envoûtement pour ce grand pays et, après l'avoir parcouru pendant un an, semble-t-il, elle revient en France avec la ferme détermination d'y retourner.

Elle entreprend, alors, de sérieuses études en Sorbonne et aux Langues orientales à Paris, et, simultanément, fait des études musicales et lyriques.

Certaines de ses compositions ont été éditées. Elle a même concouru au Prix de Rome.

Son père, Louis David, qui vivait de ses rentes en Belgique où il avait été exilé avec Victor Hugo, après le coup d'Etat de 1852, fait en bourse de mauvais placements, et il semble qu'Alexandra soit obligée de gagner sa vie. C'est ainsi que, sur la scène de différents théâtres, elle interprète plusieurs rôles, entre autres « Manon » de Massenet. Cela est une certitude, Massenet lui-même la remercie dans une lettre d'avoir si bien interprété ce rôle. La correspondance du compositeur, adressée à A. David-Néel du 14 juin 1896 au 22 octobre 1897, est conservée aux Archives de Digne, ainsi que de très nombreuses lettres émanant d'éminentes personnalités de France, d'Europe et d'Asie et celles de son père qui nous apprennent qu'en 1895 et au début 1896, sous le pseudonyme de Mademoiselle Myrial, elle a « l'emploi de première chanteuse d'Opéra-Comique » aux théâtres de Haiphong et de Hanoi.

Cette tournée au Tonkin terminée, elle revient en France probablement au printemps 1896, et entre de nouveau en contact avec différents compositeurs, comme nous le prouvent encore les lettres de Massenet.

En novembre 1899, elle part pour la Grèce à l'opéra d'Athènes, puis le 24 juillet 1900 pour Marseille, d'où elle écrit à ses parents avant de s'embarquer pour la Tunisie où elle a un engagement.

En 1902, elle accepte la direction artistique du Casino de Tunis. Elle habite La Goulette.

En 1903, Alexandra est de nouveau en France. Elle abandonne définitivement le théâtre et fait du journalisme. Elle écrit dans des revues anglaises et françaises dont la Fronde.

En mai de la même année, elle part faire un voyage d'études en Espagne et demande à ses parents de lui écrire poste restante à Alger.

Fin juin 1903 encore, elle est de nouveau à La Goulette, et dans une lettre adressée à ses parents elle exprime sa volonté de rester en Tunisie. Elle continue à faire du journalisme et commence à écrire des livres d'orientalisme et c'est le 4 août 1904 qu'elle épouse Philippe Néel, né le 18 février 1861 à Alais (Gard), ingénieur en chef à la Compagnie du Chemin de Fer Bône-Guelma, domicilié à Tunis, issu d'une très noble et ancienne famille.

Voilà donc, très succincte et incomplète, l'énumération des voyages effectués par Alexandra David-Néel avant 1904.

Comment suis-je entrée en possession de ce gigantesque « Journal de Voyages » qui va permettre aux lecteurs de découvrir et de suivre pendant les années les plus captivantes de sa vie un être hors du commun ? La conversation suivante, que je rapporte le plus fidèlement possible, en donnera l'explication. J'étais depuis dix ans la secrétaire d'Alexandra, à Digne. Dix-huit jours avant sa mort, celle-ci me dit à brûle-pourpoint :

— Eh oui Tortue *, nous sommes revenues à Samten Dzong ** il y a plus de dix ans pour travailler et mettre de

---

* Surnom affectueux qu'A. D.-N. me donnait. Voir *10 ans avec Alexandra David-Néel*, Plon.

** En tibétain : Forteresse de la Méditation, nom de la villa d'A. D-N. à Digne.

l'ordre... et puis... j'ai été paresseuse... toi aussi... et nous n'avons presque rien fait... Et voilà, maintenant c'est la fin, je vais mourir.

— *Mais pourquoi dites-vous cela, madame ?... Vous n'êtes pas malade.*

— *Si, si, je vais mourir. Comme disait mon père : « Cela se sent ». Et pourtant j'avais encore plusieurs livres à écrire... Ne serait-ce que dans la correspondance, tu sais, les trois valises remplies de lettres que tu as rangées dans ma salle de bains, il y a quelques mois, eh bien ! rien qu'avec cela, je pouvais encore faire deux livres... Et maintenant, c'est trop tard...*

Alexandra, très calme, regarde presque ironiquement les piles de lettres qui lui sont adressées du monde entier et attendent une réponse... les journaux et revues qui s'amoncellent, mais que l'on a très sérieusement parcourus, tous ses livres et, aussi, le manuscrit qui restera inachevé... C'est là tout le décor dans lequel nous vivons.

Le silence se fait de plus en plus lourd. Timidement, je lui dis :

— *Ces lettres qui vous préoccupent, madame, accepteriez-vous de me les confier ?... Ne pensez-vous pas que je pourrais les lire et en extraire ce qui, éventuellement, serait susceptible d'intéresser vos lecteurs ?...*

— *Mais... tu comprends, Tortue... ces lettres sont adressées à mon mari et...*

— *Oui, madame, je comprends très bien, sans doute y a-t-il des passages intimes qui...*

— *Et aussi je parle d'affaires...*

— *Ce sont là, madame, choses tout à fait normales entre époux. Mais, si je vous promettais de lire ces lettres avec le plus grand respect et la plus profonde affection et de n'en publier que ce qui a trait à vos voyages puisque vous m'avez toujours dit que c'était là, surtout, votre « Journal de Voyages »...*

Alexandra paraît réfléchir. Et, le ton plus ferme cette fois, je repose cette question :

— *Alors, madame, me faites-vous confiance ?... Je peux les lire, ces lettres ?... M'autorisez-vous à les...*

*Je ne peux terminer cette phrase, comprenant subite-
ment mon indiscrétion, peut-être... et ma vanité surtout.*

*Mais le dialogue se termine. Le regard résolu, le timbre
de voix encore très assuré, Alexandra répond :*

— Je te fais confiance. Fais-en le meilleur usage.

*Quelques jours après, le 8 septembre 1969, à 3 heures
du matin, Alexandra David-Néel partait pour son dernier
grand voyage, elle allait avoir cent un ans. Et c'est seulement le 1ᵉʳ juillet 1970 que, encouragée par le docteur
Romieu, à l'époque maire de la ville de Digne — légataire
universel d'A.D.-N. — et par le professeur Gabriel Monod-
Herzen — exécuteur testamentaire — j'ouvris enfin ces
trois valises et, bien qu'il m'en coûtât terriblement, je me
décidai à en explorer le contenu.*

*Les valises ouvertes, le gigantesque puzzle que j'y
trouvai me fit supposer qu'Alexandra avait écrit ses livres
sans vraiment compulser « ses notes ». Il est vrai qu'elle
possédait une mémoire extraordinaire, sauf celle des dates.
Lorsqu'on lui reprochait de ne pas les préciser dans ses
ouvrages, elle répondait : « Les dates ne m'intéressent pas,
seuls les faits comptent. »*

*Je me mis à lire, je devrais dire à « dévorer » ces pages
qui n'étaient pas destinées à être publiées mais étaient
tout simplement adressées à cet ami fidèle, le seul être au
monde pour lequel Alexandra n'a pas eu de secret. A lui
elle a tout dit, tout raconté, et moi, qui avais vécu auprès
d'elle plus de dix années, bouleversée, je la découvrais.*

*Ses angoisses et ses désespoirs s'étalent avec une fran-
chise surprenante. Quant à ses réminiscences du passé,
elles nous aident à mieux la comprendre tout en faisant de
la peine. Dans ces milliers de lettres, coulent des torrents
d'idées, d'impressions, de projets, de descriptions qui
raviront les amateurs de nature, de philosophie ou d'aventures. Certains seront peut-être irrités de son « orgueil
démesuré », mais personne ne restera insensible au récit
de cette vie intrépide motivée par son goût de l'étude :
ethnique, philosophique et religieuse. La femme que
j'avais connue dans ses dernières années toute de rigueur,*

de despotisme et d'autoritarisme, prenait, à cette lecture, une nouvelle dimension.

Ah ! comme on regrette que la mort de Philippe ait mis un point final à ce récit d'aventures, à toute cette philosophie exprimée souvent dans des conditions difficiles mais que l'on sentait véritablement vécue.

Et c'est alors que s'est posée à moi cette question : « Dois-je publier ces lettres... »

Après des mois de réflexion j'ai cru devoir répondre affirmativement pour deux raisons. D'une part, cette lecture, si riche en enseignements divers, avait tellement intéressé, captivé les quelques personnes qui avaient eu le privilège d'en lire des extraits, qu'il était souhaitable qu'un plus grand nombre de lecteurs puissent en profiter. D'autre part, je me faisais un devoir de répondre à quelques détracteurs qui mettaient en doute — non pas les voyages et études d'Alexandra David-Néel — mais le but de ses expéditions. Pour certains, elle faisait figure d'une sorte de Mata Hari déguisée en lama... A ceux-ci je propose de venir consulter les nombreux documents et originaux de cette correspondance rassemblés à Digne. Ils pourront voir les enveloppes couvertes de cachets et de timbres expédiées par Alexandra des divers pays d'origine et compléter la lecture de ses lettres dont j'ai dû — à mon grand regret — éliminer un bon nombre, leur publication intégrale aurait nécessité environ cinq volumes, ce qui ne pouvait être envisagé dans la conjoncture économique actuelle. J'ai donc réduit mon manuscrit en abrégeant l'exposé de ses misères physiques et de ses difficultés pécuniaires. J'ai supprimé certains mots écrits en sanskrit et tibétain qui auraient créé des difficultés techniques. J'ai dû également écourter les descriptions que donnait Alexandra de diverses habitations, sans omettre aucun détail : superficie, dimension des fenêtres, hauteur des plafonds, etc. Toutefois, j'ai scrupuleusement respecté le courant de sa pensée nourrie par ses conceptions philosophiques, ce qui m'a paru essentiel.

Ai-je bien fait ?... Quant à moi, je ne sais pas, je ne sais plus. Et pourtant, si je sais, je suis heureuse que les circonstances m'aient permis de faire connaître à ses lecteurs, et aux autres, un être hors série :

Alexandra David-Néel telle qu'elle était et racontée par elle-même.

Marie-Madeleine PEYRONNET.

[...] Nous avions mal regardé les heures de trains l'autre jour, je n'ai pu avoir de correspondance pour la Mure et ai dû coucher à Saint-Georges-de-Commiers où, d'ailleurs, je suis arrivée à 8 h 15 du soir. Ce matin j'ai quitté ledit endroit à 5 h 12 pour la Mure. Trajet intéressant, mais pas plus, en somme, que la grande ligne Veynes-Grenoble. J'ai renoncé à gagner Bourg-d'Oisans par le col d'Ormon ; le service est supprimé, je suis revenue à Vizille en car. Triste journée, orage, grêle, pluie battante, j'ai été obligée de m'acheter des bottines à Vizille où l'on patauge affreusement dans une boue d'encre. Le vent fait rage, le ciel est sombre et... je regrette déjà la « Mousmé * » ensoleillée et la terre calcinée de notre Afrique. Je m'ennuie affreusement. Suis-je blasée ?... Je trouve le paysage médiocre. La fatigue est pour quelque chose certainement dans ma maussade humeur. J'ai hâte de trouver un trou où me reposer et rester tranquille. Tu me manques mon ami, et beaucoup, cela me surprend... ah ! l'habitude ! Et puis entre nous n'y a-t-il pas encore quelque chose de plus que l'habitude ?... Je repars à 7 h 30 pour Bourg d'Oisans. [...]

---

* Nom donné au pied-à-terre d'A. David-Néel, à La Goulette, banlieue de Tunis.

Paris, 27 septembre 1904

[...] Mouchy*, ne sois pas triste, ne regarde pas l'avenir avec défiance, travaille avec joie à notre nouveau *home* qui sera un asile de repos et de paix pour tous deux.

Mon pauvre cher, je suis devenue une bien triste loque et j'ai honte de moi-même ! Toute la vie sentimentale m'était si parfaitement indifférente autrefois. Je ne songeais guère à m'affliger de l'indifférence que me témoignait ma mère, je ne cherchais pas d'autre affection. Je te le dis, je ne suis plus qu'un chiffon ! — Toi tu as eu une vie d'enfant, tu as joué, tu as été heureux selon ton âge ; tu as eu une jeunesse, tu l'as dirigée, à ton gré, vers les plaisirs de ton choix... Moi, je n'ai rien eu, rien qu'un orgueil qui était mon refuge, qui me tenait lieu de tout. Et maintenant qu'il s'est misérablement effondré, je suis perdue au milieu de la foule étrangère qui va, vient, s'empresse vers des buts que je ne comprends point, poussée par des mobiles qui me répugnent. De quelle planète suis-je donc ?... pas de celle-ci, assurément, j'y suis trop mal à l'aise !... L'autre jour, à Bruxelles, je suis allée, presque en pèlerinage, à un couvent de carmélites, autrefois situé en pleine campagne... Les champs, les jardins ont disparu, aux alentours, la ville a gagné jusque-là. Tout proche j'ai vu à un étalage les inepties braillées par les Mayol ou les Paulin dans des concerts de Paris ; des bouchers, des poissonniers, des cabarets complétaient le décor... Où était l'avenue déserte que je suivais mystique, les yeux levés vers le petit clocher de la chapelle du cloître... J'ai songé à la ville s'élevant autour de la Colonne de Paphouec ! A l'intérieur, la chapelle m'a déçue : elle était blanche, nue, très pauvre, très austère ; maintenant, les dons pieux affluant, sans doute, on l'a peinte à l'italienne en un rococo horrible... les voisines dévotes y ont installé des prie-dieu de velours, des ex-voto tapissent les murailles ; dans cet asile de la virginité, une cynique a

---

* Diminutif de « Mamamouchi », surnom qu'A. David-Néel donnait à son mari.

osé prier pour avoir un fils et les nonnettes inesthétiques lui ont laissé exprimer crûment sur une plaque de marbre sa reconnaissance pour un enfantement heureux !... J'ai fermé les yeux.

Mouchy, mon pauvre cher, je broie du noir au lieu de te redonner du courage. Je te l'avais bien dit d'avance : je ne suis pas jolie, je ne suis pas gaie, je ne suis pas une femme, l'on ne saurait s'amuser auprès de moi... Pourquoi as-tu persisté, t'es-tu entêté ?... Toi qui vantais l'amour, qui te flattais de m'y amener en dépit de mon haussement d'épaules... pourquoi n'en as-tu pas eu un peu pour moi... Tu en as eu pour tant d'autres ?

Tiens je termine, je vais jusqu'à la poste puis je travaillerai. Ecris-moi longuement et ne te désole pas, mon ami. Malgré mon mauvais état d'esprit j'ai pleine confiance dans l'avenir qui nous est réservé. Ne te tiens pas loin de moi, Mouchy, laisse venir ton esprit et tes pensées au petit Moumi * perdu dans les brumes de Paris, dans les brumes de son âme trop sensitive. J'abrégerai mon séjour ici autant que je le pourrai et tu verras comme nous serons bien tous deux dans la nouvelle et très grande Mousmé. J'ai envie de donner un nom spécial au nouveau bâtiment, un nom sanskrit, et d'en faire un petit *Matham* **, cette idée me sourit... une fantaisie... La fantaisie seule est bonne... [...]

Paris, 3 octobre 1904

Je t'ai écrit hier très longuement, très tristement. J'étais dans un mauvais état nerveux et la très brève lettre qui accompagnait ton envoi m'avait peinée. Les courriers sont si rares et tu ne m'envoyais que quatre lignes quelconques... Ce matin j'ai reçu une autre lettre pas bien longue non plus, mais meilleure. Comprends-le donc, mon pauvre ami, ce bonheur que tu souhaites, que je souhaite aussi ardemment que toi, nous ne pourrons y arriver qu'en

---

* Diminutif de « Mousmé », surnom que Philippe Néel donnait à sa femme.
** Monastère hindou, à ne pas confondre avec *Ashram*, groupe de disciples réunis autour d'un instructeur.

rompant complètement avec les errements passés qui nous
ont rendus si malheureux. Il ne s'agit plus, Mouchy, de me
répéter, je viens à toi, je suis tout à toi, et puis d'être en
réalité à cent lieues de moi... il faut, si ton désir t'y pousse,
car ces choses ne souffrent point de contrainte, il faut
venir réellement à moi en une intimité complète. C'est à
cette condition, seule, que nous pourrons avoir un foyer
véritable et ne pas camper simplement sous la même tente
comme deux étrangers que les hasards du voyage rapprochent pour quelques jours. De mon côté je le désire très
sincèrement. Avant tout vois-tu, j'ai horreur des drames, de
la poésie nébuleuse, des élégies larmoyantes... Souffrir est
absurde et laid. Toute souffrance est un désordre... Mieux
vaut s'accommoder des choses, ou les briser que de pleurer
à la lune. Si je m'y suis laissée aller c'est que j'étais malade, c'est que je le suis encore. Mais, je l'espère, l'équilibre physique me reviendra, je m'y efforce. Si je puis
me laver à mes yeux de l'humiliation insupportable où je
suis de m'être laissé duper, d'avoir nourri des pensées
communes, banales, d'être tombée au piège ridicule où
tombent les quelconques, si je puis me relever devant
moi-même, tirer de ces jours misérables un véritable
bien, une plus grande activité intellectuelle... si j'arrive à
ce résultat, je serai guérie et tu verras, Mouchy, qu'il
n'est pas besoin d'avoir une compagne effacée, sentimentale
et sans volonté pour être heureux. A côté de cette veulerie
que la foule vulgaire prend pour l'expression du bonheur,
il y a le bonheur actif agissant plus fort et plus vrai.
Mouchy, je suis très seule ici, très seule de corps et d'âme,
veux-tu venir ? T'y sens-tu attiré ?... Nous avons fait un
singulier mariage, nous nous sommes épousés plus par
méchanceté que par tendresse. Ce fut une folie, sans doute,
mais elle est faite. La vraie sagesse serait d'organiser,
maintenant, notre vie en conséquence, telle qu'elle peut
convenir à des êtres de notre tempérament. Tu n'es pas
le compagnon que j'aurais rêvé, je suis encore moins,
peut-être, la femme qu'il t'aurait fallu... Et quand nous
gémirions sur cette constatation, la belle avance !... Avec
de la bonne volonté et de l'intelligence on remédie à bien

des choses : la maison des pilotes n'était qu'une ruine dans un terrain vague quand tu l'as prise ! Regarde-la aujourd'hui, pimpante au milieu de son oasis... C'est un exemple et un enseignement mon ami, ce que nous avons pu faire avec la matière brute, faisons-le avec la matière plus subtile de nos âmes trop jeunes pour désespérer. la nature nous aidera, l'arbre coupé reverdit tant qu'il reste un peu de vie en ses racines. [...]

Paris, 7 octobre 1904

[...] J'ai lu quelques ouvrages de Rachilde (la femme du directeur du *Mercure*), c'est souvent bizarre, très cherché, très travaillé, mais il y a là un réel talent et l'on comprend, à la rigueur, qu'elle bêche si aisément les confrères. Ta lettre est venue bien à point pour me donner un peu de courage. Hélas, mon ami, les heures noires viendront elles ne manqueront pas dans cette nouvelle lutte que je vais livrer. C'est une chose terrible de s'en aller seule perdue dans une ville immense à la recherche de son pain. Tu ne connais pas cela, toi Mouchy. Sorti de tes études tu as trouvé une situation très maigre, j'en conviens, mais qui t'a évité de battre le pavé.... et tu t'es tenu dans ta coquille y vivotant chaque jour un peu mieux, sans avoir pour cela autre chose à faire que ta besogne, ton métier... Ah ! mon pauvre cher ce n'est pas une neurasthénie, c'est dix neurasthénies accumulées que tu eusses eues si tu étais passé par le chemin que j'ai traversé *. J'étais solide ! mais l'usure se fait sentir, se fait trop sentir parfois, et

---

* M. David, père d'Alexandra David-Néel, qui fut un brillant normalien, passa quelques années dans l'enseignement qu'il quitta pour le journalisme, et prit une part très active dans le coup d'Etat de 1851. Exilé en Belgique, avec Victor Hugo dont il était l'ami, il vivait de ses rentes : actions, obligations, rentes d'Etat, etc. A la suite de mauvais placements, la famille David dut restreindre son train de vie et c'est ainsi qu'Alexandra David, ayant fait des études lyriques, a interprété plusieurs rôles sur différents théâtres de France, d'Europe et d'Indochine. Après avoir rempli son contrat à l'opéra d'Athènes elle abandonne cette carrière qu'elle n'aime pas, part à Tunis au début du siècle — 1900 — y rencontre Philippe Néel qu'elle épouse le 4 août 1904.

je m'effraye. J'ai des troubles cérébraux indiquant une
extrême fatigue... Où vais-je ? Il serait temps qu'un peu
de calme relatif, un peu de sécurité me permette un apaisement, un repos qu'il me faudrait absolument, je le sens,
sous peine de catastrophes. En voilà assez sur ces misères.
Ne crois pas que je désespère, je suis très pleine d'énergie
ce matin coûte que coûte je veux rester vaillante jusqu'au
bout de ce dernier effort. Après on verra !...

[...] Puisque nous en sommes de nouveau sur ce terrain
de l' « argent » j'en profiterai pour répondre à ce dont tu
me parles au sujet de la rente que tu veux assurer à ton
amie. Tu as grandement raison de songer à son avenir,
c'est ton devoir, ce point n'est pas, je crois, à discuter.
Reste la réalisation pratique du projet qui peut s'effectuer
de diverses manières. Je me permettrai de te donner mon
avis puisque tu m'exposes la situation... Enfin, une dernière
parole au sujet de ton amie... Ne lui parle pas de son
départ, attends qu'elle-même insiste sur ce point et ne la
prends pas tout de suite au mot. Comprends-moi, mon
ami ; cette pauvre femme est dans une situation pénible.
Tu l'y as mise, elle s'y est mise aussi par trop d'impré-
voyance, en abandonnant son métier pour se mettre dans
la dépendance d'un homme qui ne lui était rien et qui,
étant donné nos charmantes mœurs et la belle éducation
reçue par la jeunesse, ne pouvait guère aboutir à la traiter autrement que tu l'as fait. Bon, tout cela est fini : tu
as été égoïste et mauvais, elle a été sotte, moi, j'ai été
complice d'une action que mes principes réprouvent ;
nous ne sommes pas très blancs ni l'un ni les autres.
Inutile d'échafauder un drame là-dessus, inutile de faire
plus de mal qu'il n'y en a déjà. Evidemment ton amie est
froissée, humiliée de ton mariage... la première pensée qui
vient à tous les êtres est la vengeance ou, à défaut, un
redressement de la dignité, de l'amour-propre blessé... « Je
m'en vais », dit-elle. Et réellement en le disant elle le
pense, le désire... puis les jours passent, l'esprit s'apaise,
la vision des difficultés surgit. Elle n'est plus jeune, elle
travaille, c'est vrai, mais à son gré, avec la certitude du
gîte, de la nourriture assurée. Une rente de cinquante

francs ne donne pas à manger, elle ne me paraît pas très apte à entreprendre quelque chose, l'idée d'être domestique, même au titre de gouvernante, lui répugne, à ce qu'il m'a semblé. Elle a son orgueil à elle, comme nous avons tous le nôtre, très spécial, et le sien m'a paru singulier. Je ne sais pas, mais prends garde de ne pas suggérer à sa vanité une décision qu'elle n'aurait peut-être plus prise d'elle-même, qu'elle redoute peut-être et que, tout en se répétant qu'elle ne fait que la différer, qu'elle n'y renonce pas, elle aurait laissé dormir si on ne la lui avait pas pour ainsi dire imposée. Me comprends-tu ?... [...] Je ne te cache pas qu'au très réel désir que j'ai d'éviter un surcroît de peine à ta pauvre amie, il se mêle un plus vif désir encore de te conserver les soins d'une personne habituée à toi, et qui, mieux que nulle autre, serait capable de m'assister dans la très sérieuse bataille que j'entends livrer à tous tes bobos. Je ne songe pas à lui demander d'habiter avec nous, elle y trouverait un sujet à trop pénibles réflexions, mais rien n'empêcherait, sans doute, qu'elle se choisisse un petit logement, à son goût, où elle demeurerait. [...] D'ailleurs, je ne veux à aucun prix que tu restes seul ou abandonné à un Ahmed quelconque, si elle part je reviendrai immédiatement. Puisque j'ai accepté la charge d'un alouch * il faut qu'il passe avant tout. A propos, comme j'avais l'habitude d'aller la voir avant mes départs, je ne veux pas qu'elle se méprenne sur le sentiment qui m'a engagée à ne pas y aller cette fois. J'ai craint, si proche de notre mariage, de lui faire de la peine, j'ai peut-être eu tort. En tout cas dis-le-lui, je te prie, avec toute la délicatesse possible et assure-la de toute ma sympathie.

Paris, 12 octobre 1904

[...] Pour la nouvelle maison tu me demandes mon avis. Eh ! je ne sais trop ! Je ne puis m'empêcher de sourire en songeant que les circonstances me donnent préci-

---

* Alouch, signifie « mouton » en arabe. Philippe était, disait Alexandra, frisé comme un mouton...

sement l'idéal d'habitation que j'ai toujours rêvé pour un
ménage : un jardin avec deux demeures. Très jeune, je
trouvais déjà cette disposition la plus heureuse que l'on
puisse imaginer, et si je ne l'ai pas réalisée plus tard c'est
uniquement parce que les lieux où mon métier me forçait
à vivre ne comportaient pas de semblables aménagements.
Oui, chacun sa case, la liberté ou, en plus subtile analyse,
la possibilité de la liberté, de la solitude, rendant plus
agréables les heures passées ensemble, les faisant désirer
et prolonger avec d'autant plus d'insistance qu'on ne les
veut pas forcées, pas obligées. La case séparée qu'on range
selon sa marotte, où l'on reçoit, à l'aise, qui bon vous
semble, sans crainte de gêner ou d'ennuyer son compagnon
de vie... Quelle sage conception pour des tempéraments
indépendants et combien elle donne de charme à la vie
commune qui devient une source de joie, de plaisir, d'aide
mutuelle, un repos et un réconfort de tous les instants
en dépouillant ce que la présence continue et forcée l'un
près de l'autre emprunte du bagne et de la chaîne. Bon,
tout cela est vrai, n'empêche que l'occasion se présentant
de réaliser mon idéal, je le repousserai, très probablement. C'est généralement ainsi dans la vie. Si tu étais bien
portant, je te proposerais de tenter l'essai car je suis persuadée qu'avec ton caractère ce système serait celui qui
te conviendrait le mieux. Mais tu es un peu souffrant, mon
bon ami, il vaut donc mieux que je niche plus à portée de
toi pour t'être utile en quelques petites choses si tu en as
besoin. [...]

Paris, 24 octobre 1904

[...] Oui, c'est ma fête * aujourd'hui. Je ne trouve pas
que ces jours anniversaires soient bien propres à inspirer
la gaieté, surtout dès que l'on commence à avancer en
âge et à avoir l'expérience de la vie. Les catholiques ont
raison de fêter le jour consacré à leur saint patron, cette

---

* Alexandra David-Néel est née à Saint-Mandé, le 24 octobre 1868.
Elle a donc, ce jour, trente-six ans.

date, au moins, est innocente et n'entraîne aucune considération mélancolique. L'anniversaire de naissance n'est en somme que la commémoration de la farce sinistre que nous ont faite nos parents en nous mettant au monde. Voilà un sujet qui ne prête guère aux réjouissances. Naturellement mes délicieux parents ne m'ont point donné signe de vie. Ils l'ont oubliée eux, la date funeste, ils ont aussi, depuis longtemps, oublié qu'ils ont une fille.

Alors, mon ami, tu juges que je ferai bien de rester ici, jusqu'à la fin de l'année. Probablement présumes-tu qu'alors tu pourras me recevoir sans dérangement. J'aurais sans doute tort d'insister. Il ne faut pas vouloir faire du bien aux gens en dépit d'eux et contre leur volonté. C'est une faute dans laquelle un grand nombre tombe. Pourtant chacun sait mieux que personne ce qui lui convient personnellement. Et encore que cette convenance propre ne soit point en accord avec l'utilité réelle et la raison, elle vaut mieux que tout le bonheur de l'individu car elle est l'expression de son désir. D'ailleurs, qu'est-ce que l'utilité réelle ou la raison ? De simples entités métaphysiques et tout le monde ne se nourrit pas de semblable fumée.

[...] Je ne reviendrai donc pas, tu ne manquerais pas de donner, maintenant, à ce retour anticipé des raisons toute différentes de celles qui me déterminaient : affection très sincère et réel désir de t'être utile, de ne pas t'abandonner dans une situation difficile pouvant exercer une influence pernicieuse sur ta santé.

[...] Triste, triste tout cela, mon ami ; pas gaie ma fête, jamais gaie, du reste, aussi loin que je remonte dans le passé, quel vide autour de moi ! J'aurais été très douce pour toi si, de parti pris, tu n'avais pas toujours voulu me ravaler stupidement, me railler sans motifs, m'enliser dans un ordre d'idées abjectes où je ne m'étais jamais égarée. Je suis très malheureuse M. Néel. Vous qui me promettez tant de soleil, pourquoi m'avez-vous jetée dans la nuit ?

24-10-1904. Je ne veux pas laisser partir, sans y ajouter un mot, une lettre qui te laisserait, peut-être, sous une impression de tristesse dont tu n'as pas besoin.

Il est peu philosophique de reprocher à un autre l'état d'esprit dans lequel on est et qui provient, surtout, de son propre organisme. Un autre y eût-il contribué comme facteur déterminant, cet autre était-il libre d'agir autrement ?... Hérédité, atavisme, éducation, enchaînement perpétuel des effets et des causes. Je suis une mauvaise bouddhiste de l'oublier, et si je t'ai contristé je le regrette. Donne ta main mon pauvre cher Mouchy que je la serre affectueusement.

Paris, 9 novembre 1904

[...] Ah ! mon pauvre ami, que n'ai-je des rentes ! Nous nous ferions un home confortable en quelque joli coin de pays et je me plongerais jusqu'au cou dans mes études d'orientalisme qui me passionnent de plus en plus.

[...] Je vais me mettre à un ouvrage de vulgarisation sur la philosophie hindoue.

[...] Bien peu de jours me séparent de mon retour. Cette fois, c'est un moumi définitif qui vous revient monsieur Mouchy. N'avez-vous pas un peu peur ?... Tu vas voir que tous ces malaises qui te tourmentent vont disparaître promptement avec le bon régime que tu vas suivre. Car il faudra être très obéissant, tu entends, te soigner comme Moumi l'entendra. La maladie est une trop vilaine chose pour la laisser habiter une jolie maison comme celle que tu m'as faite. [...]

Faut-il que je voie pour de la musique ?... J'ai vu Ferdinand Hérold chez Rachilde et, à sa suite, une Mme Hérold qui copie Polaire. Elles sont quelques-unes comme cela à jouer les Claudines, à singer cette Polaire qui est laide, en somme, et ne ressemble nullement aux dessins bien arrangés que l'on fait d'elle. Sais-tu son âge ?... Quarante-deux ans sonnés. C'est l'âge de la célébrité à Paris, même pour jouer les fillettes-voyous de seize ans.

[...] A bientôt, mon très cher. Je suis très curieuse de la grande Mousmé. Nous allons nous y perdre ! Bien à toi mon bon ami, nous allons passer un bon hiver très près l'un de l'autre d'esprit et de cœur.

Paris, 11 novembre 1904

[...] Pour ce qui est des autres sujets de tristesse que tu énumères dans ta lettre, il est inutile d'en parler n'est-ce pas ? C'était de la nébulosité d'Alouch mal éveillé. En quoi ne suis-je pas votre femme s'il vous plaît, monsieur Mouchy ?... Je ne t'ai forcé à me donner aucun nom. Celui que je porte dans mes relations littéraires est un pseudonyme. Tu le sais aussi bien que moi. Mon cher ami, je quitterai mon pseudonyme si tu peux y trouver un grand plaisir. Je crois seulement que cela peut m'être préjudiciable au moment où je commence à peine à être connue d'un petit noyau. D'autre part j'estime que, pour toi-même, ta position, tes relations, il est mieux que ton nom ne figure pas au bas des articles que je puis être amenée à écrire dans des journaux et même dans des revues. Tout le monde n'a pas les mêmes opinions politiques et religieuses. Il vaut mieux que je garde une personnalité absolument et très ouvertement distincte de la tienne. Que l'on sache que tu n'es pour rien dans ce que je dis ou écris et que, même, la grande masse de ceux qui t'entourent n'établissent aucun rapport entre Alexandra Myrial, journaliste et femme de lettres et, Philippe Néel ingénieur des Chemins de Fer.

Laisse donc tout cela, et songe que je serai très heureuse de te retrouver, que je t'ouvrirai mes bras très grand et que je te dirai : viens, mon pauvre Mouchy, viens si tu veux, pauvre Alouch qui a rencontré trop tard une Mousmé trop vieille, essayons avec tous les débris qui sont en nous d'édifier un bonheur où nous puissions trouver le repos. Essayons de nous comprendre mutuellement. Mon ami, si tu savais la terreur que j'ai d'une existence comme celle de mes parents : deux statues qui sont restées plus de cinquante ans en face l'une de l'autre aussi étrangères maintenant que le premier jour de leur rencontre, toujours fermées l'une à l'autre, sans aucun lien d'esprit et de cœur. Non n'est-ce pas, ce n'est pas une telle vie qui nous attend, nous n'en voulons pas, nous saurons nous en faire une autre. [...]

Paris, 3 décembre 1904

Mon réveil ce matin, une lettre de mon oncle, mon père est mourant. Il faut que j'aille à Bruxelles n'est-ce pas ? Il est 8 heures. Je prendrai le train de midi. Ecris-moi rue Faider, 105. Voilà qui va achever ma pauvre tête. Malgré tout, c'est mon père vois-tu. Quand reviendrai-je ? Je ne sais, cela dépendra des événements à Bruxelles. A toi Mouchy.

Tu vois mon pressentiment était juste.

Bruxelles, 7 décembre 1904

[...] Je ne t'en dis pas plus ce soir, la fatigue brouille mes idées, je ne fais que monter et descendre les escaliers depuis ce matin. Je suis démoralisée. Je deviens idiote, mon cerveau trop surmené enfante des rêvasseries ineptes de gamine. Je regrette bien sincèrement de ne pas croire à quelque religion bien absurde en laquelle je puisse m'absorber. C'est un invincible besoin pour les yeux trop clairvoyants d'oublier la hideur des autres et de soi-même en la contemplation d'une lanterne magique les promenant en pleine fantasmagorie. Je ne sais plus ce que je dis. Bonsoir monsieur Alouch.

Bruxelles, 10 décembre 1904

Est-ce que je fais bien en vous tenant journellement au courant de la situation ?... Je n'en sais rien. Evidemment le fait en lui-même, l'état de mon père ne peut rien avoir de directement intéressant pour vous qui ne le connaissez pas. Aussi, je ne vous en parle qu'au point de vue de l'influence que sa maladie exerce sur mes projets, sur mon retour.

Je crois bien qu'il va me falloir laisser les choses dans le statu quo et reprendre le chemin de La Goulette.

Aussi bien suis-je ici dans l'atmosphère la plus déprimante, la plus néfaste qu'il soit pour mes nerfs malades. Tout le passé triste revit pour moi entre les meubles familiers témoins de ma misérable jeunesse et l'avenir que je vois trop semblable au passé, apportant la même contrainte, la même désolation, me navre d'autant plus.

Inutile, d'ailleurs, de rabâcher sur ce thème, on est toujours, pour une part, l'artisan de ses ennuis. J'ai manqué de vaillance, de fierté. Je me suis laissée aller quand il aurait fallu me redresser et retourner à la lutte avec, dans le cœur, cette bravoure intime sans laquelle il n'est pas de vraie joie. Je ne l'ai pas fait... je paie, je paierai longtemps, toujours sans doute ma faiblesse. Le bonheur est pour les braves, c'est justice !

Je désire sincèrement m'appliquer à ce que la vie soit possible entre nous. Il faudra m'y aider. M'y aider avec franchise et intelligence sans vouloir l'impossible, sans chercher à introduire, dans une union conclue dans des circonstances et un état d'esprit aussi particuliers, les errements de ménages commencés sous de tout autres auspices.

J'ai essayé, je vous l'assure, de me retrouver en face de vous comme une étrangère, de vous considérer comme un inconnu et de recommencer l'aventure en y mettant cette fois des éléments meilleurs. Folie !... Le symbole du mariage maçonnique est vrai, la baguette de verre brisée ne se raccommode pas, et baguettes de verre, très fragiles, sont la confiance, le bonheur, l'attirance de l'esprit ou du corps. Il n'y a pas eu grande place pour la fantaisie dans ma vie. Je m'en suis gardée toujours. Une fois j'y ai cédé, j'ai marché contre les reproches de ma raison, des circonstances déplorables sont venues m'apporter une sorte d'excuse de marcher dans cette voie. L'on ne retourne pas en arrière, le passé reste inexorable, commandant à l'avenir, et l'avenir pour moi, c'est l'affreux regret de ma vie émiettée gâchée par des chemins qui n'étaient pas ceux de mon désir, de mon libre choix...

Est-ce pour vous tourmenter ce que je vous dis là, monsieur Néel ? Oh ! ne le croyez pas, je vous en prie. Je suis loin d'avoir dans l'âme une méchanceté quelconque. Je suis très faible, très loque, et je passe mes nuits à pleurer devant ces mêmes meubles qui ont vu mes précoces désespoirs de fillette. Non, ne croyez pas que je me complaise à vous faire de la peine, cela est bien peu dans ma pensée... bien peu ! Mon Dieu ! J'aurais bien voulu, moi aussi, avoir un compagnon de vie que j'aurais pu aimer sans arrière-pensée, qui aurait été un autre moi-même, au milieu de la vie difficile et des hommes indifférents ou agressifs. Imbéciles étaient ceux qui me trouvaient égoïste et sans cœur. Je ne me prodiguais pas en petites sentimentalités, en petites sensibleries, mais j'aurais pu aimer grandement qui m'en aurait paru digne, qui m'aurait aimée de même.

Faisons-nous une raison. Moi j'accepte les tristesse, les difficultés inhérentes à la... *

Bruxelles, 24 août 1905

[...] De mon séjour ici que te dirai-je ?... Les sentiments « affectueux » que ma mère nourrit à mon égard paraissent s'être encore développés. Je lui suis plus étrangère que jamais et de mon côté je sens que le peu d'attachement que j'avais pu conserver pour elle s'est éteint devant son indifférence méchante. Tout en moi lui déplaît, comme tout lui déplaisait en mon père. Je lui ressemble tant ! Je me surprends ici dans ce cadre de vieux meubles où je l'ai vu vivre à répéter des mots, des phrases qu'il disait, des gestes, des attitudes qui étaient siennes. Ma mère sent

---

* La fin de cette lettre manque, ainsi qu'un grand nombre de lettres écrites vraisemblablement de Paris où Alexandra s'est rendue après la mort de son père survenue le 20 décembre 1904, à 22 h 30.

ces choses plutôt qu'elle ne les analyse consciemment. Je suis la fille de l'homme qu'elle n'a pas aimé, je suis sa fille à lui seul, malgré le sang dont elle m'a faite et le lait dont elle m'a nourrie. Je suis un parasite (tiens, comme mon tænia *) qui a grandi en elle... Voilà, mon ami, ce qui attend les femmes imprudentes pour chercher dans la maternité la consolation d'une union mal assortie. A un certain âge les angles des caractères s'atténuent, la rigidité des instincts, des sentiments, fléchit. On a tant vu, tant reçu de heurts, tant fait d'expériences amères que la fatigue, la veulerie remplacent la combativité de la jeunesse. On sait dire : « A quoi bon » et « qu'importe », on le dit avec dédain, mépris de soi-même et des autres, ou bien avec une indulgence attristée et l'on est patient parce que la misère mentale de ceux que l'on coudoie a pour contrepoids notre propre misère, ces fautes subtiles, ces défaillances de l'esprit que les orgueilleux se reprochent comme une déchéance, qui constituent au tréfonds de leur âme l'âpre rongement que la mort seule, peut-être, terminera. Oui, nous autres, les vieux, nous pouvons mettre entre nous une paix relative, mais comment ne pas redouter le contact des âmes neuves !... Comment renoncer à incarner dans l'enfant qu'on a mis au monde l'idéal humble ou hautain que l'on s'était proposé, auquel, presque toujours, on a failli. Comment aussi supporter l'affreuse pensée de ne pouvoir exposer devant lui sa vie, toute sa vie, sentiments et actes, et d'avoir en son enthousiasme juvénile, en sa rigoureuse et implacable logique, non encore émoussée, des juges sévères ?... Ah ! mon pauvre très cher croyez bien qu'il y a beaucoup de sagesse, beaucoup de prévoyance dans ma volonté de n'être pas mère. Les difficultés que nous créent nos divergences de mentalités s'atténueront de plus en plus. Nous nous ferons à l'idée de notre misère réciproque et nous nous en consolerons autant que nous pourrons. C'est sagesse !... Mais mon fils, ma fille, moi, revi-

---

* Alexandra David-Néel est en train de suivre un traitement pour essayer d'éliminer un « ver solitaire » qui la gêne depuis plusieurs années.

vant en ce que j'étais autrefois, vous ne les comprendriez
ni ne les aimeriez. Ce serait la lutte, la triste lutte contre
ses enfants. L'indifférence viendrait, peut-être, chez vous...
mais moi ? J'ai trop conscience de la mère que je serais
pour risquer la terrible aventure. Mon enfant serait pour
moi le Dieu à qui irait toute mon adoration. Ce serait
mon espérance unique et je ne vivrais plus que pour le
voir vivre la vie que je n'ai pas vécue, réaliser l'idéal que
je n'ai pas atteint... Et cela n'arriverait pas, sans doute.
Il se pourrait que j'aie formé un corps dans lequel serait
logé un esprit qui n'est pas le mien... L'histoire de ma
mère, mais intensifiée par toute la supériorité sensitive
et intellectuelle que j'ai sur cette pauvre femme dont la
déception n'a su se muer qu'en rancune et en méchanceté contre l'enfant très innocente de sa déconvenue.

    Voilà de la philosophie bien noire ! Le séjour de Bruxel-
les ne m'en inspire guère d'autre et je retrouverai avec plaisir notre retraite maritime de La Goulette. [...]

    On me demande de développer au prochain Congrès
de la Libre Pensée à Paris diverses considérations, quelque peu ethnographiques, sur l'origine de la morale laïque
que j'ai exposées autrefois ici et dont il s'est trouvé des
personnes pour se souvenir. L'ennui est que le Congrès
aura lieu dans quelques jours, avant que je puisse songer
à avoir terminé à Bruxelles. J'ai répondu qu'il me serait
impossible de me déplacer ainsi, à moins d'un dédom-
magement pécuniaire suffisant, que le Cercle, qui envoie
déjà plusieurs représentants à ses frais, ne sera peut-être
pas en état de me donner. C'est une réponse plus honnête qu'un refus net. [...]

                31 Amherst road, Ealing London 15/8/1906

    Mon cher Mouchy, j'ai reçu ta longue lettre ce matin.
Le facteur a réclamé 5 S de surtaxe, trouve du papier
plus léger pour éviter ces doubles ports, mais ne t'avise
pas, surtout, d'écourter tes lettres sous prétexte de poids,
mieux vaut changer ton papier, n'est-ce pas ?...

    Mon grand ami, j'ai peine à te savoir si désemparé.

Tu n'es pas fait pour les grandes complications et les super-subtilités de sentiments et de raisonnements qui sont d'ailleurs de peu souhaitables facultés, propres seulement à rendre misérables ceux qui en sont doués ou plutôt, affligés. Un bonheur tout simple te suffisait... tu ne l'as pas, à cause de moi, et cela est triste, très triste. Je m'attriste tout autant de ta peine que de la mienne. Les êtres ont droit au bonheur, si l'on peut parler de droit ici. Je veux dire qu'ils ont l'instinct du bonheur comme ils ont celui de manger, car qu'est-ce que le bonheur sinon la satisfaction d'un besoin de notre organisme, besoin matériel ou mental. Nous sommes absurdes de trouver mauvais que tel être cherche son bonheur de telle manière qui correspond à l'étoffe dont il est fait. Les vieux principes, la hiérarchie des pensées et des actes, toute l'échelle du Bien et du Mal nous tient trop encore et les plus affranchis d'entre nous ne peuvent guère se défendre de jauger selon leur catalogue propre les gestes d'autrui. Oh ! les dogmes, les devoirs, l'idéal, quelles sources de tortures !... On veut être ceci, on veut que ceux qui vous approchent soient cela et, ni soi ni les autres ne ressemblent au modèle rêvé... Alors c'est la contradiction perpétuelle et comme l'animal, pourvu qu'il ait sa ration suffisante de satisfactions animales, tient à continuer sa vie, on continue à vivre rongé, dévoré, désolé d'une déchéance illusoire et insupportable à autrui...

Eh oui ! tu parles de gens s'en allant dans la vie appuyés l'un sur l'autre, c'est sans doute encore une de ces utopies dont on encombre notre cerveau aux heures de jeunesse et aussi irréelle que les héros symboliques des mythologies... Où sont-ils ceux-là, qui les a vus ? Il y a des âmes serves passivement attachées à d'autres, des êtres aisément dévoués, des protecteurs attentifs... il y a bien des attitudes d'esprit dans le domaine de la « bonté » ; mais l'union intelligente et forte de deux forces et de deux intelligences, l'amitié qui fond deux individus en un seul, les met nus de cœur et d'âme l'un devant l'autre si bien qu'ils pensent toutes leurs pensées ensemble, même les plus obscures, même les plus basses, ayant oublié que l'autre est *un autre* et vivant devant lui comme devant soi-même. Ceux-là où les trouver ?...

Tel était cependant mon rêve d'amitié forte et haute. Il était plus qu'humain sans doute, les dieux se réservant de remplir tout entier le cœur de leurs dévots, et ne permettant pas que l'homme trouve en l'homme le rassasiement de son âme.

Souvent je t'ai ennuyé Mouchy, de mon éternel « Pourquoi... Pourquoi ?... » crois-tu que je l'ignore le pourquoi de ta conduite envers moi. Peut-être ai-je mieux que toi-même démêlé les sentiments qui t'ont fait agir. Ce que je cherchais par ce mot c'était, plutôt que des raisons, une détente entre nous, un rapprochement de nos esprits, l'occasion pour toi, de venir à moi. Sommes-nous donc si différents que cela soit impossible ou bien les dieux dont j'avais fait mes compagnons de jeunesse me redemandent-ils pour leur bien et leur chose et empêchent-ils qu'on se rapproche de moi ?

Que puis-je pour toi, mon ami ? Tout me pousse à ne pas te laisser plus longtemps. Veux-tu que je revienne immédiatement ? Je suis **prête** à le faire et de grand cœur. Ne crois pas que je manque **d'affection** pour toi mon grand cher. Moi aussi, si je t'avais ici, je me serrerais bien fort contre toi cherchant près de toi un refuge dans ma détresse. Je ne ferai aucune confidence à Margot *, malgré toute l'amitié dont elle m'entoure. La paix me viendra de toi seul, si elle doit me venir d'un être humain ou sinon, que les dieux en décident !

Ealing, 21/9/1906

J'ai été chez Luzac hier et y ai laissé ce qu'il y a de fait de Meh-ti ** [...] Ce n'est pas qu'il y ait du profit à

---

* Margot est l'amie d'enfance d'Alexandra chez qui elle vient de s'installer pour quelque temps. Elle veut perfectionner l'anglais, langue qui lui est indispensable pour ses études orientalistes.
** *Le philosophe Meh-Ti (ou Mo-tse) et l'idée de solidarité*, publié à Londres, chez Luzac et Cº en 1907.
Ce livre a été réédité par Plon en 1970 sous le titre *En chine : L'Amour Universel et l'Individualisme intégral — Les Maîtres Mo-tsé et Yang-tchou*.

attendre de cette affaire. Je sais fort bien que non ; mais un livre de cette espèce peut être un premier jalon dans la voie que je voudrais suivre. En me faisant connaître, il peut m'ouvrir plus aisément les portes de maisons qui publient des « bibliothèques de vulgarisation » comme Alcan et d'autres. Il y a aussi, dans ce genre, des subsides à glaner au ministère et je voudrais faire, à l'usage de l'Enseignement supérieur et des gens du monde, deux traités attrayants, bien écrits, l'un sur les religions et philosophies de l'Extrême-Orient, l'autre sur celles de l'Inde. Il y a tant de gens qui fabriquent des romans !

[...] Tu as raison de le penser, mon cher ami, ce serait, pour moi, une grande joie de sortir de l'ornière où je suis depuis que ma vie n'a plus de direction. Il ressortirait de là un grand apaisement d'esprit, un contentement qui changerait beaucoup notre vie intime et la rendrait bien plus aisée. Tu dois souhaiter comme moi, que j'y arrive enfin. [...]

[...] Je ne puis m'empêcher de songer à cette affaire de mon livre et de souhaiter qu'elle se fasse. J'aurais grand besoin de gagner une somme suffisante dans mon année. Ma position est très fausse et je n'y étais pas accoutumée, ayant toujours suffi à mes besoins. Sans le savoir Mère et Margot ont retourné le fer dans la plaie. Margot m'a demandé combien tu dépensais pour tes menues dépenses. Je lui ai dit que je n'en savais rien, mais que je savais que tu étais très économe, souvent trop à mon avis. « Comment tu n'en sais rien ? Il ne t'apporte donc pas son mois ? » Alors je lui ai dit que nous étions mariés séparés de bien. [...]

Le rôle de la femme servante à qui l'on dispense une à une les pièces de vingt francs, qui ne peut pas dépenser un sou sans qu'on le sache est un triste rôle. Je crois qu'il faut lui attribuer la légèreté de tant de femmes, le peu d'intérêt qu'elles prennent aux économies communes. L'argent du mari ce n'est pas son argent, on le dépense sans regret, on fricote, comme une cuisinière, sur le prix de la viande ou du beurre pour s'acheter un ruban ou un flacon d'odeur. D'autres, les non-coquettes font une tirelire secrète : « leurs économies » et c'est là le petit capital, la fortune minuscule qui leur tient à cœur. Je crois que cette dépendance et cette hypocrisie causent le malheur de plus d'un ménage. Je ne te dirai pas que j'approuve le système en sens inverse où le mari doit quémander de l'argent de poche. Cela est idiot. Toutefois il y a cette nuance que le solliciteur ayant conscience, qu'après tout, l'argent est à lui et qu'il le gardera le jour où il lui plaira, n'est pas dans une situation aussi dépendante. Ce qu'il fait, il y consent de son plein gré. Malgré cela, je hais cet espionnage mutuel. Ce que l'on gagne est à soi et l'on a le droit d'en disposer, sauf les restrictions que l'on s'est imposées soi-même, comme d'élever ses enfants, etc. D'où il résulte que les femmes devraient, elles aussi, gagner de l'argent ou bien que, comme le veulent certains réformistes, le travail ménager entraîne une rémunération. Est-il juste qu'une femme qui a fait la cuisine, lavé la vaisselle, raccommodé les hardes d'un homme s'en aille les mains vides en cas de séparation, alors que si elle avait fait ces travaux pour des étrangers elle aurait touché un salaire et que, d'autre part, l'homme qu'elle a servi ainsi aurait dépensé de ce chef (s'il avait eu recours à autrui) bien plus que l'entretien de sa femme. Evidemment, il y a là une grosse lacune à combler surtout pour la classe besogneuse. [...]

Londres, 23 septembre 1906

Un ciel gris, des nuages bas, de la tristesse sur toutes choses, un silence de dimanche anglais qui s'harmonisent avec l'aspect lourd et dominateur des grosses bibles noires. En vérité c'est la lecture qui convient à cet après-midi mélancolique... En guise de Bible, moi j'ai la longue lettre que tu m'as écrite mercredi dernier... et c'est elle que je médite depuis hier soir...

D'abord, merci de l'avoir écrite... c'est une preuve de bonne volonté dont je te sais gré. Hélas ! que de jours misérables évités si tu en avais autrefois montré seulement autant !

Lundi matin. — J'ai cédé à l'ambiance, à la tenace et sourde insinuation des choses, je suis partie hier soir pour le temple. Un voyage ! L'église française se tenait, lors de mon dernier séjour, Tottenham court road. J'ai pris le chemin de fer souterrain et suis arrivée me casser le nez devant l'ancien local, repris par une église anglaise, où se pressait un grand concours de gens et où l'on voulait me faire entrer aussi. J'ai fait alors une promenade jusqu'à Bloomsbury et j'ai grimpé sur une impériale pour revenir à Ealing par le chemin des omnibus. Beaucoup d'animation, de curieux types dans les églises tenant des *Sundays meetings* et dont souvent les portes ouvertes laissaient voir l'intérieur. De l'agitation plutôt que du recueillement dans ces officines. Le christianisme anglais a des mœurs sentant le *business* ou la politique ; les évangélistes y revêtent les allures affairées et combatives de courtiers en marchandises ou de courtiers électoraux.

[...] Ce matin, même ciel gris, même ouate amollissante estompant les choses. Comment de ce pays a-t-il pu surgir un peuple âpre à la lutte, il semble plutôt qu'on doive, peu à peu, s'y dissoudre dans ces brumes insidieuses. C'est une atmosphère pour âmes et meubles modern style : laqué pâle aux teintes incertaines et pessimisme à fleur de peau. Du *mapple*, du *flou*, de la veulerie !

Revenons à toi, à ta lettre. Je la crois sérieusement et sincèrement écrite. Le « toi » que tu y dépeins ressemble plus à ce que tu es réellement, il me semble, que le gnostique fin de siècle que tu m'avais voulu paraître, l'intellectuel-esthète dont les pires luttes ne sauraient déranger l'harmonie savante des plis de sa tunique, qui peut, au milieu des plus grossiers entraînements de la bête, garder un clair sourire sur des lèvres immuablement dédaigneuses, une élégante sérénité dans un cerveau qu'habitent toutes les indulgences et tous les mépris.

T'ai-je semblé réaliser, en partie du moins, cet idéal que tu as voulu pour te rapprocher de moi, essayer de te montrer du même bois, ou bien l'esprit de contradiction t'animait-il ?... Tu me diras ; « Je n'ai rien essayé du tout,

j'ai une âme très bourgeoise, incapable de toutes les subti-
lités que toi, tu ranimes sans cesse. » C'est bien possible,
mais voilà, je me suis alors fort trompée sur ton compte,
je t'ai accepté comme mon pair, sinon beaucoup plus
encore, en matière de raffinement de subtilité. J'ai cru
que tu mettais ta jouissance en des fils coupés en quatre,
en des quintessences dont la ténuité te ravissait. Il me
faudra du temps pour te comprendre autrement. Car tu
es autre en effet. Te dire que je n'ai pas souffert de renoncer aux communes chevauchées que j'espérais, en ces pays
fragiles. Eh ! ce serait mentir. Je n'ai pas une âme bourgeoise moi, et j'ai tant souffert du bourgeoisisme de mes
parents.

Ta lettre, tes explications ?... Dois-je les prendre
comme une preuve de désir que tu as de me satisfaire, de
m'arracher à la misérable obsession qui me ronge, ou bien
comme une conversion véritable ? Prends-tu ce ton avec
moi pour me contenter ou bien tes réflexions t'ont-elles
naturellement porté à juger absurdes les actes de ton
passé ? [...] Si tu avais un fils souhaiterais-tu qu'il recom-
mençât ta vie et ne ferais-tu pas ce que n'ont pas su faire
tes parents pour toi, c'est-à-dire l'élever pour être un
homme, un cerveau, et non un pantin ?

Ne te méprends pas à ce ton qui peut paraître celui
d'un censeur ridicule, je me vois et me juge. Si la stupidité, l'indignité de la plupart m'ont donné en face des
hommes un grand orgueil de moi-même, je change de ton
dans le secret de mon âme et le publicain qui se tenait à
l'entrée du Temple n'osant s'avancer et se frappant la
poitrine était un monument d'orgueil à côté de ce que je
suis. Dans ce que je pense de toi il n'y a nulle âpreté, nulle
colère. Pourquoi les choses ont-elles tourné ainsi ?... Tu
te trompes pourtant lorsque tu me dis que je t'ai regardé
marcher sans t'arrêter. Songes-tu à toutes les lettres que
je t'ai écrites et auxquelles tu répondais en te dérobant ;
à toutes les tentatives que j'ai faites de vive voix ? [...]
A ce moment les choses toutes fraîches étaient plus aisément malléables, aujourd'hui elles sont durcies, pétrifiées
et l'on s'y casse les ongles et l'on s'y déchire la chair... [...]

Mon Dieu, Mouchy, ne crois pas que je veuille répondre méchamment à ta lettre qui ne l'est pas.

Je suis désolée, voilà tout ; tu crois que l'absence me calme, elle ne fait qu'exaspérer encore plus mes pensées. Ne parlons plus de tout cela aujourd'hui, veux-tu ? Je vais réfléchir encore très longuement à tout ce que tu me dis et que tu me dis de bon cœur je crois.

Nous en aller chacun de notre côté ? Eh ! oui ce serait une solution, la plus digne, la plus satisfaisante pour la raison... mais quoi ! Cela me serait pénible je te l'avoue. Je ne me fais pas plus forte que je ne le suis, autrefois j'aurais eu le courage de ce geste, mais aujourd'hui... plus âgée, mal portante... Mouchy, souvent je tends la main dans le vide et il me serait doux à ce moment de rencontrer la tienne.

Petit alouch ! C'est vrai, au fond, sous toute ton apparente méchanceté tu as une âme d'enfant et c'est pour cela, précisément, que le milieu t'a si fortement influencé et conduit.

Ne disons rien de plus aujourd'hui, veux-tu. Si tu pouvais me voir peut-être me prendrais-tu près de toi et pleurerions-nous tous deux. A toi.

Ealing, 25 septembre 1906

Comment t'ai-je écrit hier ? Peut-être as-tu trouvé ma lettre une trop sèche réponse à la tienne. Une réponse, mon ami, à vrai dire ce n'en était pas une. Ta lettre appelle davantage que des phrases hâtivement écrites traduisant des résolutions prises légèrement.

[...] Tu te conduisais selon le protocole conventionnel en usage dans le monde où tu vivais. Là il était de règle d'avoir telle attitude en face des femmes et sans faire de réflexions personnelles, tu as pris et gardé cette attitude qui te paraissait la seule possible. [...]

Est-il sensé de te reprocher d'avoir vécu comme tu as vécu ? Eh ! non, mon très cher ami, il faut laisser cela aux ridicules sermonneurs qui croient à la liberté des actes

humains. Je puis regretter des choses qui me sont pénibles,
parce qu'elles sont en contradiction avec ma manière
d'être, mais rien de plus. De même est-ce aussi folie de te
reprocher d'avoir agi vis-à-vis de moi comme tu l'as fait ?
Pouvais-tu te montrer autre ?... Certainement non. Alors ?...
Eh ! bien alors, mon cher Mouchy, il reste ce que tu appelles mon « incommensurable orgueil » qui a été irrémé-
diablement blessé. Comment a-t-il été possible que je n'aie
pas produit une autre impression que Clarisse ou Cathe-
rine, que je t'aie inspiré les mêmes sentiments et que
toi, amateur de romans, tu aies cru en commencer un avec
moi. Je t'avouerai que j'ai été longtemps à me pénétrer
de cette réalité qui me paraissait si inouïe qu'elle n'entrait
pas dans mon cerveau. Oh ! l'épouvantable calvaire que
j'ai gravi depuis six ans. Tu ne peux pas t'en faire une
idée parce que ce sont là choses que tu ne saisis point ;
j'y ai laissé ma santé, j'y laisserai ma raison. Je ne puis,
contrainte que je suis par mon éducation religieuse, imaginer que de telles choses restent sans sanction. La raison
me dit qu'il convient de m'en prendre plus à moi qu'à
autrui et qu'on est *soi* le véritable auteur des maux qui
vous viennent d'autrui. Et si ce n'est pas toi le coupable
et si c'est moi qui le suis, c'est moi qui dois expier. Il y a
dans l'expiation une certaine satisfaction, « on fait quelque chose » et vaguement, faussement aussi, l'on se donne
le change, on s'imagine avoir supprimé le passé. C'est le
christianisme qui nous a fait cette mentalité absurde.
Quand, comme certaines nonnes, je me flagellerais chaque
jour jusqu'au sang, cela m'empêchera point que je n'aie
été, bonne femme quelconque, tenir auprès de toi le rôle
d'une autre bonne femme quelconque. C'est vrai, mais
notre faiblesse se détourne d'une logique trop rigoureuse,
son âpreté l'effraie. On s'imagine être autre en changeant
son habit et l'expiation souvent n'est qu'une hypocrite
forme de soulagement. L'enfer, je l'ai toujours imaginé
dans la continuation indéfinie de la sensation qui a plu
d'abord et finit par devenir torture, par la prolongation
d'une situation dont on a saisi l'horreur. Ne pas chercher
à sortir de l'ornière où l'on s'est laissé choir serait sans

doute la meilleure forme de satisfaction à offrir à un Dieu offensé, si les Dieux se souciaient de nos actes et pouvaient s'en trouver blessés.

A quoi riment toutes ces rêvasseries mystiques ? Ta lettre et ta carte postale écrite ensuite, vendredi dernier, m'ont touchée, mon cher Mouchy. Tu es certes le meilleur des maris que l'on puisse rêver, je le reconnais sans hésiter et c'est pour cela aussi que je me tourmente d'une situation qui t'est à toi aussi, extrêmement pénible. [...]

Merci pour tout ce que tu me proposes, pour tout ce que tu me dis. L'indulgence mon ami, c'est la meilleure des vertus, tâchons d'en avoir l'un pour l'autre autant que nous le pourrons. [...]

Ealing, 25 septembre 1906 (soir)

Je t'ai écrit tout à l'heure très longuement, mon cher Mouchy, mais je ne sais si, à travers tout ce que je t'ai dit, tu as compris que j'apprécie très hautement et comme je le dois la sollicitude que tu me manifestes. Ta dernière carte-lettre de vendredi témoigne vraiment d'une grande bonté et je voudrais y répondre par de la bonté aussi.

« Veux-tu essayer de quelque lointain voyage », m'as-tu proposé. T'es-tu douté en écrivant cela que tu écrivais la phrase la plus propre à me toucher parce qu'il me semble qu'il y a de ta part une intention tout spécialement bienveillante de m'offrir celle des choses du monde qui me tient le plus à cœur. Je la retiens, ton offre, mon ami ; je t'en demanderai sans doute un jour l'exécution... mais pas aujourd'hui. Aujourd'hui je suis lasse et traînerais partout, avec moi, ma lassitude et mes soucis. Essayons de liquider notre misérable situation. Nous essayons depuis longtemps, penses-tu. Je ne crois pas que nous ayons essayé franchement. Nous avons cherché seulement à jouer les rôles de bonshommes que nous ne sommes pas, de là, à la longue, une fatigue dégénérant en irritation. Qu'est-ce que nous sommes en réalité ? Toi, tu es un monsieur sorti de son élément, très navré de n'avoir pas

l'intérieur qui t'aurait convenu, la femme qui t'aurait
convenue. Moi, je suis une malheureuse désorientée par
l'effondrement d'un foyer où j'avais cru devoir m'abriter
jusqu'à ma mort. Horriblement humiliée ensuite d'avoir
été dupée et bafouée dans une aventure où j'avais cru de
bonne foi jouer un tout autre personnage et ne sachant
plus aujourd'hui où aller ni que faire. Que nous soyons
nous-mêmes les artisans de nos déconvenues c'est bien
possible, c'est certain, mais de nous le dire ne remédiera
à rien. L'habitude, à défaut d'autre chose, a créé entre
nous une sorte de sympathie. Cette sympathie est-elle
assez forte pour que nous tâchions, puisque nous n'avons
personne à qui mieux nous adresser, de nous aider
l'un l'autre à atténuer la peine que nous cause notre
triste situation. Moi, pour ma part, je réponds oui. [...]

Ealing, 6 octobre 1906

[...] Je quitte Ealing tout à l'heure, après le lunch...
sans regret... De la Margot d'autrefois il ne reste rien.
A sa place il y a une grosse femme apathique, indolente
qui se traîne d'une chaise sur l'autre en gémissant, qui
a pris des façons d'agir et de penser de bourgeoise allemande ou anglaise de petite ville... Elle vous parle de la
« corruption de la société française » « des mœurs parisiennes ». Elle oublie un peu trop qu'elle a joué à Marthe
le tour, assez peu délicat, de la dégoûter d'Eric qui voulait
l'épouser et de la pousser dans un autre mariage pour
prendre Eric elle-même. Eric et elle vivent cette vie de
fausse intimité qui est celle de la majorité des ménages
et qui me répugne tant... Il paraît que c'est comme cela
que « normalement » on doit vivre en état de mariage.
Moi j'ai des nausées rien que d'y penser. C'est bien assez
de mentir et de jouer un rôle dans toutes les relations
sociales ; qu'au moins le *home* soit l'endroit où l'on jette
le masque où l'on se repose des grimaces indispensables.
[...]

Monnetier (Salève), 5 octobre 1907

[...] Est-ce assez misérable d'avoir dépensé son argent pour un résultat aussi nul. Je ne m'imaginais pas qu'un mois de grand air réparerait le mal causé par des années de tension nerveuse à outrance et de misères morales toujours vivantes, toujours rongeantes. Ç'aurait été le rêve d'un fou de l'espérer. Mais je croyais à une influence salutaire sur les fonctions digestives, surtout après Vichy. Il n'en est rien. Te dirai-je que je regrette mon séjour au Salève. Non. J'y ai trouvé, à défaut de guérison, un réel plaisir. Les grandes promenades dans la montagne, la tranquillité de cet hôtel, l'absence de préoccupations ménagères, la délivrance de ces misérables garçons qui m'agacent si fortement les nerfs. Tout cela m'a été agréable, très agréable. Oui, tout, jusqu'à l'absence des paysages, des visages de Tunis m'a été bon. Je m'étonne dans ces jours de solitude de me retrouver absolument telle qu'en ma jeunesse, qu'en mon enfance. Et pour tel geste, telle pensée, telle impression ou telle joie subite, semblables à ce que j'éprouvais à douze, à seize ans, j'ai parfois envie de m'embrasser moi-même. J'ai endossé des vêtements qui m'ont déguisée mais, sous eux, le petit « moi » qu'ils gênaient est toujours lui-même et je le retrouve avec tant de joie. Tu vois donc, mon ami, que ton intention étant de me donner quelque plaisir, tu y as réussi. Crois que je t'en suis reconnaissante, très très reconnaissante.

J'ai commencé, en même temps, le livret d'opéra et la « nouvelle » sur le même sujet dont je te parle depuis longtemps. Le sujet me semble si joli, si dramatique, si théâtral que ce serait un beau succès, si je pouvais m'associer un compositeur de mérite. Je tiendrais cependant à publier avant tout la « nouvelle » afin d'éviter le vol de mon idée, chose si fréquente. Mais la « nouvelle » reprise vingt fois depuis mon retour de Figuig ne vient pas comme je le souhaiterais, je voudrais à cette idylle d'un genre spécial donner une forme en harmonie avec le cadre que je lui

prête. Il faudrait, dans mon style, les sables couleur d'aurore et les montagnes violettes et la mer mouvante des
palmeraies et le soleil et enfin le désert farouche et ensor-
celant. Je trouve mes phrases plates, banales, ne ressemblant en rien à ce qui chante dans ma tête. [...]

Voilà dix-huit mois que je me suis passionnée de ce
roman, passionnée jusqu'à la rage de mon impuissance
à n'en tirer rien de sortable quand d'autres en feraient
un petit chef-d'œuvre. Et au théâtre ! Quel thème varié
Il faut, vois-tu, que j'en vienne à bout. [...]

Montreux, 8 ou 10 octobre 190

Une surprise dont je ne reviens pas moi-même : me
voici à Montreux ! En allant de-ci de-là à Genève voir mon
monde, j'ai rencontré de très anciennes connaissances perdues de vue depuis longtemps et qui viennent de faire un
séjour à Montreux. On m'a invitée et, ma foi, je n'ai pas
eu le courage de refuser, n'ayant à payer que le bateau.
[...] J'ai déjà vu ce soir le fameux château de Chillon. Le
ciel à demi voilé de nuages dans la direction du Valais
présentait un étonnant coucher de soleil du côté du Mont-
Blanc. Bref, décor romantique comme il convient à ce
haut bout du lac tant célébré et à juste titre.

[...] J'ai bien fait de songer à voir du monde à Genève
pour mon livre. J'ai surtout trouvé un correspondant des
grands journaux allemands qui a été extrêmement obligeant et s'est offert pour faire lui-même toutes sortes de
démarches.

Mon très cher petit Mouchy, je te reverrai tout de
même avec une joie bien réelle. Sois sûre que je te sais
gré des jours de distraction que je prends ici. Je ne suis
peut-être pas très expansive à ce sujet mais sache que je
sens très profondément ces choses et que je désire et je
veux te rendre en échange tout ce qui est en mon pou
voir. [...]

Paris, 20 octobre 1907

[...] Ce matin j'ai été au Saint-Esprit, rue Roquépine, où y avait une nombreuse assistance. L'organiste nous a régalés, en guise d'intermède, d'un morceau fort bien joué et le pasteur a fait un discours d'une éloquence sobre mais très appréciable ; cela ne sentait point la province, les Cabantous et, tutti quanti. Il s'était attaqué à *l'Ecclésiaste*. Voilà bien la première fois que j'entends lire et choisir un texte dans ce bouquin très peu chrétien. Il n'a pas cherché à escamoter les passages les plus durs de digestion pour un croyant et, biaisant, ce qui est la grande habileté des controversistes, il est arrivé à raccrocher, sans que la dissonance soit trop criante, à ce texte si terrible à manier, des idées telles qu'un pasteur peut en exprimer du haut de la chaire. Erudit, semble-t-il ! familier avec les auteurs grecs il m'a fait grand plaisir à moi qui jouis de cette joute, de ce jeu des idées qui glissent, passent, chevauchent, comme en des figures de quadrille bien réglé. Voilà une comparaison peu édifiante et cependant j'ai été édifiée car ce monsieur a eu, en parlant d'un des résultats du pessimisme qui incline le pessimiste à l'infinie indulgence pour cet atome misérable qu'est l'homme et à l'infinie compassion pour sa misère, il a eu des phrases dignes d'un de ces sermons attribués au *Bouddha* que je conserve en mon esprit, si je suis incapable de les faire entrer dans mon cœur...

Paris, 22 octobre 1907

[...] Dans quel sens dois-je prendre cette phrase de ta lettre : « L'absence ne t'éloigne-t-elle pas un peu chaque jour de moi et des tristes souvenirs que je te rappelle ? » Tu n'es peut-être pas assez philosophe, mon ami, pour que je te dise que c'est ce qui pourrait nous arriver de plus heureux, ce que, si nous étions sages, nous souhaiterions comme terme de nos misères. Oui, me détacher de

notre passé, arriver à sentir, ce que je comprends si bien
par le raisonnement, qu'une aventure, que toi-même qua-
lifie de banale, n'est pas toute une vie et que si, pour s'y
être fourvoyé, on s'y barbouille d'un peu de malpropreté
on n'a qu'à se dire tant pis pour moi, il ne fallait pas que
j'y aille et à hausser les épaules en se raillant de sa stupidité, sans prendre au tragique ce qui ne le mérite pas.
La vérité c'est d'être persuadé qu'un amant, le plaisir
qu'il donne ou les petites perfidies dont il se rend coupable ne sont que des à-côtés de l'existence, des hors-d'œuvre
que l'on savoure quand ils sont agréables, mais que l'on
rejette, en hâte, lorsqu'ils paraissent amers. Il ne faut
pas laisser les préoccupations d'au-dessous de la ceinture
monter jusqu'au cerveau, les agitations du corps et de
l'âme animale ne doivent point troubler l'esprit, chez ceux
qui ont le bonheur de posséder un esprit. Que j'arrive à
me « détacher de toi » comme tu dis ; à ne plus me soucier de ce que tu as pu faire ou être, à ne plus chercher
maladivement sur tes anciens portraits l'empreinte de sentiments en contradiction avec les miens. [...] Le passé, la
sentimentalité jetés à la hotte aux guenilles, que reste-t-il ?
Pour moi je ne vois plus qu'un élément mauvais : notre
santé, mais elle n'est pas compromise, ni chez toi, ni chez
moi, à un point capable de nous empoisonner l'existence
et les soucis, les heurts finis, un mieux sensible se mani-
festerait, j'en suis sûre. Donc nous voilà tous deux... oui,
je sais, nous n'avons ni les mêmes opinions ni les mêmes
tempéraments, mais nous sommes intelligents et assez
libéraux l'un et l'autre pour respecter notre liberté. Ce
que tu penses de moi, je ne le sais pas. Je n'envisagerai
que toi et je dirai tout de suite que je ne te vois
que des qualités contre quelques insignifiants défauts tout
à fait de détails. Tu es pour moi un excellent mari, je ne
te changerais pour aucun des hommes que je connais.
Tu es instruit, tu as des Lettres, tu as d'énormes qualités
pratiques d'ordre, d'économie, de travail. Nous sommes
socialement assortis, nous pouvons avoir des relations
communes et nous entraider l'un l'autre. Veuille me reconnaître seulement quelques qualités équivalentes et tu

avoueras, mon très cher ami, que la majeure partie des ménages n'ont pas autant d'éléments de bonheur que nous. [...]

Paris, 30 octobre 1907

Mon pauvre Mouchy, j'ai hâte de m'en aller d'ici et j'appréhende le retour à Tunis... Je n'ai rien gagné sur ma neurasthénie et elle a beaucoup gagné sur moi. Les insomnies qui avaient cédé un peu à mon arrivée à Paris sont revenues plus accentuées. Au moral j'ai l'âme plus écorchée que jamais, aucun épiderme ne s'interpose plus entre mes sensations et ma sensibilité maladive. Toute cause, même de plaisir, retentit en moi, comme une douleur. Je ne peux plus jouir de rien, je souffre de tout. Hier, à l'opéra-comique, où j'avais eu une entrée, pour quelques décors japonais d'un artistique facile, quelques effets de lumière réussis et une assez piètre musique de Puccini accompagnant une histoire plagiée de Mme Chrysanthème, je me suis retournée les nerfs au point de songer à quitter la salle. J'aurais savouré tout cela avec plaisir pourtant, autrefois. Mais autrefois est loin ! J'ai tant lutté pour la vie, pour ma vie, tant rêvé à des heures de beauté remplies d'esthétiques gestes et tant vu s'envoler les châteaux de nuages de ma fantaisie que j'en suis lasse. Aujourd'hui je suis laide, vieille et pauvre, fini l'espoir, et je ne me résigne pas à, comme tu me l'as trop répété, descendre la pente qui mène au trou noir. A quoi bon cette préparation, cette lente agonie. Ne peut-on vivre jusqu'au seuil même de l'abîme. Vivre ! Je n'ai eu que ce mot-là aux lèvres, que ce désir dans le cœur et les jours ont passé et les heures ont coulé, si rapides, si vides, si gaspillées, et les minutes continuent à s'égréner plus précipitées encore... à quoi faire ?...

[...] Inutile de te dire que je suis, aujourd'hui, en proie à une grosse crise de neurasthénie, elle me tient depuis hier midi à l'état aigu. Le moindre bruit me fait sursauter, mes oreilles bourdonnent, un peu de fièvre avec cela.

[...] Voici, encore, mon ami, une lettre bien égoïste,

bien pleine de moi et qui ne ressemble guère aux tiennes
où jamais, au contraire, tu ne parles de toi. M'en veux-tu
beaucoup et comment serai-je accueillie là-bas quand j'y
débarquerai ? J'y pense beaucoup. Quelle idée te fais-tu
de mon retour ?

Paris, 3 novembre 190

J'ai reçu ta dépêche. Est-il vrai que l'épidémie de peste
soit enrayée ou bien ne me dis-tu cela que pour me ras-
surer et m'engager à prolonger mon séjour ici ? Tu es très
capable d'avoir agi suivant cette seconde supposition, mon
bien cher ami, je ne puis que t'en savoir gré, tu te montres
toujours, dans ces questions, aussi délicat et aussi dévoué
que possible. Toutefois je manque de données pour savoir
la vérité. [...]

J'ai assisté cet après-midi à une séance du comité du
Conseil des Femmes qui est une sorte de fédération de
tous les groupes féministes français et fait, à son tour,
partie d'une fédération internationale. On m'a demandé
d'aller au Congrès de Rome ce mois de mars prochain et
Mme Avril de Sainte-Croix m'a priée d'aller la voir demain
pour traiter diverses questions sur lesquelles je puis,
paraît-il, lui fournir des renseignements. La séance a été
plutôt orageuse à cause de discussions sur la propagande
pacifiste. Je n'ai, naturellement, pas eu à y participer,
n'étant pas membre de l'association. Quelques anciennes
connaissances de *la Fronde* m'ont emmenée ensuite prendre le thé boulevard Saint-Germain, *A la Dame Blanche*,
une bien antique maison.

On m'a invitée à un autre thé après-demain chez d'autres dames, mais j'ai déjà ce jour-là le thé (qui est du
champagne) aux 5 heures de Rachilde du *Mercure*. Je
dois aussi aller, en société, voir une pièce au théâtre
Réjane. J'ai encore une masse d'autres demandes d'aller
de droite et de gauche, je suis presque une revenante,
une ressuscitée... et je fais sensation. Il faut couper court
Je n'ai point vu les Mardrus qui m'ont écrit de Honfleur
un mot comique, comme ils en ont le secret. Les Harr'

Pérault sont aussi en province. Mme Sorgue, avec qui j'ai déjeuné, m'a paru fort démoralisée. Elle avait été la veille à je ne sais quelle réunion des comités socialistes où elle avait giflé je ne sais qui... Mœurs politiques ! [..]

[...] Mon petit Mouchy comme c'est misérable et ridicule toute cette agitation de fourmis ! Comme cela contente peu l'esprit qui, ne fût-ce qu'un jour, qu'une heure, dans sa vie, s'est senti en communion mystique avec cette abstraction — seule réalité — que les croyants vulgaires défigurent en en faisant leur Dieu. Et quelle rançon terrible du séjour sur le mystérieux Thabor toutes joies, toute admiration, tout amour devenus impossibles, ternis par l'éblouissement de la vision pressentie [1]. Bonne nuit mon ami, je te tends les deux mains, mais veuillent les Dieux, qui seuls le peuvent mettre en ton cœur la paix surpassant tous les biens et que nul mortel ne peut dispenser même aux êtres les plus aimés par lui.

Londres, 4 septembre 1910

[...] J'ai assisté hier soir à un meeting où il y avait des gens de l'Inde (prends meeting dans le sens anglais qui veut dire réunion, on a lu et discuté des questions orientalistes). On m'a demandé d'aller « délivrer » une lecture à Edimbourgh pour un groupe d'étudiants hindous suivant les cours de l'Université. Le président de ce groupe, étudiant en médecine, assistait au meeting d'hier soir Peut-être ce n'est qu'un vague projet. Je suis ravie d'aller à Edimbourgh.

Maintenant il faut que je prépare toutes ces lectures qu'il s'agit de « délivrer » comme pigeons voyageurs, et ce n'est pas une mince besogne car, d'autre part, j'ai pas mal d'invitations et les distances sont si grandes qu'on perd un temps énorme. [...] Au moment de fermer cette lettre j'en reçois deux : une d'Italie, une de Bruxelles Celle de Bruxelles demande une conférence. Celle d'Italie me propose de publier un petit volume de « nouvelles » traduction italienne) si je veux en donner encore deux

ou trois pour faire suite à mon « conte du désert »,
Devant la face d'Allah qui va paraître dans une revue.

J'ai pris le bon chemin, je n'ai plus de temps à donner
à la neurasthénie... Mais j'ai du temps à te donner à toi
très cher ami, pour te dire ma grande et sincère affection.

Londres, 6 septembre 1910

Il pleut. C'est le leitmotive de la pièce et le ciel en
abuse. Le malheur est que je dois parler ce soir dans un
groupe où l'on s'occupe d'études orientalistes et c'est à
l'autre bout de Londres, heureusement j'aurai peu à marcher, le local étant à proximité d'une gare de métro. [...]

[...] M. Payne m'a révélé une manie qui va me le faire
tenir un peu à distance. Il a fait depuis de longues années
une étude spéciale de Shakespeare, a recherché les vieilles
éditions, épilogué sur les versions authentiques ou falsi-
fiées de même que certains le font pour la Bible ; il a
soutenu des luttes sur ce sujet à l'Académie des Belles
Lettres d'Angleterre, et son opinion et ses travaux se
trouvent indiqués dans les préfaces des magnifiques éditions (reproduites en fac-similé des éditions anciennes)
que l'Université d'Oxford a publiées des œuvres du grand
dramaturge, ainsi qu'en d'autres ouvrages aussi « grandis-
simes ». Il a commencé un ouvrage sur les archaïsmes de
langage que l'on trouve dans Shakespeare. Il y a déja environ quarante mille fiches renfermées dans un meuble
expressément construit à cet usage. Cette sorte d'arche
sainte se trouve en face des lits jumeaux de la chambre
conjugale... Jusque-là cela va bien, mais voici où le drame
commence. Avant hier je trouve M. Payne occupé à mettre
en vers sur le mètre de ceux de Milton (*Paradise lost*) des
fragments des Ecritures bouddhistes. Il a déjà commis
ainsi huit mille vers. Il m'a fallu entendre narrer, dans
cette langue, l'épisode du *Bouddha* au Parc des Gazelles.
Je n'aime pas beaucoup que de tels sujets soient pris pour
prétexte à littérature. Mais chacun son idée. Il m'a fallu
ensuite avaler la lecture de plusieurs pages de Milto̶

pour juger de la ressemblance. Puis la situation s'est corsée. M. Payne a été chercher plusieurs volumes de Shakespeare afin que sa femme et moi et les enfants puissions suivre et il s'est mis à déclamer. Oh ! *dear ! horrible most horrible !* J'ai souffert d'inexprimables tortures pour ne pas rire. Il était tour à tour le fantôme puis Hamlet, puis sa mère, puis le vieux roi Lear et d'autres encore et il mugissait, braillait, miaulait, piaillait. Dans la maison d'à-côté le piano jouait *la Bohème* de Puccini, et tandis que Musette roucoulait, le roi fantôme gémissait : adiou, adiou ! (il y a je ne sais pourquoi adieu en français dans le texte). Je suis encore malade rien que d'y songer. Cela a duré jusqu'à 11 heures du soir. Alors tu comprends... je me méfierai à l'avenir.

Hier j'étais en visite chez un peintre qui me paraît voir ses modèles dans un de ces miroirs qui aplatissent les gens et les rendent gros et courts. Il y avait ainsi, devant moi, un Jésus aplati sur un monticule de blanc d'œuf fouetté en neige et des disciples du même modèle, écrasés tout à l'entour. C'était pas mal réjouissant aussi.

Réjouissances, encore, toutes ces inscriptions anglaises que je ne me lasse pas de lire. Exemple : Dans un compartiment de train la classique défense de cracher mais agrémentée de ce tarif de pénalité : « Première offense (offense c'est cracher) 1 livre. Chaque offense suivante 2 livres. »

Dans la rue à la porte d'une église sur une énorme pancarte : « Le plus agréable moyen de passer son dimanche. La plus réjouissante des réunions. Un orchestre joue entre les réunions... »

Charlton (Kent), 11 septembre 1910

[...] Je vais prendre le thé demain avec une charmante femme que je connais depuis plusieurs années, Mrs Mabel Bode, professeur de pâli à l'Université de Londres. C'est une petite personne très intellectuelle et très instruite et je me réjouis de la revoir. Je dois voir aussi un de ces jours Mrs Rhys Davids, une très érudite orientaliste, aussi

auteur de nombreux ouvrages, mais elle habite Manchester et elle ne sait pas au juste quand elle viendra à
Londres. Le 15 je prends le thé avec une autre vieille
connaissance. Une féministe, née française, mais venue
ici, enfant, après la *Commune* et n'ayant jamais quitté
l'Angleterre. Le 22 j'ai un lunch chez Mrs Mills, femme
d'un professeur à l'Ecole de Pharmacie qui convie quelques hindous de passage ici.

Je ne pouvais faire autrement que de répondre à quelques invitations, d'autant plus que c'est une façon de
cultiver mon anglais ; mais je commence à en avoir assez.
Les gens qui « s'intéressent » à l'orientalisme sont bien
insupportables. Ils vous posent des questions ahurissan-
tes, manquent des notions les plus élémentaires et se
croient, souvent, très renseignés. C'est amusant de voir ce
qui gravite de cancres autour des quelques savants qui ont
fondé la Sté Bouddhiste d'Angleterre. Ces gens-là n'ont
de cesse qu'ils aient introduit leur prose ou leurs discours,
parmi les études concernant les textes anciens, faites par
les lettrés. On me dit que la Société des études védantistes s'est dissoute à Londres pour ce motif. On devait
y publier des traductions d'ouvrages sanskrits et des
commentaires, il s'est rué là-dedans une meute qui a
voulu faire une chapelle et les orientalistes de la Société
ont tourné le dos. Ce genre d'études demande pourtant
l'association, tant pour la difficulté de se procurer les
matériaux d'études que par la nécessité de réviser ses
propres connaissances par la documentation possédée par
d'autres.

J'ai reçu un numéro de la revue *les Annales de la jeunesse laïque* envoyée dans une enveloppe à l'en-tête du
procureur de la République à Belley. Il contient une revue
de mon Yang-tchou, due encore à la plume enthousiaste de
M. Burle. Que peut être ce Burle ?

Je ne m'amuse pas démesurément à Londres et si je
ne devais attendre l'heure de mon cours à Bruxelles, je
pourrais bien songer à faire mes malles. J'ai eu un assez
violent accès de fièvre hier, l'humidité anglaise qui produit
son effet.

Vendredi 15

Mon petit Mouchy, tu as bien failli être veuf... J'ai dîné hier soir au restaurant hygiénique, rationnel, etc. du fameux Eustace Mile ex-étudiant de Cambridge devenu fondateur de « l'Ecole pour le développement physique » et propriétaire d'un endroit où l'on absorbe des choses douloureuses. Une vieille dame m'avait invitée là et, bien que méfiante, j'y étais allée assez volontiers pour connaître l'endroit. Hélas ! Le supplice a débuté par un petit losange rosâtre qui m'a paru confectionné avec de la poudre dentifrice japonaise, puis est venue une soupe semblable à de la farine de lin préparée pour cataplasme dans laquelle se trouvait du sable... tu sais du sable dans les aliments, ça divise « le bol alimentaire », d'autres horreurs ont succédé, présentées dans des soucoupes en guise d'assiettes. Vers la fin, il y avait du fromage haché frit dans du beurre rance. Je me voyais toute pâle dans une des glaces tapissant les murs, mes intestins se tortillaient péniblement. Il y avait un orchestre qui accompagnait mes affres d'une musique à porter le diable en terre... Je croyais bien que cette marche funèbre était de circonstance. Le restaurant était comble, autour de moi je voyais circuler des soucoupes contenant d'autres préparations inquiétantes. Une pancarte annonçait que des cours de cuisine hygiénique étaient faits dans l'établissement et, aussi, que dans une chambre remplie d'ozone, M. Eustace Mile enseignait à pratiquer une gymnastique normale et à respirer !... Une portion de l'Enfer de Dante que cette maison ! J'ai pris du sulfate de soude ce matin mais mon estomac garde un souvenir pénible. En somme ce sont aventures à prendre en blague et qui ne manquent pas de gaieté. Demain je vais avec la famille Payne à l'Exposition japonaise, Marguerite m'a invitée pour dimanche, mais je n'irai pas car j'ai à travailler et suis, aussi, un peu fatiguée. J'ai vu hier le frère de notre ambassadeur Rome, M. Barrère dont la femme est l'amie de Mme Payn

Il est professeur de français à l'Ecole de Guerre où l'on forme les officiers d'état-major anglais.

L'Aurore de Paris m'a consacré un mot aimable au sujet de mon rapport au Congrès de Bruxelles, *l'Humanité* et d'autres journaux : *Petite République*, etc. l'ont signalé. [...]

(En mer Méditerranée), 10 août 1911

Le temps ainsi que tu l'avais prévu est très beau et je t'écris sur le pont, ce qui te montre qu'il y a relativement peu de vent. Le bateau dépasse en saleté tout ce que j'avais jamais vu. Le pont est couvert, non seulement de suie, de déchets de cigares, mais de reliefs à manger, bouts de croûtes, os, papiers gras. Les gens des troisièmes et des passagers de pont grouillent sur cette promenade déjà si réduite de l'arrière, ils y ont couché et restent étendus sur leurs baluchons. Ils y mangent aussi, déballent, par terre, le contenu de leurs paniers. Cette fraternisation est peut-être touchante, mais j'avoue ne point la goûter. Il y a eu des rats dans ma cabine ils y ont laissé des traces visibles et convaincantes de leur passage.

Je ne puis, mon très cher, te dire grand-chose de mes impressions après t'avoir quitté hier soir car je n'en ai pas eu beaucoup... J'ai, en effet, perdu connaissance et, chose étrange, dû m'endormir dans mon évanouissement, car ce matin à 5 heures, je me suis réveillée ayant en main les objets que je tenais hier soir [...] Je suis absolument hébétée et sans pensées (ou pensers, comme tu dis). Le déjeuner a été bizarre. Il y avait des « lentilles Esaü » qui étaient des lentilles bouillies dans leur eau parsemées d'un hachis d'oignons crus. Je croyais que c'était une salade et m'en suis servie copieusement en écartant les oignons de mon mieux. En mangeant ce plat simpliste j'ai pensé que c'était un avant-goût des repas monacaux qui m'attendent. Ce ne pouvait être malsain dans tous les cas. Il fait très chaud, beaucoup plus chaud que dans notre maison. Je suis fiévreuse. Si je continue à avoir de ces accès journaliers, je monterai passer quelques jours

à Muwara Elya ou ailleurs dans les montagnes à mo
arrivée à Ceylan. Cela tuera peut-être les microbes.

Et alors... est-ce que vraiment, je suis en route pou
Ceylan ?... Je n'en ai pas réellement la sensation.

[...] Mon « Maru » n'arrive que demain matin. Me voici
donc à l'hôtel Beauvau où l'on m'a donné une chambre
d'angle bien aérée, une fenêtre sur le port, une sur la
Canebière, coût quatre francs. Tu ne sais pas, petit très
cher, l'idée qui m'a traversé la cervelle ? C'était de planter
là le « Maru » et de m'en aller à Vichy, sans rien te dire
pour te faire la surprise de t'y retrouver. Ce serait bien
gentil mais, sans doute, bien enfantin aussi ; la douleur
suit les actes qui ne sont pas minutieusement passés au
crible de la raison et cela serait-il raisonnable de renoncer
maintenant à ce voyage préparé de longue date et à tout
ce qu'il comprend d'études profitables et de relations
utiles ? (Pour ne parler que des points qui peuvent t'intéresser et en laissant dans l'ombre le côté philosophique
ou mystique qui, quoi que tu en penses, domine en ceci.)
Cela serait-il sage de briser les jalons déjà posés dans ma
carrière d'orientaliste, de paraître une girouette que personne ne prendrait plus ensuite au sérieux ? Et puis, ne
serait-ce pas renoncer à écrire de nouveaux ouvrages ?
Mon stock de connaissances à répandre est épuisé. Il me
faut le renouveler, l'étendre pour apporter aux lecteurs
autres choses que des redites ou des banalités. Il y a une
place très honorable à prendre dans l'orientalisme français, une place plus en vue et plus intéressante que celle
de nos spécialistes, confinés dans leur érudition sèche et
morte. Cette place j'ai senti qu'elle venait à moi. Si
ma persévérance et mon travail étaient suffisants je n'aurais qu'à la prendre. J'ai vu — ce ne sont pas des rêves
— la cohue se pressant à mes conférences à Paris, l'auditoire nombreux que j'ai réuni à Bruxelles et j'ai vu, dans
le salon de S. Lévi des hommes déserter le cercle où l'on
dissertait savamment pour venir autour de moi entendre
parler de philosophie hindoue vivante qui ne se préoccupe
pas de l'âge ou du lieu de naissance, ni même de l'existence historique ou non des grands penseurs mais consi-

dère les idées en elles-mêmes d'où qu'elles viennent,
voyant en elles des manifestations du cerveau de l'humanité et non la doctrine inventée par X ou par Z et s'appuie
sur elles, non pour copier servilement les formes qu'elles
ont inspirées dans le passé mais pour en faire un point
d'appui qui permette à notre génération d'aller plus loin
et de l'avant. Vois l'immense, l'extravagant succès de
Bergson. Ce qu'il dit est pourtant bien pâle, bien nua-
geux et, excuse ma témérité, je crois avoir beaucoup
plus et beaucoup mieux à dire que lui. Pour cela il faut de
l'énergie, du travail, une documentation qui ne laisse pas
prise à la critique. Il faut que, lorsque je serai critiquée
par des savants de cabinet, le public puisse penser : oui,
ces gens-là sont d'éminents érudits, mais elle, a vécu
parmi les choses dont elle parle, elle les a touchées et vu
vivre ! Or, celui-là est plus apte à peindre la fleur qui l'a
vue fraîche au lieu de l'avoir seulement contemplée dans
un herbier. Mais tout cela, si vrai et juste et raisonnable
que cela soit, ne fait pas que je n'aie devant les yeux
l'image d'un Mouchy debout sur le quai de Bizerte, une
silhouette regardée longtemps qui s'efface dans la nuit...
Mon petit Alouch très cher, nous sommes faits de beaucoup de cellules diverses vivant leur vie en nous et combien sont divers les sentiments qui nous traversent. J'ai
toujours été une raisonnable... Il y en a qui pensent que
c'est folie !...

Ecris-moi tout de suite à Colombo pour le départ du
prochain courrier. Je viens de prendre mon billet...

Mandapam, 18 novembre 1911

[...] Mon arrivée à Tuticorin * hier a ressemblé à celle
de Port-Saïd. J'avais vu une plaine de sable avec deux ou
trois baraques. J'ai trouvé une ville, des rues, des arbres,
une jetée sur laquelle roulent les trains. Mon bateau de

---

* Dans l'*Inde où j'ai vécu* (Plon), A. David-Néel décrit avec beaucoup d'humour sa première traversée du détroit de Tuticorin.

Tuticorin s'est métamorphosé, aussi, en un élégant steamer aussi grand que les « Touache », mais autrement
joli. Et le débarquement se fait dans une vaste chaloupe
qui a pris la place de la barque étroite que des rameurs
enlevaient sur la crête des lames, parmi les douches réité-
rées. Tout se perd, vois-tu. La terre ne sera plus bientôt
qu'une vaste usine ! J'ai vu, sur la jetée de Tuticorin,
d'énormes tortues de mer qu'on avait retournées sur le
dos pour qu'elles ne puissent se sauver. Les tortues ne
peuvent se remettre seules sur leurs pattes.

Que dire de Maduraï. Je n'ai plus retrouvé la terrasse
où j'avais passé une soirée sous les étoiles dans la première griserie du parfum de l'Inde. On a bâti, là aussi ;
le Temple seul est resté le même, plus effrayant encore,
si possible. J'y ai passé plusieurs heures hier au crépuscule, dans la nuit, et ce matin. La nuit dernière ! on a
promené des Dieux ; mais ne t'imagine pas une procession
catholique avec des bannières, des fleurs, des fidèles aux
faces niaises, le tout baignant dans une atmosphère de
stupide ingénuité. Ici, c'est, marchant au pas de charge,
des hommes nus, sauf le pagne minuscule, avec des peintures symboliques rouges et blanches sur leur front brun,
des stries de cendre sur le torse, charriant sur un palanquin emmanché de longs bambous les divinités, statues
plutôt informes, qu'on distingue mal dans l'ombre. Ils
sont une vingtaine, supportant le palanquin sur leurs
épaules, précédés d'hommes qui portent — non des torches élevées — mais des sortes de torches horizontales,
comme s'ils portaient du feu à pleines mains, une lueur
désordonnée de brasier plutôt qu'une lumière. Une longue
trompette les accompagne. Innommable trompette...
innommable musique de trois notes répétées à l'octave,
avec des quintes qui sonnent crues, dures, infernales,
emplissent le temple d'horreur. Ah ! comment décrire
cette vision, le frisson qu'elle vous fait courir par les
moelles ! On est à côté de la terre, dans le monde des
influences terribles et mauvaises, le domaine de « l'Autre »
comme on disait au Moyen Age. Et réellement, on le sent
passer sur soi le souffle de « l'Autre ». A de longues années

d'intervalle je retrouve la même impression accrue en intensité. Oh ! cette procession parmi ce peuple de dévots se couchant devant le cortège de l'idole, baisant la pierre après son passage. Tordant leurs bras en vingt gestes rituéliques d'adoration, parmi ces statues noircies hideuses, grimaçantes, enduites de l'huile des offrandes, aux pieds desquelles s'écrasent, sur les dalles, des fleurs disposées en dessins symboliques, de pauvres fleurs roses ou blanches, pitoyables dans ce décor, qui paraissent terrifiées et souffrantes... Et puis les portes illuminées des sanctuaires interdits qui s'ouvrent sur des gouffres à la fois scintillants et obscurs... Quelle vision inoubliable où passent tant de choses en plus de celles que l'on voit avec ses yeux de chair. Je voudrais pouvoir rester là longtemps, analyser, me créer des relations, voir des types, dans ce milieu que j'ai trouvé unique et qui l'est peut-être. Quelles pages il y aurait à écrire sur tout cela ! Ce matin j'ai lié connaissance avec un brahmane à l'air important qui m'a expliqué diverses choses, très fier de parler anglais. [...]

Rameswaram, 19 novembre 1911

Je t'écris d'une autre station, mon fauteuil placé sous un abri, en face d'un train prêt à partir, à deux pas d'un dépôt de machines, sur le quai est le lampiste et deux ânons pensifs ; dans un coin de l'abri deux veaux méditent. Très peu hindou, le décor me rappelle Djerba.

L'arrivée ce matin, ou plutôt le voyage a été très accidenté. D'abord, à Mandapan, on m'avait avertie, ainsi qu'un autre voyageur, échoué comme moi dans ce coin perdu, qu'il n'y aurait rien à trouver en fait de nourriture à Rameswaram. Nous commandons donc le déjeuner pour 7 heures, mangeons à notre aise et très bien, du reste, avec des œufs à la coque parfaits, des toasts, de la confiture, puis nous partons pour la mer, en procession, comme toujours avec de nombreux porteurs dont l'un porte mes vivres, quelques boîtes de conserves, dans une caisse énorme posée sur sa tête. C'est tout à fait impressionnant,

on se sent tout de suite grand explorateur !... Et on le
devient presque du reste, l'instant d'après, sur le rivage,
où n'apparaît pas l'ombre d'un ferry-boat. Renseignements
pris, il est parti à 6 heures. Il y a là des barques mais nous
n'entendons pas payer, ayant nos tickets. Le voyageur est
le directeur d'une succursale de la banque de Madras, il est
connu et l'agent du chemin de fer nous fait traverser
gratuitement dans une barque déjà pittoresquement garnie
d'indigènes. La traversée rappelle énormément celle de
Zarzis-El-Kantara à Djerba, nous avons bon vent et marchons sans louvoyer. A Paumben il y a une petite jetée,
mais notre capitaine au long cours n'y va point. Il aurait
dû, pour cela, virer de bord et, sans doute, cela ne lui
plaisait pas. Il nous mène donc droit à la plage, à bonne
vitesse et nous manquons y chavirer, je n'ai que le temps
de m'accrocher à une corde pour me soulever, j'allais
prendre — étant assise sur le bord — un bain de siège
« indésirable ». Alors a commencé une comédie : les naturels se sont jetés à l'eau, cela ne les gêne pas beaucoup,
ils en avaient jusqu'à mi-corps (je parle d'hommes de ta
taille). Naturellement le voyageur anglais et moi n'avions
aucune envie de les imiter. La mer était assez forte, la
barque sautait à chaque lame. Enfin on assied mon compagnon de route sur les épaules de deux indigènes et il
gagne le rivage. Cela va être à mon tour, mais la barque
est emportée vers la mer et je dois attendre qu'on la
ramène au rivage. Enfin me voilà sur le sable, c'est le tour
des bagages, de ma fameuse caisse à *provisions*, prenant
un air de plus en plus important et « exploratif ». Et l'on
repart à la file indienne, les valises sur la tête des Noirs,
comme sur les images. A la station on m'annonce que, vu
l'affluence causée par un pèlerinage, il y aura un train
supplémentaire. Je n'ai *que* deux heures à attendre dans
un fauteuil sur le quai. Les deux heures passent vite du
reste à regarder la cohue pittoresque des pèlerins. Rameswaram est un lieu très sain et il y a des gens du nord,
du Bengale et même des Himalayas. Ils traînent avec eux
des objets étranges. Ils se sont tous baignés, ont lavé
leurs nippes qui achèvent de sécher sur la clôture de la

gare. Et ils ont l'air malpropres en dépit de toute cette
propreté. Enfin, le train me dépose dans le village sacré.
Je fais appeler le chef de gare, je lui montre une lettre
de l'India Office et il se met à ma disposition. Il y a,
du reste, peu de choses à tirer de lui, en dehors de
l'eau chaude nécessaire à mon thé Les chambres de la
gare sont mal tenues. [...] Peu après mon arrivée se présente un grand, gras brahmane, « inspecteur du Temple »
qui, prévenu par le chef de gare, vient pour guider ma
visite. Nous partons dans un char attelé de deux bœufs, il
n'y a ni bancs ni chaises, on s'assoit à même le plancher.
Une averse se met à tomber en avalanche et nous gagnons
le Temple au moment où les rues se transforment en
rivières. Rameswaram est loin de valoir Maduraï et je
regrette un peu la fatigue de ce voyage par le mauvais
temps. J'achète différents objets de piété à l'usage des
pèlerins, des graines qui, pour être saintes, doivent avoir
nombre de divisions et mon boy les vérifie méticuleusement car le marchand paraît vouloir nous passer des
graines faites de cinq pièces, qui sont sans vertu, ou presque, au lieu de vénérables graines à six pièces. Tous ces
objets sont de prix très modeste (de 10 à 30 c). J'ai pourtant acheté une horrible « chapelle » sous la forme d'un
triptyque représentant les divinités locales, qui vaut un
franc.

Ce qui a été tout à fait charmant ce sont les petites
filles brahmines qui ont chanté et dansé pour moi les
danses qu'elles exécutent devant l'image du Dieu, dans le
sanctuaire. Elles sont charmantes, couvertes de bijoux,
coiffées de fleurs. Elles ont en main des bâtons qui rendent un son musical quand elles les entrechoquent. Réellement, cela a été délicieux et très en dehors de ce que
voient les touristes vulgaires.

Je suis repartie ce matin, car je continue cette lettre
dans le train le lundi 20. La pluie s'est déchaînée comme
j'étais dans la chaloupe à vapeur avec une troupe de
pittoresques pèlerins. J'ai tâché de photographier. C'était
avant l'averse mais le jour était bien gris. Dommage car
c'était bien intéressant. Au débarquement, je me sauve,

en courant, jusqu'au train où j'arrive transpercée et me voici roulant vers Maduraï.

Un gros brahmane vient d'entrer dans mon compartiment, en me demandant du reste fort poliment si je lui permettais de voyager avec moi. Il a un billet de première et il n'y a qu'un compartiment de cette classe, il a donc tous les droits à monter et je le lui permets, lui sachant gré de sa politesse.

Trichinopoli, 22 novembre 1911

Où est mon Inde d'antan *, ardente, calcinée, avec son ciel vert terrible et ses routes où la poussière tourbillonnait en poudre d'or dans les brefs et rougeoyants crépuscules !... Des nuages bas, uniformément gris, des arbres verts, des champs verts... trop verts ! des routes boueuses où les roues enfoncent en faisant gicler une eau rouge brique et des averses qui vous transpercent, des nuits où l'on grelotte recroquevillé dans ses couvertures... Je pense à un été mouillé de Hollande ou de Bretagne. Vois-tu il en est de l'Inde comme de notre Tunisie, la saison recommandée aux touristes est la plus mauvaise que l'on puisse choisir au point de vue pittoresque et couleur locale. Ce n'est pas cette Inde humide et grise, l'Inde des *Vichnou* et des *Shiva* et si tu savais quelle piètre mine font les dieux dans leurs Temples aux murs lavés par les averses !

Je suis allée ce matin à des Temples situés en dehors de la ville et au retour ai gravi les trois cents marches menant au sommet du roc où trône *Ganesha*. Piteux tout cela ; la pluie a changé la tonalité des couleurs. L'Orient sans soleil n'est qu'un monceau d'immondices. Aussi je renonce à revoir Tanjore et prends l'express de nuit ce soir pour Pondichéry. Et cela ne se fait pas sans difficultés. On doit, à cette époque « touristique » retenir ses places à l'avance dans le train, surtout pour la nuit. J'en-

---

* Alexandra David-Néel a fait un premier voyage à Ceylan et en Inde en 1891 — elle avait vingt-trois ans. Et par une correspondance de M. David, père d'A. David-Néel, qu'elle a conservée, nous avons appris qu'elle a parcouru l'Indochine dans les années 1895-96 et 97.

voie mon boy à 2 heures chez le chef de gare, annoncer q
je compte partir par le train poste à 7 h 30. Quelqu
instants après je vois apparaître, à la porte de ma cha
bre, un casque colonial et, sous le casque, un grand
Anglais, l'air quelque peu effaré. C'est le *station master*...
qui n'a plus de place dans le train. L'idée d'attendre vingt-
quatre heures ici, n'est pas plaisante, mais l'Européen
jouit d'un tel prestige dans les colonies anglaises qu'il
n'est point question de m'abandonner quoiqu'un avis
officiel ait été publié et que l'on est prévenu d'avoir à faire
retenir sa place vingt-quatre heures à l'avance à la gare
de formation du train. Je m'arrangerai me dit le chef. Je
« pendrai » un gentleman de plus ou j'ajouterai une voiture. Pendre un gentleman c'est l'installer dans une couchette supérieure, les compartiments étant construits
comme des cabines et chacun ayant sa couchette. Du reste
le verbe ayant deux participes passés dont le régulier
hanged étant exclusivement réservé à la peine capitale
par la corde le gentleman qui aura été *hang* suivant la
forme irrégulière ne s'en portera pas plus mal.

J'ai peu dormi la nuit dernière, cette gare est très
bruyante et à 4 heures du matin est arrivé le Maharajah
du Travencore qui s'est reposé un jour en allant au Durbar. La troupe indigène lui a donné une aubade à la
descente du train. Ma nuit était finie. Ce personnage vient
de repartir, le même détachement indigène a rendu les
honneurs. Le prince est arrivé en voiture sans escorte,
je l'ai vu entrer à la gare, il n'y avait aucun service d'ordre
et à côté de la portière, le regardant passer, était un Noir,
nu, avec une caisse de « gazouze » * sur la tête. C'est tout
à fait comme chez nous.

Tu veux la suite du brahmane n'est-ce pas ? Voici : Un
peu après son entrée dans mon compartiment il s'est mis
à causer à propos de je ne sais quelle banalité... Ah ! oui, le
ventilateur électrique qui s'est mis, soudain, à tourner de
lui-même. Et la conversation en venant à Rameswaram

* « Gazouze », c'est ainsi que les Arabes appellent les boissons
gazeuses.

d'où j'arrivais, aux divintés, nous sommes tombés dans la philosophie. Avec un Hindou, cela en arrive toujours là et très vite. A un moment donné, au sujet d'une citation, j'ai tiré la *Bhagavad Gîta* en sanskrit de mon sac, et immédiatement j'ai conquis l'estime de mon compagnon de route. Je lui ai dit le but de mon voyage et il m'a répondu que si je voulais passer la journée du lendemain à Maduraï il ferait venir, chez lui, le professeur qui explique les *Védas* [3] au Temple et que je pourrais causer avec lui. La proposition me plaisait trop pour refuser.

L'après-midi je suis donc entrée dans cette maison de Brahmanes — ce qui est assez exceptionnel, car leur caste leur interdit de recevoir chez eux des étrangers. Mon hôte est un Vakil, c'est-à-dire une sorte d'avocat-notaire. Chez lui c'est rudimentaire et barbare. Imagine un patio fermé avec quatre colonnes rondes plus minces à la base qu'au sommet. Un rideau jaune ocre ferme un côté et, sous ce rideau, on aperçoit les pieds d'un divan, un bout de housse blanche, des nippes pendues. Ce doit être la chambre à coucher du maître. Devant le rideau, pendue à des chaînes de fer peintes en noir, est une large escarpolette sur laquelle est un oreiller, un autre côté est fermé par des paravents tendus d'andrinople par-dessus lesquels apparaissent des têtes regardant avec curiosité, le troisième côté forme passage allant de la rue à l'intérieur de la maison et sur le quatrième nous siégeons autour d'une table recouverte d'un morceau de coton groseille, supportant la boîte de bétel, en forme de livre. Dans ce décor où flottent des relents de parfums du Temple — les mêmes que l'on brûle sur l'autel familial — jasmin, encens, huile et beurre rancis, nous parlons de ces choses inexprimables en nos langues occidentales et qui, heureusement, me sont familières sous leurs noms sanskrits. Une fois de plus j'ai posé les questions qu'agitaient *Yajnâvalka* [4] et *Arthabaya* [5] dans les siècles lointains et mes Brahmanes qui, du reste, n'y ont pas plus trouvé de réponse que ces lointains ancêtres étaient ravis par la seule sonorité des syllabes que leur race répète depuis des générations et des générations. Ravis de les entendre manier, non sans dextérité, par une

Occidentale. Et ils en oubliaient la réserve habituelle, répétant devant moi les *Mantrams* [6] sacrés, discutant sur leur sens et leur vertu, me dévoilant les mystères du *chutram* [7] interdit à tous, sauf aux Brahmanes. Je savais ce que cachait ce sanctuaire, cœur du Temple, entouré de tant de corridors, d'autels, de divinités ; mais bien peu de non-initiés connaissent ce détail qui ne doit pas être divulgué. Le sanctuaire des sanctuaires est divisé en deux par un vaste rideau ; en guise de culte le Brahmane allume un morceau de camphre sur un plateau, soulève un coin du rideau et la flambée rapide projetant sa clarté derrière le voile saint n'éclaire aucune statue, aucun objet, car, derrière lui, il n'y a rien. Et voilà parmi la foule des idoles grimaçantes, des Dieux ou des Déesses cléments ou terribles que redoutent et implorent la masse des dévots, centre de ce polythéisme effréné, le lieu que les fidèles appellent la demeure du Dieu est une chambre vide.

On ne doit pas le savoir, c'est là le secret, l'initiation... Elle est terriblement symbolique !

Un frisson passe dans l'étroit patio où est évoquée la vision du voile derrière lequel il n'y a rien.

Et mon hôte dit pour expliquer sa confidence « vous êtes une adepte de *Raja-Yoga* [8], je sais que les bouddhistes comprennent cela de la même façon que nous ». De là il a déduit que je savais et qu'il n'était pas indiscret.

Il faut se secouer, le sol de l'Inde est mouvant comme certaines grèves bretonnes, on s'y enlise à chaque pas dans l'étrange et les raisons non suffisamment entraînées chavirent, s'engloutissent. Pourquoi ces deux hommes m'ont-ils parlé de *Raja-Yoga* ?... On dit communément que l'on peut reconnaître par leurs yeux ceux qui pratiquent peu ou beaucoup ce *Yoga* : mais seulement si l'on pratique soi-même... [...]

Adyar-Madras, 27 novembre 1911

Tu ne t'étonneras pas beaucoup en apprenant que je t'écris du quartier général de la Sté Théosophique, je t'avais un peu fait prévoir que je pourrais être amenée à m'y installer. Je n'ai rien trouvé de plus convenable pour dépenser peu. Narasu aurait bien voulu m'avoir chez lui, j'ai senti que ce brave homme avait un certain serrement de cœur en comprenant qu'il ne pouvait insister et m'imposer son hospitalité. Réellement sa maison est impossible pour une Européenne. Naturellement, Narasu est marié et Mme Narasu est tout ce qu'il y a de plus « indigène ». Elle a fait percer le nez de ses petites filles pour y introduire des bijoux et le pauvre papa, qui est professeur de physique au lycée et très cultivé, est impuissant à réagir, noyé, comme il le dit, dans son entourage. Chez lui c'est la barbarie la plus complète. J'y ai pris un repas et me suis bien promis de ne plus recommencer, les domestiques ont vraiment des façons d'être trop malpropres. Il me restait l'hôtel... On y demande 8 Rs par jour, c'est-à-dire l'équivalent de 13 F 60. Il ne faut pas oublier que Madras est une grande ville de plus de 500 000 habitants et que nous sommes à la saison des touristes. A la Sté théosophique on offrait de m'héberger pour 25 Rs par semaine soit 42 F 50. Cela fait 6 F par jour. C'est une autre chanson, pas même la moitié. J'étais sûre aussi de trouver ici une cuisine végétarienne me convenant mieux que les viandes en conserve qui forment le fond du menu dans les hôtels de ce pays. Je suis donc venue inspecter la place hier avec Narasu. Nous avons rencontré dans les jardins des hommes et des femmes se promenant en costume « d'âme » comme aurait dit Mirbeau ; draperies flottantes, voiles blancs... Narasu, qui est un gros homme sans la moindre fibre poétique, me dit en sortant : « Ça sent un peu le *lunatic asyleum* (maison d'aliéné) mais vous y serez très bien et aurez de quoi rire. » Et de fait je suis très bien.

Imagine une vaste propriété d'une cinquantaine d'hectares, en partie sur le bord de la mer... à travers le sable, des routes sont tracées et, de-ci de-là, s'élèvent des bâtiments entourés de jardins. Je loge, pour ma part, assez loin de la mer dans une grande villa qui me rappelle les Trianons avec ses colonnades à la Louis XVI. Dedans aussi, c'est Versailles : des chambres blanches, en rotondes, boiseries blanches, portes vitrées à petits carreaux.

Je suis gratifiée d'une chambre qui mesure environ 8 x 6
avec un plafond de six mètres ou pas loin. Lumière électrique. Salle de bains avec vastes dégagements, toujours
blanc et en rotonde. Avec du mobilier on ferait là-dedans
une installation tout à fait grand style. Mais le mobilier
est sommaire et les serviteurs hindous ne le respectent
guère. J'ai une coiffeuse avec une grande place, une armoire
à quatre portes, deux fauteuils cannés, un fauteuil de
rotin garni de coussins, un large bureau ministre et une
étagère-bibliothèque. Et le lit ? demandes-tu. Ah ! c'est là
le clou, le joyau parmi la banalité des meubles genre anglais. Oui, au milieu de ces meubles européens, pas trop
camelote, trône avec un air de défi le lit primitif, l'ascétique lit brahmanique, fait d'un châssis de bois dégrossi
peint en bleu gris et dont le fond est formé par des
sangles entrecroisées ; des bambous antiques supportent
la moustiquaire, le matelas est absent remplacé par le
razaï, la très mince couverture ouatée, et les oreillers sont
de petits sachets minuscules. Des générations et des
générations se sont endormies en des lits semblables ;
c'est sur eux qu'ont reposé les penseurs qui écrivirent les
Upanishad [9] et sur eux que méditent encore les penseurs
de nos jours. Il faut voir cela avec des yeux qui savent
l'histoire des choses, des yeux un peu artiste aussi, et
cela devient d'une saveur étrange en sa volupté spirituelle
de trouver le lit des *Sankarâcharya* [10] s'étalant dans la
chambre Louis XVI qui fait songer à Trianon et aux
« bergeries ».

Des aventures... je t'en ai promis et j'en ai à te
raconter...

D'abord j'ai été à Pondichéry. Là aussi j'ai eu la saveur
de Versailles. Une ville morte qui a été « quelque chose »
et s'en souvient, roidie dans sa dignité, propre irrépro-
chable, cachant sous des badigeons impeccables les lézar-
des des vieilles murailles. Mon hôtel arborait, lui aussi, un
superbe badigeon sur sa façade, mais l'intérieur aurait eu
besoin d'un sérieux coup de balai. J'ai passé la nuit dans
un taudis infect ; des rats parcourant la chambre qui, le
lendemain, était jonchée de leurs excréments. Le temps a

heureusement été très beau et j'ai pu me promener tout l'après-midi dans une sorte d'engin préhistorique sans nom, poussé par quatre Noirs. J'en ai pris la photographie et je te l'enverrai sitôt que j'en aurai l'épreuve.

Le soir j'ai eu un entretien avec un hindou * dont je ne crois pas t'avoir jamais parlé car nous ne sommes pas en correspondance et je ne le connaissais que par les éloges que m'en avaient fait des amis **. J'ai passé deux heures très belles à remuer les antiques idées philosophiques de l'Inde avec un interlocuteur d'une rare intelligence appartenant à cette race peu commune et qui a toute ma sympathie, des mystiques raisonnables. Je suis vraiment reconnaissante aux amis qui m'ont conseillé d'aller voir cet homme. Il pense avec tant de netteté, il y a une telle lucidité dans son raisonnement, un tel rayonnement dans son regard qu'il vous laisse l'impression d'avoir contemplé le génie de l'Inde tel qu'on le rêve après la lecture des plus hautes pages de la philosophie hindoue.

Je savais que ce philosophe avait eu une attitude politique qui avait déplu aux Anglais, mais naturellement, par discrétion, je ne lui ai pas parlé de cela et, d'ailleurs, nous planions trop au-dessus de la politique. Cependant, tandis que nous planions, d'autres se contentaient de rester sur le sol... ces autres étaient la police anglaise. A mon arrivée à Madras j'étais attendue par le chef de la sûreté en personne qui, très correct et poli, du reste, me demandait ce que j'avais été faire à Pondichéry chez ce monsieur suspect. Je n'ai pas été étonnée, je prévoyais que ma visite serait connue. Je ne l'avais du reste guère cachée.

Ah ! grands Dieux que cela paraît mesquin et chétif toute leur agitation, leur frousse, leur douleur ! Et quelle autre atmosphère il y avait dans la maison silencieuse de Pondichéry où passait le souffle des choses éternelles, où dans le soir paisible, près de la fenêtre ouverte sur les jar-

---

* Il s'agit de Sri Aurobindo Gosh.
** Paul Richard et sa femme — Mira Alfassa — devenue quelques années plus tard la plus éminente disciple de Sri Aurobindo. C'est ainsi, qu'elle devint en 1926 la « Mère » de l'Ashram qu'il dirigeait à Pondichéry. La « Mère » est morte en novembre 1973.

dins, un peu funéraires, de cette ville déchue, nous regardions par-delà la vie et la mort... Et comme il semble les contempler avec mépris superbe le lit ascétique des sages qui m'invite, en ce moment, comme il promet d'autres rêves que ceux qui hantent les pauvres cerveaux enfiévrés de ces fous !...

En fait de rencontre, j'ai encore à te citer celle d'un *sannyasin* [11], c'est une sorte d'ascète yoguiste très vénéré devant lesquels tous les hindous s'inclinent avec révérence. Donc, ce personnage, vu l'affluence des voyageurs, est venu demander l'hospitalité dans mon compartiment. Les employés étaient bien gênés craignant de contrarier une lady « blanche » et respectant trop le saint homme pour oser lui dire d'aller ailleurs. Du reste il voyageait en première. Nous avons été très vite bons amis. Il s'est assis, dans la position de mon *Bouddha* du salon, sur la banquette et nous avons conservé. Il m'a montré comment il arrivait à gonfler instantanément ses veines et à les dégonfler aussi instantanément. Il n'était pas bête, mais quel bavard !

Mardi 28. J'ai passé une excellente nuit. Le temps est superbe, la vue magnifique. Je crois que j'ai trouvé la maison rêvée pour classer mes notes qui menacent de devenir confuses et préparer une solide étude du *védantisme* dont il y a à Madras des représentants de diverses écoles. Reçu à l'instant une invitation pour aller « luncher » chez le gouverneur de Madras. Le chef de la sûreté m'avait dit que probablement je serais invitée, mais je n'y comptais pas beaucoup car le gouverneur et sa femme partent le 29 au soir pour le Durbar (juste le jour où ils m'invitent). Ce sont là des honneurs qui sont souvent une corvée, mais après tout je ne connais pas « l'Excellence » et la lady, ce sont peut-être des gens charmants.

Adyar Madras, 3 décembre 1911

Mes bons souhaits d'heureuse année restent dans ma plume tout ahurie que je suis par tes lettres et les coupures de journaux reçues tantôt. Et voilà une aventure !

Je m'en vais toujours au moment où il y a quelque chose à voir. Ce n'était pas quelque chose de bien beau, en vérité ! et si bien que l'on comprenne le ressentiment des Arabes on ne peut s'empêcher d'être péniblement impressionné en songeant au massacre de pauvres besogneux italiens qui ne sont pour rien dans l'affaire tripolitaine. Je ne dis pas que le brigandage italien soit fort sympathique, mais il est à souhaiter que la guerre se termine à l'avantage des Chrétiens qui, bien qu'ils ne valent pas cher, sont — au point de vue civilisation — plus à encourager que l'Islam. Avec ce dernier il n'y a aucune entente possible. Le musulman ne reste chez lui que quand il ne peut pas aller sabrer au-dehors. Tu as extrêmement bien fait en restant coucher en ville. Il est stupide de s'exposer pour rien dans des cas pareils. Quelle a été la sanction après tout cela ? Si le gouvernement n'a pas frappé dur et là où il fallait il a commis une grosse gaffe. Car les Arabes ont la mentalité de ce chef indigène à qui un missionnaire racontait que Jésus-Christ avait pardonné à ses bourreaux. « Parce qu'il n'était pas le plus fort », répondait le bonhomme avec un air malin. C'est en effet, là le point de vue du Barbare. [...]

J'ai été luncher chez le gouverneur de Madras, comme je te l'avais annoncé. Sa femme est très aimable. J'étais à la droite de l'Excellence qui m'a, naturellement, reparlé de ma visite à Pondichéry.

Le lendemain je déjeunais chez les indigènes à la mission *Ramakrishna*, en mon honneur les fillettes avaient orné le sol, devant les portes d'entrées, de dessins exécutés avec des fleurs. Terrible déjeuner contenant toute une boutique de fel-fel *.

Adyar est monastique, mais d'un monachisme mauvais d'asile. C'est bien, en effet, la maison d'aliéné. A part trois érudits qui sont payés pour travailler à la bibliothèque et demeurent ici parce qu'ils y gagnent leur pain et peuvent y trouver les loisirs nécessaires pour écrire des ouvrages pour leur compte, le reste (composé en majorité

---

* Fel-fel, veut dire en arabe : piment.

de vierges mûres) est plus effrayant que ridicule. Si tu voyais ces yeux égarés et entendais ces propos extravagants ! Au milieu de tout cela Leadbeater, le prophète, en dépit de l'énorme scandale d'il y a dix ans, a réinstallé ici sa petite Sodome où il vit enfermé parmi ses « disciples », de jeunes hindous à qui nulle femme ne doit parler et à qui il enseigne, du reste, à se passer d'elles. Tout de même l'Angleterre qui a été si dure pour Oscar Wilde, qui avait des amis en âge de savoir ce qu'ils voulaient, devrait bien jeter les yeux sur ce cénacle où ce vieux malpropre retient des garçons de quinze ans... Mais Adyar est une ville, on ne se voit guère d'un bâtiment à l'autre. Les néo-Grecs habitent à dix minutes de marche de la maison où je loge. J'ai entrevu le groupe un soir, sur la terrasse sacrée, et n'y suis plus retournée. Ce cercle de fous rangés autour de ce groupe d'invertis dans une adoration béate m'a été un spectacle répugnant, que je ne tiens pas à revoir. [...]

4 décembre. [...] Il doit y avoir en août 1912 à La Haye un Congrès International d'Education morale. Le Comité qui doit représenter la France est sous la présidence d'Emile Boutroux, un des gros bonnets du ministère de l'Instruction publique — qui est, je crois, de l'Institut — avec comme secrétaire M. Parodi, un professeur en vue à Paris. Ils viennent de m'écrire pour me dire qu'ils seraient heureux que j'acceptasse de faire partie du comité et je n'ai pu que répondre que j'étais flattée, remerciais et acceptais. Cela ne m'engage d'ailleurs à rien. Peut-être enverrai-je un mémoire au Congrès. Etant du comité on me l'imprimera, vraisemblablement, sans frais pour moi. C'est toujours comme cela ; les simples adhérents paient, les membres du comité retirent honneur et profit.

Te doutais-tu, très cher, que je passais, dans ce milieu universitaire, pour « avoir une compétence incontestée en matière d'éducation morale » comme dit la lettre circulaire. Non, n'est-ce pas ?... jamais on n'est un grand homme pour ses intimes !...

[...] Ici, je suis comme toi, toute seule avec mon travail, et cela serait bien gentil de voir apparaître l'Alouch de temps en temps. Il faut se résigner, penser que l'existence est faite d'éléments hétéroclites, qu'en nous, certaines cellules aspirent à une chose tandis que leurs voisines tendent à l'opposé. Ceux qui sont très absorbés dans un travail matériel et ont peu de goût pour l'analyse, ou peu de temps à lui donner, peuvent éprouver des sensations faites d'un bloc, semble-t-il, mais ceux qui sont habitués à la discussion, qui la pratiquent méthodiquement, comme on l'enseigne si savamment dans l'Inde, discernent la multiplicité des ficelles qui sollicitent le pantin. On voudrait partir, on voudrait rester, on est joyeux et chagrin à la fois et sur toute cette agitation des sentiments et des instincts, on se penche avec cet étrange sourire qui erre sur les lèvres des philosophes pratiquant les *Yogas*. Mais pour toi mon bien cher, qui n'as nul goût pour les gymnastiques de ce genre, qui n'y es point entraîné, l'heure de solitude est sans compensation. Tu es doublement bon de l'accepter je le comprends et t'en sais gré intensément. Aussi tous mes bons vœux vont-ils à toi, te souhaitant heureuse année, bonne santé, pas trop d'ennuis. Je serai de cœur avec toi pendant ces jours de fête toujours un peu mélancoliques pour celui qui assiste en simple spectateur à une agitation dont il voudrait sa part.

Madras, 19 décembre 1911

Je pars demain pour une excursion à un endroit que l'on appelle les sept Pagodes et qui passe pour l'un des points les plus intéressants de l'Inde du Sud. Je croyais m'y rendre par eau, car le gouvernement possède deux bateaux qu'il loue aux touristes, mais les bateaux sont en réparation et non disponibles avant le 12 janvier. Ne t'imagine pas des *steamers*, on les tire à la corde le long du canal. Il faut donc aller par terre. C'est plus rapide mais plus compliqué. Naturellement, comme partout ici, il faut apporter sa nourriture, sa vaisselle, son lit, ses chandelles etc. [...] Le lendemain nous visiterons. On m'a

donné une lettre pour un prêtre de *Vishnou* [12] qui doit
me montrer toutes choses. Nous coucherons sur place et
repartirons le lendemain matin. Je resterai encore un
jour à Madras, puis partirai pour Rajhamundry où je ren-
contrerai un confrère hindou collaborant aux *Documents
du Progrès*, ensuite, j'irai à Puri voir le fameux Temple de
Jaggernath, et je monterai à Calcutta où je vais rester
quelques jours chez des hindous amis de Dharmapala. Ceci
m'évitera deux jours de mer, car le trajet Calcutta-Ran-
goon est beaucoup plus court que celui Madras-Rangoon.
[...]

Je fais réellement une provision de documents intéressants. Hier encore j'étais chez des brahmanes, discutant du mouvement philosophique contemporain avec le
chef de la famille, un professeur distingué de philologie
comparée et de sanskrit. Sa femme et ses filles sont venues
me saluer, il y avait ensuite une fête intime dans la maison : musique... quelle musique ! et quel tympan doivent
avoir ces gens pour la supporter ! J'ai vu là de jolies
femmes avec de beaux bijoux. Cela se passait dans un
milieu de brahmanes vieux style, très réactionnaires, difficile à aborder. Mais comme j'étais bien présentée par
des amis, j'ai reçu le meilleur accueil.

Les intérieurs de tous ces gens sont encore plus ridicules, si possible, que ceux de nos Arabes. Ils sont littéralement dénués de goût, de vrais sauvages, pendant aux murs
les pires chromos et en une telle profusion qu'on dirait
un bazar. Tout cela très peu soigné, même sale, peut-on
dire.

[...] Je compte te renvoyer, après mon second séjour
dans l'Inde, une caisse contenant mes livres, des choses
récoltées en route et, en général, tout ce que je n'empor-
terai pas plus loin. Je compte simplifier beaucoup mon
bagage pour le restant du voyage. J'aurais le désir d'acquérir en Birmanie et au Japon des choses pour garnir
notre intérieur un peu formé de morceaux épars et sans
grand style... Nous nous faisons vieux, il faut songer au
temps où les rhumatismes nous obligeront à nous confiner
chez nous. Je sais que tu n'es pas indifférent à un gentil

intérieur... Quant à moi ? ...je ne sais plus. On perd la notion des choses dans l'ambiance où je vis... Je vais, un de ces jours, écrire à l'hindou * de Pondichéry dont je t'ai parlé et qui est un fin analyste et un cerveau porté à la critique... Je lui dirai, lui rappelant des expériences qu'il poursuit lui-même avec un souci de méticuleux contrôle : « Est-ce que j'entre en *samadhi* [13], est-ce que vraiment je touche au *Nivarna* ** ou est-ce que simplement, la fatigue, l'âge émoussent mes sensations... mon indifférence, ma béatitude sont-elles d'ordre transcendant ou n'y a-t-il là que torpeur, commencement du déclin ?... » Je pense que la question le fera rire, comme il a si joliment ri le jour où je lui ai dit à propos de choses analogues : « ... On en est, alors, à ne plus savoir si l'on devient si prodigieusement sage ou si l'on devient fou... »[...]

Quand je parle, ici, avec les brahmanes, ils sentent que je parle la même langue, que je comprends les choses auxquelles correspondent les termes dont ils se servent. Sylvain Lévi avec toute sa science serait, pour eux, un étranger. Si varié qu'il soit, l'esprit humain n'est pas illimité dans ces manifestations. Il y a des méthodes qui conduisent aux mêmes pensées... [...]

Comme cela paraît loin, le monde des êtres qui s'agitent... tous ces gens qui vivent ici, papotent, jacassent. Pourquoi ?... Quelque chose est là, une sorte de voile de manteau magique qui vous enveloppe, vous isole dans ses replis, vous soulève, vous berce dans une béatitude infinie. J'imagine un peu que telle doit être la sensation dernière des sages mourant, alors que le monde leur paraît s'effacer graduellement, se reculer, sombrer dans les lointains et que l'indifférence sereine apportée par l'affaiblissement de la vitalité organique les laisse sans désir, sans volonté pour lever même le doigt afin de rappeler les ombres qui s'évanouissent... Sagesse qui vient ou déchéance physique qui s'annonce... *Nivarna* ou ramollissement ?... Je m'arrêterai, pour le moment, au point d'interrogation, sur cette question qui te fera rire. [...]

---

* Il s'agit de Sri Aurobindo Gosh.
** Voir plus loin, p. 134.

J'ai « lecturé » dimanche dernier devant une assemblée d'indigènes assis à l'orientale sur un vaste tapis, des bâtons de parfum brûlant dans tous les coins. Il y avait une centaine d'auditeurs, environ. La discussion qui a suivi la lecture a été curieuse. C'est là aussi un excellent moyen d'étudier la mentalité du pays. J'ai répondu pendant deux heures aux diverses questions que l'on m'a posées. C'est une tâche bien ardue pour moi, mais je crois que de m'être ainsi débattue contre cette difficulté d'improviser en anglais m'aura fait faire un grand progrès en me donnant plus de sûreté lorsqu'il s'agira de le faire en français. [...]

Adyar, 25 décembre 1911

[...] L'excursion aux sept Pagodes a pris quatre jours et a été fertile en incidents, dont le plus marquant eût pu vraiment mal tourner. A notre arrivée sur les rives du Buckingham canal, transformé en mer d'un kilomètre de large par les pluies, il faisait nuit noire, notre bateau s'est échoué au milieu des lagunes, heureusement pour peu de temps, mais cela nous a encore retardés, si bien qu'après un dîner sommaire au bungalow j'étais très ensommeillée. C'est dans cet état que voulant aller me laver les dents au jardin je suis passée à côté de l'escalier au lieu de descendre celui-ci... tout proche était le mur surélevant la véranda de 1 m 20 de hauteur environ et devant le mur un large pot contenant un arbuste. J'ai culbuté ledit pot et me suis trouvée gisant sur le sol très meurtrie, sentant l'évanouissement venir et incapable de me relever. J'ai appelé ma compagne de route à mon aide. Elle est arrivée et, comme je lui criais de prendre garde pour ne pas m'imiter, elle se trouvait déjà précipitée au-dessus du mur m'envoyant, en tombant sur moi, un formidable coup de poing dans l'œil droit. Ce genre de secours, cette seconde commotion, m'a sauvé de la syncope. Des Anglais, abrités au bungalow comme nous, sont accourus ; j'étais déjà debout, riant de l'aventure. [...]

Noël presque du Nord à Madras. Pas un brin de soleil

de la pluie... Je suis toute seule comme toi. Tous les oiseaux théosophiques se sont envolés à Bénarès où ils ont leur assemblée générale annuelle. Dans cette immense propriété nous restons une douzaine de Blancs. Quel livre savoureux un Mirbeau tirerait de tout ce que j'ai vu et entendu à Adyar !

Ma pensée va vers toi mon bien cher Ami, en ces jours que le commun des mortels appelle jours de fête... Pourquoi de fête pour les non-chrétiens qui ne croient pas au Sauveur et pourquoi pour les soi-disant chrétiens qui renient son enseignement, qui par leur vie bafouent son exemple et le crucifieraient en toute hâte s'il s'avisait de revenir dans ses haillons de Bédouin avec son langage passionné de prophète rustique « Jérusalem, Jérusalem qui lapide les prophètes, combien de fois j'ai voulu rassembler tes enfants comme la poule rassemble ses poussins !... » Combien nombreux ils ont été ceux qui, petits ou grands, géniaux ou naïfs, ont tenté de rassembler l'humanité misérable pour une vie plus haute ou plus douce et combien se sont fait tuer à cette tâche qui semble impossible et qui reste pourtant l'invincible tentation à laquelle cède, chaque jour, quelque âme hantée par le rêve éternel, le rêve fou, peut-être, qui fait les *Christ* et les *Bouddha*.

Voici des digressions de Noël qui ne sont pas de ton ressort et sortent des eaux paisibles où tu navigues mon cher mouton, excuse-les chez un moumi qui, dans quelques jours sera sur les rives du Gange et qui se meut dans un monde de *swamis* [14], de *yoguis* [15], de *sadhus*, de *sannyâsins* tout différent du monde ordinaire.

[...] Je t'envoie toutes les bénédictions et toutes les xtases qui flottent dans l'atmosphère hindoue, tous les parfums qui rôdent, tout l'invisible qui vous frôle sur cette terre si vieille où tant de pensées ont vécu...

Rajahmundry, 30 décembre 1911

L'en-tête de cette lettre t'apprend que j'ai quitté Madras où les circonstances, la lenteur des Orientaux, m'ont fait demeurer bien plus que je n'aurais voulu. Je n'ai pourtant pas à regretter cette prolongation, non désirée, de séjour car elle m'a fourni l'occasion de vivre une page qui demeurera, sans doute, unique dans mon existence, une aventure d'une saveur peu commune que je vais te raconter. La chose date d'avant-hier :

La scène est dans le grand salon de la villa où je loge à Adyar. Ils sont trois devant moi, en long enfetan, la tête enturbannée de blanche mousseline lamée d'argent. Sur la peau brune de leur front sont peintes les marques sectaires des *Visnouïtes* [16] ; chez l'un d'eux la peinture a manifestement été empruntée à la substance très sacrée que les vaches émettent naturellement, les innocentes, sans se douter de la valeur religieuse des résidus de leur digestion. Leurs faces sont dures, résolues comme avant une bataille et c'est pour un combat, en effet, qu'ils sont venus... pour me proopser cette chose peut-être jamais offerte à quelqu'un de ma race et, surtout, de mon sexe, l'abandon de tout, la vie de *sannyâsin*, parmi eux, jusqu'au jour où, ayant réalisé la grande réalisation : Brahman l'unique, je pourrai enseigner à l'Occident ce que nul érudit n'a su encore lui montrer : le grand *Védanta* [17] de leurs saints et de leurs philosophes. Oui, il s'agissait de jeter là mes vêtements, de vivre nue, ou à peu près, sous un abri quelconque, sans meubles et sans serviteurs, de devenir un *yogui* pratiquant suivant la formule antique et de chercher, ailleurs que dans les livres, par les initiations orales des gurus le *moksha* [18] libérateur. Doucement j'insinuai que, quelque part, sur un autre continent, vivait un monsieur qui était mon mari et qui, peut-être, éprouverait peu d'enthousiasme pour un tel avatar de sa femme.

Ah ! très cher, quel bel élan balayant les raisons de cet ordre, quel geste superbe de mépris pour elles. L'Inde d'il y a vingt siècles se dressait devant moi en son mysticisme ardent et farouche : qu'importait le mari ! A distance tout cela aisément paraîtra saugrenu, ridicule, et après le départ de mes visiteurs j'ai, moi-même, ri, un instant, de bon cœur ; mais dans le moment même il n'y avait là rien de comique. C'était une scène d'épopée hindoue, un peu barbare, mais non sans grandeur. Elle a duré *trois heures* consécutives. Le chef de l'expédition harassé de parler, parfois, s'interrompait, les yeux fermés, les nerfs tendus dans une invocation, une concentration de toutes ses forces spirituelles, une prière jetée vers ce *Brahman* dont les textes saints disent qu'il ne peut être appelé « ni être ni non-être » *na sat na asat*. Ces gens me savaient bouddhiste, mais que pesait devant eux la philosophie souriante un peu sceptique et paisiblement agnostique de mon maître ? Que valait cette religion qui défend de tuer devant les adorateurs des héros batailleurs : *Krishna* [19], *Rama* [20], tous guerriers « vaillants sur leur char » ou « grands monteurs de chars » comme dit le *Mahâbharata* [21] rappelant les temps où l'on combattait en véhicule.

Il faut savoir tuer sans passion, l'âme impassible de la façon sereine dont les Dieux, sans doute, considèrent une catastrophe de Messine ou de la Martinique. Ils parlent tous ensemble : les phrases sanskrites des citations résonnent dans la vaste pièce comme une fanfare d'un autre âge. Tour à tour ils discutent raillent ou exaltent en paroles enflammées la gloire du *Védanta*. Et je le répète : c'est très beau de geste... mais très vain car mes étranges visiteurs n'ont pas saisi le fond du *Védanta* lui-même : le rideau symbolique du Temple de Chidambaram.

A part la saveur artistique de l'aventure une autre joie m'est venue par elle. Ces gens ne sont point des sauvages. Ce sont des gradués des Universités anglaises. D'autres parmi les leurs, en matière religieuse, passent pour des hommes compétents et ont une certaine notoriété, s'ils jugent que je suis apte à recevoir des propositions du genre de celle que je viens de te narrer et qu'ils peuvent s'adresser à moi comme à une personne capable, non seulement de les entendre, mais de devenir un prédicateur autorisé de la doctrine *védantiste*, cela prouve que j'ai saisi l'esprit, réellement difficile à comprendre en sa subtilité, de cette doctrine. Or, pour un auteur qui prépare un livre sur la question, c'est là une joyeuse constatation et tu me vois ravie. Il y a longtemps que je possède d'assez claires notions touchant le *Védanta*, mais celles-ci ont complètement éclos ici : lectures et conversations ont fixé les points qui restaient vagues, l'atmosphère psychique de la terre qui a donné le jour à ces théories fait le reste et je suis sans inquiétude pour le prochain « enfant » à mettre au monde. Il sera sans doute, comme son prédécesseur, très différent des livres écrits par nos érudits de bibliothèques ; mais il montrera un *Védanta* vivant et vécu. J'ai toujours, parmi le *Védanta*, aimé l'Ecole moniste de *Sankarâcharya* [22] et éprouvé en revanche peu de sympathie pour ses adeptes. La théorie est pour moi indiscutable en sa lumineuse évidence. Le *Bouddha* la professait très probablement, ainsi que certains points de son enseignement le donnent à penser, mais, en sage, il a gardé pour lui ses opinions personnelles nous enjoignant de faire de même, de confiner nos conceptions métaphysiques dans notre esprit et de ne parler que de choses dont la démonstration tangible puisse être donnée. Quant à la mentalité de la plupart de ces *védantistes* elle est simplement déplorable, anti-humaine, anti-sociale et ce n'est pas étonnant qu'ils aient conduit l'Inde à l'état misérable où elle se trouve. Il faut voir cela de près, cette population d'esclaves grouillant dans le fumier. Qu'après cela un *Vivekananda* [23] exalte ses compatriotes, ce sont paroles en l'air que la réalité dément, car la réalité, ici, c'est sauvagerie, brutalité, égoïsme sans aucune retenue, mépris complet de l'homme pour l'homme et saleté inexprimable. Qui n'a pas vu la façon dont les Hindous se traitent entre différentes castes et ce qu'est la vie des « intouchables » hors castes — subdivisés eux-mêmes en multiples catégories — ne peut pas parler de l'Inde.

Cette lettre, mon très cher, est écrite par fragments au cours de mon voyage. Nous sommes maintenant le 30 décembre et je suis à Calcutta. [...]

J'ai passé la nuit du réveillon d'assez misérable façon arrivant en pleine nuit à Kurda road où je quittais le *mail* pour me rendre à Puri. J'ai campé en installant mon lit, pour quelques heures, dans la salle d'attente des ladies, d'où le chef de gare a expulsé les intrus qui espéraient y dormir. Chambre aux murs badigeonnés de couleur rouge sale, odeur asphyxiante de grézyl généreusement prodigué. Nous sommes, là, dans l'antichambre du berceau de la peste et du choléra, la ville sainte du Temple de Jaggernath. Je m'endors tout habillée, la figure cachée par mon casque recouvert de mon voile qui forme moustiquaire. Il fait très froid, aussi froid que chez nous en plein hiver. [...].

J'ai passé une seconde nuit dans le train et suis arrivée à Calcutta le 2 janvier au matin.

Je suis très aimablement accueillie chez des hindous amis de Dharmapala. Je tombe là dans une maison de très riches Bengalis qui sont dans les affaires (banques et trafic commercial de je ne sais pas au juste quelle nature), auto, deux autres voitures, chevaux et des nuées de serviteurs. On m'a préparé une « suite » de chambres. Les chambres sont jolies, dans le *dressing-room* il y a même un fort élégant meuble, psyché au milieu et étroites commodes des deux côtés mais la saleté de tout cela est sans nom. Je vais déjeuner dans la salle à manger : le maître de la maison est parti à son « office ». Sa femme ne parle pas anglais, deux autres parents conversent avec moi et l'intendant leur donne familièrement la réplique. Je mange toute seule, les autres me regardent. On ne mange pas ensemble chez les orthodoxes hindous et, ici, le mari et la femme ont deux cuisiniers différents, mangent des aliments différents et jamais ensemble. Tu vois d'ici l'agrément de mastiquer devant ces yeux qui me contemplent et de ne savoir que dire à ces femmes primitives qui sont aussi cloîtrées que nos Tunisiennes. Et ce que je mange !!! Du feu, comme le nègre à la foire ! Je ne tiendrais pas une semaine à ce régime de piments [...] J'ai poliment dit que je devais me rapprocher du quartier européen où j'avais à faire et j'ai arrêté un logement, aujourd'hui, dans une *family house* qui paraît convenable. Il se pourrait, vu la tendance à l'épidémie, que je passe ce mois de janvier ici tandis qu'il y fait froid et avant que le Gange ne se dessèche, ce qui est généralement le signal de fièvres à défaut de maladies pires. Je suis aussi très « dans le mouvement » pour mes études védantiques, il vaut peut-être mieux continuer tandis que mon esprit est tourné de ce

côté et ne pas trop entremêler les sujets. Je vais voir cela.
Ne m'étant pas engagée, je puis quitter à mon gré. J'ai
aussi trouvé ici à l'une des missions bouddhistes un char-
man *bhikkhu* [24] bengali, très intelligent garçon avec qui
je pourrai poursuivre les traductions pâlies commencées
à Ceylan. C'est un gentil garçon, un intellectuel un peu
dépaysé parmi les ritualistes, il y avait longtemps qu'il me
connaissait de nom et avait lu mes articles. Nous avons
tout de suite sympathisé. Il a pas mal d'amis parmi les
érudits de Calcutta et me mettra en relations avec différentes personnalités intéressantes, entre autres, avec un
savant qui a été en mission au Tibet et en a rapporté de
nombreux documents.

J'ai aussi été, hier, au « Math » de Belur, où les disciples du fameux *Sri Ramakrishma Paramahamsa* [25], ont installé une sorte de cénacle de philosophes, sinon un monastère. J'étais bien recommandée et ai reçu une amicale
réception de la part des « saints » des « bienheureux ».
C'est là la traduction des titres de *swâmi* et *sadhus* qu'on
donne à ces gentlemen. Mais les hindous sont prodigues de
titres et, ici, ces appellations grandiloquentes expriment
moins de choses que chez nous. Néanmoins, devant les
swâmis les simples mortels se prosternent de tout leur
long dans la poussière. Inutile de te dire que je ne pratique pas ce cérémonial et que le *swâni* à qui je suis particulièrement adressée me tend cordialement la main.
Nous causons. Tous ces gens de Belur sont des hommes
instruits, des lettrés et leur conversation est intéressante,
mais qu'elle est vide de flamme leur philosophie, qu'elle
est dédaigneuse des souffrances du commun des hommes,
dénuée de charité, de compassion ! L'on m'invite à prendre le thé et nous allons, deux *swâmis* et moi, nous asseoir
sur une terrasse d'où l'on domine le Gange avec en face,
le panorama des *Ghats* [26] et, au loin, la tour du vieux
Temple élevé, dit la tradition, à l'endroit où est tombé l'un
des doigts de *Sati*, la femme de *Shiva* [27] dont le cadavre
fut découpé par *Vichnou*. Le soir vient, rose et lilas pâle,
sur le fleuve d'un gris perle. Nous parlons de leurs amis
hindous que je connais, qu'ils admirent — je n'ose dire

qu'ils aiment, ces gens me paraissent peu enclins à aimer. Et puis il y a d'autres choses aussi qui passent entre nous, des pages tristes de l'histoire de l'humanité... les *sadhus* les *bienheureux* ont presque l'air d'être devenus des hommes, de saisir dans la mélancolie de l'heure la détresse infinie des êtres s'entre-déchirant... et j'en oublie les fruits, les sucreries placés devant moi jusqu'à ce que l'un de mes hôtes s'inquiète de ce que je ne mange pas assez avant de me remettre en route. Je songe au départ. Des jeunes gens s'en vont, en bateau et, comme j'ai à tort, pris le train pour venir, s'offrent à me déposer quelque part sur la rive opposée. J'accepte pour moi et pour mon boy et nous voici naviguant. Cependant mes jeunes compagnons s'informent curieusement de ce que j'ai été faire chez les *saints* et si je suis leur disciple. J'explique un peu et interroge à mon tour. Puis lorsqu'ils ont appris que je suis bouddhiste ils me prient de leur parler du « *Seigneur Bouddha* » ainsi que l'on dit, ici. Le bateau descend lentement le courant, ils se serrent les uns contre les autres et je parle de ce qu'enseignait « *le Seigneur Bouddha* » il y a vingt-cinq siècles, plus haut sur le cours de ce même Gange, Bénarès. [...]

Mouchy, que deviens-tu tandis que je prêche sur la divine, la très sacrée *Ganga !* (qui est une déesse masculinisée par les Occidentaux barbares). Il y a infiniment de temps que je n'ai eu de tes nouvelles et j'espère qu'il va m'en revenir de Rangoon d'ici peu. Je te voudrais auprès de moi, mais tu me diras : qu'y ferais-je après avoir regardé les beaux ponts du chemin de fer ?... L'état d'âme des *swâmis* t'intéresse peu et tu ne te sens pas appelé à annoncer un Evangile, quel qu'il soit, même sur le Gange. Pauvre très cher Ami que tu es, empêtré d'un moumi de mon genre ! Ne t'arrivera-t-il pas, un jour, d'en être tout à fait las et de l'abandonner complètement aux Dieux qui patiemment le guettent, à la robe jaune des mystiques de la vieille Inde... Qui sait ! [...]

Calcutta, 9 janvier 1912

Me voici installée à Calcutta au 6 Russel Street dans la *boarding-house* de Mrs Walters, tout cela est très anglais, l'exotisme s'est envolé, mais celui de mes derniers hôtes, les Naranath Mokerjee, si bref qu'ait été mon séjour chez eux, ma laissé un déplorable souvenir sous la forme d'un réveil de mes intestins en proie à une crise intense d'entéro-colite. Cela avait été trop bien jusqu'ici ! [...]

Je suis retombée, ici, en pleine civilisation et suis déjà raccrochée par des gens. J'ai été, il y a trois jours, luncher chez un juge de la « Haute Cour ». [...]

Une autre visiteuse vient, à l'instant, d'entrer en coup de vent dans mon appartement, une juive, qui s'est précipitée dès qu'elle a su mon arrivée... Celle-ci, je connais quelque peu sa cousine qui appartient à ma loge maçonnique. Il faudra aller luncher avec elle après-demain et comme elle possède voiture, elle aussi, naturellement, elle m'emmènera promener ensuite. Demain, je verrai le consul, dans quelques jours, l'éditeur de *Modern Review*, un hindou très en vue ; puis beaucoup d'autres à la file. Je ne crois pas qu'il serait sage, pour moi, de quitter Calcutta pour Rangoon maintenant. Mon champ de travail est surtout dans l'Inde, puisque c'est sur la philosophie hindoue que j'ai à écrire. J'abrégerai, au besoin, mon séjour en Birmanie mais il convient que j'amasse une pleine moisson de documents sur l'Inde. Je voudrais publier d'abord un volume sur le *Védanta*, ainsi que c'était mon intention, puis une étude sur le *yoguisme*. Et je voudrais, encore, écrire quelque chose sur les *leaders* religieux de l'Inde contemporaine, *Vivekananda* et autres, enfin une étude sur les *Brahmo* réformistes. Je nage parmi tout cela à Calcutta. Je vais y avoir de très nombreuses relations qui me serviront beaucoup ; interrompre mon séjour et le reprendre après serait mauvais, tout le monde me le dit. Il y a malheureusement la question de la saison des pluies en Birmanie... Tout cela est compliqué. Mais déjà je prévois qu'il me faudra sacrifier bien des parties de mon itinéraire et presque à peu près tout ce qui est de simple tourisme. C'est bien un peu regrettable, mais je suis venue, ici, pour faire quelque chose comme écrivain, quelque chose qui me serve dans la carrière que je poursuis, je pense qu'il est sage de placer ce but en première ligne... Je vois de « beaux gros livres » dansant devant mes yeux... il ne reste plus qu'à les écrire et à les faire publier, mais ce dernier point me laisse assez calme aujourd'hui ; il est vraisemblable qu'Alcan prendra mon *Védanta* et mon *yoguisme*.

    Calcutta, mon bien cher, à part la foule en haillons bariolés qui encombre les rues, c'est Londres dans toute la ville européenne. Le soir le Gange, jalousant la Tamise, nous envoie un brouillard gris qui noie les choses et met des halos aux réverbères. Hier, revenant à pied par le Chawringhee j'avais l'impression de côtoyer, au lieu des Eden Gardens, St James Park ou Kensington Garden. De Londres aussi sont les grands magasins pleins de choses d'Europe, de choses d'Albion et, ma foi, je me surprends à leur sourire comme à de vieilles connaissances retrouvées sans déplaisir. Finie la jungle, pour le moment. On a ressorti ses gants, ses souliers de cuir, et mis les costumes tailleurs pour la première fois depuis le commencement du voyage... On s'habille pour dîner le soir parmi les ladies décolletées et les gentlemen en frac. Tout cela amuse un instant, mais deviendra ennuyeux demain. [...]

    J'ai retrouvé, ici, les réclames anglaises avec toute la saveur de leur naïveté. Il est vrai que les réclames hindoues les surpassent en joyeuseté, promettant, en annonçant des Géraudels quelconques, des pouvoirs extraordinaires aux hommes, dans des termes d'une crudité candide absolument édénique.

    T'ai-je dit que j'avais été avec une amie française au Temple célèbre de *Kali* [28] sur le Gange. Nous avons retroussé nos jupes jusqu'aux mollets et littéralement pataugé dans les mares de sang des sacrifices. Quel immonde charnier ! [...]

    J'ai fui le Durbar, mais ce qui est écrit est écrit et le

Durbar a tenu à m'imposer quelque chose de lui. J'ai assisté au *payent* que l'on dit avoir surpassé tout ce qui avait été vu à Delhi. C'était une énorme procession avec des milliers d'hommes des différentes parties de l'Inde et des éléphants : soixante éléphants énormes habillés de vrai drap d'or portant des ornements en vraies émeraudes, rubis etc. ayant sur le dos des *howdahs*, sorte de petite chambre pour les voyageurs montant l'animal, en argent massif. C'était absolument fou de richesse. Il y avait aussi des chameaux entièrement couverts de résilles d'argent et d'or et des drapeaux en toile d'argent et d'autres bordés d'or... Un vrai spectacle de barbares. Cela m'a, d'ailleurs laissée assez froide. Il ne suffit pas que les choses coûtent immensément cher pour être belles. La veille, à la nuit tombante, j'avais vu les éléphants revenant de « répéter » sans drap d'or et sans pierreries ; énormes, avec leur gigantesques corps gris se détachant dans la grisaille de la poussière soulevée et du brouillard montant, avec leur front et leur trompe peints... et cela, vraiment, était très beau, très en dehors de notre siècle, de notre civilisation.

J'ai naturellement vu aussi les souverains anglais qui paraissaient vannés, et ils en ont le droit après les travaux forcés qu'ils viennent de subir. [...]

Calcutta, 13 janvier1912

Mon bien cher, je suis décidément en proie à une sérieuse crise d'intestins [...] Il m'aurait fallu pouvoir continuer le régime de Colombo, avoir mon cuisinier. [...] Mais nous ne sommes plus ici en pays bouddhiste, les gens sont catalogués par castes et astreints à des restrictions et obervances sans fin. L'homme qui consent à vous nettoyer vos souliers serait à jamais déshonoré et rejeté par ses proches s'il balayait la chambre, d'autres ne peuvent pas vous servir à table et, tout au plus, veulent bien vous apporter du thé ou des fruits, mais rien de cuit. Tu vois d'ici cet agrément ! J'avais cru, en quittant Ceylan,

pouvoir éviter d'avoir constamment un boy et en trouver
facilement là où j'en aurais besoin, mais il est loin d'en
être ainsi. J'ai rencontré par hasard à Maduraï un gentil
garçon de dix-huit ans, intelligent et débrouillard, il est
venu avec moi jusqu'à Madras puis est rentré chez lui.
Depuis j'ai des crétins bons à rien. A Calcutta on n'en
trouve presque pas qui parlent anglais. J'en renvoie un
aujourd'hui qui ne fait que dormir et se mouche dans mes
torchons. La dame juive qui, du reste, est protestante,
comme beaucoup de convertis allemands, s'est montrée
très dévouée et m'a « apporté » plusieurs garçons qu'elle
a obtenus par ses propres domestiques. Demain, arrive un
musulman. Béni soit le Prophète ! celui-là ne voit pas
d'obstacle de conscience à me servir à dîner et, même, à
cuir quelque chose en voyage. Il a servi chez des gens
connus et voyagé avec des officiers, il a l'air un peu « soldat », mais il n'est pas déplaisant, quand on couche,
parfois, dans des bungalows isolés dans la brousse, de
savoir qu'on a un solide gaillard couché sous la véranda
en travers de sa porte. Tu trouveras que l'homme, dans
ce cas, fait un peu fonction de chien, c'est vrai, mais ils y
sont habitués, surtout, lorsqu'ils accompagnent des ladies,
et, d'eux-mêmes, tirent leur natte devant votre seuil. N'empêche que si j'avais prévu tant de tourment j'aurais emmené un Singhalais connu des Hewavitarne et mettant la main
à tout, comme celui que j'ai eu à Ceylan. En voilà assez
sur ces questions de ménage ! ! !

Hier j'ai été au collège de Sanskrit faisant partie de
l'Université. Cette visite a été épique et le principal qui me
faisait les honneurs a envoyé une note aux journaux pour
relater ma visite et indiquer que j'avais eu des conversations du plus haut intérêt avec les professeurs. De fait, j'ai
été traitée comme une petite altesse. On s'est excusé que
ma visite, faite sans prévenir, n'ait pas permis d'organiser
une réception, un poète très fameux, paraît-il, a improvisé
des vers sanskrits en mon honneur. J'ai été comparée à
Saraswati la déesse du Savoir et les bénédictions ont plu
sur ma tête. Un rêve archaïque ce collège ! Ne pas t'imaginer des classes comme les nôtres... Ce sont de vastes et

hautes salles dallées de marbre. Des tapis sont posés de-ci,
de-là, la plupart bleu et blanc à raies comme les couvertures arabes. Au milieu du tapis, un petit matelas court
et plat, un énorme coussin en forme de cylindre, le tout
recouvert de housses blanches... C'est là la chaire où siège
le maître dans la posture de mon *Bouddha* du salon.
Autour du matelas, les étudiants sont rangés en cercles
dans la même pose. Parmi ces savants, les uns ont des
têtes très ordinaires et on aimerait autant les voir assis
sur des chaises, quelques autres sont typiques. Le professeur enseignant le *Védanta* est spécialement remarquable.
C'est un homme très grand, mince sans être maigre, très
blanc de figure (un vrai Brahmane aryen du Nord) avec
un haut front sur lequel est peint le signe sectaire des
Vaishnava [29] une sorte de V. Je voudrais beaucoup le
photographier, avec ses étudiants, accroupi sur son matelas. Mais faire de la photographie dans une chambre, si
éclairée soit-elle, ne donne guère de résultat. Pour en
revenir au côté sérieux de mon voyage, le principal du
collège a mis les professeurs à ma disposition pour me
donner tous les renseignements et enseignements que je
souhaiterais. J'ai même, à ce sujet, remarqué qu'il traitait
lesdits professeurs avec une désinvolture et un autoritarisme que nous ne sommes pas habitués à rencontrer en
Europe. Ces pandits du collège sanskrit de Calcutta sont
choisis parmi les membres les plus éminents du corps universitaire, ils représentent, ici, nos professeurs du Collège
de France ou de la Sorbonne et le principal les comman-
dait à peu près comme je commande mes boys. Les autres
n'en paraissaient, du reste, pas choqués. Affaire d'habitude !

L'un d'eux est venu avant-hier — nous sommes aujour-
d'hui le 15 — passer deux grandes heures chez moi et me
parler des théories de *Sankarâcharya*. Etrange, comme la
pensée personnelle fait défaut dans l'Inde. A écouter différentes personnes parler sur ces sujets, on croirait
entendre un phonographe répétant les mêmes paroles.
C'est d'une monotonie désespérante.

J'ai, aussi, visité une des branches des *Brahmô Sama*

(l'église de la Nouvelle Dispensation). Là, cela sent le protestantisme, on se croirait un peu chez des unitariens... avec un cadre différent bien entendu. Rien de la claire et nette salle qui fut l'église de ma jeunesse. La crasse hindoue est là, aussi atténuée que possible, mais suffisante pour étonner l'Occidental, car les *Brahmo* se recrutent uniquement parmi les classes élevées de la société, il n'y a pas d'éléments populaires parmi eux, ce qui est le cas également chez les unitaires. On s'assoit sur des bancs sur les balcons du Patio et l'on cause. Devant moi siègent une demi-douzaine de vieillards, missionnaires de l'Eglise. Nous sommes loin de la transcendante intellectualité *védantiste*, loin de la *Samâdhi* qui soulève le voile de *Chidambaram*, loin du sourire de ceux qui sont passés par-delà les théories, les morales, les religions et les dieux... Nous sommes chez des croyants selon une formule identique à celle de nos chrétiens, quoique avec plus d'éclectisme et une souveraine tolérance qui, tout de même, sans que mes hôtes s'en doutent, véhicule bien un peu de scepticisme. Oui, nous sommes loin de la claire, un peu effrayante, un peu amère, aussi, pensée de l'Inde philosophique, mais il y a, en revanche, un esprit de sainteté pratique, de charité, de vrai progrès social qui fait défaut aux *védantistes* isolés dans leur tour d'ivoire. Les *Brahmo* sont les pionniers de toutes les réformes généreuses de l'Inde.

Hier j'ai passé ma journée au *Math* de Belur, parmi les disciples du défunt *Vivekananda*, dont on célébrait l'anniversaire. On m'accueille toujours très cordialement au *Math* et, cette fois, le spectacle y est très curieux. Des centaines de gens sont arrivés et remplissent les jardins où l'on offre aussi un repas à des pauvres accourus de toutes parts. Une cuisine est installée sous un abri de fortune, le riz est déversé par sacs sur des nattes, une vingtaine de chaudrons gigantesques sont pleins de divers curry et cuisent sur des piles de bois. Voilà pour le côté matériel. Au spirituel, il y a une sorte de massif fleuri, sous un champignon en chaume comme ceux que nous plaçons dans les parcs. Au milieu du massif, enguirlandé de chrysanthèmes jaunes, est un grand portrait du défunt en costume de *sannyasin* : draperie orange, le *danda* ou bâton de pèlerin en main, l'air hautain, suffisant, presque arrogant, qu'il avait de son vivant et qu'il a promené à travers l'Europe et l'Amérique. Il fut un bel orateur, un impulsif, un désordonné mental, sautant d'une idée à une autre. Il eut quelques élans vers la générosité, la lumière, mais ce furent là brèves étincelles vites éteintes... il demeurera toute sa vie le réactionnaire, l'homme au cœur sec de son fameux discours aux gentlemen de Madras fêtant son retour d'Amérique. Je ne l'ai pas aimé de son vivant et de le retrouver dans cette apothéose ne m'incline pas à beaucoup plus de sympathie. Cependant, devant l'image, accroupis en demi-cercle, un chœur de jeunes gens psalmodie, scandant le rythme avec une clochette au tintement argentin. Ils chantent, en sanskrit, les hymnes très anciens et célèbres de *Sankarâcharya*. Je les regarde du haut d'une terrasse, des lambeaux de phrases me parviennent et l'un des *swamis* qui les attrape aussi, au vol, me traduit ce qui m'échappe : « Comment peux-tu croire que ton *Soi* est ton corps... Comment peux-tu croire que ton *Soi* est tes sens... *Impermanents* sont-ils... Voici ta jeunesse passée, la vieillesse approche et la mort va souffler sur ton corps et disperser tes sens... Ailleurs est ton *Soi* éternel... Cherche *Brahman*... *Cherche Brahman !*... » Je demande à monter à l'oratoire, ce qui est un peu hors la règle devant tout ce monde, car, strictement, les hindous doivent seuls y pénétrer. Mais l'un des *swamis* dit : « Et pourquoi n'entreriez vous pas ?... » J'ôte mes souliers et pénètre dans le petit sanctuaire. Des gens sont là prosternés devant une sorte de trône où repose le portrait de *Sri Ramakrishna Paramahamsa*, devant le trône sont des objets lui ayant appartenu, ses cendres sont dans le trône même. C'est, en somme, une chapelle funéraire claire et propre. Dans le parvis, divers tableaux religieux décorent les murs et je séjourne devant une *Kâli* dansant sur *Shiva*, très impressionnante, très parlante comme très parlant, aussi, le *Shiva* blanc étendu sous les pieds de la furie et qui me regarde à travers ses paupières closes. [...]

Pour en revenir au festival, j'y suis restée jusque vers 3 h 30, seul Européen et seule femme, car ces cénacles ne reçoivent guère d'étrangers. Je suis alors partie dans un petit bateau à deux rameurs qui m'a menée au Temple de *Dakshinehwar* en remontant le Gange. Une rencontre du genre de celle que les légendes font faire aux héros religieux hindous a marqué la promenade. Nous marchions à la perche, le long de la rive, ayant la marée contre nous. Je regardais les scènes sur la berge, les baigneurs, les femmes astiquant leurs jarres de cuire et, tout à coup, je vis une chose étrange étroite qu'un chien tirait et, comme j'hésitais devant ce que je croyais reconnaître, mon boy dit tranquillement : « C'est un homme. »

C'était un cadavre, en effet, devenu rose comme certaines poupées communes faites en peau, la tête était méconnaissable, les lèvres rongées laissaient les dents à nu. Les pieds étaient attachés ensemble et la chair paraissait pas mal dure, malgré son séjour dans l'eau, car le chien tirait de toutes ses forces, soulevait dans ses efforts les jambes et les bras, remuait le corps tout entier, et ne semblait pas réussir à manger grand-chose. J'ai fait arrêter la barque pour prendre une photo. C'était un peu loin, malheureusement, et la marée étant basse je ne pouvais descendre dans la vase pour me rapprocher du sinistre objet. Je ne crois donc pas que la photo donnera un bon effet, le cadavre avait peu de relief dans la boue grise. J'ai pris deux clichés. Cela s'améliorerait peut-être un peu par agrandissement. C'est un charmant document à montrer aux chantres de l'Inde antique. Note que nous ne sommes pas à Bénarès et qu'il est strictement interdit, à Calcutta, de jeter des cadavres au fleuve. Après tout, l'homme n'était peut-être pas cadavre quand il y a été ou s'y est précipité ! Ne raconte pas que je m'arrête pour photographier de tels sujets. Les Occidentaux ont des idées singulières sur la mort. Ils n'ont pas de scrupules à tuer, ils tuent à la guerre, ils tuent judiciairement, ils tuent les animaux, mais dès que l'être est à l'état de cadavre il devient pour eux à la fois sacré et épouvantable. Je me souviens de l'impression déplorable que j'ai produite en

racontant aux « botanistes* » à Tozeur que, m'étant
assise au cimetière pour regarder le coucher du soleil,
j'avais vu un chien kabyle aller à une tombe et y faire
son repas. Pour avoir *vu* ce fait, ne pas avoir poussé des
cris d'horreur, ameuté le village, etc. on me trouvait révol-
tante. Tu vois cela d'ici n'est-ce pas ce qui serait arrivé
si j'avais dérangé un chien kabyle ayant trouvé de la
pâture et comme quoi il m'aurait vraisemblablement
planté ses crocs dans la chair. Mieux valait qu'il les exer-
çât sur le pauvre défunt insensible. Pour lui, les vers
ou le chien, ou le chacal, c'était bien indifférent ! Tout
ceci pour te dire que l'on me trouverait sans doute répu-
gnante.

Le temple est l'un des plus beaux du nord de l'Inde,
entouré de jolis jardins. J'ai été voir la chambre où *Sri
Ramakrishna* a vécu, l'arbre où il a cherché l'illumination et celui où il avait coutume de s'asseoir après son
illumination. Tout cela n'a rien de solennel, les hindous
ne demandent pas de décor extérieur. Il y avait là un certain nombre de pèlerins et, déjà, des gens qui me connaissent... quelques-uns m'ayant vu au *Math*, d'autres au *Sanskrit College*, d'autres ayant entendu dire qu'une dame
qui... que... etc. Je reçois un très sympathique accueil
partout. Ceux qui prétendent que les Hindous sont systé-
matiquement hostiles au bouddhisme commettent une
erreur. Un orateur éloquent reconvertirait une grande
partie de l'Inde en ce moment. J'en suis certaine. Parce
que je suis bouddhiste les gens se montrent très différents
avec moi de ce qu'ils sont avec les chrétiens. Sur le ponton
en attendant le passage du steamer qui doit me ramener
à Calcutta et que j'ai été rejoindre dans ma petite embar-
cation, deux gentlemen m'abordent... eux aussi m'ont vue
quelque part et ce sont de nouveau les habituels remercie-
ments que je reçois de toutes parts pour m'intéresser
à leurs doctrines. Puis on désire que je parle, que je parle
du bouddhisme. La foule est compacte sur l'étroit ponton,

---

* Au début du siècle, Alexandra David-Néel s'était jointe à une
expédition de botanistes allemands en mission scientifique, parcourant
ainsi toute l'Afrique du Nord, le Sud, et les oasis sahariennes.

les gens font cercle, s'entassent et je parle... Curieuse race, où le mysticisme prime tout, toujours avide d'entendre parler des dieux, des héros religieux et de cela qui pour eux tous, est le suprême but : *Moksha-Nirvâna*. Le soleil se couche tout rouge dans les nuages, le Gange coule, gris bleuté à reflet de cuivre, sous nos pieds...

[...] La marée descendant, nous avons pris le milieu du fleuve pour ce retour, il n'y avait qu'à se laisser filer. En se rapprochant de la rive pour débarquer nous passons près de l'endroit où j'avais vu le cadavre. Mon boy dit : « Il est déjà fini ! » En effet, à la place de la sinistre poupée rose on n'aperçoit plus qu'un tas grouillant de vautours qui ont chassé les chiens et bientôt s'envolent, la place étant nette.

[...]

16 janvier

J'ai été, ce matin, porter mes lettres d'introduction à *Government House*, lord Hardinge étant rentré à Calcutta. On se croirait en Russie, jamais je n'aurais imaginé pareille chose. On hésite à laisser les gens entrer dans le palais, même simplement pour voir l'un des secrétaires. Je ne peux pas arriver à croire que la frousse des autorités soit justifiée. Il me semble qu'ils s'effraient plus que de raison. Après tout, ils sont mieux à même que moi de juger de la situation. [...]

Avant hier, lundi 15, j'ai été voir la veuve de l'homme divinisé, *Sri Ramakrishna Paramahamsa* dont j'avais visité la chambre au temple de *Dakshineshwar* et la chapelle de Belur. Se trouver en face de la femme d'un dieu !... il n'y a qu'en Inde où pareilles choses arrivent et sont considérées comme tout à fait naturelles.

C'est dans un quartier excentrique, difficile à trouver, une maison blanche contrastant, par son extrême propreté, avec ce que l'on a coutume de rencontrer ici. Le rez-de-chaussée est occupé par le bureau de publication de la *mission Ramakrishna*. Le *swâmi* éditeur y demeure. C'est un gros homme très affable, très simple. Il est pré-

venu de ma visite par ses amis de Belur et m'offre gracieusement quelques livres. Nous montons ensuite voir la
vieille dame qui occupe l'étage. A mi-chemin de l'escalier,
le *swâmi* me prie, en s'excusant beaucoup, de bien vouloir
enlever mes souliers car la chambre où nous allons est une
chapelle. Je m'empresse de m'exécuter mais c'est toujours
une besogne compliquée : lacets, fastenettes à défaire et
voici qu'à mon extrême stupéfaction, le *swâmi* me dit du
ton le plus naturel : « Voulez-vous que je vous les
défasse ?... » Ça ne te dit rien, évidemment c'est tout
simple, élémentaire pour un Occidental. Mais dans l'Inde...
un *swâmi* devant qui les gens se prosternent dans la poussière, ce n'est pas ordinaire. Un jeune homme, parent de
Ramakrishna qui montait derrière moi n'a pu retenir un
instinctif cri de protestation à cette proposition, que j'ai
d'ailleurs déclinée. Je cherche quel peut avoir été le sentiment poussant ce personnage à m'offrir ce service, extraordinaire dans son cas... Réelle simplicité et intelligence
qui le met au-dessus de la vénération traditionnelle que
lui témoigne son entourage ?... Affectation d'humilité ?...
Un peu de servilité orientale devant une femme qui est
« de la couleur du roi » comme dit le peuple, ici, en parlant des Blancs ? — qui pourrait démêler cela... peut-être
ne le pourrait-il lui-même.

En haut, c'est, en effet, une chapelle avec un petit
trône, un dais et le portrait de *Sri Ramakrishna* tout
comme à Belur, mais en plus petit. Sur le bord d'un large
lit en planches, sans matelas, la veuve est assise tout en
blanc. Suivant l'usage des Bengalis, pareil à celui des
musulmans, elle se cache la figure parce que le *swâmi*
n'est pas son parent. Du reste il s'en va et me laisse
pour interprète le jeune homme qui est de la famille. La
vieille dame me montre alors son visage, et c'est un bien
joli visage, très jeune, extraordinairement jeune pour
une femme de soixante ans et une Orientale. Elle n'a pas
de rides et ses yeux sont les plus beaux du monde, pleins
d'intelligence et de vie. J'ai rarement vu chez les femmes
hindoues une tête aussi intelligente. La conversation est
naturellement brève, comme toutes celles qui se font par

interprète, et puis la bonne dame est affreusement inti-
midée. [...]

J'ai été voir ensuite la dame américaine qui dirige
l'école des veuves hindoues. Je t'ai dit, je crois, qu'il y a
ici des veuves de cinq ans, car on marie les enfants au
berceaux et le mariage doit devenir effectif dans la semaine
qui suit la première menstruation de la fillette. L'opinion commence à s'agiter pour la suppression de cette
horreur. Pour en revenir aux veuves, dont veaucoup sont
vierges, elles ne peuvent pas se remarier et un grand
nombre tombe dans la misère ou se livre à la prostitu-
tion. L'école en question est une de celles, parmi d'autres,
où l'on apprend un métier aux jeunes veuves pour qu'elles
puissent gagner leur vie.

La maison est en plein quartier hindou, mais une
Américaine l'habite, cela signifie propreté et presque un
soupçon de confort dans la très grande simplicité du logis.
Nous prenons le thé... c'est un coin d'Occident. Mais le
soir vient, l'heure de l'office vespéral des hindous où l'on
promène les lumières devant les idoles, où on les habille
pour la nuit, et des cloches commencent à tinter dans les
maisons de ce quartier brahmanique... l'Occident s'envole.
J'arrive trop tard pour connaître Miss Noble (sœur *Nive-
dita*) la fondatrice de cette œuvre, morte à Darjeeling il y
a quelques mois ; une fille de pasteur anglais, artiste et
poète qui s'était éprise d'hindouisme jusqu'à l'aveugle-
ment, jusqu'à justifier les pires horreurs sociales et religieuses. [...]

J'ai également assisté à un service de l'une des branches
des *Brahmo Samaj*. C'est tout à fait un temple et j'ai, en y
entrant, éprouvé l'impression de satisfaction et de confortable que donne un terrain connu. Le minisre, lui aussi,
sent terriblement le clergyman. Trop, beaucoup trop, en
ce pays des dieux exubérants. Il n'est pas orateur et
s'éternise en des prières qui lassent l'attention des assistants. Je regarde les têtes, dans le public. Il y en a de très
intelligentes. Ceux qui sont ici appartiennent à l'élite libé-
rale de la nation, cela ne les empêche pas d'être vêtus
pour la plupart, de façon peu soignée. Un Occidental, non

au courant, se croirait volontiers parmi des pauvres.
Devant moi, un homme drapé de lainage orange s'absorbe
dans ses dévotions. Il est très blanc de peau, très noir
de cheveux et de barbe, avec des cils qui lui tombent jusqu'au milieu des joues. Il est très beau, très artistique et
vraiment impressionnant dans son ravissement mystique...
je le regarde avec joie, comme un régal d'art... et puis,
voici que ma belle statue sort de ses rêves et se mouche,
dans ses somptueuses draperies orange. Oh ! désespoir !

Je suis invitée à dîner chez Mrs Woodroffe (la femme
du juge à la *High Court*) avec un comte russe que j'ai
déjà rencontré à Adyar. J'ai aussi une soirée chez de riches
hindous : les Tagore, et je dois aller au vernissage de
l'exposition de peinture des artistes hindous. [...]

Calcutta, 21 janvier 1912

La surprise a été accueillie avec la plus grande joie, ton
portrait est extrêmement réussi. Les deux poses sont par-
faites. Sitôt pris, sitôt fait ! l'Alouch auquel, photographe
criminel, j'avais amputé la moitié d'un pied, a cédé la
place au nouvel arrivant. J'ai choisi, pour la mettre sous
cadre, celle des deux photos qui te représente en trois
quarts. La raison ? — elle te fera rire. Tu t'harmonises
idéalement avec le milieu anglais où je me trouve. Ce
portrait est absolument celui d'un lord, d'un homme
d'Etat britannique et, en imagination, je vois inscrit sous
la photographie : « Sir Néel fut M.P. » (pour les non-initiés... baronet, membre du parlement). Ce monsieur si
décoratif, si représentatif, sur mon bureau, m'amuse infiniment ; nul doute qu'il ne me rehausse dans la considération de mes visiteurs. Je dois te dire que, pour l'instant, tu
voisines avec la veuve du divin *Sri Ramakrishna* qui m'a
envoyé un bien joli portrait d'elle. Quel abîme entre vos
deux physionomies ! La différence des races, des mentalités, des vies vécues s'y reflète d'une façon saisissante.
Naturellement, vous vous trouveriez mutuellement absurdes... Où est la vérité ?...

Louis et Alexandra David, le père et la mère
d'Alexandra David-Néel.

Alexandra David-Néel, petite fille.

Le jour de sa présentation à la Cour de
Belgique.

Chanteuse d'Opéra-Comique...

Philippe Néel, le mari d'Alexandra David-Néel
et Alexandra vers 1910.

Sidkéong Tulkou, Maharaja du Sikkim.

Alexandra David-Néel en riskshaw lors de sa seconde visite à Ceylan en 1911.

le chemin de Podang. à Fenzang au
kim en 1912.

éong Tulkou et Alexandra David-Néel au
astère de Pédong en 1912.

L'ermitage d'Alexandra : « dechen ashram ».

Le camp d'Alexandra dans les Himalayas.

un yack, au-dessus de Thangu au Sikkim,
otographiée par Sidkéong Tulkou en 1912.

tre Silacara et le Gomchen de Lachen à
odang Gömpa en 1913.

Devant le minuscule chöten qu'elle a bâti
au-dessus de Chöten Nyima au Thibet.

En costume thibétain en 1913.

A Taschiding en 1914.

Au monastère de Trashilumpo à Shigatze a
Tibet.

Danses des lamas à Pan Chien Gömpa (Ben
chin-Kham) en novembre 1921.

Devant l'entrée de la résidence à Katmandou
au Népal.

Au Japon, entre Aphur-Yongden à sa gauche et, à sa droite. Ekaï Kawaguchi, moine japonais qui réussit également à pénétrer à Lhassa sous le déguisement d'un moine bouddhiste chinois.

Plan de la ville-monastère de Kum-Bum (en haut) et plan chinois de la ville de Lhassa capitale du Tibet, qu'Alexandra s'était procuré à Pékin (en bas). →

Journal japonais relatant la présence d'Alexandra David-Néel au Japon.

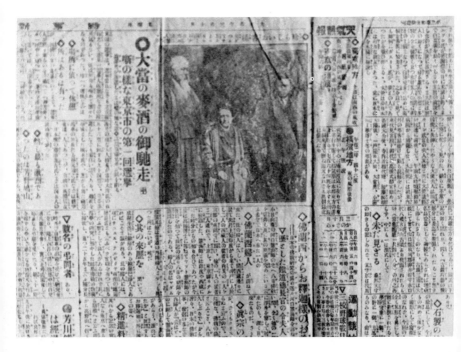

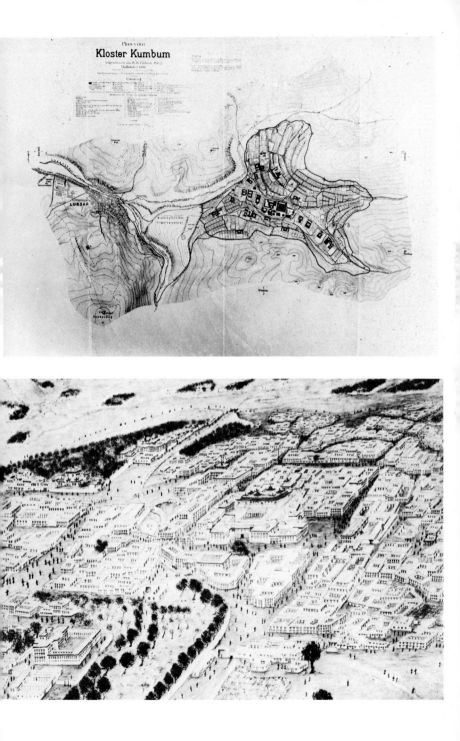

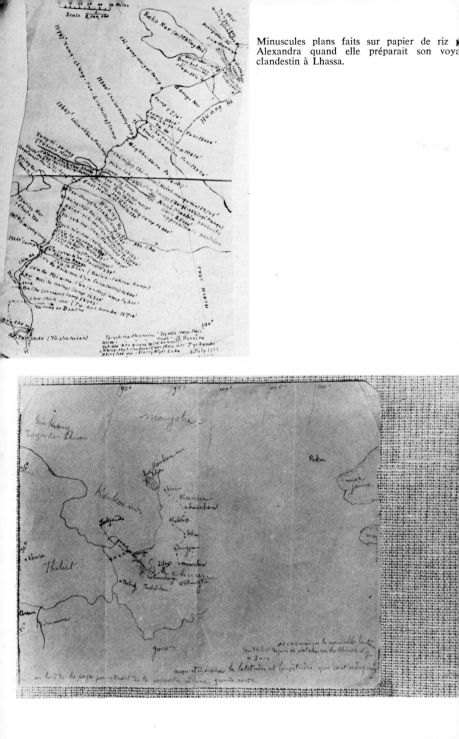

Minuscules plans faits sur papier de riz par Alexandra quand elle préparait son voyage clandestin à Lhassa.

Le Lama Yongden. fils adoptif d'Alexandra David-Néel.

En voyage avec ses domestiques et avec sa caravane au moment d'un départ.

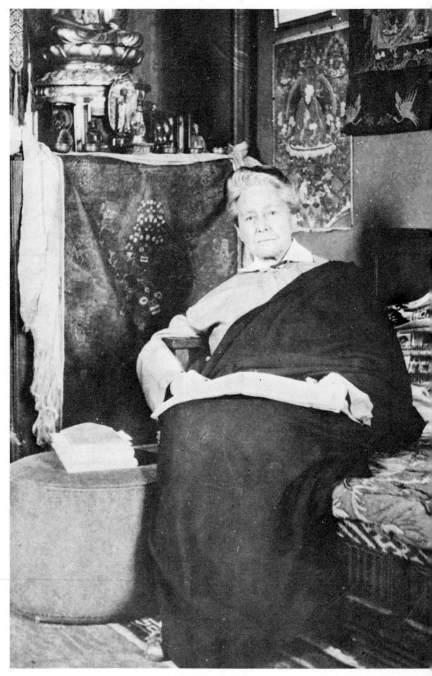

Alexandra David-Néel à Samten Dzong à Digne dans sa 87ᵉ année. Cette pièce tibéta
ainsi que sa chambre et son bureau sont maintenant transformés en Musée ouvert au pub

Mon cher Ami, ainsi que tu vois, la philosophie a, chez moi, décidément tout envahi. La maladie était menaçante depuis longtemps, aujourd'hui la contagion a fait son œuvre et les philosophiques microbes chantent leur définitive victoire. [...]

J'ai été, hier à une exposition d'artistes hindous. Il y avait là de très belles choses qui font rêver. J'ai acheté quelques reproductions (mes moyens ne vont pas jusqu'aux originaux) très artistiques. J'ai un adorable *Shiva* pleurant la mort de *Parvati*, une impressionnante veuve entrant dans le bûcher où repose le cadavre de son époux et d'autres encore, de divers formats. C'est là un art spécial où se révèle le caractère tragique de l'Inde. Plus je séjourne et je pénètre, ici, plus cette idée du « tragique » m'apparaît claire en tout. Tout est tragique, ici, l'art, la religion, les imaginations, les consciences, la vie journalière ou les plus simples faits ou gestes, il y a un reflet de la « terreur sacrée » dont parlent les anciens.

Un brahmane, professeur à l'Université vient, maintenant, quatre fois par semaine m'expliquer des ouvrages philosophiques... Oh ! tout ce qu'il y aurait à apprendre, ici ! Tu sais que j'y pense, à l'ouvrage que tu m'as plusieurs fois suggéré d'écrire : l'étude comparative des religions et philosophies asiatiques... En attendant, je publierai, en dehors de mon *Védanta*, un livre sur « L'Inde mystique ». Je vais avoir du travail pour plusieurs années au retour... Ce retour qui paraît lointain et que je vis déjà par avance, me sentant devant mon bureau, en face du *Shiva* pleurant *Parvati* que je réclame pour mon « sanctuaire » *Shiva* étant mon *ishta dévata*, c'est-à-dire ma divinité favorite dans le panthéon hindou. Oui, je m'y vois, avec les souvenirs emportés de ce voyage, flottant autour de moi... avec davantage, peut-être, avec la faculté d'une évocation plus réelle que de nébuleuses ressouvenances. Ne suis-je pas au pays où s'enseignent les *Yogas* puissantes et ne m'arrivera-t-il pas d'en assimiler quelques bribes. Ah ! mon excellent Alouch, quelle bonne chose que nous vivions en Orient aussi, dans une maison propice à la méditation, avec une terrasse blanche que les dieux peu-

vent venir effleurer de leurs pieds nus, sans risque de se
heurter aux cheminées et d'embarrasser leurs membres
fragiles dans les lucarnes et les gouttières. Que ferais-je
dans une rue parisienne ! [...]

Ma bonne fortune m'a fait rencontrer les Woodroffe
qui sont charmants. Ils m'ont conduite chez de très riches
hindous qui avaient engagé un artiste musicien hindou
très célèbre pour la soirée. Cela a été un conte des Mille
et Une Nuits, dans un salon immense peuplé d'œuvres
d'art avec les musiciens accroupis au milieu sur un mate-
las-tapis, grand comme une chambre, tout en brocart, parsemé de coussins, de tabourets portant des bouquets dans
des vases merveilleux. Et là-dedans, les maîtres de la
maison se mouvant en draperies blanches avec des bor-
dures de cachemire. Voilà des choses difficiles à voir et
inconnues des touristes. [...]

Voici à peu près toutes les nouvelles pour aujourd'hui
mon très cher. Il n'y a pas, dans ma vie présente, place
pour des événements extraordinaires. Je vais passer la plus
grande partie de ma matinée à résumer les explications
que le *Pandit* m'a données hier de 6 à 8 heures pour lui
soumettre ce résumé après-demain afin qu'il corrige les
erreurs que j'aurais pu commettre. C'est là un travail
classique. Demain j'assisterai à une conférence donnée
à une autre branche des *Brahmo Samaj*. Jeudi je suis
invitée à la distribution des prix du *Sanskrit Collège* etc.
Les jours passent avec une rapidité vertigineuse, et toutes
ces choses que je fais sont choses à élaborer lentement,
sans précipitation. Un jour on cueille ceci, le lendemain
cela. Les hindous sont lents à accoucher et, d'ailleurs, le
sujet ne supporte pas de hâte afin de pouvoir exposer
ensuite une relation qui ne soit pas une caricature. [...]

Ma meilleure pensée, mon très cher Mouton, avec mes
vœux les plus affectueux pour ton anniversaire qui, ceux-
ci, je pense, arriveront à peu près à la date voulue. Je te
souhaite la chose rare et précieuse, mon ami, le bonheur
sous la forme où tu le conçois, dans les choses qui, pour
toi, sont les appelées, les bienvenues. Le bonheur est fait
d'éléments si différents suivant les individus !... Est-ce que

de t'écrire de l'Inde excusera, à tes yeux, le vœu plus grave que nous y répétons volontiers : « Paix et intelligence soient avec vous », mais notre mot « paix » est terne et pâle pour rendre le sens du sanskrit. *Ananda*, c'est non point une paix morne, mais la béatitude, toute clarté et toute vie, qui est un des attributs de *Parabrahm* [30]. Hélas ! j'en doute bien quelque peu. Et pourtant...

Calcutta, 12 février 1912

[...] Tout paraît devoir s'arranger à merveille et je pense que j'aurai un voyage extrêmement intéressant dans cette région himalayenne de la frontière du Tibet. Franchirai-je cette frontière ? Si les bandes chinoises ne battaient pas le pays je n'y aurais pas manqué en me joignant, avec l'appui du Rajah local à quelque caravane de riches pèlerins, pourvus de matériel de campement suffisamment confortable. Tu ne peux te faire une idée du prestige dont un bouddhiste européen jouit en pays bouddhiste d'Asie. Après tout, Lhassa n'est qu'à cinq cents kilomètres de Darjeeling. Je sais bien que, quand il faut les « manger » avec des chevaux et des palanquins et à travers la montagne, bien que la grand-route soit entretenue et aussi bonne que nos pistes de second ordre, cela demande pas mal de temps... Enfin, la tentation me sera épargnée ; les Tibétains, sujets britanniques, n'ayant pas permission d'aller actuellement à Lhassa et moi-même, peut-être, ne pouvant, sans doute pas l'obtenir davantage. [...]

Tu diras que je rabâche, mais depuis mon arrivée à Calcutta mon voyage est devenu suprêmement intéressant. Il me semble que j'aurai des matériaux pour des années et des années de travail. Il va tout de même me falloir classer tout cela, car depuis le classement opéré à Adyar beaucoup de documents se sont accumulés, mais je verrai à me retirer, pour cela, dans quelque solitude peu coûteuse. Peut-être parmi des braves nonnettes (*bikkhunis*) si je puis en trouver qui m'épargnent l'épreuve de curry trop incendiaire.

Je te prie donc, dans l'incertitude où je suis de mes mouvements, de m'écrire à la « Mission bouddhiste c/o Samana Pannananda, 46 Beniapukur Lane, Calcutta.

[...] Tu ne vis pas dans ces milieux, tu ne peux pas te douter de quoi sont capables certains hommes, leur haine du féminisme gagnant chaque jour du terrain *. Ceux qui, dans ma jeunesse, s'efforçaient, dans les couloirs étroits et les escaliers en tire-bouchon de la vieille Sorbonne, de nous serrer entre les portes et le mur ou de nous faire tomber du haut des marches, qui, gracieusement, enfonçaient dans la tête des jeunes filles assises devant eux les épingles de leurs chapeaux et leur donnaient des coups de pieds quand ils se trouvaient les dominer sur un gradin supérieur de l'amphithéâtre, ceux-là ont grandi et certains ont persévéré dans le même esprit. Est-ce que la police n'a pas dû, plusieurs fois, en ce temps-là, charger pour protéger des étudiantes en médecine qu'on avait gentiment commencé à assommer à coups de pieds de bancs. Tu as peut-être toi-même entendu parler de ces choses, en ta jeunesse et, peut-être, as-tu trouvé drôle et réjouissant cette façon de traiter des femmes pas riches qui avaient l'impudente audace de vouloir demander leur gagne-pain à autre chose qu'à leur sexe. [...]

14 février

J'ai été ce matin à *Government House*. On va me donner une collection de lettres d'introduction et recommandations qui continueront à me faciliter l'accès de bien des choses et de bien des gens. Naturellement, on sait, là aussi, que j'ai été à Pondichéry et ai vu Aurobindo Goshe. Je ne me doutais pas que c'était un homme si important. Si je l'avais vu, j'aurais tâché de le faire parler politique

---

* A. David-Néel vient d'apprendre, par une coupure de journal, un scandale éclaboussant une femme qui a fait notoriété dans le domaine des sciences, ce qui l'amène à parler de la « misogynie » qui régnait au début du siècle.

pour savoir ce qui peut germer, en fait d'idées de ce genre, dans la cervelle d'un mystique védantiste. Mais, quoique sachant qu'il avait eu un procès politique, je n'en connaissais pas au juste le motif. Ce matin le secrétaire privé du roi me disait : « Je pense qu'il trouve notre civilisation, notre éducation et tout notre progrès moderne *godless* (ce qui veut dire « sans Dieu ») et que pour cette raison il les réprouve. » Cela se pourrait bien. Les hindous voient les choses et le monde sous un autre angle que nous. J'aurais, peut-être, si notre entrevue ne s'était pas bornée aux quelques heures crépusculaires, dans la maison monastique de Pondichéry, découvert, dans cette cervelle, ce qui, pour nous, Occidentaux matérialistes, constitue la fêlure... et pu faire une étude intéressante de mentalité étrangère à l'Europe. Oui, cela aurait pu être intéressant... la salle de dissection avec ses débris d'organisme humain est bien intéressante aussi... mais bah ! je dois peut-être au fait d'avoir été insuffisamment informée un beau souvenir... — faux, illusoire, sans doute, comme la plupart des beaux souvenirs — celui de la vaste salle nue où, près de la fenêtre ouverte sur le ciel mauve du soir, Aurobindo Goshe et moi avons parlé du *Brahman* suprême, de l'éternelle existence et, pour un instant, avons franchi le seuil au-delà duquel cessent naissance et mort, avons vécu le rêve des *Upanishads*... Une jolie fleur cueillie sur ma route de voyageuse... une fleur d'or du sanctuaire de *Chidambaram*. Ne gâchons rien. [...]

On m'a proposé, non plus de vivre en costume d'Eve, sous un arbre, en *yogui*, mais d'aller demeurer en une tranquille localité pour m'adonner au sanskrit, à l'exclusion de toute distraction, pendant six mois, le professeur s'offre gratuitement et sa famille s'offre, de son côté, à aider mon installation. On m'a fait la même proposition chez les *swamis* de Belur et, là, c'était vraiment tentant, car on me proposait, comme résidence d'été, un endroit, dans l'Himalaya, qui passe pour l'un des plus salubres et des plus pittoresques de l'Inde. J'y devais résider chez une dame anglaise attachée à la maison médicale que les *swamis* ont là et prendre des leçons avec les *swamis* résidents que l'on m'a dit être jeunes, très instruits et d'agréable compagnie. La troisième tentation vient d'un autre groupe, les *Arya Samaj* qui m'incitent à user des professeurs de leur collège près de Lahore. Tous ces gens me disent qu'en six mois ils me mettront (avec ce que je sais déjà) à même de me débrouiller toute seule. Je le sais bien... mais ce sont les six mois que je n'ai pas, si je veux poursuivre mon voyage. Ah ! s'il n'y avait pas de Mouchy dans la « belle grosse maison », ce serait vite réglé. Une connaissance plus sérieuse du sanskrit m'est devenue indispensable au point où j'en suis de mes recherches orientalistes. [...] Il me faudra étayer fortement ma documentation. Oui, n'est-ce pas Mouchy, mais on ne se marie pas pour faire du sanskrit et des recherches védantistes. C'est absolument vrai et je comprends combien, déjà, tu as de mérite et montres de largeur d'esprit à l'égard de ta trop philosophe épouse. Si tu étais là, très cher, je t'embrasserais de tout mon cœur pour la grande joie que tu mets dans l'automne de ma vie, par les facilités que tu me donnes de poursuivre les études qui furent la grande, l'unique, passion de ma jeunesse et que je regrettais de devoir abandonner en partie.

[...] Encore un mot, après-demain matin, je vais à une fête religieuse hindoue. C'est jour d'une fête de *Shiva* et je vais aller la voir célébrer dans une institution de filles. Les enfants chanteront des hymnes devant les images du Dieu. Tout cela sent bien l'idolâtrie d'autant plus qu'on me fera certainement hommage de quelque sucrerie offerte sur l'autel... Ce ne sera pas la première fois que je partage cette *prasada*, cette communion païenne, et chaque fois que je grignote les fruits ou les terribles gâteaux *tout sucre* je songe que pour ne pas manger des mets ayant été offerts aux « faux dieux » de braves chrétiens se sont laissés jadis traîner à l'amphithéâtre et dévorer par les bêtes, bien que saint Paul ait jugé que l'autel ne contaminait pas spirituellement la nourriture qui y avait été posée. Ici, règle générale la *prasada* ne doit être offerte qu'aux fidèles. Un chrétien ou un musulman n'y a pas droit ! Comme adepte d'une des écoles philosophiques issues de l'Inde on me considère comme plus proche. *Shiva* est mon dieu favori, j'aime le symbole qu'il représente et j'adresserai peut-être une petite allocution aux assistants. [...]

Calcutta, 26 février 1912

Je reviens d'une *garden party* chez la maharani d'Utva. Ces genres de réceptions sont somptueuses et funèbres. Assistance choisie : le vice-roi et lady Hardinge, lady Carmichaël de Madras chez qui j'ai déjeuné, lady Jenkins chez qui je dois aller pour une après-midi musicale et thé (femme du *chief justice*, c'est le chef de toute la justice dans l'Inde, une sorte de petit ministre) et d'autres gens de même marque. Du côté indigène, le dessus du panier également. Il n'y a, évidemment, aucune cordialité, on se salue de côté et d'autre, on échange quelques mots, mais les *natives* sont gênés et les Anglais préoccupés de garder leur dignité de « Blancs ». Les femmes seules sont admises à monter saluer la maharani qui est une toute petite créature à l'air timide, tellement couverte de bijoux, de pierreries qu'on lui voit que les yeux au milieu de toutes ses pendeloques. Les salons sont à l'européenne du plus mauvais goût... mais pleins d'objets très coûteux. Il y a des rideaux en dentelle rose et des meubles en brocart et peluche feu. Tout de même ne t'imagine pas que cela ressemble au palais du Bey. Il y a là de beaux vases de Sèvres au lieu des boules en verre et de réelles œuvres d'art. Dans les jardins il y a des amusements divers, des acrobates hindous, des jongleurs japonais, des diseurs de bonne aventure dont l'un a lu dans ma main que j'aurai toujours autant d'argent que j'en voudrai dépenser... Hé ! qu'est-ce que tu dis de cela ?... Mais il y a un revers à la médaille, je suis, paraît-il, destinée à avoir *quatre fils et trois filles*. Je ne sais pas bien, mon brave mouton, comment nous nous y prendrons pour réaliser ce miracle. J'ai retrouvé là quelques personnes de connaissance : la femme du consul de Suède, quelques autres et Mrs Woodroffe qui n'avait pas l'air de se divertir

beaucoup et avec qui j'ai pris le thé. Au départ les jardins
étaient illuminés, les dames sont allées prendre congé
de la maharani. On nous a présenté, sur un plateau d'or,
un petit pot d'or contenant de l'essence de rose, chacune
y a appuyé légèrement le bout de son mouchoir et puis
on nous a gratifiées d'une sorte de chaîne en galon doré
que nous avons emportée sur notre épaule gauche.

Pas bien gaies pour la maharani, je crois, les corvées
de cette sorte. Mais ces pauvres roitelets déchus sont
tenus de paraître gais, de donner des fêtes. Le jeune maharadjah, fils de la maharani était vêtu de brocart rose brodé
de vraies perles... Qu'est-ce que ces gens-là peuvent dire
entre eux, quand les étrangers sont partis, que la maison
est nettoyée et qu'eux-mêmes ont pris un bain pour se
purifier de la souillure qu'ils ont contractée par le contact
de tous ces Européens impurs... Ce serait curieux à entendre !

Hier, autre cloche. Départ en auto à 8 h 30 pour Chin-
surah, une vieille ville, ancienne colonie hollandaise. [...]
On a été voir deux vieilles églises, une exposition locale
avec des peintures *locales* surprenantes. Dans ce pays de
soleil outrancier, les artistes affectionnent peindre des
« effets de brouillard ». Et vraiment quelques-uns de ces
brouillards étaient plus noirs que ceux de la Tamise. Il est
vrai que le Gange en distille qui n'ont rien à envier à ceux
de Londres. Nous avons ensuite visité la prison et jusqu'à
l'endroit où l'on pend les condamnés. Les convenances
voulaient que des ladies restassent un peu à l'écart mais
nous avons suffisamment contemplé le hideux engin. Nous
avons ensuite été à Chandernagore, qui n'est qu'un village
un peu important, avec une petite promenade en éléva-
tion sur le Gange. J'ai retrouvé, en tout petit, l'impression de Pondichéry. La propreté des rues et des maisons
contraste avec la saleté du territoire anglais. Tout est net,
clair, badigeonné... un épicier avait peinturluré son auvent
en bleu, blanc, et rouge. On parle de céder à l'Angleterre
ces morceaux épars de territoire qui, évidemment, ne nous
servent pas à grand-chose. Mais il y a là une question dont
on ne se préoccupe jamais dans les cas de ce genre... l'avis

des indigènes. La vente des esclaves, par tête, est interdite, mais trafiquer d'une population est permis aux grands Etats. Je songe à ceux-ci... qui sont électeurs, cela a l'air idiot et les élections à Pondichéry sont de vilains tripotages et de sauvages bagarres. N'importe, ces gens ont un semblant de droit et les Anglais s'accordent à trouver les Pondichériens plus intelligents que leurs voisins soumis au régime anglais. Il y a des rudiments d'attachement à la France parmi ces hindous et d'attachement un peu fanatique comme celui des petits peuples et des riverains des frontières. Je me souviens de la réponse d'un gamin de Villanour à qui je demandais s'il parlait anglais ou français et qui me répondit, avec quel ton de défi : « Je parle français » et les autres, autour, de dire en écho : « Nous parlons français. » Ces moricauds auraient été de ceux qui se seraient battus pour ce semblant de patrie qu'ils voyaient en la France... Influence de l'école, comparaison avec le régime auquel sont soumis leurs compatriotes sujets d'Albion. Leur satisfaction d'orgueil est énorme et le coolie tout nu, le débardeur sur le quai pensent que le riche ou le savant *babu* de l'autre côté de la frontière ne sont pas ses égaux politiques. Si on les vend, si on les échange, adieu toute cette fierté, plus d'élection, plus jamais ils ne s'entendront appeler « citoyens » par des messieurs venus de France. C'est comique, mais triste aussi. Si tu savais le nombre de fois que l'on m'a répété ici, parmi les indigènes : « Le maire de Chandernagore est un Bengali. » Le premier magistrat de la ville est un indigène ! La ville n'est qu'une bourgade, qu'importe. Les Bengalis de Chandernagore doivent avoir un orgueil national énorme.

En auto, ce petit coin de France est vite traversé, nous passons des villages construits autour d'usines énormes pour la fabrication de la jute. Autour de ces monuments de la civilisation grouille une population qui n'a plus rien d'hindou et commence à prendre — couleur de peau à part — le faciès du prolétariat usinier de Glasgow ou de Manchester. [...]

J'ai donné ma conférence en anglais. Elle va être

publiée dans un des grands journaux de Calcutta. A la
suite de cette conférence j'ai fait la connaissance d'un
prêtre japonais de la secte *Nichiren* qui m'a demandé la
permission de venir me voir. Il est donc venu ce matin
à l'heure fixée, exactement. Ce qui est, très *Extrême*-
Orient. Un régal que cette conversation ! J'avais précisément reçu, par la première distribution postale, des lettres
de bouddhistes japonais qu'il connaît. Cela l'a mis en
confiance et il a parlé aussi librement qu'un Japonais est
capable de le faire. Le révérend *Kimura* porte lunettes,
comme la plupart de ses compatriotes, mais il les ôte pour
me parler, ce qui témoigne de dispositions cordiales.
Nous sommes loin de l'Inde et loin, je le crois bien, du
bouddhisme de l'hindou que fut *Gautama*, avec ce Jaune
déterminé et combatif. Son bouddhisme appuyé, d'ailleurs,
sur une réelle érudition, sonne un peu à mes oreilles de
petite-fille de Montalbanais comme un écho des trompettes mystico-guerrières sonnées par les citoyens de l'héroïque cité qui, avant d'être des huguenots, furent des
Albigeois et bien d'autres choses encore, toujours sur le
chemin de ces hérésies ardentes et rudes en l'histoire
desquelles ma jeunesse s'est complue. Le *Hinâyana* est
négatif, me dit mon révérend, la *Mahâyâna* [31] est positif.
Le premier dit « ne tue pas » le second « tue ceux qui
sont un obstacle au bien, ceux qui nuisent aux êtres,
fussent-ils ton père ou ta mère ». Je veux bien que cela
soit du *Mahâyâna* mais, alors, très corrigé et remanié par
le Japon. C'est là la doctrine séduisante et tentante de
l'action directe qui plaît à notre orgueil aimant à jouer
aux dieux, à agir en justiciers. Qui sait, c'est peut-être
la vraie doctrine convenant à l'homme moyen. Les sages
seuls voient au-delà de ces convulsions de notre soi-disant
Bien et de notre soi-disant *Mal,* ils n'ont pas ce besoin de
justice bornée, immédiate, qui tourmente ceux qui ne
voient pas au-delà des limites d'une vie humaine, dans
le passé comme dans l'avenir. C'est la méthode qui nous
donne une Inde assise, majestueuse, inébranlable au bord
de son Gange, rêvant ses rêves, tandis, qu'autour d'elle,
les empires naissent et s'écroulent. L'autre méthode est

celle des peuples éphémères qui vivent vite une vie aux vibrations petites et fiévreuses... pourtant il y a une objection à cette classification : la Chine adepte de la seconde doctrine et plus vieille peut-être que l'Inde. Quoi qu'il en soit, mon Japonais méprise fortement les hindous, pour leur apathie, leur bavardage sans résultat : « Vous irez au Japon, n'est-ce pas, me dit-il, vous verrez quelle différence. Les gens ne parleront pas beaucoup, ne vous feront pas de grandes phrases, mais ils agiront et s'empresseront de vous être pratiquement utiles et agréables. » Oui, je le sais. C'est la cordialité chinoise, silencieuse, discrète et effective. C'est aussi, au Japon, la possibilité de vivre parmi les indigènes, rompus dès l'enfance à une politesse raffinée, d'une propreté méticuleuse, bien différents des hindous grossiers dans leurs manières et sales. M. Kimura appartient à la société pour la réforme du bouddhisme au Japon, parmi laquelle j'ai des amis. Il me parle de l'imbécillité, de la cupidité du clergé japonais et me dit : « Surtout ne jugez pas l'état de choses uniquement par ce que vous pourrez voir chez les prêtres. Voyez les savants de nos universités, notre élite religieuse et la jeune génération des prêtres, ceux qui se sont faits prêtres pour travailler au bien des hommes. » Tu sais, sans doute, que ceux qu'on appelle « prêtres » au Japon ne sont pas du tout des moines, des *bikkhus*, mais des pasteurs comme chez les protestants. Ils s'habillent et vivent comme tout le monde et, dans la plupart des sectes, sont mariés.

Puis il me raconte l'emploi de son temps, ses études sanskrites et ses études concernant les *Upanishads* et comment chaque minute de la journée est employée d'après un rigide programme et je saisis au passage la perle, la délicieuse peinture d'une mentalité d'Extrême-Orient : la méditation matinale exprimée : « Je me mets l'esprit en repos », « *I put my mind quiet.* » Pour dire cela, instinctivement il a disposé ses mains dans ce geste que nous sommes tant de millions à faire chaque jour, machinalement ou consciemment, et qui est vieux de tant de siècles, bien antérieur au *Bouddha*, avec sa signification mystique passablement altière qui signifie quelque chose comme : « Je m'enferme en moi-même », peut-être avec le sous-entendu hindou : « Je m'incline devant moi-même et je n'adore que la divinité qui est moi-même. » Il a fermé les yeux, s'est arrêté « enfermé en lui-même et faisant la paix en lui » puis, il me regarde avec ses étranges yeux longs et dit : « Et cela fait, je pars au travail. » Il partirait aussi bien à la bataille. Plus d'un de ces officiers qui se firent tuer si impassiblement, de ces soldats anonymes qui comblèrent de leurs cadavres les fossés de Port-Arthur avaient, le matin de leur mort, « mis leur esprit en repos » de cette façon.

Japon ! Japon ?... Cela va me demander bien du temps encore et tu t'ennuies, petit mouton. Ah ! que c'est compliqué d'être orientaliste et d'avoir un Alouch en même temps. Je suis partie sur un chemin que je ne retrouverai peut-être pas si je m'en détourne. Les relations affluent autour de moi et il semble qu'un bon génie marche devant moi pour m'ouvrir toutes les portes et me faciliter toutes choses. Ce que tu dis dans ta dernière lettre est vrai, des études du genre de celles que je poursuis pourraient me tenir en Asie toute une vie, mais il n'est point question de cela et, à vrai dire, je ne le souhaite pas, pensant avoir à faire des choses intéressantes en Europe. [...]

Pour en revenir à mon présent voyage, je désire ton avis. Que dois-je faire ?... Tu te rends compte par le nombre d'articles de critique auquel mon dernier livre a donné lieu et par l'âpreté même avec laquelle le clan clérical le combat qu'il est de ceux auxquels on attache de l'importance. Mon *Védanta* sera peut-être encore plus « sensationnel » et les conférences que je ferai me mettront très en vue. Ces situations-là demandent à être étayées par une érudition suffisante. Il faudrait que je remette sur pied des choses concernant les textes pâlis et sanskrits, après quoi je pourrais marcher seule dans mon « burieau ». Je pourrais faire cela aisément sans doute en Birmanie et dans l'Inde. Le Japon me fournirait, ensuite, un champ précieux d'investigation. Dois-je te dire que ce programme exigerait encore des mois ? Penses-tu, Mouchy, qu'étant donnés notre situation, nos caractères, nous devions faire le sacrifice de nous résigner à une séparation encore de quelque durée ! Tu en croiras ce que tu voudras, très cher, mais j'ai, moi aussi, grande envie de te. revoir. Mais j'ai tant fait que de venir ici, faut-il persévérer pour recueillir les fruits de cette longue et coûteuse absence ? Ma situation est difficile parmi les orientalistes. Ils ne me considèrent pas comme quantité négligeable et me discuteront. Or, je n'ai pas envie de marcher dans leur ombre. Je veux montrer ce que j'ai vu, ce que je sais par expérience des doctrines asiatiques, ce qui est la façon dont les Asiatiques les entendent et cela ne ressemble guère à ce qu'ont exposé nos érudits, très ferrés en racines grammaticales, en dates, mais sans aucune idée de l'esprit des théories dont ils parlent. Nul d'entre eux ne pourrait être, ici, un prédicateur de l'*Arya Mârga* [32] comme je l'ai été l'autre jour devant un auditoire lettré, mais ils n'en ont cure et seront fort dérangés par quelqu'un qui montrera que les textes qu'ils ont savamment traduits veulent dire tout autre chose que ce qu'ils leur font dire. Ajoute que je suis une femme et que j'ai la singularité d'être une bouddhiste pratiquante et militante et tu peux penser que je ne serai pas épargnée. Il faut donc que ma situation soit fortement établie.

Tout cela, évidemment, n'a que peu d'importance pour toi, tu n'as pas à te soucier de l'accueil qui pourra être fait à mon futur *Védanta* ou aux autres ouvrages que je songe à écrire. Ces questions ne t'intéressent pas, pourquoi leur ferais-tu le sacrifice de ce qui te serait agréable Et j'en conviens, mon bien cher Ami, la grande maison vide doit être un peu lugubre à toi qui ne la meubles pas de *Dévas* amis surgissant à l'improviste devant vos pas et dont les « pieds de lotus », comme on dit ici, laissent sur leur passage de grisants effluves. Tu vis tout à fait sur la terre et il n'y fait pas toujours très gai. Je n'étais guère faite pour le mariage ! Je suis de ceux qui pensent comme le *Bouddha* cette phrase que, plaisamment, tu aimes à citer : « C'est une lourde chaîne que la vie dans la maison », *Gautama* aimait sa femme. Il l'avait épousée par amour, nous disent les Ecritures, et l'avait gagnée après des tournois de tous genres destinés à persuader son futur beau-père de ses talents. Et il est parti une nuit, seul, sur son cheval, obsédé par la hantise, plus forte que son amour, de ce que tu appelles : « La Chimère » et qui est peut-être la seule réalité. Ils partent tous ainsi dans cette étrange Asie, comme Chaitanya dont la femme Vishnupriyâ s'était endormie dans ses bras, qui poussa un coussin contre elle pour remplacer l'appui de son corps et, dans la nuit, se sauva, traversa le fleuve à la nage pour ne pas laisser de traces de son passage et s'en fut vers son destin. Quelque chose de plus fort que l'homme est en l'homme, qui le mène par des sentiers qui semblent incohérents. Bienheureux pourtant sont ceux qui y marchent : « Ce qui est nuit pour les êtres est un jour où marchent les clairvoyants qui se sont surmontés eux-mêmes », dit la *Bhagavad Gîta*.

Mais ceci nous emporte hors de notre sujet. Que dois-je faire ?... Etrange, mon bon ami. Je dis que dois-je faire et, sans prévoir ce qui se décidera, sans en avoir la moin-dre idée, je sens que ce n'est ni toi ni moi qui déciderons mais que le courant puissant des causes séculaires, s'en-chaînant éternellement par leurs effets, nous emportera selon la loi des conséquences. Fétu que notre person-nalité éphémère ! N'est-ce point le moment d'appliquer le revers de sa main droite sur la paume ouverte de sa main gauche, de s'asseoir « en lotus » et de « se mettre l'esprit en repos » comme dit Kimura ! [...]

Calcutta, 14 mars 1912

[...] Je sors d'une *alternoon* chez les Woodroffe... Tou-jours les mêmes femmes en mousseline d'or, moins dorées, pourtant, que lorsqu'elles sont en visite chez des hindoues. Thé par petites tables, au jardin, puis, musique au salon. Et quelle musique ! Ah ! mon petit mouton, les « tout cerveau comme moi » ainsi que tu dis, s'usent autant les nerfs en leurs « orgies » que les « tout...autre chose ».

... Sur un tapis, accroupi, un artiste indigène, joue de

la *vina* et chante. Un *grand artiste*, rien de ceux que le commun des touristes entend de par la ville, et, bien que le cadre ne ressemble en rien au salon familial et ancestral des Tagore, c'est du rêve qui s'échappe de l'antique instrument. Qu'est-ce qu'il joue ce barde, qu'est-ce qu'il chante ?... Je ne sais, peut-être des poèmes d'amour, mais toute la mélancolie de l'existence s'épand autour de lui, toute la vanité des joies et des douleurs s'affirme dans cette musique un peu sourde, cette spalmodie douce et berceuse. C'est cette même *vina*, ce sont des mélodies analogues qui résonnèrent aux oreilles du *Bouddha* dans l'appartement des femmes, tandis que sa pensée s'échappait au loin portée sur les ailes de cette musique magique. Toutes les scènes du merveilleux poème : le *Lalita Vistara* me reviennent en mémoire. Et je le sais presque par cœur ces chapitres décrivant les dernières nuits de fête précédant le « grand départ ». Mais oui, comme nous le disons souvent, la Bible se comprend chez nous, dans notre Orient désertique et de même, le *Bouddha* ou les *Rishis* des *Upanishad*, se comprennent, ici. La vérité vécue du poème éclate... c'est vrai qu'à travers la mélodie de la *Vina*, les voix célestes parlent, c'est vrai que, quelles que soient les paroles prononcées par le chanteur, l'on entend, comme l'a non pas imaginé, mais sans doute entendu lui-même le poète du *Lalita Vistara* : « Souviens-toi de tes vœux et de tes prières dans tes existences passées ; souviens-toi de tout ce que tu as souffert, de tout ce que tu as pardonné, du nombre de fois que tu as donné ta vie. Souviens-toi que tu as dit : puissé-je, à ce monde qui est plongé dans les ténèbres et le trouble apporter la lampe qui guide, puissé-je établir les êtres sur « l'autre rive » dans le calme exempt de fièvre, puissé-je les délivrer de la vieillesse de la mort et de toute douleur... Souviens-toi, voici le moment. O héros !... Sors de la maison... » C'est vrai que toutes ces exhortations montent avec l'air mélancolique, navré et infiniment paisible et détaché, qu'elles emplissent le salon, que les femmes en mousseline d'or se muent en cadavres, ainsi qu'elles apparurent au *Bouddha*, et que l'on sent, en soi, quelque chose qui s'en va vers l'emblématique robe couleur d'aurore des *sannya-sins*... et un frisson fait de sentiments complexes : désir, appréhension, me traverse en songeant aux miennes qui vont m'envelopper pour tout ce voyage au pays des *dévas*...

La scène change : le directeur du Conservatoire, un Français, M. Philippe Sandré va jouer du violon, Mrs Woodroffe étant au piano : un morceau de Wienawsky, puis une sonate de Grieg... (Achète et étudie les sonates op. 13 et op. 45 de Grieg, nous les jouerons à mon retour). Dois-je dire que les invisibles conseillers incitant au « départ » se sont envolés.! Toute révérence gardée, ils sont comme les corbeaux hindous, on les effarouche, ils se retirent un peu, mais ne vont jamais bien loin. Ils se sont retirés et sourient, sûrs d'eux, dans les encoignures. Et c'est toute la *maya* [33] que déchaînent, impétueuse, les deux excellents artistes, tous les désirs plus grands que l'homme et toute la passion plus vaste que le monde... désirs de choses inexistantes, soif de sensations impossibles... nerfs tordus, haletant dans l'attente d'une résolution, d'un assouvissement qui ne vient jamais, jamais... sinon, peut-être, pour ceux-là qui « sont sortis de la maison », ce qui signifie bien plus que l'acte matériel de quitter sa demeure et n'a parfois aucun rapport avec lui.

Le morceau terminé, les *rânis* et les non *rânis*, commencent à prendre congé, le défilé chatoyant emplit le salon d'une vague mouvante de nuances douces qui seraient gaies ailleurs, mais rien n'est gai dans l'Inde. Mrs Woodroffe me dit : « Restez donc, l'artiste à la *Vina* va revenir. » Si je reste !... Il n'y a qu'une vingtaine de femmes dans le salon, je suis assise à côté de la poétesse bengalie dont je t'ai déjà parlé. La musique hallucinée recommence... bien menue après Grieg, bien chétive semble-t-il et peu à peu, cependant, les nerfs se remettent à son diapason... elle va, elle coule, imperturbable, sans éclat, comme sûre de son triomphe. C'est presque un malaise, cette musique-là, après l'autre. Cet Orient désabusé après le paroxysme d'agitation de l'Occident. Les voix chuchotent ironiques, irritantes : « Choisis donc la voie !... » et qui donc, à travers cette variation de l'artiste où le tintement métallique des cordes sonne strident, a ricané : « Toutes les voies sont vaines et folles ; l'homme est une bulle à la surface de l'Océan... une bulle qui pense et qui a, mesquine, l'orgueil de ses pensées... »

On a les jambes un peu molles, les reins un peu brisés... il faut aller faire un tour au grand air — bien brûlant le grand air — avant de rentrer dîner.

Mon petit, tu as été un monsieur qui « s'est amusé » pour employer l'expression triviale courante, toi-même m'as souvent parlé de la place que la volupté devait tenir dans la vie d'un être bien portant. Veux-tu me laisser te dire une chose : tu n'as jamais su ce qu'est la sensualité... la grande... celle des « tout cerveaux » !...

[...] J'ai reçu hier des nouvelles de ce bienheureux *Hardwar,* où les dieux semblent désirer ma présence. Une lettre pleine d'une cordialité simple et toute sincère. C'est le gouverneur du *Gurukula* (sorte de collège d'après les antiques traditions brahmaniques pour l'étude du sanskrit et des Ecritures) qui m'écrit : je le connais un peu. « Ne cherchez pas ailleurs, me dit-il, nous vous offrons ce que nous avons, un logement, nos repas, si vous en voulez, une place pour votre cuisine particulière, si notre alimentation ne vous convient pas, un professeur régulier tous les jours et nous tous, professeurs et directeurs, pour des conversations et des explications quand vous le souhaiterez. » Plutôt pour me mettre à l'aise que pour gagner quelque chose, il ajoute que j'aurai à payer 20 Rs par mois (34 F) moyennant quoi on hébergera et nourrira aussi mon domestique. Cela peut s'appeler la vie pas chère ! Tu comprendras que l'endroit n'est pas une hôtellerie ouverte à tout venant et qu'on m'y reçoit exceptionnellement parce que je mènerai là une vie strictement orthodoxe qui n'apportera aucune souillure dans l'atmosphère du lieu. Cette vie est passablement austère mais il ne me répugne nullement d'en faire l'expérience dans un milieu strictement hindou, de m'asseoir au soleil levant devant l'autel védique où danse *agni* comme il y a trois ou quatre mille ans et, d'entendre la récitation des antiques *mantras* qui ont bercé tant de générations « *Om, Bhur, Bhuva...* » tan-

dis que la flamme dansante mange les offrandes... ce sera
très pittoresque... pages bonnes à se rappeler ensuite et
une excellente façon, sans doute, de faire du sanskrit à
peu de frais durant les mois où il est difficile de voyager.

En attendant, je pars cette semaine pour le Sikkim. Cet
après-midi j'ai assisté à une réunion au Sanskrit Collège.
Bien curieuse étude de mœurs. On y complimentait sir
Astusoh Mukerjee, vice-chancelier de l'Université qui avait
été décoré. Il y avait là d'éloquents orateurs parlant sanskrit et parlant interminablement. Il y avait dans leurs discours d'étonnants jeux de mots, des allusions, peut-être
un peu irrespectueuses, aux dieux auxquels on compare le
nouveau décoré. Le fauteuil du président est occupé par
un maharadjah laid comme plusieurs chimpanzés, avec de
rares cheveux noirs retombant en « crolles » puériles sur
son cou et coiffé d'un étonnant bonnet en or surmonté
d'une aigrette très mince comme un petit plumeau joujou.
Il revêtait un costume de soie bleu tendre. Un autre
monstre était en brocart brodé d'or, coiffé d'un turban
rose et or... A côté de ces caricatures il y avait de beaux
hindous drapés de blanc, avec des figures de médailles, un
que j'avais entendu prêcher le matin au *mandir* des *Arya
Samaj*, un autre que je ne connais pas et qui était d'une
extraordinaire beauté. Il y avait même un vieux, très
vieux brahmane qui n'avait vêtu que le bas de son individu
et qui fit un long discours sanskrit, le torse nu, avec une
simplicité antique. Ces gens sont orateurs nés, comme les
Grecs, comme tous les peuples nés au soleil et ils se
grisent à parler. Cela dure, dure, on ne peut pas faire
taire ceux qui ont commencé. Puis ce sont les mille incidents de ce laisser-aller, cette bonhomie orientale qui
contraste si fort avec notre cérémonial, notre étiquette
d'Occident. On apporte des lampes au milieu de la séance
pour les placer sur le bureau ; de main en main on se
passe les globes, on frotte les allumettes sous le nez du
président. Puis, comme il fait une chaleur terrible, on
envoie chercher de grands éventails en feuille de palmier,
tu sais ceux qui ont un long manche, et les professeurs qui
occupent l'estrade les agitent avec vélocité au-dessus de

la tête du décoré et de celle du rajah. *J'espère* toujours qu'à un moment ils vont taper sur le plumeau de ce dernier, mais cet incident ne se produit pas.

Il n'est si bonne chose qui ne finisse. On passe de larges guirlandes de fleurs au cou du rajah et du vice-chancelier. Le premier a l'air encore plus singe, on s'attend à ce qu'il monte sur la table pour faire des tours, le second qui est fort corpulent ressemble au bœuf gras paré pour l'ultime sacrifice. Mettons que ce soit le bœuf *Naudi* puisqu'il s'appelle Astushoh ce qui est un des noms de *Mahadéva* [34]. *Naudi* ou non, le bœuf parle, puis, quand il a fini, un harmonica nasille, soutenu par deux tams-tams et les assistants passent au buffet. Je ne tiens pas à me glisser, seule femme, dans cette cohue et puis, je sais qu'on m'y bourrerait de sucreries tandis que, d'autre part, quelques vieux orthodoxes sectaires seraient peut-être gênés de manger en ma présence et je reste à causer près de la fenêtre avec le directeur de l'*Indian Mirror* qui m'offre, pour y passer la saison des pluies, une maison qu'il possède à la campagne à douze heures de Calcutta. Les gens, en Orient, sont excessivement hospitaliers et lorsque vous devenez un peu, pour eux, un personnage religieux, leur générosité est illimitée. [...]

18 mars 1912

Je sais pourquoi Sylvain Lévi déclarait les *Oriental soaps* de Calcutta des *master pièces* (des chefs-d'œuvre). Il est l'ami du directeur de la fabrique. Il lui a écrit de venir me voir et celui-ci est accouru. C'est un jeune homme chimiste ayant pris ses diplômes à Paris et ami de ma chère Mabel Bode. Nous avons sympathisé tout de suite, communiant en nos amis communs. Pauvre garçon, il a la vie triste de ceux qui, ici, se sont mis hors de leur caste religieuse. Il est brahmin de naissance et, revenant de l'Europe, a refusé de passer par les purifications répugnantes où l'on vous enduit jusqu'à la langue de bouse de vache. Il s'est rattaché à l'Eglise la plus avancée des

Brahmo, mais si cette Eglise est la plus avancée au point de vue social elle ne l'est pas au point de vue des croyances religieuses. Elle touche de près au christianisme unitaire et il est peu aisé pour un hindou d'être théiste. Ils ont trop de *Védanta* dans le sang pour cela. Du reste le soi-disant théisme des *Brahmo* ne ressemble pas tout à fait à celui de l'Occident. Quoi qu'il en soit, voilà un pauvre chimiste malheureux parmi ses savons. Ses frères mêmes ne peuvent plus manger avec lui qui est « impur » et hors caste. Il voudrait bien se marier, mais comment ? Je crois qu'il faut que j'intéresse quelques dames à son sort pour qu'on lui trouve une jeune fille *Brahmo* et ayant fait des études, car il est féministe et veut une vraie compagne et pas seulement une machine à faire des enfants. Voici un garçon qui a passé des années à Paris et à Londres comme étudiant, sais-tu ce qu'il m'a demandé dans l'un de nos premiers entretiens ! Des indications sur la façon dont je comprenais la méditation et sur la méthode que je suivais. Le quartier latin a pu passer sur l'atavisme de la race, mais non l'entamer. Il a appris à ce garçon qu'on ne se souille pas pour fabriquer des savons avec de la graisse, mais ne l'a pas déshabitué de s'asseoir « en lotus » et de chercher *Brahman*. Nous avons été voir ensemble le temple des *Jaïns* tout en cristal, porcelaine et marbre blanc, amusant et clinquant, une pièce montée en sucre ! entouré de jardins à la chinoise. J'ai aussi été voir sa fabrique et j'y ai été « cadeauté » d'une provision de savon qui durera longtemps. Puis il a tenu à me montrer son petit logis, ses livres... Bien mélancolique tout cela, quand on songe que même les domestiques hindous refusent de servir cet isolé, parce qu'il gagne sa vie en fabriquant des savons à la graisse et a refusé de se laisser enduire de bouse de vache. Naturellement, il a des boys musulmans, mais cet ostracisme n'est-il pas terrible. Nous avons aussi été ensemble au *burning ghat* au lieu de crémation près du Gange. Un hindou se souille en allant là, mais lui n'a plus rien à perdre et a jeté son cordon sacré de Brahmin. Trois bûchers flambaient dans le soir gris, des gens accroupis, les familles, attendaient à quelques distances, pour ramasser les ossements calcinés et les jeter au fleuve avec la cendre. Deux hommes avaient tracé une sorte de damier sur une pierre et, pour passer le temps, jouaient à un jeu. Un homme avec une longue poutre secouait le feu des bûchers presque consumés. Les Orientaux n'accordent pas à la mort autant d'importance que nous. J'ai pensé que si je mourais, ici, on me mènerait dans cet enclos peu solennel, que mon jeune ami Punnananda Sâmi réciterait le *Sallasutta* [35] et, comme je n'ai pas de parents dans la ville, à titre de coreligionnaire, allumerait la pile de bois, puis, irait s'asseoir dans un coin, songeant à ses affaires et serait assez embarrassé de mes cendres, n'aimant peut-être pas imiter le geste des hindous qui croient à la sainteté du Gange et ne pouvant pas les mettre dans sa poche. [...]

Ce qui était plus dramatique, c'était quelques moribonds couchés en dehors sur la rue, près de l'enceinte, et attendant le moment d'être *porté au-dedans*. On n'a pas idée de cela chez nous... apporter un mourant à la porte du cimetière ! Mais dans certaines campagnes le menuisier vient prendre la mesure du cercueil sur le malade encore vivant et conscient. Ma mère et ma tante Justine avaient fait faire leurs robes de deuil, les miennes et celles de mes cousines avant la mort de ma grand-mère. Dans ce cas l'intéressée ne savait rien ; n'empêche que le procédé est choquant. Ici mourir proche du Gange assure une renaissance dans un paradis agréable et certains malades demandent d'eux-mêmes à y être transportés... Il en est d'autres aussi, que l'on y conduit malgré leurs cris. Mais pourquoi les abriter juste sous le porche du champ de crémation d'où ils peuvent entendre crépiter le bois et sentir l'odeur de la chair brûlée ?... Les malades de l'autre jour avaient l'air fort calmes. L'idée des réincarnations donne « l'habitude » de mourir. On se dit qu'on est mort tant de fois déjà que cette « formalité » à remplir perd de son épouvante. [...]

Lopchoo, 11 avril 1912

[...] Oui, très cher, je suis partie ce matin avec mes gens. Juchée sur mon « coursier » dans le matin rose un peu lumineux, j'ai songé à Don Quichotte partant chercher aventure. Je n'avais pas la lance au poing, une simple baguette empruntée à un buisson par mon petit bey la remplaçait. Espérons que les « moulins à vent » eux aussi seront, en proportion, modestes.

[...] Du brouillard, beaucoup... de gros nuages errants par les forêts transformant les arbres en géants fantômes, Plus rien de l'Inde, ni la végétation, ni la saveur de l'air, ni la couleur dont s'enveloppent les choses. C'est Asie mongolique, Asie jaune. Ce serait identique, ou bien près, en Transbaïkalie, en Mandchourie. Même nature pleine de réticences, perpétuel voile, derrière lequel se devine, se presse autre chose que ce qui se laisse voir... pays d'un fantastique bien différent de celui de l'Inde. On se sent *loin* en traversant ces forêts himalayennes avec leurs arbres énormes, pourris de vieillesse, tout creux, vêtus, jusqu'au faîte, de longues mousses pendantes. Il y en a où pousse de tout, des lianes, d'autres arbres venus d'une graine nichée en une fente de l'écorce, où pousse de tout, sauf le feuillage de l'arbre lui-même, rongé, tué par tant de parasites. C'est la jungle, moins touffue, moins terrifiante qu'à Ceylan, moins horrifique avec éclat, placide, énigmatique. Un moment il sortit de ces profondeurs des hurlements si étranges que je me demande quel animal oiseau ou quadrupède pouvait les pousser. On croise de temps en temps des cavaliers en costume tibétain, le fouet mongol à la main, des piétons ayant à la ceinture on ne sait quel extraordinaire coutelas recourbé, vraiment trop gigantesque pour qu'on puisse s'en servir pour tuer. [...]

Kalimpong, 14 avril 1912

J'ai quitté Lopchoo (ou Lapchao ?) le matin du 12 pour venir ici, le voyage a été joli mais pas mal fatigant. Tout d'abord, au départ l'on s'en va vers des collines parsemées d'une sorte d'if poussant en pointe tout comme les arbres en copeaux des bergeries suisses ou ceux que l'on voit dans les tableaux des mystiques du Moyen Age. Et tout de suite cela vous donne l'idée d'une « marche à l'Etoile » comme celle dont la reproduction est suspendue au-dessus de mon bureau. Mais je ne me sens pas du tout les sentiments d'un mage marchant vers Bethléem. Je vais voir un *pape* de trente-sept ans, un souverain en exil et non un *Christ* dans sa crèche, aussi nul attendrissement ne pénètre ce que le commun des mortels appelle « son âme » en enfourchant ma monture. Et l'on s'en va... trouvant la selle un peu plus dure que la veille à cause des meurtrissures de ses coussins naturels. Le pays est beau, découvert, on traverse de grandes plantations de thé. On descend, on descend toujours. Dès 2 400 mètres de Darjeeling nous allons traverser la rivière à 241 mètres. J'ai pris le chemin des crêtes, un peu plus long, seulement je fais la plus grande partie du trajet sur les hauteurs et n'ai qu'à traverser la jungle du Téraï, le long de la rivière. Au fur et à mesure que l'on descend c'est comme si l'on avançait vers la bouche d'une fournaise, partout de l'eau, une végétation débordante. L'endroit a fort mauvaise réputation au point de vue des fièvres. Nous arrivons vers midi à la rivière « La Tista ». La gorge est très belle. Mais on en voit de semblables en maints endroits. J'avais fait une halte auparavant à un endroit où est installé un abri rustique et d'où l'on domine le confluent de la Grande Rangét et de la Tista. De pieux chrétiens ont inscrit des versets de la Bible sur les poutres du toit. On traverse le village de Tista et un second pont suspendu. Autrefois il y avait des ponts en bambous à la chinoise. Puis la montée commence. Kalimpong est à 1 360 mètres. Elle

me paraît longue cette montée par des bois sans aucun
intérêt. Les idées commencent à sombrer dans la nausée
montante et le serrement de tempes connu des navigateurs
peu solides. Il ne reste que l'impression ressentie le
matin presque au départ devant un petit cimetière de
quatre ou cinq tombes cachées sous le feuillage au carrefour de deux sentiers. Sur la plus proche, j'ai lu *Padaram
sadhu*, des inscriptions sanscrites suivaient. Je ne me suis
pas arrêtée, mon poney a marché plus vite que ma pensée
et j'étais trop loin déjà quand le désir m'est venu de
copier les inscriptions. C'est un *sannyasin* qui repose là
entouré, sans doute, de plusieurs autres, ses disciples peut-
être. Un de ces hindous qui, suivant la très antique tradition, sont venus « chercher *Brahman* » la délivrance,
l'affranchissement, *moksha* dans les solitudes de l'Himalaya. Je cherche à l'imaginer ce *sadhu* dans ses vêtements
teints à la *gerua* avec un peu d'alun pour que la nuance
soit plus vive, comme me l'a enseigné un vénérable *sannyasin*, bon vieillard qui me porte beaucoup d'affection.
Je l'évoque à travers la forêt et, qui sait, il répond peut-
être. Ce sont les enfants et les êtres à la mentalité grossière qui croient que les visions et les rencontres spirituelles se voient avec les yeux et se présentent sous une
forme matérielle. Ce tombeau perdu dans la montagne
m'a fait évoquer les pensées qui conduisent les *sadhus*
aux Himalayas et c'est là la vision et la rencontre. Mais
laissons ce sujet sans intérêt pour toi.
   Le bungalow de Kalimpong m'est apparu comme un
paradis. On m'y avait réservé une chambre isolée parce
qu'elle donne sur le derrière du bâtiment, mais ce « derrière » face aux bois me paraît préférable à la façade
d'où l'on voit la cuisine, l'écurie et autres dépendances.
C'est Laden La qui me l'avait fait garder. La chambre
est très grande, très haute, très propre, à côté j'ai une
grande salle de bains que j'ai divisée en deux en tendant
l'emballage imperméable de mon lit, de façon à installer
une sorte de cuisine dans un coin. Mon nouveau boy ne
sait rien cuire quoi qu'en disent ses certificats. Je l'envoie
bouillir de l'eau à la cuisine et je prépare moi-même mon

repas sur un primus. Je vais tout de même changer le jeune boy qui est incapable et en prendre un autre qui sera moins rustique que le lourdaud qui surveille les coolies en route. Ce gros idiot est du reste plein de bonne volonté mais si abominablement sale que je ne puis le garder près de moi ; il empeste l'air de la chambre. Le *saïs* qui accompagne le cheval, bien qu'il ne soit pas à mon service et n'ait qu'à soigner la bête, s'ingénie à se rendre utile et le *sweeper* aussi avec sa face de moricaud. Quel étrange pays que celui où il faut tant de serviteurs pour être si mal servi !

Au bungalow, le maharadjah venait justement d'arriver un peu avant moi, il m'a tout de suite envoyé sa carte et j'ai été le voir. On lui a réservé tout un côté du bâtiment. Ce maharadjah Kumar est le fils du vrai maharadjah. C'est un jeune homme très aimable qui paraît fort intelligent. Il était magnifiquement habillé de brocart vieil or. Il a très gentiment amené pour moi de Gangtok le directeur du collège, un lettré qui m'a raconté des choses fort intéressantes et m'a communiqué quelques-uns de ses travaux. Il a écrit une biographie du délicieux poète tibétain *Milarepa*. Je vais essayer de lui faire publier cela quelque part, par amour pour *Milarepa* dont je connais quelques poésies ravissantes. J'ai été ravie de ce que j'ai entendu de lui sur le bouddhisme tibétain. Vraiment j'avais l'intuition de ces choses et quand j'ai écrit à leur sujet en disant que « probablement » l'interprétation était telle ou telle, j'étais dans la bonne voie.

C'est demain que je suis présentée au *Dalaï Lama*, c'est évidemment un événement pour moi, car être reçue par le « pape » d'Asie est, pour une Européenne, beaucoup moins banal que d'être reçue au Vatican. Pour lui aussi, c'est un événement puisque je suis la première femme d'Occident qu'il consent à recevoir. Aussi il a fallu, comme chez les Romains, choisir un jour et une date faste. J'ai préparé une série de questions à poser. Quel individu vais-je trouver ? On m'a fait pressentir pour savoir si, comme Européenne, je tenais à avoir une chaise, ou si, comme bouddhiste, je voulais bien m'asseoir sur un coussin sur

le tapis, à l'orientale. J'ai dit que je n'avais cure de ces
détails que je venais pour apprendre le plus possible sur
le *lamaïsme* et que le Premier ministre s'asseyant sur
le tapis, je ne me sentais nullement humiliée de m'y asseoir
aussi suivant la coutume du pays. Je pense qu'il tient
à me bénir parce que tout d'abord Laden La m'avait dit :
« Les fidèles s'agenouillent devant lui pour qu'il les
bénisse » et il avait été convenu que je ferais une révérence de cour, ne voulant pas m'agenouiller et... que je
me passerais de bénédiction. Mais, hier, après avoir
reparlé avec le *Dalaï Lama* et son entourage, Laden La
me dit : « Quand vous aurez salué Sa Sainteté, approchez
vous, il posera la main sur votre tête pour vous bénir »
et, très vite, il ajoute : « Vous n'aurez qu'à vous incliner
en signe de remerciement. » C'est évidemment le *pape*
ou ses gens qui lui ont fait dire cela. Enfin, bénie ou non
je suis enchantée de ma bonne fortune. Revenir avec une
étude sur le *lamaïsme* faite auprès du *Dalaï-Lama*, c'est
ça, qui serait mirifique comme travail orientaliste Malheureusement, *Sa Sainteté jaune* est très absorbée par
ses soucis politiques et a sans doute peu de loisirs à donner aux discussions philosophiques. Nous verrons bien.

   15 avril 1912. Voici la comédie jouée mon bien cher. J'ai
vu le *pape* jaune ce matin. Réception cordiale autant que
quelque chose ressemblant à de la cordialité puisse exister
entre gens de civilisations et de mentalités si différentes.
   Je pars en *dandie* par un brouillard se résolvant en
pluie, mon imperméable bien clos et la capote relevée.
Sans gants et sans chapeau, en voile, comme pour le pape
de Rome, mais le voile est saumon clair au lieu d'être
noir. On a préféré, à la cour lamaïque, me voir dans ma
robe couleur d'aurore qu'en vêtements européens, pour
décourager les *ladies* qui pourraient chercher à se pré-
valoir de la réception pour forcer la porte du *Grand Lama*
et montrer, symboliquement, que j'étais admise comme
une Européenne exceptionnelle. Mes quatre porteurs m'enlèvent et m'emmènent par des chemins boueux. La pluie

est tombée à torrent la nuit précédente. On traverse le
« bazar », les gens sortent sur le seuil des portes pour me
voir passer. Au tournant de la route on a érigé un petit
abri, purement mongol de style, peinturluré en bleu, jaune
et rouge vif, sous lequel un petit buste de la défunte
reine Victoria repose mélancolique. L'inscription du piédestal dit qu'elle fut *A true Woman* (une véritable femme).
Allons tant mieux ! Puis nous revoici parmi la campagne
détrempée. Et je songe à la Belgique, l'hiver. Avec mon
père nous allions vers Uccle, où il est resté pour jamais,
par des chemins semblables à ceux-ci. Pauvre père, il aurait
aimé à entendre le récit de pareilles aventures. Il ne
m'aimait pas plus que ma mère, c'était un égoïste comme
elle et les sentiments affectueux ne pesaient pas lourd
en lui, mais il était intelligent. C'était un cérébral, lui
aussi, et si je suis « quelque chose », les longues causeries
que j'eus tout enfant avec lui, par les routes où il m'em-
menait promener, y sont pour beaucoup. En vieillissant je
le comprends mieux, l'analyse de moi-même, si semblable
à lui en tant de points, me rapproche sympathiquement
de lui... et je voudrais bien qu'il apparût, tout à coup, au
détour de la route et que je pusse l'embrasser, ce papa
qui m'avait faite tout entière de son sang, sans que ma
mère m'ait rien donné d'elle.

Tout ce flot de souvenirs parce qu'il a plu et que la
forte terre brune et les brouillards errants m'ont rappelé
la Belgique... Mais le long de la route s'érigent des touf-
fes de hauts bambous, l'on croise des chars traînés par
de puissants zébus à l'épaisse fourrure, des cavaliers passent en costume tibétain, la natte sur le dos... Nous sommes loin de Bruxelles !

On n'approche pas de la demeure pontificale en véhicule,
mes porteurs me déposent au commencement d'une sorte
d'avenue jalonnée de longues perches portant des banderoles à *dâranis*. Il ne pleut plus. Deux agents de la
police urbaine montent la garde devant la maison. Pauvre garde d'honneur ! La maison ?... C'est une bâtisse à
un étage, pas très vaste, peinte de diverses couleurs et
d'aspect propret... un chalet campagnard. Beaucoup de

curiosité m'accueille. Je suis dévisagée par nombre d'yeux noirs bridés. Sur le seuil, un chambellan m'accueille : salutations. Il est un peu crasseux le chambellan.

L'intérieur de l'habitation paraît cependant propre. Il paraît, aussi, pauvre et nu. Je passe dans la salle d'attente qui doit être en même temps utilisée, parfois, pour des audiences, car il y a là une sorte de trône peinturluré qui ressemble à une estrade de foire ; derrière, tendue sur la muraille, une cretonne au dessin et à la couleur inénarrables... Deux Japonais ont audience et comme il est entendu qu'ils ne resteront pas longtemps, ils passent avant moi. En effet, ils sont promptement expédiés. Nous montons à l'étage. Laden La ouvre une porte et, subitement, je me trouve devant le *Grand Manitou*. C'est si brusque (je m'attendais à une antichambre) que j'hésite un instant à tirer ma révérence au personnage qui est assis sur une simple chaise près de la fenêtre. Mais comme j'ai vu son portrait je le reconnais et je salue. D'ailleurs on me pose sur les mains la fameuse écharpe voulue par le protocole et je m'avance pour la présenter au *Dalaï Lama*. Une sorte de grand diable, ministre ou chambellan, m'en débarrasse, d'ailleurs, avec empressement. J'ai oublié la bénédiction !... mais Laden La me souffle avec anxiété : « Est-ce que vous ne voulez pas qu'il vous bénisse ? » Je sens que je froisserais mes gens en disant que je ne m'en soucie pas. Je baisse donc la tête car le *Dalaï Lama* est assis et il n'est pas grand et il me met assez lourdement, ma foi, la main sur les cheveux. Me voici bénie et voilà son amour-propre satisfait.

Sur ce, nous commençons, ou plutôt il commence à parler. Il me pose naturellement la question invariable : Depuis combien de temps je suis bouddhiste et comment je le suis devenue ? Mais son cerveau tibétain comprend difficilement qu'on puisse devenir bouddhiste sur les bancs d'une université européenne en étudiant la philosophie orientale. Que je n'aie pas eu de *guru*, d'instructeur le dépasse. Je vois aussi, par ce qu'il dit, qu'il connaît mal le bouddhisme de l'Ecole du Sud. Je le confonds en lui disant : Quand j'ai adhéré aux principes du bouddhisme je ne connaissais aucun bouddhiste et peut-être étais-je la seule bouddhiste dans Paris. Tout de même, il rit et me dit que c'est là, en effet, une excellente raison pour m'être passée d'instructeur.

Nous causons de différentes choses. Il a l'air d'être d'un naturel assez gai. Ce n'est pas un imbécile, évidemment, mais ce n'est pas un intellectuel à notre manière. Son chambellan ou ministre le grand escogriffe, qui babille tout le temps, a l'air bien plus vif d'esprit. Il est évidemment infatué de sa grandeur, d'autant plus que les Chinois ont réduit cette grandeur à peu de choses. Un moment, j'ai dit que le bouddhisme du Nord et, spécialement, le bouddhisme du Tibet étaient fort mal appréciés en Occident probablement parce qu'ils étaient mal compris et que j'avais pensé à m'adresser au chef du bouddhisme du Nord pour avoir des éclaircissements, qui fissent autorité en la matière, sur les théories de l'Ecole tibétaine. J'ai dit chef du « bouddhisme du Nord » par condescendante politesse, en réalité c'est chef de l'Eglise lamaïste seulement. Mais lui, se hâte de répliquer : « Puisque vous êtes venue à moi comme vers le chef des bouddhistes... » Enfin, après avoir causé trois quarts d'heure, nous arrivons à la solution suivante qui me convient tout à fait. Je prépare des questions qu'on traduit en tibétain, je les lui fais passer et il y répond. Je vais posséder là des documents d'une sérieuse valeur au point de vue orientaliste. Je n'en espérais pas tant *.

Je prends congé : révérence. C'est comme à la Cour, il ne faut pas se retourner et montrer son dos. On nous apprenait cela à mon pensionnat et je l'ai pratiqué avec la défunte reine des Belges. Il n'y a, du reste, pas de crainte de se heurter, les meubles sont absents. Deux pendules en bois genre « noémie » trônent seules sur la cheminée. J'ai commencé le mouvement, l'entraînement me le fait dévider en entier et je fais, à la porte, la dernière révérence protocolaire dans les Cours d'Occident,

---

* Ces documents sont conservés dans les Archives de la ville de Digne.

puis l'on redescend. La gent pontificale me regarde avec
respect et ébahissement pour être restée si longtemps à
causer avec l'incarnation de *Chenrési*. Et moi, je pense...
que tout cela fera un bien joli article pour le *Mercure*.

Au retour, je vois, à mon bungalow, le gentil petit
maharadjah Kumar. Il est bien autrement intelligent
et il est très désireux de faire œuvre utile dans son minuscule Etat. Pauvre petit prince héritier aux ailes coupées...
Il a été à Paris et à Pékin. Il a vu tous les pays d'Europe.
Il sort d'une université anglaise et il a beau porter un
costume de même coupe et de même couleur que le *pape*
de Lhassa, sa mentalité est toute différente et nous pouvons parler presque en amis. Ah ! si j'étais le *Dalaï Lama*
me dit-il, si j'avais le pouvoir de réformer le bouddhisme !
et je lui réponds, en riant : Si vous étiez le *Dalaï Lama*
vous ne penseriez pas comme vous pensez, vous n'auriez
ni voyagé, ni vu, ni étudié, comme vous l'avez fait et vous
seriez ce qu'il est. [...]

Pedong, 20 avril 1912

Je campe pour l'instant dans le bungalow des travaux
publics, sur une petite colline entourée de hautes montagnes. J'ai quitté Kalimpong ce matin et suis arrivée ici
un peu avant 3 heures de l'après-midi, environ cinq heures et demie de marche où, pour parler plus justement,
d'équitation, mais cela a passé vite et je ne me sens pas
rompue du tout. [...]

J'ai un compagnon pour ces trois jours de route de
Kalimpong à Gangtok. Le maharadjah m'a laissé le directeur de l'école de Gangtok et nous sommes repartis ensemble. Il est suffisamment érudit en choses tibétaines, il a
traduit plusieurs ouvrages et sa compagnie est instructive
pour moi. Peut-être, à Gangtok, pourrai-je travailler avec
lui un article pour les Annales du musée Guimet sur
Padmasambhava. Cela a toujours été mon désir d'écrire
quelque chose au sujet de cet étrange personnage.

Je n'irai pas au-delà de la frontière marquant la limite
de la domination britannique, l'agent politique ne m'a

pas absolument refusé la permission mais il m'a dit qu'il ne tenait pas à me la donner et que, même, il devait réfléchir et ne pensait guère que sa décision puisse être affirmative. On s'est fortement battu ces jours derniers vers Gyan-tse. Kalimpong est plein de soldats chinois qui ont été défaits par les Tibétains et repoussés en territoire anglais. Il paraît que beaucoup d'autres sont en route. Je comprends un peu que l'agent officiel de l'Angleterre ne tienne pas à supporter la responsabilité de laisser une Européenne s'aventurer dans quelque bagarre. Partir sans permission est impossible. Je n'aurais pas fait deux miles que quelques cavaliers seraient à mes trousses et me ramèneraient avec égards mais fermeté. Je suis, ce matin, passée au carrefour où la route du Tibet et la route du Sikkim bifurquent. Route signifie un chemin non carrossable, une piste de dixième ordre... C'était là, l'une des grandes voies de Lhassa dans l'Inde. Un poteau à deux branches portait d'un côté Jalapuri, première étape vers le Tibet, de l'autre Pedong, première étape vers Gangtok, la capitale et, au-delà, vers d'autres villages allant jusqu'au pied des neiges de 8 000 mètres d'altitude. C'est cette dernière route que j'ai prise. Cependant, de Gangtok, part une autre route qui va à Yang-tse, rejoignant celle que j'ai croisée, à un col perché un peu plus haut que le Mont-Blanc. Je compte, si le temps est favorable, grimper là en trois jours et aller voir quelques villages au-delà de la frontière, ce que l'on me permettra si je promets de ne pas m'éloigner à plus d'un jour ou, peut-être deux jours de marche.

Que te dirai-je, mon bien cher, je fais une de ces choses que, lorsqu'on a mon âge *, on n'espère plus jamais refaire, une chose qui restera, sans doute unique. Il est possible, si jamais mes livres me rapportent quelque peu d'argent, que je prenne le bateau pour Calcutta ou le train pour Pékin. Cela peut se faire à soixante ans, mais des randonnées comme celle-ci !... Je dois bénir les déités

---

* Alexandra David-Néel née le 24 octobre 1868 est donc — en 1912 — dans sa 44e année. Ce n'est qu'en 1924 — à cinquante-six ans — qu'elle réussira l'exploit d'arriver à Lhassa, capitale du Tibet.

propices et te bénir avec elles, mon cher Mouchy, pour toutes les heures de joie que de tels souvenirs mettront dans mes vieux jours. Je les savoure d'avance. J'avais six ans quand, lisant ardemment Jules Verne, je formais mes premiers vœux de voyage. Mon cher Mouchy, combien je t'aime parce que tu as été une intelligente circonstance favorisant affectueusement mon désir ! et combien tu as de mérite à le faire. Souvent je pense à tout ce que je te raconterai quand nous serons tous deux ensemble. [...]

Pakyong, 21 avril 1912

Quelle journée, mon bien cher ! J'ai quitté Pedong ce matin à 8 heures moins le quart pour arriver ici à 4 heures passées et, à part une halte que mes gens ont faite pour prendre du thé, nous avons marché tout le temps. Oui marché, car il nous a fallu, à plusieurs reprises, descendre de cheval, la pente devenant vraiment dangereuse. La vallée de la seconde rivière, la Rishikola, est très belle, j'allais presque dire riante, mais la nature est toujours grave dans les Himalayas. Après les innombrables glissades de ma pauvre bête, cela a été un vrai plaisir de suivre pendant quelque temps la vallée par un chemin uni et gazonné. On pouvait aller un peu vite et c'était charmant... mais bref aussi, la montée parmi les pierres glissantes et croulantes recommençait bientôt. Mais monter va plus aisément que descendre et ma brave bête m'a enlevé les six miles de la dernière grimpée avec une véritable énergie. Jamais je ne lui avais vu autant de courage. Elle est très pittoresque, cette dernière ascension, on passe à même des cascades qui rebondissent et font fracas sur l'étroit sentier. Mon « maître d'école » me conte l'enfance de son poète favori *Milarepa*, puis des traits de sa vie. Et tout cela est miraculeux, merveilleux, prodigieux à souhait. Bien d'autres histoires se dévident ; celle de l'homme naïf à qui un sorcier, traîtreusement, avait promis qu'il pourrait obtenir le salut en une seule vie s'il formait un rosaire fait de mille doigts majeurs de la main droite. Et la brute imbécile de mettre toute son énergie à assaillir mille individus pour leur couper un doigt, les tuant, le plus souvent, pour opérer plus à l'aise. Il a ainsi récolté 999 doigts, un seul lui manque et le voyageur qu'il rencontre est le *Bouddha*. La suite se devine ; il est vaincu, converti, éclairé, déplore sa folie, devient un saint !... Puis, c'est ce tueur à l'abattoir qui a occis des tas de moutons et qui, un jour, prêt à abattre le dernier du lot de la journée, voit l'animal essayer, avec ses petites pattes liées, de pousser le couteau posé à terre et de le dissimuler sous un petit tas de sable, tandis que des pleurs coulent de ses yeux. Et le tueur professionnel d'être bouleversé, de comprendre que l'animal est un être sensible et pensant. Naturellement le mouton est épargné et l'homme, pénétré d'horreur pour sa profession, et ne pouvant pas la quitter, préfère le suicide et se précipite du haut d'un rocher ; mais au lieu de s'abîmer dans le vide, il a acquis un des *siddhis* (pouvoirs merveilleux) et il vole dans l'air. Un ermite qui, pendant des années, a travaillé pour acquérir ce pouvoir, s'étonne de l'injustice du sort qui accorde un tel *siddhi* à un homme comme le tueur ; moralité : Il lui est dit qu'une seule pensée de compassion pour les êtres est préférable à toute science. Et c'est là un enseignement très « bouddhisme de l'Ecole du Nord ». Le Sud tient plus fort à l'intellectualité et n'aime guère les histoires sentimentales. Mais le fait amusant à remarquer, c'est que ce Sud, sec et raisonneur, s'abstient généralement de nourriture animale pour ne pas causer de souffrance et veut même que nous soyons très circonspects dans notre façon de traiter les végétaux, ne les détruisant que par absolue nécessité ; tandis que le Nord sentimental, avec ses histoires attendrissantes de moutons pleureurs, consomme force viande et poisson.

Gangtok, 22 avril 1912

Arrivée sensationnelle dans la capitale du Sikkim, mon bien cher. J'ai quitté Pakyong ce matin, après y avoir mis une lettre à la poste pour toi. Le temps était couvert,

mais il s'est bientôt mis au beau et la matinée a été charmante. La route auss . Elle passe presque tout le temps
a travers des bois, on traverse quatre beaux torrents dont
l'un a une pittoresque cascade. Ces bois sont pleins de
sangsues, mon cheval a les pieds en sang bien que le
saïs prenne soin de l'examiner de temps en temps. Ledit
saïs m'arrache du cou une de ces petites bêtes qui commençait à s'y attacher. Les pierres sont très humides et
je crois que mon cheval a quelque chose de mal arrangé
a ses fers, il glisse tout le temps. Je suis dans l'attente
de quelque catastrophe. Et voilà, patatras, qu'il s'affale
si brusquement que mon nez vient presque lui toucher
le cou, mais il se relève tout aussi vivement et je reprends
mon équilibre. Je comprends pourquoi toutes les femmes montent, ici, à califourchon et pourquoi tout le monde
à Darjeeling m'a dit de me servir d'une selle d'homme.
On s'y trouve infiniment plus solide. [...]

23 avril 1912. Je disais donc que le trajet avait été très
agréable les trois quarts du chemin. A noter la rencontre
d'un superbe yack que deux hommes à moitié nus entraî-
naient et qui dévalait un raidillon avec des allures fou-
gueuses d'animal des périodes préhistoriques On crie aux
hommes d'emmener leur yack où ils peuvent car il n'y a
pas place pour nous et cette turbulente bête sur l'étroit
sentier, et mon pauvre yack est tiré à flanc de coteau.
Mon directeur d'Ecole me dit que le pauvre yack fait son
dernier voyage, il va être sacrifié à quelque déité locale
ou familiale. Certaines de celles-ci exigent un ou plusieurs
yacks par an et les pauvres nigauds s'en vont dans le
Nord du pays, où il y a des troupeaux de yacks, en achè-
tent un, et vont l'égorger devant leur idole. Tout n'est pas
perdu, d'ailleurs, puisqu'ils le mangent ensuite. Cette
rencontre au milieu de la forêt, ce bel animal à l'épaisse
fourrure, aux longues cornes acérées, ces deux hommes
à la peau brunâtre... cela faisait penser à des époques extrêmement reculées. A la Gaule au temps des Druides, ou à
la Germanie sous les Huns.

Et maintenant, le drame... Ce drame, c'est l'orage éclatant de toutes parts, en dessus et en dessous, éclairs sous les pieds et sur la tête et pluie, oh ! quelle pluie ! Enfin quoi ! j'ai un bon imperméable et mon casque est assez grand pour servir de parapluie. On marche sans trop s'inquiéter des contingences et on gagne Gangtok, mais arrivés au bas de la colline sur laquelle perche la capitale du Sikkim, ce n'est plus pleuvoir, c'est je ne sais quoi que je n'ai jamais vu ; nous arrivons sur le plateau et, là, la rafale est telle que nous recevons avec la pluie tout ce que la trombe entraîne, branches d'arbres, objets arrachés. Je crois un instant que mon pauvre poney et moi allons être balayés dans la vallée avec tout le reste. On ne voit pas devant soi, aveuglé, suffoqué et tout à coup pour nous achever une grêle drue avec des grêlons de la grosseur d'une noisette nous crible. Mon casque que je retiens d'une main me protège la figure mais ma pauvre main, heureusement gantée, est violemment meurtrie. Quant au cheval, il n'a pas de casque et commence à s'affoler. Je le tiens de mon mieux et, vraiment, je montre quelque bravoure en cette circonstance critique, avec ce « contrebas » de trois cents mètres au moins, à ma droite. Je pense, où est ma nervosité d'antan ? Est-ce l'usure ou la sagesse qui rend mes nerfs si paisibles ?... Je me pose la question au milieu de la tourmente, mais sans en trouver la réponse. J'entends à peine ce que me crie mon compagnon : « Le bungalow est là », tellement la tempête fait de vacarme. Je pousse mon cheval vers une habitation que j'entrevois, mais pour la gagner il faut tourner et faire face à la grêle, ma pauvre bête gronde, hennit de douleur et de peur. Mon *saïs* qui, lui-même, a grand-peine à se tenir debout se précipite pour saisir la bride mais nous sommes tous les trois poussés par le vent et collés contre un hangar, moi toujours en selle, ne pouvant pas descendre tant mon cheval se démène. Le directeur d'Ecole survient avec un parapluie qu'il a ouvert par je ne sais quel miracle, il m'attrape, non sans m'enfoncer les baleines dudit parapluie dans les cheveux et m'enlève de ma bête que le *saïs* tient par la tête. A travers les grêlons j'entrevois, en face, sous une véranda, une dame qui me crie, *come in, come in*, ployés en deux, agrippés l'un à l'autre, le pauvre maître d'école et moi arrivons à franchir le petit espace qui nous sépare de cet asile et je me trouve, en un instant, dépouillée de mon *water-proof* ruisselant et emmenée devant un bon feu par l'aimable personne qui me dit : « Vous êtes la dame française que l'on attend, n'est-ce pas ? » Je suis, en effet, la personne attendue ; mon hôtesse est la femme d'un capitaine anglais... On me fait du thé et on m'invite à dîner pour le soir, pour que je n'aie pas de soucis de cuisine après les émotions de cette arrivée théâtrale. Une fois de plus, je constate l'amabilité des Anglaises.

J'ai craint un instant d'avoir pris froid dans l'aventure, je me sentais un peu fiévreuse et courbatue. J'ai fait allumer un grand feu dans ma chambre et le soir j'ai eu une boule d'eau chaude dans mon lit. J'ai rêvé que le *Dalaï Lama* était habillé de noir, à l'européenne, et qu'il me donnait sa bénédiction. C'est peut-être cela qui a eu un heureux effet, mais je n'ai pas de rhume et l'aventure n'aura aucune suite fâcheuse. Le bungalow de Gangtok est laid et pas confortable du tout. [...]

26 avril 1912. J'ai été, hier, prendre le thé avec le petit maharadjah qui avait fait appeler, pour moi, un membre du Conseil d'Etat de son père, un lama très savant, ou, du moins, qui en a la réputation. Le jeune héritier de ce trône, plus puéril que celui de Tunisie, a sa maison particulière dont le style participe du cottage anglais et de la maison chinoise. Ce pouvait être horrible, mais je ne sais quoi a sauvé ce mélange incongru de la laideur et du grotesque. L'ensemble est curieux et sympathique. Autour, un jardin, admirablement tenu, tout en rosiers dont chacun est abrité par un petit toit en natte contre la grêle fréquente en cette saison. Ce n'est pas un palais, pas même une somptueuse villa. Ce pourrait être la « parva sed apta », la demeure d'un épicurien aisé sans excès mais ce n'est que celle d'un petit prince jaune, la

cage où son esprit travaille dans ses robes de brocart de Chine, où il essaie de « faire quelque chose » de voleter un peu, oiselet retenu par un fil. Cela met un peu de mélancolie sur le jardin de roses et les monstres chinois des seuils et des embrasures grimacent d'un air contraint.

Je regarde tout cela et ne vois pas mon hôte qui s'est avancé à ma rencontre sous la véranda. Je me retourne à sa voix. Il n'y a pas, ici, l'étiquette de la Cour du *Dalaï Lama*. Le jeune prince a été élevé en Europe. J'écris : « Votre Altesse » en tête de mes lettres parce qu'il a droit au titre, mais nous nous asseyons sur le même canapé et il s'efface toujours pour me laisser passer.

L'intérieur de l'habitation est d'une élégance discrète et de bon goût. L'ameublement est européen, mais il y a tant d'objets d'art, de bibelots d'Asie, que l'on sent que l'instinct ancestral n'est pas éteint. De ses voyages au Japon et en Chine, le maharadjah a rapporté des merveilles. Je vois, au milieu de la cheminée, dans une chapelle vitrée, un *Bouddha* en ivoire, que je souhaiterais bien chez nous. A côté, d'autres chapelles avec des *Bodhisatvas* merveilleux. C'est du très bel art japonais.

Le lama, quoique membre du Conseil privé, n'a pas le droit de s'asseoir devant son prince. Il reste debout derrière un fauteuil, grand, l'air de ces génies que l'on voit peints sur les murs des pagodes, avec son costume tibétain grenat sombre. Le petit maharadjah perd un peu la tête dans ses fonctions d'interprète, car je pose des questions passablement ardues et compliquées. Il mélange aussi, dans ses explications, les termes anglais, les employant dans une acception entièrement différente de celle qu'ils ont en réalité. Je songe qu'un missionnaire chrétien, nouveau débarqué en Asie, se réjouirait de voir combien sa religion ressemble au christianisme. Mais je suis avertie : « Qu'est-ce que vous voulez dire quand vous dites : Dieu ? » La réponse est sans hésitation : « Un *Bodhisatva* — Qu'est-ce que c'est que vous appelez âme ? — L'instinct intime qui n'est pas l'esprit, ni l'intelligence. »

Je suis très heureuse parce que ces deux adeptes de la

« Secte Rouge » confirment, à leur tour, ce que j'ai avancé dans mon livre : « Le *Nirvâna*, c'est la suppression de l'idée de la personnalité distincte, séparée et permanente. » Je crois bien avoir été la première à écrire cela en Europe, personne n'avait découvert cette doctrine qui est pourtant si nette dans le bouddhisme. Oldenberg m'a louée pour avoir vu clair en la question. Mon dernier livre a donné lieu à pas mal d'échos dans la Presse et la colère qu'ont montré les cléricaux prouve que l'ouvrage ne leur paraît pas chose négligeable, bouquin sans portée. Tu consens en ce moment, mon bon Ami, à un réel sacrifice. Il ne sera pas perdu, sois-en sûr. Evidemment tu eusses préféré un autre genre de partenaire, mais à tout prendre entre les coquettes, les sottes et... les Mariettes nombreuses qui forment le lot le plus important d'épouses, tu n'es pas si mal partagé. Et puis, tu sais, Mouchy, je t'aime bien pour ce que tu fais. [...]

Gangtok, 1ᵉʳ mai 1912

Je suis dans la jubilation parce que, ce matin, comme j'étais allée chez le jeune maharadjah il m'a dit : « C'est aujourd'hui jour de pleine lune et l'anniversaire annuel où l'on célèbre le *Bouddha*, sa conquête de la *Bodhi* et son *Paranirvana*[36], je désire vous offrir un très ancien kakemono du Tibet, je n'en possède pas, moi-même, d'autre si ancien. Et il m'a donné une très vieille bannière de temple, une vraie pièce de musée, représentant le *Bouddha* sur son trône, suivant la conception tibétaine. C'est vraiment un objet de valeur pour les amateurs de cette sorte d'art extrême-oriental. Nous sommes restés longtemps dans son oratoire d'où il m'a promis d'expulser les déités symboliques aux faces diversement colorées. Cette petite « incarnation » serait un bon élève et nous sommes excellents amis. C'est propre, c'est net chez lui autant que dans une maison japonaise. Il a dessiné lui-même les fameux monstres des porches et ceux qui entourent l'autel, dans son oratoire. Tout cela est bien chinois de conception. [...]

J'ai eu une visite inattendue. Avant-hier, on m'apporte

la carte d'un Révérend anglais. Je dis qu'on le fasse entrer et il commence par me dire qu'il a appris que j'étudiais le lamaïsme et que lui-même s'en occupait, qu'il savait le tibétain et qu'il était missionnaire à Lachun, appartenant à une société missionnaire suédoise. Tu sais ce que sont les causeries protestantes, quand on se met à discuter religion. Nous nous sommes quittés amicalement et il m'a demandé s'il pouvait revenir le lendemain avant son départ. [...]

En attendant, je pars après-demain, par la route du Tibet pour aller camper le premier jour à plus de trois mille mètres d'altitude, le second à quatre mille cinq cents mètres et le troisième un peu plus haut. J'emmène peu de porteurs et peu de bagages, on dit que la route est difficile par endroits. Qu'est-ce que je vais trouver là-haut ? Neige, tempête, grêle ?... Nous le verrons quand nous y serons. L'excursion, en principe, doit durer huit jours. Tout de même, mon bien cher que le *Bou Kourmine* est petit !...

2 mai 1912. Impossible de rien ajouter : Une tuile ! Comme j'avais à préparer mon départ, j'apprends que les journaux de Calcutta qui s'occupent beaucoup de moi... beaucoup trop, ont publié des stupidités à propos de ma visite au *Dalaï Lama*. J'ai dû écrire, rectifier, produire de la copie journalistique en anglais... tu vois cela d'ici ! Enfin, je commence à rédiger de façon compréhensible. Mais avec tout cela il est minuit et demi et je dois partir à 7 heures du matin. Je suis quelque peu éreintée. [...]

Karponang, 4 mai 1912

Mon voyage débute par une panne. Hier, après une marche de cinq heures à travers la montagne par un sentier ravissant mais étroit et *précipitous* comme disent les Anglais, j'arrive au bungalow bien avant mes porteurs, ayant poussé mon cheval un peu vite pour éviter la pluie menaçante qui se met à tomber en trombe, avec une forte grêle, dès mon arrivée au refuge. Environ une heure et demie après, mes gens arrivent ruisselants et, avec eux,

d'autres indigènes. Mon boy m'apporte une lettre de
l' « *ingénieur* ». Quel ingénieur ? Il n'en pousse pas dans
ce recoin solitaire de montagne et s'il y en avait en tournée, il serait avec moi au bungalow, unique abri de la
région. Je prends la lettre et je comprends qu'elle devait
m'être donnée à Gangtok et qu'étant arrivée trop tard elle
me suivait. Elle m'annonçait qu'il y avait plusieurs coupures à la route et qu'une équipe partait pour la réparer
mais que l'on m'avertissait afin que je puisse, si je voulais,
changer mon programmè et intervertir l'ordre de mes
excursions. Evidemment, j'aurais pu aller à Lachen, mais
la nouvelle m'arrivait quand j'étais sur la route... Je
n'avais pas la moindre envie de rétrograder car c'était
ou refaire l'étape ou renoncer à monter aux cols de *Na-
thu-la* ce que je n'imagine même pas. Il n'y avait donc qu'à
attendre ici, ce que je fais. Je suis sur une grande voie de
communication, l'une des grandes artères reliant l'Inde au
Tibet mais cette grande voie est un simple sentier de montagne entretenu à la mode chinoise, c'est-à-dire qu'on taille
dans la paroi de montagne des éclats de roche et que ceux-
ci ne sont incrustés que dans les endroits les plus exposés
aux ravinements. Il y en a de larges et de petits, de ronds
et de pointus... mais les pointus sont en majorité. Certaines parties de chemin semblent avoir été préparées
pour quelque supplice de barbares. On n'a pas idée de ce
que c'est que de marcher en tenant son équilibre sur le
tranchant aigu de ces pierres. Comment font les chevaux ?
Ceci me demeure un mystère...

Me voici bloquée. Le bungalow est une baraque en
planches. Dans ma « chambre à coucher » on peut passer
le doigt entre les joints de ces planches. Je ne comprends
pas que dans un pays où il n'y a qu'à ramasser la pierre
sous ses pieds on n'ait pas construit une maison plus
solide. Il est vrai que le nombre annuel de visiteurs est
mince. C'est déjà beau de n'être pas forcé d'emporter une
tente. Mon petit boy n'avait pu me suivre et j'étais arrivée transie. Il y avait heureusement un grand feu, mais,
malgré cela, j'ai assez mal dormi, ayant eu froid. La
pluie aussi qui faisait un terrible vacarme m'a tenue

éveillée... un peu l'effet de l'altitude également, sans doute (quelque chose comme trois mille deux cents mètres). Dans la nuit, un animal est venu flairer à ma porte et a hurlé en tournant autour de la baraque : un chacal, je crois bien, d'après son cri. J'ai songé au livre d'Anatole France : *Thaïs,* à l'épisode des chacals rôdant autour de la cabane de Paphnuce, chacals qui étaient des démons. Toutes les légendes de solitaires et d'ermites contiennent de ces histoires de chacals et j'ai souri, entre mes couvertures, songeant que le « Malin » tourne peut-être aussi autour de mes rêves nirvaniques. Que tout cela est pittoresque ! est lointain ! Sans doute la cahute est affreuse et vulgaire, semblable à celle de quelque chef d'équipe au milieu d'un chantier, mais sur la planche noircie par la fumée, qui sert de tablette de cheminée, se trouve une minuscule lampe d'autel, de celles qui brûlent devant les *Bodhisatvas* et que j'use comme veilleuse et, dans l'air, flotte le parfum spécial des bâtons odorants violets, fabriqués à Gyan-tze, si différents, en leur senteur, de ceux de l'Inde ou du Japon. Et voilà... il n'est plus question de chef d'équipe, ni de chantier. Des génies chuchotant entrent, portés sur un bout de nuage qui pénètre par la croisée, tout le monde étrange des légendes himalayennes vous entoure, il y a des couleurs singulières sur les montagnes, les arbres vêtus de draperies moussues font des gestes étranges, on est au seuil de « quelque chose » et cela est attirant et vertigineux comme les abîmes bordant les sentiers que l'on suit. [...]

9 mai 1912. Ah ! ouiche les projets... Changu et son lac Na-thu-la ! Tout cela reste haut perché et me fait la nique. Je suis partie le 6 de Karponang pour Changu, la route étant, me disait-on, nettoyée et je suis allée me buter à deux miles de Changu à une couche de neige, de la hauteur d'un homme, qui couvre la route. Il a fallu redescendre à Karponang. Je regrette fort de ne pas avoir trouvé la voie libre, mais je ne regrette pas, même ayant échoué, d'être montée par cette route. Il me serait impossible de

dépeindre l'impression qui se dégage de cette nature farouche. J'ai pas mal voyagé mais je n'ai rien vu de semblable aux paysages de ces hautes régions. Il y a surtout un certain col au milieu duquel bondit un large torrent qui est entièrement boisé d'arbres morts et tous ces arbres sont brisés, ont les branches arrachées, sont décapités, coupés en deux, les morceaux gisant sur place. C'est une scène de muet carnage, un champ de bataille parmi des êtres d'un autre règne, l'effet est extraordinaire. Et tout cela est éclairé par cette étrange lumière himalayenne unique et surtout saisissante par les jours de soleil. Tout est brumeux, *sombre* et, chose invraisemblable, une luminosité blanche enveloppe les choses et l'ombre rayonne mysterieusement d'une clarté qui n'est ni soleil ni lune, qui semble ne pas descendre du ciel mais émaner des objets eux-mêmes, ou, plutôt, de quelque chose qui serait en eux, derrière leur forme matérielle. Quel pays...

[...] Je vais remonter par une autre route, plus longue mais qui est libre de bout en bout. Mais, auparavant, je vais aller à Lachun.

Je vais rapporter un petit travail pour le musée Guimet. Malheureusement il n'y a pas de lettrés ici, ou, s'il y en a, ils ne savent pas l'anglais. J'aurais voulu donner au *Mercure* un choix de poésies de *Milarepa* et j'aurais écrit comme introduction une biographie du célèbre saint, ascète et poète tibétain. Cela aurait été charmant ; mais l'unique bonhomme que j'ai sous la main pour me traduire quelque chose est souffrant et, d'ailleurs, fort paresseux.

Qui aurait jamais dit, mon bien cher Mouchy, que ma prose anglaise remplirait les colonnes des grands journaux de Calcutta. Le fait me semble à moi-même extravagant. L'*Indian Mirror* a publié une des conférences que j'ai faites et le *Statesman* a publié ma réplique à l'information erronée qui m'avait fait me « prosterner » devant le *Dalaï Lama*. J'en ai profité pour expliquer quelques points relatifs au bouddhisme et, comme les deux choses ont paru à quelques jours d'intervalle et que la conférence publiée a été faite devant des hindous védantistes — et que j'ai parlé sur des textes des *Upanishads* — voici qui va avoir l'air bien savant. [...]

Ah ! oui, il se prolonge ce voyage ! Et ne crois pas, mon bon ami, que ce soit à cause de mon indifférence envers toi, du peu de plaisir que je trouve dans notre home. Non pas... mais je suis emportée par quelque chose... par quelque chose qui est fait de la force de mes désirs concentrés, accumulés pendant tant d'années. Je vis des heures que je sais ne devoir jamais revivre, des heures studieuses où l'étude est autre chose que la lecture de textes morts, où elle est chose vivante, prenante, grisante infiniment. Les gens ne songent pas souvent à leur vieillesse, ils ne savent pas la préparer, sinon heureuse, du moins possible, lui ménager un peu de soleil, un peu de joie et ils s'affalent dans le désespoir, ou l'abêtissement, la décrépitude physique. Je vois ma mère devant moi. Les Dieux qui me furent proches et amis me préservent d'une telle fin ! Si je dois vieillir, j'ambitionne la vieillesse travailleuse d'un Elisée Reclus et de tant d'autres qui sont demeurés lucides jusqu'à la fin. Eh ! oui, avec tout ce que je récolte aujourd'hui je bâtirai, pour mes dernières années, un refuge. Ce seront des livres, des études... Un peu de sagesse glanée de-ci, de-là. — Je parle vieillesse et, très cher, tu vas te moquer de moi... et je rajeunis. Oui, en vérité, il est des jours où je ne me reconnais plus dans la glace. Des années, de nombreuses années, ont disparu de mes traits. J'ai maigri un peu, pas énormément, et j'ai des yeux où luit toute la clarté des Himalaya. Effet de l'altitude je crois, de l'air très pur que je respire. Je m'attends à un revieillissement soudain quand je retrouverai l'atmosphère d'étuve de la plaine gangétique. [...]

Toang, 18 mai 1912

[...] Me revoilà, sinon par les routes, du moins par les sentiers. J'ai quitté Gangtok, il y a trois jours, pour le nord du Sikkim. La première marche a été toute en descente, nous avons couché à 600 m d'altitude. Cela me

paraît, maintenant, dans la cave. Cela faisait à peu près
1 100 m à descendre et par des chemins tout en pierres et
si raides ! J'ai fait, à pied, huit miles, sur les treize de
l'étape, la chaleur croissant à mesure que l'on descendait,
et suis arrivée à l'étape quelque peu fatiguée. Le paysage
est merveilleux. Entièrement différent de ce que j'ai vu
jusqu'ici. L'on suit des vallées resserrées entre des montagnes gigantesques, la jungle a repris un caractère tropical, les orchidées pendent des arbres, les bégonias de toutes espèces, les lianes gigantesques donnent l'impression
d'être dans une serre géante un jour d'exposition horticole.
Mais quelles proportions a l'exposition ! Je note, en traversant un torrent, une gigantesque montagne, deux fois
au moins notre *Bou Kourmine*, dont le versant à pic est
garni, jusqu'au sommet, de bananiers sauvages. L'étape
s'appelle Dikchu : Un bungalow sur le bord d'une rivière
roulant avec fracas parmi les roches. On est comme au
fond d'un gouffre dans cette gorge si étroite avec, des deux
côtés, ces hautes montagnes à pic. La nuit vient peu après
mon arrivée, chaude et lourde, une vraie nuit des tropiques
qui me rappelle Ceylan : 28° dans ma chambre à coucher.
Au-dehors la nuit est d'encre, avec le vivant feu d'artifice
des mouches lumineuses qui voltigent par myriades parmi
le feuillage épais de la jungle environnante. Le gardien
(*Chowkidar*, en langue du pays) m'apporte deux superbes
hortensias bleus pour fleurir ma table, on dresse mon
couvert et je mange une pâtée quelconque qui ferait pleurer Sophie. J'erre un instant, ensuite, sur le sentier puis,
vite au lit. Mes gens dorment à ma porte sous la véranda.
Je recommande le silence car ces naturels sont si
bavards... et je veux dormir. Ils sont obéissants... et fatigués aussi, je pense ; mais les mules à qui l'on a laissé
leurs sonnettes s'agitent et tintinnabulent sans trêve, je
ne dors pas, je rêve tout éveillée... un peu de fièvre. Fatigue, surprise de cette chaleur lourde subitement retrouvée
et puis imprudence aussi. Dans l'après-midi, les pieds
endoloris de déambuler sur les pierres, un peu insolée
aussi, j'arrive au bord d'un torrent. Le jeune boy et le
saïs et le poney, tous se précipitent, on boit, on se lave...

oh ! jouissance ! Et moi, aussi, je me lave et je bois. Oh !
si peu. Je me suis accoutumée à ne boire ni manger en
cours de route. C'est une vieille et excellente habitude que
je dois à mon père. — Il y a tant de verdure appétissante
aux alentours... Le *saïs*, qui aime bien sa bête, en coupe
avec son coutelas-sabre et mon poney de se délecter. Il
fait frais, l'endroit est charmant, on est fatigué... Je vais
m'asseoir sur une grosse roche au milieu de l'eau. On
s'endormirait volontiers, ou, même, sans s'endormir, voici
les rêves qui viennent... les rêves ailés comme disaient
les Grecs et des profondeurs vertes de la jungle des génies
arrivent, regardent à travers les branches, vous épient
d'entre les bambous... les déités locales... Je me secoue
un peu. Je les connais, ces génies-là, ils se nomment
fièvre. On ne va pas, avec l'expérience que j'ai des pays
chauds, s'asseoir au milieu d'un torrent dans une gorge
de la forêt. C'est idiot ! Mais c'est délicieux, cette torpeur qui vous envahit, ces demi-visions qui passent. Je me
dis : j'aurai un bel accès ce soir, mais je monte vers les
hautes altitudes elles tueront les microbes... et je consens
à l'accès du soir pour savourer la minute singulière. Toutefois je songe au petit boy que m'a donné le maharadjah
Kumar. Je ne dois pas lui faire prendre la fièvre, à lui
qui ne voit peut-être pas les naïades et les hamadryades
du lieu. Et je dis : *let us go*. N'empêche, je paie ma dette
le soir. Du reste, le lendemain à midi, avec un cachet
de quinine pris au réveil et quelque cent mètres de grimpade, il n'y paraît plus. Merveilleux encore et *encore plus*
merveilleuse cette seconde marche. Le chemin est bien
meilleur. En cours de route je rencontre un gamin aux
cheveux embroussaillés, avec deux lambeaux d'étoffe en
guise de costume et qui a une mine si amusante que je le
photographie. Je lui donne deux roupies (environ 5 c.) et
lui fais demander ce qu'il en fera. Il réfléchit et répond :
« Ce sera pour acheter des vêtements. » Le *saïs* et le boy
le font causer. Il est vraiment très intelligent, il a peut-être
six ou sept ans. Nous suivons, de très haut, le cours d'une
rivière et, à cela près que nous changerons notre rivière,
il en sera ainsi jusqu'à Lachung. Les paysages, ici, sont

indescriptibles. Durant ces deux jours le caractère du pays a été tout à fait différent de celui de Karponang ou de Changu et les dieux locaux, bienveillants envers moi, ont assorti le temps au paysage. Si j'ai eu les brouillards mystérieux à la région des sapins et des bouleaux vêtus de mousse, un soleil éblouissant enveloppe celle des bégonias en fleur. Et parmi cette lumière voltigent des oiseaux rouges, des oiseaux bleus et d'autres avec des queues extravagantes et des papillons merveilleux dont certains sont eux-mêmes, gros comme des oiseaux. Le soir l'étape s'appelle Singhikh. Bungalow sur la hauteur dans un endroit dégagé avec un superbe panorama de montagnes qui bleuissent dans le soir, s'enveloppent lentement de nuages pour dormir. Et tout cela est grand, démesuré !... Ah ! que l'on comprend que tant de sages de l'Inde ou du Tibet se soient retirés ici pour méditer et apprendre la leçon de sagesse et de sérénité qui y flotte dans l'air et que les cimes graves des monts se redisent l'une à l'autre dans les soirs bleus et dans les matins roses. Comment revoir encore des villes, s'asseoir encore auprès des mortels affairés, agités, quand on a vécu, ici, ces heures éloquemment silencieuses...

[...] Je ne sais si je t'ai dit avoir découvert un lama tibétain extrêmement sympathique et très instruit, non seulement instruit mais, intelligent. [...]

Lachung Sikkim, 23 mai 1912

Voici mon séjour au Sikkim qui tire à sa fin. Je vais aller à Lachen, comme je l'ai dit. [...] Après Lachen, je monterai à Tango et de là pousserai une reconnaissance dans les neiges. Ce sera joli si le temps me favorise. Les neiges sont très tardives cette année. Tout est blanc autour de Lachung à moins de 3 000 m d'altitude. Lachung-village est à un peu plus de 2 600 m, Tango est à plus de 3 700 m. Des gens sont venus du Tibet par cette route et disent qu'elle est libre. J'essaierai la grimpade jusqu'à 5 000 m. Il y a là un point d'où la vue est fort belle à ce que l'on m'a assuré. Je n'ai pas de tente, c'est un gros ennui. S'il veut bien ne pas pleuvoir ou neiger dans ces hautes régions, on pourra tenter une nuit ou deux à l'abri d'un rocher, comme font les gens du pays, en allumant un gros feu et en emportant toutes ses couvertures.

Oui, voilà mon très cher, j'aurais dû commencer de telles randonnées quelque dix ans plus tôt. Aujourd'hui je sais qu'elles seront sans lendemain. Le lendemain, ce sera la petite vieille à lunettes, à l'air malin, conversant avec de vieux doctes messieurs, comme tu l'as vue en rêve. Je ne récrimine pas. Telle qu'elle fut, avec tant d'heures pénibles, d'heures de luttes, je ne me plains pas de ma vie. J'aurais pu être une commerçante enrichie, une artiste célèbre. Béni soit « cela » qui m'a préservé des routes banales, qui m'a fait gravir les Himalayas et ces invisibles Himalayas de la pensée si infiniment plus élevés que les autres ! Cette digression philosophique close, je te dirai que, après cette pointe poussée vers le « Royaume des Neiges » je redescendrai à Lachen m'y reposer un jour ou deux en compagnie de la Mission suédoise — sera-t-elle aussi végétale qu'à Lachung ? — et reprendrai la route de Gangtok — six jours de Lachen. Ce seront les mêmes étapes faites à rebours, la descente vers la vallée aux bégonias en fleur, les mouches lumineuses de Dikchu et le bungalow de Gangtok, ma maisonnette qui commence à me sembler un peu un home. J'ai trouvé à Gangtok des gens aimables et je suis devenue un membre de cette petite communauté minuscule d'Européens. Il y a le résident et sa femme, son second et sa femme, le capitaine des Cipayes et sa femme, le docteur et un lieutenant, chacun également muni d'une femme. C'est là tout le clan blanc, l'ingénieur étant parti pour l'Angleterre. Je dois à la cordialité de ces *Officials* toutes sortes de menues satisfactions et de facilités et j'ajouterai une provision d'excellents cakes tout frais qu'on m'a apportés la veille de mon départ en venant me souhaiter bon voyage. J'ai naturellement pris le thé partout, lunché chez le résident et pris le thé d'autres fois. Je ne puis m'empêcher de songer que ces Anglais que tu dénigres sont beaucoup plus aimables qu'on ne l'est chez nous.

J'ai profité des après-midi pluvieuses de Lachung pour commencer la seconde partie de mon mémoire sur l'enseignement moral que j'envoie au Congrès de La Haye. Ce mémoire pourra former la base de la brochure que je compte publier chez Schleicher sur la réforme de l'enseignement moral, question très à l'ordre du jour et en laquelle — le monde est bien singulier ! — on s'est mis dans les milieux, passant pour compétents, où trônent les Ferdinand Buisson, les Emile Boutroux et autres, à me reconnaître une compétence aussi... Tu te souviens des journaux me citant comme une autorité en question sioniste ?... Ah ! que tout cela est étrange et comique ! Quoi qu'il en soit, ma seconde partie est assez heureusement venue. La première, écrite à Tunis, me satisfait. Je vais coller les deux moitiés, recopier et expédier au Comité de Paris. Le Congrès n'aura sans doute pas beaucoup de rapports lui venant d'*aussi haut*. Je vais, aussi, envoyer au *Mercure* mon article sur ma visite au *Dalaï Lama*, un sous-arrangement du même article au *Soir*. Enfin, je vais, avant de quitter le Sikkim, écrire une brochure, à l'usage des bouddhistes, que l'on va publier en traduction tibétaine. Ma dernière excursion me mènera de nouveau en terre tibétaine et dans les hautes altitudes à 4 700 m d'où je tenterai une seconde fois d'atteindre les 5 000 m. Je crois bien que, manquant de tente et la saison étant encore peu avancée, je devrai m'en tenir là. Il y a des cols à 6 000 m qui m'auraient tentée mais ils sont actuellement sous la neige. Il n'y a pas un pays au monde où les hautes altitudes puissent s'atteindre aussi facilement. Dans ce pays que les Anciens ont appelé le « Toit du Monde » les cols de 6 000 m sont traversés par des routes. Oh ! tu vois quelle route, je t'en ai parlé souvent, un sentier ayant parfois la pente d'une échelle, mais, enfin, c'est un sentier et les bêtes y passent et les gens sur les bêtes. [...]

Ce matin, je suis allée au monastère (*Gompa* en tibétain). Le supérieur, le second, le troisième lama et les autres me reçoivent aimablement. On se met instantanément à tourner l'énorme tambour peinturluré dans le goût chinois, sur lequel est inscrit *Aum mani padmé oum*, et l'on ouvre le sanctuaire. Il est tout nouvellement bâti et sans aucun intérêt. Une horrible statue de *Padmasambava* trône au milieu de l'autel ayant à sa droite un personnage vert avec des yeux énormes. J'interroge, par l'intermédiaire de mon nouveau boy et j'apprends que c'est *Milarepa* l'ascète-poète. « Il a vécu si longtemps d'herbes sauvages qu'il en a pris la couleur », dit le supérieur. Oh ! oh ! voilà qui est inquiétant ! Et moi qui vais manger des orties, comme lui, ma provision de légumes étant épuisée, vais-je rentrer verte à Gangtok ?... La légende est telle, je la connais, mais tout de même les lamas sourient, ils n'y croient pas plus qu'il ne faut. « Et pourquoi ce *Padmasambhava* préside-t-il au milieu de l'autel. N'est-ce pas l'image de Notre Seigneur *Bouddha* qui devrait y être ? » (*Bhante Bhagavad* selon la formule des Ecritures que l'on

a traduit en anglais par *Our lord Buddha*). Les lamas s'excusent. « Nous n'avions pas de grande image, mais nous allons en avoir une et nous la placerons au milieu. » Ils ne font pas une objection, reconnaissant la justesse de mon observation mais, tout de même, ils doivent penser : Oh ! voici une *upasika* bien sévère, combien de préceptes peut-elle bien observer sur les trois cent soixante-trois de la discipline religieuse et quel *Bodhisatva* suit-elle ? Leur cerveau lamaïste a dû ruminer un peu sur ce thème. Ils m'ont apporté leur registre pour que j'y inscrive mon nom et mes remarques. Registre unique qui est aussi le grand Livre de la Communauté, les comptes y sont inscrits et soumis au maharadjah Kumar chef religieux du pays. J'ai reconnu sa signature menue *Sidkéong Tulku*. *Tulku* signifie une incarnation de quelque saint d'autrefois. Mon jeune ami *Tulku* n'a pas l'air de sentir très puissamment en lui l'esprit du vieux lama qu'il est censé continuer. J'inscrit, dans la colonne du *village* d'où l'on est : Paris, et comme remarque : *I should have been pleased to see the image of Lord Buddha at the middle of the altar instead of that a guru.* Ça c'est pour le petit *Tulku* pour qu'il remédie à la chose, ait honte et tance les lamas. [...]

Et mon ami Munshi-Rama m'attend sur les bords du

Gange pour lire du sanskrit et commenter les *Védas !*...
J'irai tout droit — à part mon pèlerinage à Gaya — aussitôt
après avoir quitté le Sikkim. Je veux jeter les bases de
mon ouvrage sur le *Védanta* (*faire mon arbre* suivant mon
expression) tandis que je suis dans l'Inde pour être bien
sûre que j'ai tous les matériaux nécessaires. Ah ! mon
grand ami, je me charge de travail pour dix ans. [...]
Garde aussi toujours bien mes lettres, elles sont mon seul
journal de voyages. [...]

Cheungtong, 24 mai 1912

Je suis redescendue ici par un beaux temps. Beaucoup
de beaux oiseaux sur la route. Il y en a de toutes les
couleurs dans ce pays, mais j'en ai vu ce matin, un micro-
scopique jaune à la poitrine, et rouge sur le dos. Un
oiseau du pays des fées. Les papillons aussi sont ravissants. Tant de sortes différentes. Il y en a des petits tout
bleus qui ressemblent à des fleurs, et des noirs aux larges
ailes lisérées de bleu et un très grand, aussi grand que le
petit oiseau, qui a un long corps en fuseau, comme un
« dirigeable » strié de noir rouge et blanc avec des ailes
en gaze noire transparente. Oui, tout cela est très bien,
mais une fois à Cheungton, vers le soir, j'ai été y guetter
l'homme de la poste au bord de la rivière, je l'ai vu passer
avec espoir... Et puis, le *post master* m'a dit qu'il n'avait
rien apporté pour moi. Encore rien !...

Lachen, 28 mai 1912

Mon bien cher, *Réalise* (comme disent les Anglais) si tu
le peux, l'étrangeté de la scène. C'est dans un oratoire
lamaïste : sur l'autel, sont *Chenrési*, le *Bouddha* et *Padmasambhava* le grand apôtre du Tibet. Sur les murs, des
fresques, où les divinités symboliques, sous leur forme
terrible, rappellent aux initiés l'activité de l'existence, la
destruction produisant la vie et la vie ne surgissant que
pour être happée par la mort. Ce sont les couples aux

formes horrifiques s'unissant, des cadavres sous leurs pieds et des guirlandes de crânes autour de leur cou, ce sont... enfin toute la symbologie effarante du tantrisme qui a si absolument pris Mr Woodroffe. Des bannières anciennes pendent du plafond très bas, deux masques démoniaques ornent les piliers trapus peints en rouge violent avec un chapiteau à dessins de style chinois bleu et vert. Une clarté rare entre par l'étroite fenêtre aux vitres coloriées. Dans ce décor, assis « en lotus » sur des tapis, un personnage étrange et fascinant : le supérieur du monastère (*gömpa*) de Lachen, un homme jouissant d'une extraordinaire réputation. Une sorte de *Siddhipurusha* [37] magicien et saint qui vit la moitié de l'année hors de son couvent, seul dans une grotte, à l'abri d'un rocher dans des endroits écartés, seul, méditant, à l'exemple des grands Yoguis dont parlent l'histoire et les légendes. Les gens du pays lui prêtent des pouvoirs merveilleux, entre autres le classique pouvoir de voler à travers l'espace. Il n'a rien du type du pays. C'est un géant, mince sans être osseux, il porte sa chevelure en une tresse qui lui bat les talons. Il est vêtu de rouge et de jaune d'un costume tibétain très différent des lamas du Sikkim. Sa figure est extrêmement intelligente, hardie, décidée, éclairée par ces yeux spéciaux, ces yeux du fond desquels jaillit une lumière, une sorte d'étincelle, que donnent les pratiques yoguistes. Et devant lui, sur une chaise, le révérend Owen et, près du révérend, sur une banquette de bois courant le long de la muraille, moi-même, qui ai refusé la chaise couverte d'un tapis que l'on m'avait préparée me sentant moins étrangère et plus à mon aise sur ce siège bas, devant mon hôte siégeant au ras du sol. Et nous causons.. Le brave révérend venu comme interprète s'efforce d'être clair autant qu'il peut, mais il nage dans un monde bien différent du sien et perd pied. Il me rapporte des phrases dont je saisis la signification et qui demeurent pour lui lettre morte. Imagine deux interlocuteurs parlant d'une science ou d'un métier quelconque par l'entremise de quelqu'un qui n'a aucune idée de la technique de la chose, ni de la chose elle-même. Notre dialogue, bien qu'il en soit

l'instrument, passe par-dessus sa tête. Et nous nous comprenons, le Lama et moi, tandis que notre intermédiaire
n'y entend rien. J'ai retrouvé, dans cet entretien, une
nouvelle confirmation de mes idées sur la pénétration des
théories du *Védanta* dans le bouddhisme du Nord et, même, au fond, une nouvelle preuve que l'idée fondamentale
de l'Ecole *advaitiste* est incluse dans la doctrine bouddhiste. Mais il y avait, aussi, beaucoup plus qu'une satisfaction
d'érudition dans l'heure passée là. Il était beau, grand,
souverainement impressionnant de voir le *yogui* balayant
d'un geste large tout l'entourage d'images et de symboles,
le reniant : « Ils sont bons pour les gens de petite intelligence, seulement » et reprenant la pensée des *Upanishad*,
la pensée maîtresse de l'Inde : « trouver tout en soi ». Je
songe au XIXᵉ chapitre de l'*Astavakra gîta* que cet homme
n'a jamais lu et les *çlokas* m'en reviennent à la mémoire,
sonores, altiers, trompette clamant une victoire avec ce
refrain : Qu'importe tout « pour moi qui habite en ma
propre gloire ». Le lama, à son tour, me pose quelques
questions, puis il dit : « Vous avez vu l'ultime et suprême
lumière, ce n'est pas en un an ou deux de méditations
qu'on parvient aux conceptions que vous exprimez. Après
cela, il n'y a plus rien. » Et mon Révérend traduit sans
comprendre, il est là plus étranger à notre colloque que
les piliers de bois qui s'érigent devant nous, tandis qu'emportés par nos pensées, nous cessons de parler, le lama
et moi, gagnés par l'extase de ce que nous avons évoqué,
de la vision mentale née de nos paroles. Il a dû se trouver
mal à l'aise, le pauvre M. Owen, entre ces deux êtres, si
loin de lui, devenus muets, absents, partis pour un monde
où il n'avait pas accès. Après notre visite l'excellent homme s'est hâté vers sa demeure où il avait un meeting ou,
plutôt une classe biblique à l'usage des dames de la mission et de deux ou trois indigènes, sorte d'évangélistes.
Que c'était petit, enfantin ce qu'il allait dire après que
nous avions effleuré ce que le *Mahâyâna* appelle *Sunyata* le
Grand Vide, vide de l'illusion de la vie morcelée, l'Existence
infinie, éternelle.

29 mai 1912

Le jeune maharadjah héritier est arrivé ce matin, un pittoresque groupe de lamas, ressemblant un peu à des inquisiteurs, avec leurs bonnets rouges pointus, est allé l'attendre à l'entrée du village. J'avais, le matin, obtenu à grand-peine un peu de nettoyage dans le bungalow que nous partageons, chacun de nous occupant un côté du chalet. Nous disposons d'une unique, je n'ose dire lampe, c'est plutôt une lanterne, et de ma lanterne de route pour tout éclairage. J'avais une lampe, le cuisinier m'en a cassé le verre. Nous voici réduits aux bougies et à la lumière de notre intelligence qui, heureusement, est vive. Du moins, nous le pensons... Avec le petit prince, est arrivée une tentation. Il s'en va après-demain, par Thangu, monter aux hauts cols de la route du Tibet et va à Gyan-tze, par Phari Dzong, voir un de ses frères. L'accompagner plus loin que la frontière, ce serait un beau rêve et il me donne quelque fièvre. Nous sommes très amis, intéressés dans les mêmes œuvres, je pourrais, je crois bien, l'influencer assez pour qu'il m'emmène, mais le pauvre roitelet, tenu en laisse par l'Angleterre, paierait, paierait cher peut-être, son incartade, puisque je n'ai pas une autorisation régulière de franchir la frontière. On fermera les yeux sur un peu de vagabondage, mais aller à Gyan-tze c'est trop loin et une ville trop officielle. Si j'avais pu prévoir le cas j'aurais tâché de me mettre en règle mais la circonstance est toute fortuite. Le frère du maharadjah Kumar était proche de la frontière Nord du Sikkim la semaine dernière et celui-ci comptait l'y trouver, il n'a appris qu'en route que son frère était retourné chez lui à Gyan-tze, le pays semblant un peu plus calme. Et voilà ! Je me contenterai de monter avec lui vers les neiges, un peu plus haut que je n'aurais pu le faire seule. Il y a un extraordinaire enchaînement de circonstances durant tout ce voyage. Ainsi j'étais partie comptant passer huit jours à Lachung avec les Owen. A trois miles de Lachung

je les rencontre qui s'en vont à Lachen. [...] Cela avait
l'air d'un mauvais début. Lachung fut sans intérêt et je
n'y restai que trois jours. Je viens ici, M. Owen s'y trouvant j'ai un interprète pour m'entretenir avec le lama.
N'étant pas restée huit jours à Lachung je rencontre le
maharadjah ici et cela me facilite l'ascension de la route
des neiges puisqu'il a des tentes. N'est-ce pas qu'il y a
des *Dévas* bienveillants dans les Himalayas ?... Il y en a en
bien d'autres endroits. [...]

Le lendemain, toute la mission est venue prendre le
thé à mon bungalow. [...] On m'a demandé de parler du
Sahara, des oasis et avec mes paroles j'ai revu notre Afrique inoubliée, malgré tout, les grands sables roses ou
mauves selon l'heure sur lesquels, comme dans la Genèse,
« erre l'esprit d'Allah ». Mon rêve est pour moi seule
qui connais l'ivresse du désert, pourtant le Révérend s'est
enquis du moyen de voyager par là. Tout de même, ce
ce sont là sujets semblant profanes à ces aveugles qui
croient trouver l'Etre entre les feuillets d'un livre et ignorent la Grande Vie cachée derrière les choses. Sur la cheminée est la photographie de mon grand *Bouddha*, faite
dans notre patio. La Finlandaise brûle de la voir de près et
tente une question insidieuse. Ce n'est pas un fétiche
tabou. Je la prends et la lui donne. C'est l'occasion d'expliquer ma maison musulmane. Les grilles bleu et or des
fenêtres intérieures, les portes cloutées à la moresque...
Et je m'y retrouve dans la grande maison lointaine et
aimée, la maison de mon désir, quelque chose passe, subtile... nostalgie ?... de la demeure chère... nostalgie du monsieur long et mince qui rentre à l'heure où les lampes
dans les angles donnent au « home » un air de chapelle...
Bonsoir Mouchy !... Oui, décidément, nostalgie et la sensation d'une étreinte, d'un baiser affectueux, mémoire de
choses anciennes traversant l'austère solitude du pays des
Yogis... Oh ! Oh ! je rêve tout éveillée tandis que la missionnaire parle... [...]

30 mai 1912

C'est le conte de fées, mon bien cher. Les *Dévas* sourient malicieusement de ma surprise joyeuse. Je vais monter jusque tout au haut du col, dépasser les 5 000 m et faire du « camping » sérieux. Le jeune prince me dit ce matin : « Ne vous occupez de rien, j'ai tout arrangé, les tentes pour vous et vos gens les porteurs et les yaks. » Cela ne sera pas un jour ou deux comme je l'avais cru, mais une semaine, sans doute, parmi les neiges et les plateaux désolés balayés par les rafales des hautes régions himalayennes. Non pas une route de touriste, mais un endroit où peu d'Européens sont allés. Je te le dis : c'est le conte de fées. Il sera un peu grelottant et transi, je le crains. Je manque de l'équipement nécessaire à ces hautes altitudes, mais qu'importe, j'ai toute la bravoure et les poumons robustes qu'il faut. Je passe depuis des semaines par de brusques alternatives de température et d'altitude sans en souffrir. Les 28° la nuit dans ma chambre se transforment le lendemain, en 9° malgré une grande flambée dans la cheminée. Tout va bien quand même.

Les affaires de la « Mission », n'ont pas l'air de s'arranger auprès du prince qui est en même temps le chef religieux du pays. Hier, le Révérend et sa femme ont eu un long colloque avec lui à l'issue duquel ils ont prié le maharadjah de prendre le thé chez eux. Nous avions décidé de le prendre entre nous. Les Owen qui avaient constaté à l'entrée du prince, le matin, que nous étions forts camarades demandent naturellement, que l'on aille me prévenir qu'ils seraient heureux de m'avoir aussi. [...] A la *Mission House*, toutes les demoiselles sont au pied de l'escalier de la véranda. Salutations, présentations. Puis, tout le monde s'efface pour laisser le prince monter les degrés. Mais celui-ci ne voudrait pas, surtout devant des étrangers et des chrétiens, passer devant moi qui représente une personnalité religieuse selon la pensée de l'Asie, et je crois bien qu'il s'amuse un peu à exagérer sa déférence pour se payer la tête des missionnaires. Ce que voyant, on s'empresse de me servir le thé la première et toutes ces bonnes gens prennent une idée vague, et d'autant plus impressionnante qu'elle est vague, de l'importance que je puis avoir et de l'influence que je puis exercer sur le chef religieux du Sikkim. Le Révérend Owen vient s'asseoir à côté de moi et me murmure : « J'ai confiance en vous, je puis, n'est-ce pas, avoir confiance en vous ? » Je reste quelque peu effarée, il est pâle et a l'air tragique. Et voici qu'il me dit que le prince veut punir le maître d'école et quatre autre chrétiens indigènes parce qu'ils se sont convertis et il me supplie d'intervenir. Ça ne me regarde pas et je pressens autre chose que ce qu'il me dit. Cependant je réponds que je parlerai de la question. Comme nous partons, dans le jardin il revient à la charge, et j'insinue : Est-ce qu'il n'y a pas une autre histoire : celle de la classe biblique faite à l'école de tissage... Il ne me croyait pas si bien informée. Les explications sont vagues... La vérité je la connais. Le maître d'école, ils me l'ont dit eux-mêmes, fait fonction d'évangéliste et de prédicateur. J'avais cru que c'était leur maître d'école privé, mais non, c'est l'instituteur de l'Etat et le prince ne veut pas qu'il cumule et use de son prestige de maître pour faire baptiser de jeunes garçons qui n'ont pas l'âge de discerner en matière religieuse. Le long de la route, nous en revenant ensemble, il me conte tout cela.

Le soir, comme c'était jour de pleine lune, le grand dimanche mensuel bouddhiste, nous avons fait nos dévotions ensemble, c'est-à-dire que nous avons lu le *Dhammapada* [38] et parlé de questions philosophiques. Nous avons envisagé diverses utiles réformes au sujet des lamas, de l'enseignement religieux etc. Je crois que mon passage dans le pays n'aura pas été absolument inutile au progrès et à l'instruction de la population. [...] Toute la nuit, les lamas ont joué de toutes sortes d'instruments mélancoliques et bruyants et je n'ai guère dormi. A 3 heures du matin, je soulève mon rideau, la pluie tombe serrée, de gros nuages courent sur la lune brillante et les musiciens, du haut de la colline, emplissent toute cette brume impressionnante de leurs airs plaintifs chantant on ne sait quoi... des choses de l'au-delà ou des choses très intérieures s'il faut en croire les initiés. Il m'a été confié que cette musique représente les sonorités émises par notre propre organisme lorsque, nous bouchant les oreilles, ou bien dans le silence complet, nous écoutons le bruit de notre propre machine fonctionnant. Tout cela est étrange ! Le grand lama aux longs cheveux était ce matin au bungalow en costume d'apparat, je l'ai entrevu, il m'a souri aimablement. Tout à l'heure je vais monter au monastère avec le maharadjah, les lamas seront sous les armes avec leurs bonnets pointus, nous passerons là quelques heures. Je ferai causer le lama-ascète, nous boirons du thé tibétain... N'est-ce pas, bien cher, que ce n'est pas là un voyage de touriste Cook. N'est-ce pas qu'un peu de griserie est bien compréhensible ?...

Mais toujours pas de nouvelles de toi ; pas de nouvelles de personne d'ailleurs. Aucune lettre ! C'est l'isolement absolu. [...]

Bien cher, j'avais terminé, mais je recommence pour te narrer, sur le vif, ma visite au monastère. Nous partons, mon jeune ami (presque disciple) et moi, pour grimper la côte raide menant à la *Gömpa*. Dès que nous quittons le bungalow, les lamas musiciens, rangés sur le rebord du mur du monastère, commencent à jouer, beaucoup de satellites d'ordres divers nous suivent à distance respectueuse et une sorte de garde du corps, vêtu de façon curieuse, nous précède ouvrant la marche. Des gens surgissent le long du chemin, se prosternent à plat ventre à la mode chinoise. Je prends ma part des prosternations puisque je passe devant le prince. A l'entrée du monastère, tous les lamas rouges, le grand lama supérieur en tête, nous reçoivent. Les musiciens, les porteurs d'ombrelles, de bannières etc. sont rangés en haie. Il y en a qui soufflent dans des trompettes tibétaines si longues que le bout en est appuyé à terre. C'est extraordinairement pittoresque. Nous sommes sur une sorte de terrasse dominant la vallée, j'ai l'impression d'être sur une scène de théâtre. Il pleuvine, malheureusement, mais tant pis, il me faut une photo, si

terne soit elle, elle me sera un souvenir. Le maharadjah
me donne le conseil de prendre un temps très long, vu le
manque de lumière, son conseil aura-t-il été bon ?... Lui-
même photographie. Avec nos *waterproofs* beiges, nous
avons l'air de deux reporters parmi cette foule bigarrée.
Les photos prises nous nous dirigeons vers le monastère.
Nous enlevons nos manteaux et entrons dans le sanctuaire.
Le prince se prosterne trois fois, un peu gêné par ma
présence. Il connaît mon opinion sur les cérémonies de
ce genre. Je me contente d'honorer de l'ordinaire salut
hindou *Chenrési-Avalokiteçwara* [39] qui est, d'ailleurs, le
symbole de la plus belle idée orientale. Les lamas chantent alors la formule du « triple refuge », cela est en tibétain et, avec ce chœur, bien différent de la récitation à
Ceylan. On apporte le plat de riz au maharadjah qui fait
signe qu'on me le passe ensuite. Voilà bien du ritualisme...
Enfin, pour l'amour du pittoresque, résignons-nous. Je
prends quelques grains dans ma main et tâche de me remémorer le *mudra* de circonstance, la position des doigts à
prendre. Je sais cela d'érudition seulement, naturellement.
Je crois que je suis à peu près dans la position correcte...
du reste le temple est sombre... Allons, voici l'office fini
on va jeter, à la volée, ces grains de riz vers l'autel. Je
me rappelle cela et lance correctement mon riz après le
prince, les autres assistants attendant que j'aie terminé
pour jeter le leur. Amen, tout le rituel est consommé !...
Le maharadjah va occuper une sorte de petit trône pon-
tifical à gauche de l'autel, on m'a préparé un siège couvert d'un tapis en face de lui, à la droite de l'autel. Tout
de même si tu me voyais !... Le long des murs, les lamas
se tiennent debout, n'ayant pas le droit de s'asseoir devant
le prince-pontife. Dès que nous avons pris place tous se
prosternent avec abondance. Le maharadjah fait ensuite
un discours qu'il me traduit, en résumé et... j'en fais un
à mon tour, qu'il traduit. Oh ! je me les rappellerai souvent au moment de faire des conférences en Europe, ces
discours dans ces milieux exotiques, parmi les idoles
extravagantes, les symboles effarants et l'auditoire fantastique de lamas rouges. Puis le supérieur se place dans

la nef centrale ayant retiré sa mitre. Il se prosterne devant
le prince, puis, une écharpe dans ses mains jointes, parle
interminablement, avec émotion, un peu tremblant devant
son grand chef. Il a l'air, dans cette émotion et cette
humilité, bien moins philosophe que la veille. C'est long,
long, interminable, entrecoupé de multiples prosternations, si « multiples » que le prince doit, du geste, les arrêter plusieurs fois. Je ne m'ennuie pas, cependant, j'ai à
regarder de tous mes yeux. Enfin, c'est terminé. Je puis
quitter mon siège épiscopal. Le supérieur nous prie de
monter dans son oratoire et de prendre le thé. Et me
voilà de nouveau dans l'oratoire où j'ai eu la conversation que je t'ai rapportée, mais, cette fois, le lama n'occupe plus son siège de l'autre jour. On a mis à la place
un petit trône pour le maharadjah et, quant à moi, l'étiquette me contraint de m'asseoir, aussi, sur un siège d'apparat, où je suis très mal. Le lama reste debout, mais le
prince commande qu'on lui apporte un tapis et il s'accroupit « en lotus » à distance respectueuse devant le
trône miniature. Voici le thé : thé au beurre, et au sel,
avec un soupçon de farine d'orge. Je raffole de cette
mixture et j'en absorbe trois tasses. C'est la grande natu-
ralisation tibétaine ! Et nous parlons de nouveau, le lama
et moi, des doctrines de l'Ecole à laquelle il appartient.
Puis, comme j'ai un sermon, une mercuriale à lui adresser
à cet ermite aux longs cheveux, je quitte mon siège qui
me déplaît et je vais retrouver ma banquette de l'autre
jour et, dans l'oratoire tantrique, je parle de la grande
doctrine que ces lamaïstes ont oubliée ou qu'ils se contentent de connaître égoïstement, laissant la foule dans sa
superstition grossière. Le prince traduit, très impressionné
lui-même. Est-ce qu'il aura compris, l'ascète chevelu, qu'il
n'est pas de salut égoïste et que la « tour d'ivoire » du
penseur insouciant de la misère mentale des autres est
une tour de perdition !

Mon jeune ami me dit que la parole d'une étrangère
aura plus d'effet sur lui que la sienne et qu'il pense qu'il
a compris. Et la séance prend fin. L'orchestre nous attend
à l'extérieur, les musiciens remontent sur leur mur et

embouchent leurs instruments. Dans le chemin que nous redescendons, des gens se prosternent encore, d'autres, sur le bord du sentier, brûlent de l'encens. Sidkéong Tulku passe au milieu de tout cela avec son flegme d'Asiatique, pourtant il me dit : « On nous offre de l'encens comme aux Dieux! », et cela nous amuse un peu. Son séjour à l'Université d'Oxford l'a, tout de même, un peu européanisé... pas trop, car lorsqu'il siège sur son trône de suprême lama avec un petit tambour, une clochette et un *dorjee** devant lui, Oxford est loin! Parmi les « suivants » je remarque le professeur de chinois du prince, un céleste long, mince, correct, réservé, silencieux et l'air souverainement aristocrate parmi ces Tibétains mâtinés de Sikkimis, de Lepchas et de Bouthanais. La Chine!... la très grande nation de demain! [...]

Tangu, Sikkim, 9 juin 1912

[...] Me voici redescendant des nues, mon bien cher. J'ai complété la traversée de l'Himalaya de part en part, de l'Inde au Tibet à peu près en ligne droite, directement du sud au nord. Je m'y suis hissée aux 5 000 m d'altitude et même un peu plus haut. Dois-je dire que l'entreprise est difficile ? Ce serait exagérer, il suffit de jouir d'une bonne santé et de l'argent nécessaire aux frais, bien médiocres, du voyage. Je mentirais, pourtant, si je prétendais que c'est là une simple promenade, à la portée de tous. Venir à cheval jusque dans le haut Sikkim, par des chemins extravagants, camper ensuite dans les vallées de la frontière, affronter le vent des plateaux tibétains à ces hautes altitudes, non, c'est là plus que du simple jeu. Je suis robuste et, cependant, l'autre matin j'ai cru mourir. J'étais arrivée à l'étape bien avant mes porteurs et mes tentes, c'était le jour où je quittais le maharadjah continuant vers Gyan-tze. Il me fallut attendre trois heu-

---

* Clochette (ghantà) toujours utilisée avec le Foudre-diamant (vàjra).

res durant, sans abri, sous les rafales et la neige cinglante. Mon cuisinier se dit malade en arrivant, je n'eus un peu de thé chaud que bien après. La nuit je me couchai sans feu, naturellement. Ma tente fermait mal. Au matin, il y avait un épais tapis de neige sur toute la vallée, la tente en était couverte. Je ne pouvais pas me mouvoir, j'étouffais ayant dans la poitrine un petit sifflement qui ne me parut pas de bon augure. Je me dit : « Voilà la pneumonie ou l'angine de poitrine. Avec ce froid, sans soins, cela ne va pas traîner. Je réfléchis un instant et me dis qu'après tout c'était là une belle mort, parmi les solitudes majestueuses au milieu d'un voyage pareil au mien et que je n'avais qu'à prendre la chose du bon côté. Ce que je fis sans difficultés. Je me levai à grand-peine en songeant à la lettre que j'allais t'écrire et puis — ceci va t'amuser — je pensais que tu aimerais sans doute à voir l'endroit qui t'avait privé ? — débarrassé ? que faut-il dire ? — d'une femme de mon genre. Je pris donc mon appareil photographique et je me glissai à plat ventre sous la toile, manquant de force pour ouvrir la tente. Je croyais que je ne pourrais plus me remettre debout. Il faisait froid, un vent âpre. Tout était sous la neige. Je pris quelques vues et rentrai m'affaler sur une de mes caisses dans la tente. Je bus chaud, je demandai de l'eau chaude pour un bain de pieds... A midi je me sentis un peu mieux mais toujours fort oppressée, je fis seller le poney et je partis jusqu'au soir. J'ai vu cet après-midi-là un pays de rêve, un pays ressemblant à notre Sahara, avec des monts orange tranchant sur un ciel d'un bleu intense, mais le sommet des monts orange se couronnait d'une coiffure de neige et, en d'étroites vallées, dormaient de petits lacs aux eaux gelées. Une neige à demi glacée, une sorte de « gelati » à l'italienne tombait par instants et vous cinglait cruellement. Les gens que j'avais emmenés et qui étaient insensibles au paysage semblaient au martyre, et de les traîner derrière moi gémissants me fit brusquer mon retour, ce que je regrette infiniment.

Oui, tous ces jours passés sous la tente avec de 3 à 4 degrés à midi et un vent terrible ont été durs ; mais je

connais maintenant les délices de la cuisine faite sur un
feu de bouse de yack. Il n'y a pas d'autre combustible au
Tibet. Je connais aussi l'ennui d'être embarqué dans des
expéditions de ce genre sans le matériel et le personnel
convenable. J'ai eu des gens se battant pour la place auprès du feu qui brûlait dans la tente des domestiques et
ai dû tout le temps lutter contre le mauvais vouloir d'hommes sans énergie qui n'aspiraient qu'à redescendre vers
des régions moins dures. Mon *saïs* m'a abandonnée le
jour où je suis allée à la Koru-la et à la Sepo-la (les fameux
5 000 m) et j'ai pu me débrouiller sans lui avec mon cheval qui manquait, lui aussi, d'enthousiasme. Le temps ne
m'a pas favorisée et le retour, à la descente, a été
extraordinairement pénible, avec le vent debout. Il me
semblait que mes os se glaçaient, la tête me tournait.
Par moments, je donnais le cheval à mon jeune boy et je
marchais pour faire circuler mon sang figé, mais ma
pauvre poitrine était à une rude épreuve. La nuit venait.
Je pensais : il faut coûte que coûte que je ramène ce
gamin (il a seize ans) au camp. Seule, je crois que je
me serais affalée derrière quelque roc sans plus bouger. Il
y avait, devant nous, une terrible montagne de neige, le
Chumiumio, haute de 7 000 m qui semblait vouloir nous
tomber dessus. Il m'aurait fallu une bonne pelisse pour
braver cette bise. Enfin, même sans pelisse, me voilà revenue et trop tôt à mon gré, car avec d'autres domestiques
j'eusse fait encore quelques autres excursions dans ce pays
où, certainement, je ne retournerai jamais. Seulement
vois-tu, je n'ai plus de peau sur la figure, mes yeux sont
complètement brûlés avec de gros bourrelets rouges aux
paupières, mon nez couvre toute ma figure, énorme, la
peau en tombant, mes lèvres sont, de bout en bout, une
énorme cloche, dans le genre des ampoules à fièvre. C'est
douloureux, extrêmement, en dépit des couches de gly-
cérine et de poudre d'amidon. C'est très laid aussi, j'ai
l'air de sortir d'un incendie. J'aime autant que tu ne me
voies pas dans cet état.

Si le milieu et la fin de ma tournée aux hautes altitudes
ont été pénibles (physiquement seulement, s'entend) le

début en a été délicieux. Nous avons quitté Lachen, le maharadjah et moi, parmi une procession bizarre qui nous a escortés un moment : lamas rouges, femmes tournant des moulins à prières, bannières, parasols d'honneur et sur le mur du monastère les musiciens qui ont joué jusqu'à ce que nous fussions hors de vue. Le lama supérieur nous a accompagnés jusqu'à la première halte, sur l'ordre de son prince qui a tenu à me donner le plaisir d'un peu de pittoresque. Et, vraiment, mon bien cher, j'eusse voulu que tu nous visses passer, le maharadjah en satin vieil or et moi, pauvre hibou occidental en un sombre pardessus sur ma culotte, précédés de ce lama à la mitre rouge et jaune au costume éclatant monté sur un cheval caparaçonné de rouge et tournant inlassablement son moulin à prière. Sur notre passage, prosternations, encens brûlé. Voilà bien de l'Orient ! Et le plus gentil de tout cela, c'est la bonne cordialité du jeune prince. Quel aimable compagnon de route ! J'ai bénéficié, grâce à lui, des installations préparées pour lui. « Vous êtes en visite chez moi, il est naturel que vous soyez la mieux logée et la mieux traitée », me dit-il. Au cours de notre voyage il m'a photographiée tandis que je chevauche un yak, à la mode tibétaine, j'espère que la photo sera réussie, bien que la lumière ait été peu favorable. Cela épatera les Tunisois de me voir sur cette bête singulière. [...]

[...] Le matin du départ de Thangu, alors que le lama retournait sur ses pas, il a, suivant le rite, présenté un bout de mousseline au prince, son chef religieux, et « une incarnation », un *tulkou*, il s'est prosterné trois fois devant lui au bord de la route et le maharadjah lui a passé l'écharpe autour du cou. Alors, le lama a dit à ce dernier qu'il désirait me parler. Je me suis approchée et il a parlé longuement, paraissant fort ému, et quand il a eu terminé, il m'a posé sur l'épaule l'écharpe qu'il avait reçue. C'est une sorte de bénédiction et d'hommage en même temps. De la traduction il résulte qu'il reconnaît que j'ai raison, que la doctrine du *Bouddha* a beaucoup dégénéré, que l'on doit éliminer les superstitions qui se sont greffées sur elle etc. Et ceci est une belle victoire que d'entendre, dans ce

décor fleuri d'un sentier de l'Himalaya, un personnage
religieux, très vénéré de la secte rouge lamaïste, se rendre
aux raisons d'une adepte du bouddhisme primitif. Le
maharadjah m'a dit « Gardez l'écharpe en souvenir... »
Le lama avait dit aussi « C'est par un effet de notre
bon *karma* (d'heureuses circonstances, produit de causes
lointaines et antérieures même à notre présente existence) que nous nous sommes trouvés tous les trois réunis
pour réfléchir ensemble et travailler à la réforme et à la
propagation du bouddhisme. C'est de cela que mon jeune
ami souhaite que je me souvienne. Et, de fait, j'ai promis
de coopérer avec lui et d'écrire différentes choses qui
seront traduites en tibétain et répandues dans le pays et
très probablement aussi, au Tibet.

11 juin 1912

J'ai commencé à couper la peau de mes lèvres et de
mon nez avec des ciseaux. Cela va se guérir peu à peu.
Mais j'étais dans un tel état que j'inspirais de la pitié
aux Tibétains que je croisais sur la route du retour. Ah !
le Mouchy qui aime les jolies femmes ! La sienne ne l'est
guère pour l'instant. [...]

[...] Tu ne sais pas, la hantise du retour me vient.
J'aurais souhaité aller plus loin vers le cœur du Tibet, mais
puisque cela était impossible il me semble que le reste n'a
plus d'intérêt. C'est là, évidemment une impression pas-
sagère. De retour dans l'Inde je vais me reprendre et
me ressaisir. Pour l'instant je reste ensorcelée, j'ai été au
bord d'un mystère... Oh ! cette dernière chaîne de l'Himalaya, le dernier col très large qui s'inclinait vers une
pente descendant à la steppe immense, déserte, où s'érige,
sentinelle puérile mais émouvante, le fortin de la première
ville tibétaine... Moi, je serais restée là des jours... des
mois peut-être et parfois la folle envie me prend de louer
des yacks, d'emmener deux ou trois serviteurs tibétains
plus robustes que les miens et de remonter là-haut pour
revoir... voir mieux, davantage, cela que je ne reverrai

jamais. Et je ne suis pas la seule. Ici, tous les Européens subissent l'étrange fascination. On dit « le Tibet » à voix presque basse, religieusement avec un peu de crainte. Je vais probablement le retrouver à une autre frontière, mais ce sera le Tibet de la vallée de Chumbi et le Résident m'a prévenu, c'est un faux Tibet verdoyant comme les vallées du Sikkim et sans rien de l'âpreté du vrai Tibet effrayant et attirant que j'ai contemplé. Oui, je vais en rêver longtemps... toute ma vie, et un lien restera entre moi et cette contrée des nuages et des neiges, puisque ma pensée traduite et imprimée en tibétain va s'en aller qui sait où, à travers le pays.

Pourquoi donc, mon grand cher, sembles-tu t'inquiéter de ce que tu appelles « mon mysticisme croissant » ? La grande joie, la grande lumière qui mettent un rayonnement autour de notre vie n'est-ce pas précisément de voir au-delà de notre personnalité chétive et étroite ? Ah ! oui, le jeu de la pensée, la gymnastique de l'esprit délié analysant, disséquant, scrutant, c'est le grand plaisir des « tout cerveau » et crois bien que je n'y suis point devenue inapte et qu'il m'amuse toujours, mais il vient un temps où jouer ne semble plus le summum de l'intérêt. On a goûté à autre chose, entr'ouvert une autre porte... sans doute, c'est encore une nursery, pleine de fables chantantes et d'images enfantines à l'usage des « tout petits » que nous sommes toujours, mais déjà approchons-nous du seuil au-delà duquel cesse la foi, l'espérance, l'anxiété, le désir... et c'est là, à peu près, toute la sagesse. En tout cas, vois-tu, cela vaut mieux que la férocité d'âme de la plupart des chrétiens. Mes bonnes voisines, qui me gâtent vraiment en m'offrant une foule de plats de leur cuisine — qui est malheureusement infecte, un mélange fâcheux d'Angleterre et de Finlande — sont un peu harassantes avec leur prosélytisme. Moi, je ne leur parle jamais du bouddhisme que pour répondre à leurs questions. Cependant, l'autre jour, où elles excédaient la dose avec leur *Loving god* (Dieu tout aimant et tout bon), je ne pus m'empêcher de leur dire : « J'ai vu à Edimbourg, par le froid, des enfants en grand nombre, des *babies* sans vêtements, sans souliers,

les pieds fendus par le gel, laissant des traces sanglantes
sur la pierre des trottoirs ; je me rappelle les catastrophes de Messine, du Mont Pelé et, l'autre jour le *Titanic*.
Je ne vois pas beaucoup votre *Loving God* là-dedans. »
Et l'une d'elles de s'écrier : « C'est à cause du péché que
les enfants d'Edimbourg souffraient. — Mais il y en avait
de deux ans et cinq ans ! — Ils expiaient les péchés de
leurs parents. Les gens du *Titanic* ne songeaient pas à
Dieu, ils dansaient au moment de la catastrophe. » Et
voilà ! faut-il avoir l'imagination dépravée pour imaginer
un « Père Céleste » qui se venge sur les innocents et noie
1 500 personnes parce qu'elles tournaient en rond au son
de la musique. [...]

Pakyong, 23 juin 1912

Eh ! oui, mon bien cher, me revoilà à Pakyong qui n'a
rien de spécialement intéressant. Pourquoi j'y suis ? Voilà.
Le *Dalaï Lama* s'en retourne décidément dans son pays. Et
je vais le saluer sur sa route et prendre, s'il est possible,
quelques photographies du cortège qui l'escorte. En tous
les cas, voir la physionomie pittoresque du défilé.

Un touriste ordinaire à moins d'emmener sa tente ne
pourrait pas se permettre l'excursion car les bungalows
sont retenus pour le maharadjah qui se rend, lui aussi, à
Rhenok pour saluer le *pape jaune*. Mais le maharadjah m'a
gracieusement offert de me laisser partager le bungalow
avec lui, alors, me voici logée. C'est un peu cohue : « la
Cour en voyage » et une Cour himalayenne ! Des chevaux,
des gens, des costumes de toutes couleurs, du bruit —
moins pourtant que je ne l'avais craint — un jeune ours
animal familier du vieux prince (tu entends bien, c'est
avec le vieux maharadjah que je me trouve). Enfin, c'est
très exotique.

Le jeune maharadjah héritier viendra aussi à Rhenok,
mais lui logera dans sa tente. D'abord, parce qu'il n'y a que
deux chambres à coucher au bungalow et, ensuite, parce
qu'il n'est pas en bons termes avec son père et ne désire
pas se trouver si près de lui.

Mon départ a été signalé par une pluie de cadeaux en nature. Les « officiels » de la *Political Agency* (Résidence) ont reçu, je ne sais d'où, des fruits merveilleux, de vraies pièces d'exposition. Des lichis frais et des mangues. On m'en a envoyé à profusion et le maharadjah et son fils en ont également reçu.

[...] Je connaissais un peu, très peu, M. Henri Brisson. Il était un des hauts dignitaires de la maçonnerie écossaise où règne un esprit plus relevé que celui du Grand-Orient. Généralement, aussi, les gens qui en font partie sont plus intellectuels et de plus haute condition sociale. Je parle de « l'Ecossais accepté » et français, car pour l'Ecossais international qui a le bonheur insigne de me compter parmi les siens ! on y reçoit, comme au Grand Orient, un monde pas trop mêlé. Tous pourvus d'un casier judiciaire vierge, c'est la règle, mais pourvus aussi, trop souvent, d'une rude couche d'imbécillité... ça n'empêche pas d'être conseiller municipal !

Et voilà que la mort de M. Brisson que tu m'annonces évoque, à Pakyong, le souvenir de certaines conférences dans les loges parisiennes et je ne sais pourquoi, une, tout spécialement à Belleville ou quelque part dans ces parages — je ne sais trop car j'y fus conduite en voiture, le soir — où l'on me fit asseoir honorifiquement, selon mon grade, à côté d'un membre du Suprême Conseil de l'Ordre du Grand Orient, conseiller municipal et où j'entendis débiter de telles inepties que je ne savais quelle contenance prendre, tant j'avais de peine à résister au fou rire qui m'envahissait. Malgré tout, il y a une foule de braves gens et de braves cœurs parmi les frères trois points. Je me rappelle avoir vu un député, trembler et pleurer d'émotion à son initiation de Maître, devant le simulacre du tombeau d'Hiram.

Il faut voir tout cela avec fraternelle sympathie, avec compassion pour ce besoin d'au-delà qui est au fond de tant de cœurs.

Eh ! mon bien cher, tu sembles, toi aussi, regretter « la chimère » des croyants, comme tu dis et la *fin* t'est une perspective pénible.

Qu'est-ce que la *fin*, Mouchy ? Est-ce qu'il y a une fin, est-ce qu'il y a un commencement ? Fin de quoi ? — On peut, crois-le, passer au-delà de cette vision étroite en pratiquant l' « analyse clairvoyante de son « moi ». C'est le « moi » dont on redoute la disparition, l'anéantissement, mais qu'est-ce que le « moi » ? — Un mirage, un torrent perpétuellement fuyant fait de millions de particules diverses venues de multiples places, de multiples organismes. Il y a immortalité, éternité, en l'universelle et infinie existence — Des mots, diras-tu, ce n'est pas ce genre de continuité que je cherche, c'est celle de M. Néel. Oh ! cher, crois-tu que cela existe, M. Néel ? A quel âge, et dans quelles dispositions d'esprit le souhaites-tu permanent ? M. Néel cela a été un nouveau-né, t'en souviens-tu ? — non. Et depuis ce temps, cela a été un nombre très grand d'avatars, de pensées, d'actions. M. Néel cela a été la manifestation, le résultat de causes multiples, de réincarnation de vies, de substances en nombre incalculable. Tu as été la suite de la pensée d'autrui, la suite de la vie des aliments que tu as absorbés et qui ont déterminé en ton corps des impulsions diverses. Folie de dire « moi », nous qui sommes légions, folie de parler de commencement ou de fin. Des mots !... Non pas seulement des mots, mais la réalisation vivante de cette vérité pour ceux qui réfléchissent, qui méditent. Cela, ce n'est pas le Paradis dispensé par la grâce d'un Dieu, c'est la connaissance acquise par soi-même de l'éternelle vie et c'est, comme le *Bouddha* l'a promis à ses disciples, entrer en cette vie même dans l'éternité et ne plus connaître la mort.

Un sermon ? — Une fois en passant, tu l'excuseras. Je ne suis pas très tracassière en mon prosélytisme.

A propos de sermon, j'en vais faire un, véritable, en grande pompe, à Gangtok, dans le Temple du Monastère, pour les jeunes lamas qui font là leurs études supérieures de langue tibétaine et de philosophie religieuse. Le maharadjah Kumar y assistera et tous les lettrés de Gangtok. Naturellement, j'aurai un interprète qui répétera en tibétain ce que je dirai. Ceci aura lieu le jour de la pleine lune le 29, dans six jours, après un office lamaïste. Je pense à la stupéfaction d'Elie*, s'il me voyait parmi les lumières et les encens, devant les *Bodhisatvas*, les *Gurus* et autres statues d'aspect étrange !... Je suis évidemment l'unique Européenne qui ait prêché en tels lieux. On dit beaucoup de mal des lamaïstes et leur ignorance le mérite ; mais ne font-il pas preuve d'une belle largeur d'esprit en m'appelant moi, de croyances si différentes des leurs et prêchant contre leurs superstitions, à parler dans leurs temples ? Tu ne vois pas l'archevêque priant Cabantous de prêcher à la cathédrale !

[...] Tandis que je t'écris, les hindous ont célébré l'office du soir au petit temple de Pakyong. Cymbales, clochettes, tintamarre, bruit plutôt que musique, l'orchestre est pauvre dans ce village. Il pleut, s'il avait fait beau je serais allée voir mouvoir les lumières devant les images des dieux. On m'a tout à l'heure cordialement accueillie là, ou plutôt, on y a accueilli ma robe et on a reçu avec déférence les observations que j'ai faites sur la promiscuité choquante des images des dieux avec des dames en chromo provenant de boîtes de raisins secs ou autre denrée. Ceci ne veut pas dire qu'on en tiendra compte. [...]

Rhenok, 24 juin 1912

Ce sont les « Mille et Une Nuits », mon bon Mouchy... Non, rien de splendide, simplicité, bric-à-brac assez pauvre, plutôt. Tu connais assez la vie orientale pour t'imaginer quelque chose comme le bey en voyage, mais avec une note bien plus archaïque et pittoresque.

Et d'abord, ma nuit a été peu reposante. Un bref accès de fièvre au début, puis réveil subit. On avait dû faire coucher l'ourson dans la pièce voisine et voici qu'au milieu de la nuit, il n'a pas été satisfait. Il a poussé des cris étranges, gratté à la porte donnant dans ma chambre. Après un moment j'ai entendu remuer, parler. On a sans doute déplacé et contenté le baby ours, parce qu'il n'a

---

* Une des belles-sœurs de Philippe Néel.

plus rien dit. Tu sais, il ressemble à un ours-jouet. Quand on veut le faire courir trop vite, à la laisse, il tombe et, une fois sur le dos, il ne peut plus se relever seul. Il est tout, tout jeune. [...]

Je me rendors lorsque entre 2 et 3 heures du matin un orchestre se met à jouer. Voilà une surprise inattendue ! C'est bien gentil, ce concert dans la nuit !... mais je suis fatiguée. Après une demi-heure ou trois quarts d'heure la musique cesse. Je m'assoupis un peu, mais le branle-bas commence avant 4 heures pour le départ. Je me lève. Il pleut à verse. Je regarde par la fenêtre, mais n'ai nulle envie de partir si tôt et par ce déluge. A 5 heures moins le quart, les gardes du corps, vêtus de courtes jaquettes rouges, coiffés d'un chapeau tyrolien en bambou tressé avec une haute aigrette, en plume de paon, s'alignent avec leur minces carabines, les porteurs du *dandie* tout de bleu habillés se rangent autour de leur instrument, le maharadjah s'y enfouit, capote relevée, le tout recouvert de brocart jaune, je ne le vois pas. Et le cortège s'ébranle, les musiciens qui marchent devant en jouant, les gardes du corps, les gens de la Cour à cheval, tout cela, au son de cette musique bizarre, monte le sentier sous la pluie et dans la brume grise matinale. C'est un spectacle d'un autre âge et, surtout, d'une autre civilisation.

Moi, je me mets en route à 7 heures. Il ne pleut plus, mais les routes sont affreusement boueuses et glissantes — tu te souviendras que ces routes sont des sentiers de montagne. Le début est une descente raide et ininterrompue de plus de dix kilomètres. J'ai le bras rompu de retenir mon cheval qui glisse tout le temps. Si tu me voyais dans les descentes raides et pierreuses, à travers les torrents, tu ne pourrais t'empêcher de me reconnaître quelque audace. Et cela mon ami, c'est une victoire « de l'esprit sur la matière, de la volonté sur la chair » comme on disait jadis. J'étais née audacieuse en pensée, en désir, seulement, et affreusement poltronne de corps. Non pas la poltronnerie qui consiste à avoir peur dans le noir. Ça c'est la poltronnerie de l'esprit. Mais la crainte de me « faire du mal », l'appréhension instinctive plus rapide que tout raisonnement, qui me faisait reculer — au premier abord — au gymnase sous l'effet de l'effroi de mes cellules redoutant d'être froissées, endommagées.

[...] Mais revenons au voyage : Sur la route, arcs de triomphe en verdure, banderoles rouge et blanc (les couleurs du Sikkim). Tout cela de dimension minime. Des gens de races diverses : Lepchas, Tibétains, Bouthias, Indiens. Je passe, en traversant les hameaux, parmi les fronts inclinés : on dirait M. Fallières. Où cela devient tout à fait Fallières, c'est quand, au bord d'une rivière, où l'on avait érigé des cabanes en bambous, adornées de coton à fleurage et une sorte d'allée avec des arceaux de feuillage, le propriétaire terrien, gros bonnet de l'endroit, me prie de descendre et de me reposer, tout comme le maharadjah. Evidemment, c'est lui qui avait averti de mon passage et dit que l'on me rendît ces honneurs. Il y avait à côté de la cabane de l'altesse une cabane préparée pour moi, avec un fauteuil couvert de cotonnade jaune semée de roses et une table portant toutes sortes de fruits coupés en morceaux à la mode hindoue, des gâteaux et du lait. C'est le diable de s'y reconnaître dans ces fruits exotiques pelés et mis en pièces. Je mange de la banane, du papaï, de la canne à sucre, des gâteaux. Cela va bien. Pourquoi un lutin malicieux m'inspira-t-il l'idée de goûter d'une superbe tranche de melon d'eau — pastèque (ou que du moins, je croyais telle). En réalité c'était une tranche de concombre. Oui, cela n'a l'air de rien, cette erreur. Mais si tu avais eu à avaler la large tranche de concombre gros comme une forte courge, tu aurais vu. La laisser, la jeter ?... Ah ! bien oui ! Devant moi était le propriétaire flanqué d'un acolyte, tous deux tenant les mains jointes, dans la position d'*Arjuna* devant le seigneur *Krishna* sur l'image classique qui orne la première page de la *Bhagavad Gîta*. Moi, dans ma logette, je figurais, non plus un simple président de la République, mais une sorte de déité avec ces deux bonshommes adorant, devant ma niche... et j'ai avalé le concombre, jusqu'au dernier morceau. Cela c'est un chapitre des « inconvénients de la grandeur » !...

Le grand lama passera ici probablement demain matin
à 6 heures. Il pleuvra peut-être. Il sera dans son *dandie*,
on ne lui verra pas le bout du nez. Le maharadjah va
l'escorter jusqu'à Ari où il va passer la journée et la
nuit. Son fils se joindra, je crois, au cortège. Il tient à lui
dire certaines choses et veut lui parler à Ari. Bien inutile,
la peine que prend mon jeune ami ! Enfin, il aura satisfait sa conscience et se sera persuadé, qu'il n'y a pas plus
d'espoir à placer dans la papauté asiatique que dans
celle de Rome. [...]

25 juin 191

Réveil. Non, allons par ordre. Hier soir deux
séides de l'altesse se présentent m'apportant un cadeau de leur seigneur. Devine ?... un jeune hibou dans
un panier. Ce n'est que dans les rêves que ces histoires-là
arrivent ! Mais je ne rêve pas et me voici pourvue d'un
hibou en bas âge dont j'ai fort pitié et qui aura sa liberté
au premier moment.

Réveil à 5 heures. Nuages, déluge ! Hier soir le jeune
prince est venu voir son père et ensuite causer avec moi.
Il a été convenu que j'irais, moi aussi, à Ari, le *Dalaï
Lama* ne sera pas aussi matinal qu'on l'avait craint. Je
laisse partir le maharadjah à 5 h 45 et monte à cheval à
7 h 30. Il ne pleut plus mais il faut se hâter et j'enlève
les cinq kilomètres en montée dure, par une route impossible, à une allure plutôt vive. Mon poney est excellent
aux montées. Le long de la route, des groupes de gens, de-
ci, de-là, des vases en cuivre avec des bouquets de fleurs
et de petits tas de bois allumés sur lesquels on brûle, en
guise d'encens, une plante verte, très commune dans le
pays, qui sent un peu comme le pyrèthre. Ça n'est pas
coûteux et ça fait beaucoup de fumée ; je passe entre
toutes ces fumées avec un certain dédain, car à Lachen
c'est de l'encens et du santal que j'ai respiré sur ma route.
Et puis voici le bungalow qui attend le *pontife*. On m'invite à entrer, je vais voir préparer sa chambre à coucher.
Il y a beaucoup de reporters qui auraient voulu être à ma

place, mais on ne les eût pas laissés entrer. Je vais errer ensuite, dans l'enclos, regarder les gens venus des environs, des femmes tibétaines bien jolies, et tout le déballage oriental. Au bout d'une heure le cortège est annoncé. Je crois que le *Dalaï Lama* voyage dans son *dandie*, mais ce matin il est à cheval et je ne le reconnais que quand il est presque sur moi. Il a l'air de d'Artagnan plutôt que d'un *pape*. Ses portraits donnent une bien fausse idée de sa physionomie dure, têtue, autoritaire, on le dit cruel et sa figure en donne l'impression. Le maharadjah lui présente la traditionnelle écharpe et il le bénit, puis s'en va descendre de cheval devant le bungalow. On le dit excellent cavalier et il en donne l'impression. Il paraît qu'il crève ses chevaux au train dont il les mène dans ce pays de montagnes et que les gens qui l'accompagnent ont peine à le suivre. Il doit y avoir bien de la nervosité sous cette hâte. Les nouvelles de Lhassa sont de nouveau mauvaises pour lui. Les Chinois y envoient des troupes fraîches. La ville est incendiée, les rues sont encombrées de cadavres.

J'erre de nouveau parmi les groupes. [...]

Voici le défilé des quêteurs de bénédictions qui s'organise. Des hommes avec de longs fouets tartares ou mongols les font ranger et lèvent leur engin sur les récalcitrants ou les trop lents à prendre leur place. Ici, on se contente de la menace, mais à Lhassa les dévots sont bel et bien cinglés. Laden la, qui a vu cela, m'a raconté des scènes pitoyables.

Le *Dalaï Lama* leur promène sur la tête — à chacun individuellement — les bouts d'une sorte de plumeau composé de lanières d'étoffes. C'est la bénédiction pour le vulgaire. Aux gens d'importance — dont je fus — il pose les mains sur la tête.

J'erre encore, parmi la foule. On ne voit pas ces spectacles tous les jours. Mais un lama me rattrape. Que dit-il ? Mon boy balbutie quelque chose. Quoi ? Ah bon ! Le *Dalaï Lama* va me recevoir en audience privée. Insigne honneur ! Il ne reçoit que les maharadjahs père et fils. Mais ce ne sera pas pour tout de suite. Les Orientaux ne sont jamais pressés. Les maharadjahs pensent, de leur côté que je dois m'être assez promenée et dois avoir besoin de me reposer et m'envoient chercher. Me voici dans leur tente. Révérence à l'Altesse, dont son fils me sait infiniment gré, je le vois à son regard. Ces gens sont si franchement bons et cordiaux et les Européens se chargent si souvent, si mesquinement, de leur faire sentir qu'ils ne sont plus rien, que je me sentirais portée à accentuer mes marques de déférence pour ce vieux prince jaune qui me gratifie si candidement d'un hibou et se gêne fortement pour me céder une des deux chambres qui constituent le bungalow de Rhenok, s'obligeant, ainsi, à manger, à coucher et à donner audience dans une unique petite pièce. Je trouve cela très gentil et partant d'un bon cœur.

Revenons dans la tente. Nous y sommes à la cour. Un fauteuil au fond pour le maharadjah, sur les côtés deux fauteuils dont l'un est occupé par son fils et l'autre m'est offert. Personne d'autre n'est admis à s'asseoir, sauf deux lamas qui viennent en visite et que l'on fait asseoir sur un lit simulant un canapé. Nous causons — puis vient un des lamas visiteurs, un vieux qui semble extrêmement comique. Il fait des démonstrations, secoue le jeune prince et me raconte un tas de choses qu'on me traduit. Il m'a vue à Kalimpong. Sur ce on apporte le thé tibétain : mes délices ! — Je vais rapporter un appareil pour en faire chez nous. Les deux princes ont des tasses avec des couvercles et des soucoupes en orfèvrerie, le maharadjah en or ouvragé avec des turquoises et une superbe perle, son fils, en argent et or avec un bouton de corail au couvercle. J'ai bu dans des tasses de ce genre — moins somptueuses — dans les monastères, pour l'instant on m'apporte une tasse européenne.

Enfin c'est le moment de se rendre chez le *Dalaï Lama*. J'y vais avec le prince, comme interprète. Nous causons du manuscrit qu'il m'a envoyé, de certaines choses qui ne me paraissent pas claires et il me fait cette proposition à laquelle je ne m'attendais pas : « Demandez-moi les explications que vous voudrez, Mr Bell (c'est l'agent politique anglais) se chargera de me les faire parvenir au

Tibet et je vous répondrai toujours. » Ça c'est gentil de sa part, et le fait de rester en relations avec un *Dalaï Lama* est une aubaine que nombre d'orientalistes m'envieront N'importe, cet homme n'a pas ma sympathie, j'entends ne la possède qu'à titre général de frère en l'humanité. Je n'aime pas les *papes*, je n'aime pas l'espèce de catholi cisme bouddhiste auquel celui-ci préside. Tout est apprêté en lui, il n'a ni cordialité ni bienveillance. Nos Ecritures rapportent que lorsque les gens allaient voir le *Bouddha* ils le saluaient en arrivant et immédiatement prenaient place auprès de lui, et une antique tradition raconte qu'aux derniers moments du *Bouddha*, un homme passant sur la route et apprenant qu'Il était là, s'avança pour lui parler. Mais les disciples, voyant leur maître mourant, voulurent lui épargner une fatigue et renvoyèrent l'étran- ger. Cependant le *Bouddha* avait entendu le bruit des voix et les paroles échangées. Il appela son cousin *Ananda* et lui commanda de laisser approcher le passant inconnu. « Il est venu avec le désir de s'instruire, *Ananda*, je dois répondre à ses questions. » Ce fut son dernier disciple car quelques heures après, il était mort !... Te paraîtrai-je définitivement perdue en mon mysticisme, mon ami, si j'ajoute que pour nous qui, véritablement, nous sommes mis à son école, il est toujours vivant et présent, car ce qui est un *Bouddha*, ce n'est pas son corps, mais son *Dharma* (son enseignement)

Eh bien ! le *Dalaï Lama* ne paraît pas être du caractère de *celui* qu'il appelle son maître. Par exemple, il est bien plus instruit et intelligent en philosophie qu'on ne le sup- pose en Occident, c'est une justice à lui rendre. [...]

L'entrevue finie — Ah ! tu sais, lui aussi m'a posé une écharpe sur l'épaule. Une large, blanche, en soie et qui sent horriblement mauvais, quoique paraissant très propre. Je ne sais où la fourrer, pour le moment elle pend dans la *bathroom*. J'espère que l'odeur va s'en aller car je vais la garder en souvenir — souvenir de voyage simplement, curiosité de vitrine. Elle ne contient rien de l'émotion sin- cère de la misérable petite loque de mousseline que j'ai reçue et promis de garder, sur la route de Tongu à Kampa-

Dzong, parmi les rhododendrons en fleur, un matin où, pour une minute du moins, trois esprits, bien différents, celui d'un ermite du lamaïsme rouge, d'un prince jaune qui est une « incarnation » et le mien ont communié dans un même désir, une même aspiration. Celle-là est, non pièce de vitrine, mais pièce de reliquaire, souvenir de ces heures vibrantes et rares qu'on peut compter dans une vie.

L'entrevue finie, je reprends, j'ai été retrouver le maharadjah, passant à travers la foule des natifs qui regardaient émerveillés, la *Mem sahib* (c'est le titre qu'on donne aux ladies dans l'Inde, cela signifie, seigneur femelle ou si tu préfères, femme de la caste des seigneurs) que le *Dalaï Lama* avait reçue en particulier. [...]

Voici le bilan de mon excursion. Il est plutôt satis faisant. Ne trouves-tu pas ?...

Tandis que j'écris, un émissaire entre, porteur d'un plat de gâteaux. Je mourrais si je devais manger tout ce que l'on m'envoie. [...]

Ah ! tu sais, l'ourson... c'était un présent pour le *Dalaï Lama*, je l'ai vu emporté avec un tas de caisses, de paniers, et de paquets de cadeaux. Du moment qu'il donne un jeune ours au *Dalaï Lam*, il peut bien m'offrir un jeune hibou ! Je viens, à ce propos, d'apprendre une chose désastreuse. Mon hibou ne sait pas encore voler. Me voici réduite à l'élever jusqu'à croissance suffisante. Pour une tuile, ce hibou en est une. Et ça ne mange que de la viande, ces bêtes-là, et comme il n'y en a jamais chez moi qui suis au régime strictement végétarien, cela va être commode. Enfin, les Dieux m'ont envoyé cet être, je ne sais dans quel dessein, les Dieux sont grands ! Et le hibou est, du reste, un charmant petit hibou, mignon au possible.

Je repars demain matin à 6 ou 7 heures suivant la pluie ou le beau temps dont nous serons gratifiés. Le maharadjah reste encore un jour à Rhenok. Je vais partager, je crois bien, le bungalow de Pakyong avec son fils. Cette fois il n'y aura plus d'ourson dans la salle à manger, nous n'en fermerons pas la porte et, très vraisemblablement, nous y dînerons ensemble, après cela... nous allumerons des bâtons de parfum, nous lirons une page de philosophie bouddhiste, nous parlerons d'un plan que nous préparons ensemble pour la réforme du lamaïsme rouge dont il est le chef... nous rêverons un peu le rêve des *Bouddhas*... Chaque fois qu'il nous arrive de nous trouver en route ensemble, nous avons, le soir, ce que tu appellerais, railleusement, notre petit « culte » et il nous est arrivé une fois à Lachen, de nous y oublier dans la lecture du *Dhammapada* et les réflexions qu'elle nous inspirait, jusqu'à 1 heure du matin... [...]

Gangtok, 30 juin 1912

Je t'ai quitté à Rhenok parmi mon exotisme maharadhjesque. Le jour suivant, j'ai repris la route de Pakyong où le prince héritier est arrivé un peu après moi, précédé d'une bande de musiciens népalais. [...]

A Pakyong, des hindous, propriétaires dans la localité, arrivent aussitôt présenter leurs hommages et des offrandes comme dans l'Antiquité : du riz, des légumes, des fruits, des *concombres*. Moi aussi, bien que n'étant pas altesse, je reçois quelque offrande. De superbes mangues. Je m'amuse à faire parler l'un des hindous, le prince me servant d'interprète. L'origine de la conversation est que ma visite au temple hindou deux jours auparavant avait fait sensation dans le village et que l'hindou la racontait au Kumar. Il se trouve que ce propriétaire hindou est pas mal instruit, qu'il sait le sanskrit. C'est bien curieux.

[...] Ce matin j'ai prêché au monastère, comme je te l'avais annoncé. Oh ! certes il y en a qui sont beaucoup plus érudits que moi en religions asiatiques, mais il n'y en a pas beaucoup qui aient pénétré si près dans leur intimité. Le prince s'installe sur son petit trône de chef de l'Eglise du pays et je siège en face de lui sur un autre petit trône de moindre hauteur. Chacun s'assoit alors, suivant l'ordre de préséance et cela est, tout comme

Chine, extrêmement compliqué. Mais, avant de s'asseoir, ce sont des prosternations sans fin devant le prince qui, pour ces gens, est non seulement l'héritier du trône, mais une demi-divinité, une « incarnation » comme le *Dalaï Lama*. quoique de moindre dignité. Cela me semble toujours étrange de voir des hommes, parfois âgés, intimidés jusqu'à ne plus pouvoir parler devant mon jeune ami. Au fait, t'ai-je jamais dit son âge ? — Tu penses peut-être qu'il a seize ans. Non pas : il en a trente-trois, mais il est si absolument jeune de caractère, si gamin, si petit, imberbe, que l'on ne peut s'empêcher de le traiter en tout jeune. Je me souviens qu'à Tongu il a donné la chasse à un jeune yack et, après une course folle, l'a attrapé et me l'a apporté, dans ses bras, par la fenêtre de la chambre où j'écrivais. Autour de lui, tout le monde est d'humeur gaie. Gros lamas bedonnants et jeunes lamas, toute sa petite cour est joviale et quelque peu enfantine. Ceci ne l'empêche pas d'être un gros travailleur et de se lever tous les matins à 5 heures. Il a sous sa direction spéciale l'agriculture, les forêts et l'instruction, et de tout cela il s'occupe activement. Je lui souhaite de tout cœur une femme intelligente et qui l'aime ; il adore les enfants et serait très certainement un excellent mari.

Mais nous voici loin du monastère. Quand on s'est suffisamment prosterné on commence la récitation de la formule rituelle du « triple refuge ». Je crois te l'avoir écrit de Lachen. Cette récitation est beaucoup plus longue en tibétain qu'en pâli et on l'accompagne de *mûdras*, ou positions symboliques des doigts. Je me demande ce qu'ils ont à faire en cette occasion, mais les idées qui germent dans le cerveau humain sont si singulières qu'il ne faut jamais s'étonner de rien. Je puise, après le prince, quelques grains de riz dans le plat qu'on me présente et les jette au moment voulu, par pincées. Cela signifie que l'on souhaite nourrir tous les êtres de tous les mondes. Et puis voilà, c'est fini. Ça n'est ni bien méchant ni bien compliqué. Tout de même, ta sœur Eva fulminerait joliment si elle apprenait que ta femme pratique ce qu'elle appellerait « des rites idolâtres et païens ».

Je commence mon discours. [...]

J'ai tracé un bref historique des études orientalistes en Europe. Comment le bouddhisme y a été connu, quels livres ont été traduits etc. J'ai parlé de la date des livres du *Mahayanah*, de l'époque où ont vécu les grands docteurs vénérés dans la secte lamaïste, de l'introduction du bouddhisme au Tibet, de la Réforme de *Tsong-Kappa*, de la date à laquelle a pris naissance la croyance que *Chénrési* s'incarnait dans le *Dalaï Lama*. Toutes choses qui touchent de près les croyances de mes auditeurs J'ai ensuite parlé du bouddhisme dans les livres de l'Europe, des revues, des livres publiés, des sociétés existantes, etc.

Puis j'ai expliqué que la nécessité présente était de s'élever au-dessus des distinctions d'école et de sectes pour se rattacher à la doctrine philosophique primitive. J'ai alors brièvement rappelé le discours fondamental du *Bouddha* à Isipatana, expliqué et cité des passages de textes, rappelé l'activité missionnaire des premières générations de disciples, expliqué ce que doit être un vrai membre du *Sangha*, etc. Te voilà renseigné.

Tout cela fut fort long à cause de la traduction qui suivait phrase par phrase. C'est très extraordinaire quand je dis trois mots, le traducteur parle pendant dix minutes et ce fait ne s'est pas seulement produit ce matin, mais avec mes domestiques c'est la même chose. Cependant quand je commande : soupe au céleri ou aux pommes de terre, ce n'est pas du langage philosophique. N'importe, la traduction est toujours d'une longueur démesurée.

Entre-temps on avait apporté des tasses devant le prince et devant moi, et l'on nous servait du thé tibétain. Et voici la manière d'opérer : De cinq minutes en cinq minutes, le serviteur se pose devant vous avec son énorme théière tenue très haut, presque à hauteur de l'épaule, on boit la moitié de sa tasse, il la remplit ; on reboit, il revient, il remplit... et cela dure des heures sans discontinuer, on avale ainsi plusieurs litres et l'on en boirait encore, encore... Mon discours allait toujours durant ce temps. C'est la coutume au Tibet, où les offices, la lecture des Ecritures durent longtemps, de servir du thé aux lamas dans le temple. Pas mal d'écrivains ont décrit ces interminables dégustations de thé dans les temples tibétains mais il le faisaient d'après des « on dit » ou pour les avoir contemplées de la porte. Combien d'Européens se sont trouvés assis à côté des lamas et dégustant avec eux ? — Très peu, s'il y en a, et certainement pas une Européenne. Et quant à avoir été assis sur un petit trône en face d'un grand chef religieux et « incarnation » à côté de l'autel et à avoir prononcé un discours de cette place avec une belle tasse d'argent et de porcelaine devant soi, cela certainement, absolument certainement, nul Occidental ne l'a fait. [...]

J'ai reçu un nouveau lot de photos... Tu verras mon camp, tu verras mes coolies se chauffant à un feu de bouse de yack... et tu me verras moi-même sur mon yack avec une Tibétaine qui le tient pendant qu'on le photographie. cette photo-là est bien réussie. [...]

Par exemple tout ce que j'ai fait de photos dans mon voyage à Ari est déplorable. Le *Dalaï Lama* paraît un « esprit », c'est comme dans les photographies spirites, on voit des ombres vagues. Je ne sais pas ce qui s'est passé. Il pleuvait c'est vrai, mais pourquoi est-ce que tout est, non pas obscur, mais confus, comme si j'avais pris un tourbillon. Oh ! oh ! je dois écrire cela à Mrs Rhys Davids. Elle m'a conté dans sa dernière lettre qu'un habile photographe, ayant suivi l'expédition anglaise à Lhassa, avait photographié des intérieurs de temples contre la volonté des lamas. Quand il avait développé, sur ses plaques il n'y avait *rien*. Est-ce que j'aurais été victime d'un phénomène du même ordre ? Pourquoi ? Le *Dalaï Lama* et moi, nous sommes en bons termes. Tout de même, c'est de l'occultisme, je pense, à faire pâmer des théosophes. Ce serait très drôle si ce n'était très ennuyeux. J'aurais eu là un curieux souvenir. [...]

Sidkéong Tulkou me dit : « Vous irez voir le roi de Siam, n'est-ce pas ? — Mais oui, c'était dans mon programme et là aussi, je trouverais un aimable ami. » J'ai connu le présent souverain du Siam quand il avait une dizaine d'années. N'est-ce pas, Mouchy, que je suis heureuse d'être en cordiales relations avec des altesses et des majestés d'Asie ? cela change tellement les conditions d'un voyage ! Dommage que la comtesse Otani soit morte. C'était une femme remarquable et la sœur de l'impératrice du Japon. Que de choses j'aurais vues et faites avec elle... Mais tout ceci m'amène à parler de la suite de mon voyage. [...]

Gangtok, 7 juillet 1912

[...] Tout d'abord une chose, mon Mouchy. Ta dernière lettre narrant une mélancolique promenade dominicale au bord de la mer m'a profondément affectée. Vois-tu, mon très cher, si vraiment tu supportes si difficilement mon absence je m'en vais revenir. Il n'est pas possible que tu sois misérable à Tunis et ce que je t'ai dit dans ma dernière lettre n'était qu'au cas où tu pouvais accepter la situation sans en être ennuyé.

Je ne suis pas une sotte et je comprends facilement que tes occupations, si absorbantes qu'elles soient, ne sont pas d'une nature si prenante que les miennes et ne suffisent pas à meubler une vie. Et puis, pour ceux qui croient à l'effet de causes très anciennes venant éclore en notre vie, pour ceux-là, de nombreuses vies vivent en leur vie, parlent en eux, incitent, commandent, emportent. Le *Lalita Vistara*, cette œuvre d'un génial poète, place autour du *Bouddha* d'invisibles déités qui murmurent à son oreille : Rappelle-toi tes désirs, tes aspirations, tes prières, tes vœux pendant une suite archiséculaire d'existences et combien tu as de fois voulu, d'une ardente volonté, être celui qui découvre la lampe qui illumine et qui la porte dans les ténèbres où vivent les êtres ; combien de fois tu as essayé l'effort, combien de fois tu as rêvé d'être un guide et d'emmener les êtres vers l'autre rive exempte de fièvre, de trouble, où la mort n'est plus...

Et le poète chante là une vérité profonde. De combien de pensées, de désirs, de volonté sommes-nous l'actuel habitat. Combien ont passé en nous avec les cellules sans cesse changeantes de notre organisme ? Et si, cela, le rêve démesuré qui a fasciné les *Bouddhas* et tant d'autres, a passé devant moi, avec sa gloire impérieuse, irrésistible, qu'y ferai-je ? Il y a des pensées qui balaient tout, qui vous balaient vous-même d'au-dedans de vous-même. La pensée de l'Inde, que ce soit celle des *Upanishads* ou celle du *bouddhisme*, est de celles-là...

Ne me vois pas, pourtant, transformée en momie, mon grand ami, en extatique *yogui* scellé à sa place sur les bords du Gange. *Le Bouddha* fut un caractère énergique, un homme actif dans toute la force du terme et il ne prêche pas l'engourdissement à ses disciples.

Je songe aux livres à écrire au retour, je prépare des notes pour un *Au pays des Lamas* à publier avec illustrations. Je récolte des photographies et des documents. Je rédige aussi les nouvelles questions à envoyer au *Dalaï Lama* et celles qui vont être adressées à ce *Tashi Lama* de Gygatze dont t'a entretenu le livre de Swen Hedin.

[...] Maintenant j'en reviens à ce que je t'ai dit, mon grand Mouton cher, s'il t'en coûte trop de me laisser poursuivre le cours de ces studieuses aventures je reviendrai.

Gangtok, 21 juillet 1912

[...]

Je fais de longues séances avec le directeur de l'école qui me lit et traduit des bouquins tibétains et je note au passage ce qui peut me servir. Puis j'inscris tout cela, ensuite, pour le retrouver chez nous quand il s'agira de s'en servir. Ma tête est quelque peu lasse. J'ai traduit d'assez longs fragments des Ecritures de l'école du sud pour l'usage de quelques lettrés du Sikkim. J'aurais bien envie de me retirer quelque temps dans une caverne sans rien faire, comme mon ami « le grand Yogui » de la frontière tibétaine... Mais le « saint homme » vit de bouillie de farine d'orge qu'il cuit lui-même et mange dans la même écuelle où elle a cuit. C'est peu compliqué. Il ne lui faut pas de domestiques. Il ne craint pas les moustiques

ni les sangsues et, en brave Tibétain... sait se passer de
tub. Je n'en suis pas là, ou je n'en suis plus là. Dans quel
sens faut-il envisager l'évolution et le progrès ? Ce sage
des hautes cimes himalayennes qui m'a exprimé de profondes pensées philosophiques s'est très candidement
amusé à regarder dans le viseur de mon appareil photographique... Nous appartenons à un autre monde, c'est
certain. Sauf pourtant, quand nous raisonnons philosophie, car sous des termes différents, même pas très différents, nous concevons la même pensée et rêvons les mêmes
rêves. Mais, n'importe, redescendus à la vie matérielle
nous sommes extraordinairement distants et son ermitage
serait trop rude et trop rudimentaire pour le *yogui* civilisé que je suis. [...]

Le grand sujet de conversation, ici, c'est toujours les
événements du Tibet. Il paraît que le gouvernement lamaïque a fait couper le nez aux Tibétaines qui durant ces
deux dernières années, avaient épousé des Chinois. Ceux-
ci sont devenus enragés après cette exécution. Ordre,
aussi, de couper la langue à quiconque donnera des nouvelles de ce qui se passe dans le pays. Charmant, pas
vrai ! [...]

Gangtok, 27 juillet 1912

[...] J'ai une bonne chambre donnant sur un beau
jardinet, en somme pour le peu de temps que j'ai
à rester ici je suis aussi bien que possible. Ce n'est pas que
j'aie manqué d'offres. Le maharadjah et son fils m'ont
tous deux offert l'hospitalité. Si j'avais été libre j'aurais
préféré accepter l'invitation de l'un ou l'autre d'entre eux.
J'aurais été à même de faire des observations sur les
coutumes, les cérémonies, mille choses intéressantes et
aussi de causer avec les gens de la cour ; on apprend
beaucoup de cette façon, sur les mœurs et la vie d'un
pays. Mais ouiche ! un Européen, et encore davantage
une Européenne sont, dans l'Inde, la propriété des autres
« Blancs ». On est très gentil pour vous à condition que
vous vous comportiez suivant le cadre prescrit pour les
gens de la « race supérieure ». Je ne l'enfreins déjà que

trop. Mes relations avec les *natives*, bien que ceux-ci soient
de race princière, paraissent empreintes d'une idée trop
égalitaire. Il faudrait que je laissasse sentir au bon vieux
maharadjah qu'il n'est qu'un Jaune, un Tibétain, et que
moi, j'ai « du sang bleu » dans les veines. Mais voilà, ce
brave homme naïf et tout simple qui m'offre, comme aux
temps antiques, les légumes et les fruits de son jardin,
m'est sympathique et je considérerais comme partant d'un
mauvais cœur et d'une sotte cervelle de ne pas lui donner
la joie de se voir traiter en prince. Le petit maharadjah
est, lui un charmant camarade, un coréligionnaire pour
moi et un garçon infiniment plus intelligent que n'importe
quel Blanc d'ici. J'en excepte le Résident qui est un
homme instruit. A part les résidents, gens de bonne compagnie, les Anglais de la localité sont de braves gens mais
d'éducation médiocre et, moi, j'ai conservé ancrés et indé-
racinables les principes de mon aristocratique couvent
belge : l'amour, le besoin devrais-je dire, de la tenue
en paroles et en gestes. La vie de *sannyâsin* que j'ai menée
depuis des mois et spécialement, ici, dans les Himalayas, a
encore contribué à me rendre plus étrangère aux conversations banales dont la bêtise confine vite à la grossièreté
de sentiments... Les *dévas* parlent un si joli langage à
l'oreille des solitaires, à travers le bruissement des feuilles, la chanson de la pluie dans les forêts, le bavardage
des cascades et la grande voix du vent. [...]

Tout ceci pour dire que je ne suis chez ces Anglais qu'à
mon corps défendant. Non point comme toi parce que je
n'aime pas leur race — au contraire. Mais parce que la
petite bourgeoisie m'est en épouvante. Dans le peuple
et dans les hautes classes sociales on rencontre des
caractères, des vertus et des vices, la petite bourgeoisie
n'offre qu'une médiocrité haïssable. Ici, la femme parle
de ses confitures, intarissablement, le mari joue du violon... Et je songe à la musique tibétaine du palais.
L'étrange musique ne ressemblant à rien de connu, où passent les rêves d'une nation bizarre perdue en ses montagnes arides, musique parfois terrible... si grave, si lente
et qui vous fait frissonner dans la nuit.

Eh bien ! mes fameux « Blancs » ont poussé les hauts cris à l'idée que j'accepterais une invitation venant des maharadjahs. Des *natives* ne sont pas dignes de loger une *lady*. Et puis, encore, ces pauvres Jaunes sont « immoraux ». Oui vraiment, parce que leur coutume matrimoniale n'est pas la même que la nôtre. Au Tibet on s'épouse par famille. La femme du frère aîné est, de droit, celle des frères cadets. Quant au jeune prince, on lui reproche de n'être pas marié et, de là à lui supposer charitablement une conduite abominable, il n'y a qu'un pas. Et bref, j'ai compris qu'il m'était impossible d'accepter l'hospitalité du palais. Ceci va contribuer à abréger mon séjour. Malheureusement ou heureusement. Heureusement parce que la rencontre est fort intéressante, malheureusement, parce qu'elle vient si tard. J'ai découvert qu'il existe au Tibet une sorte de réformateur religieux qui a publié des livres qui sont une attaque savante et systématique du lamaïsme. Une sorte d'abbé Loisy tibétain. Pour moi qui étudie les mouvements modernes c'est une rare trouvaille. Mais débrouiller quelque chose à travers les livres tibétains avec l'interprète fainéant que j'ai est laborieux, et je ne sais si je pourrai entreprendre quelque chose. [...]

Je crois que je vais quitter Gangtok à la fin de la semaine. [...] Je ne suis pas venue ici pour vivre parmi les bourgeois anglais. [...] Tous les Européens sont inféodés aux missionnaires. Ceux-ci servent évidemment, pour le moment, la politique des Blancs. Je dis : pour le moment, car l'arme est à deux tranchants. On commence à le voir dans les grandes villes de l'Inde, où certains pasteurs indiens sont parmi les plus féroces anti-Européens.

Je ne voudrais pas être à la place du pauvre petit futur maharadjah. Son père est un brave homme à l'âme simple qui, peut-être, ne voit pas très clair dans ce qui se passe autour de lui. Lui, a été élevé d'autre façon, il a été à l'école des Occidentaux... Il comprend, je crois, bien des choses qu'il fait semblant de ne pas voir, avec cette puissance énorme de dissimulation qu'ont tous les Jaunes. Plus on pénètre dans la vie de l'Asie plus l'on est saisi du tragique qui s'en dégage. Affreusement tragique est l'Inde.

Cela ne peut se décrire, il n'y a pas de mot pour dépeindre
ces choses, mais à travers les rues indigènes de Calcutta
comme dans les villages des campagnes, quelque chose
vous parle, vous raconte, des voix sortent de chaque
maison, parlent dans les regards des passants, elles disent
l'histoire lamentable du pays, l'espèce de fatalité qui pèse
sur ses habitants. On est plongé dans une atmosphère de
drame qui étreint, suffoque... Qu'est-ce que les touristes
savent de cela ? Un jour, c'est certain, le sort tournera,
le christianisme aura fait beaucoup pour cela. Entendu à
la façon des Eglises, qui n'est pas celle de l'Evangile —
car l'Evangile, lui aussi est un rêve d'Orient — c'est une
religion courte en ses vues, d'un positivisme extrêmement matériel. Il souffle sur les extases des hindous,
balaie leur rêveries parfumées d'infini, leur dit que l'heure
est brève, qu'il faut agir, se mouvoir... ce qui en langage
d'Occident signifie se battre. Et ils se battront, un jour,
tous ces Jaunes et tous ces Aryens dont la peau n'est pas
blanche et ces Dravidiens au visage obscur, et ce jour-là
les Blancs paieront... Cela mettra fin aux querelles entre
les « puissances ».

En attendant, les Chinois s'entremangent et l'on peut
être certain que lesdites « puissances » ont la main dans
tout ce grabuge. L'Angleterre est en train de prendre tout
doucement le Tibet. Elle a posé le télégraphe jusqu'à
Gyan-tze, y entretient quelques soldats, a des télégraphis-
tes militaires, des soi-disant agents commerciaux qui sont
des agents politiques, dans toute la région. La défaite des
Chinois au Tibet sert ses plans. [...] L'imbécillité est la
grande déesse en ce monde. Il y a bien des siècles que le
Bouddha et d'autres l'ont dit. Il est impossible de regarder la comédie humaine sans être saisi — suivant son
tempérament — de colère, de mépris, de dégoût ou d'infinie pitié. C'est toute cette colère, ce mépris et ce dégoût
que les *sannyasins* ensevelissent sous la robe couleur
d'aurore qui marque, suivant la racine du mot sanskrit,
le rejet de tout ce qui constitue la vie du monde :
les observances, les préjugés, les lois, les religions. Oh !
de profonds anarchistes logèrent sous la sainte robe, des

vrais, de ceux qui pensent, non de ceux qui, dans leur candeur, imaginent qu'une bombe ou un coup de poignard peuvent changer la lente évolution des choses. Je songe à *Bhartrihari* le frère d'idées de *Yang-tchou*, aux *Rishis* auteurs des *Upanishads*. Quels formidables destructeurs ! Ils disaient moins de paroles que Nietzsche ou Schopenhauer mais avaient autrement de profondeur d'idée et combien les philosophes à la mode, les Bergson et compagnie, paraissent de pâles fantoches à côté d'eux. Ils avaient réellement vu, ceux-là, *Shiva* face à face et je crois bien que le Grand Dieu *Mahâdéva*, comme l'appellent ses fidèles, m'a plu intensément, aussi, favorisée de sa vision pendant mon séjour dans cette région qui lui est consacrée. Des champignons qu'une nuit d'humide chaleur fait pousser à la saison des pluies, voilà ce que sont toutes choses, hommes, ou systèmes solaires, idées ou sentiments... Des champignons... un peu de poussière organisée qui s'effrite en quelques heures et recommence à recomposer de nouveaux champignons.

Voilà bien de la philosophie sur de la presque politique. Cela sent déjà Calcutta et le Gange vers lesquels je vais redescendre, non sans un petit serrement de cœur peut-être en pensant à la trop brève promenade aux steppes de Khampa-Dzong... Il y a toujours quelque chose plus loin... La terre est ronde — et c'est vers ce « plus loin » que l'on tend les bras. Y a-t-il quelque chose de plus fascinant que deux rails de chemin de fer qui s'allongent vers l'horizon, qu'une route qui s'en va, s'en va... Ah ! le chemineau que je suis ! et je crois bien que les fées qui présidèrent à ma naissance m'ont, elles aussi, dit la fatidique parole si bien chantée par Richepin : « Va chemineau, chemine ! » [...]

Gangtok, 5 août 1912

[...] Tu es sage toi, Mouchy, de comprendre que les êtres ont leurs voies diverses et que l'on ne récolte que souffrance à vouloir les employer pour des besognes que leur destinée ne leur assigne pas. On ne comprend pas beaucoup cela en Occident. Nous sommes les gens de la morale et des devoirs uniformes. L'Inde ne croit à la morale religieuse ou sociale, aussi bien qu'aux réformes et aux pratiques religieuses, que quand il s'agit de la masse. Il y a des êtres, pense-t-elle, qui sont au-dessus, ou à côté, de la morale, des devoirs, comme au-dessus des formes religieuses et des lois sociales. Il est vrai qu'elle est terriblement exigeante envers ses affranchis et qu'ils doivent payer de nombreux sacrifices le droit d'être au-dessus... en dehors.

[...] Est-ce que Fallières a gracié les Arabes ou est-ce qu'on les a tués ? Je songe au mot que tu m'as rapporté lors des troubles : Gordon, à l'hôpital, disant devant un gamin blessé : « Gavroche, mort pour ses idées ! », et Brunswick répondant : « Non, pour celles des autres. » Cela paraît très malin, très fort cette réplique, au fond c'est stupide. *Nos* idées est-ce qu'elles sont jamais nôtres autrement que par adoption ! Comme notre chair que nous tenons de nos parents qui nous ont engendré et des aliments que nous avons assimilés, ainsi notre mentalité est-elle faite d'emprunts. Certaines idées correspondent à quelques fibres de notre être, elles les font vibrer, ce sont *nos* idées, celles que nous pensons conjointement avec beaucoup d'autres ; certaines autres ne nous disent rien. Battez le tambour devant un sourd qu'en résultera-t-il ? Prononcez certains mots devant certaines gens, ils les comprendront et se feront tuer pour eux. Tout ce mécanisme est plus compliqué que ne l'imaginent les simples disséqueurs de cadavres. Il y a quelque chose de plus dans les êtres que ce qu'ils découvrent dans la matière en décomposition, il y a la vie, l'esprit, pour employer un vieux terme... l'esprit dont comme le vent « l'on ne sait ni d'où il vient, ni où il va. » [...]

Gangtok, 11 août 1912

[...] Je vais probablement donner une conférence à Calcutta pendant les quelques jours où je vais y séjourner. Conférence sur un sujet orientaliste, naturellement.

Je me propose de traiter des points de contact existant entre le *védantisme* et le *bouddhisme*. Ceci, je le sais, est bien présomptueux de ma part, d'autant plus que je compte donner ma conférence à l'Université devant des professeurs du collège de Sanskrit, des étudiants, etc. et qu'elle sera organisée par une société *védantiste* composée de brahmanes très calés en philosophie hindoue. J'ai d'ailleurs été élue membre d'honneur de cette société.

Ici, du reste, le réveil du bouddhisme autour de l'Inde et dans l'Inde rend la question d'actualité. C'est un problème vivant et j'aime à en poursuivre la solution à travers les Écritures brahmaniques et bouddhistes, comme à travers les cerveaux érudits et des penseurs de ces deux confessions.

[...] Donne-moi, je te prie, tous les détails de ton séjour en France tu sais combien ils m'intéressent. Ne crois pas mon bien cher, que bien que je sois loin et que, je ne le cache pas, je trouve un intérêt et une joie extrême à mon studieux séjour en Asie, ne crois pas que tu m'es indifférent ou que je n'aie aucune affection pour toi. Ceci peut sembler un paradoxe aux esprits superficiels, mais à ceux-là seulement.

Nous avions tous deux en nous, et moi sans doute encore plus que toi, de fortes dispositions pour la vie de célibataire. Avec moi tu ne te trouves peut-être *pas assez* marié, avec une autre tu te serais peut-être senti *trop* marié. Cela, crois-le, mon bon grand ami, eût été cent fois pire avec ton caractère, et c'est alors toi qui serais « sorti de la maison ». [...]

Gangtok, 19 août 1912

[...] En fait d'introduction, j'ai aussi écrit, tout d'un trait de plume, l'autre jour, celle de mon livre projeté *l'Inde mystique*. Et je suis également satisfaite de ce début. Le début d'un livre ou d'un article est toujours ce qu'il y a de plus difficile à trouver. J'ai pris comme point de départ le symbole du sanctuaire du temple de Chidambaram :

Le rideau derrière lequel il n'y a rien. Mais ce *rien*, combien il est plein de pensées !

[...] L'autre jour chez le prince j'ai eu une bien intéressante conversation avec son professeur de chinois. Quand je vais chez lui prendre le thé, il fait presque toujours venir des gens qui peuvent m'intéresser et ce sont là d'agréables heures.

Le chinois est un Tao-sse, c'est-à-dire qu'il suit l'une des deux doctrines de la philosophie de Lao-tse. Il est loin d'être un grand lettré et appartient à la plus dégénérée des deux sectes, mais il est intelligent, d'un esprit vif et son âme de Jaune matérialiste est curieuse.

Je lui demande quels sont les préceptes religieux les plus essentiels... Il me répond par des considérations morales et sociales et je note au passage l'obligation faite aux ministres d'être intègres et sans peur, d'avertir intrépidement le souverain qui s'égare ou volontairement néglige le bien du peuple et, s'ils ne sont pas écoutés, de se suicider devant le mauvais monarque. Il dit cela avec respect et sans ostentation comme une loi absolument naturelle dont la sagesse ne saurait être contestée. Et je songe que la chose s'est faite des centaines de fois en son pays.

Le Chinois est vêtu de soie bleu sombre, il a de jolis yeux, des yeux au fond desquels brille une petite flamme mouvante, au centre desquels quelqu'un semble regarder. Beaucoup a été écrit, dans l'Inde, sur cet habitant mystérieux qui réside dans la prunelle. A côté de moi le prince est dans une robe de brocart grenat, un vêtement de dessous en soie jaune réséda apparaissant à la poitrine et aux bas des longues manches. Une note bleue dans la doublure de l'habit grenat complète l'harmonie bizarre des couleurs. Nous buvons d'innombrables tasses de thé tibétain et le Chinois raconte « l'origine du Monde ».

« Il ne faut pas croire qu'un Dieu a fait le monde comme disent les Européens. » Que de mépris dans ce terme « les Européens ! » — Les Européens qui ont des canons mais « pensent comme des sauvages » comme dit Mme Ouan-Ki-Tzeng de l'ambassade chinoise à Paris.

« Le Monde s'est fait par lui-même, se défait et se refait

par lui-même. Il y a eu un mouvement giratoire dans de la matière fluide et celle-ci, par la rotation, s'est solidifiée. » Je songe à quelque mayonnaise géante ! « Puis il s'est produit un éclatement au centre du noyau de matière compressée et les fragments projetés ont formé différents corps célestes. »

Le prince qui n'est pas un puits de science ou, mieux dit, en qui trop de sciences diverses se combinent : celle d'Oxford et celles des lamas sorciers, m'interroge du regard pour savoir si j'approuve l'idée de la mayonnaise de soleils. [...]

Tu parais, mon bien cher Alouch, souhaiter mon retour avec quelque insistance.

Il n'est point question que je disparaisse, comme quelques Européens l'ont fait, dans le sol mouvant de la vie religieuse orientale. Je connais le terrain depuis longtemps et sais y marcher en parfait équilibre. Il n'est point question de « griserie » ainsi que tu l'écris, et la robe orange est simplement un voile que, très lucidement, on tend entre soi et les hideurs de l'existence... les hideurs que l'on porte en son être. L'Inde ne connaît pas le cloître où l'on se mure, où l'on s'isole de la vie des êtres. Ses saints, ses penseurs, n'ont inventé que le rempart, tout moral, d'une étoffe de couleur spéciale, lumineuse et fraîche sous la grande clarté du ciel, qui parle de lever de soleil et de jardins fleuris. Cela suffit. Et cela est puéril peut-être, mais sommes-nous autre chose que d'éternels enfants ?... Mes projets, tu les connais : faire de l'orientalisme d'une façon plus savante que par le passé. Ecrire, donner un cours à la Sorbonne. Ces occupations sont en parfaite harmonie avec la situation que j'occupe parmi les promoteurs du mouvement de réforme religieuse en Asie.

Je n'ai jamais eu l'idée que ces projets puissent m'empêcher de rentrer chez nous si, toi, tu n'y vois point d'obstacle. Maintenant, quant à rentrer immédiatement, je ne te cacherai pas que cela ne me semble pas souhaitable. Eh ! oui, j'ai moi aussi mes heures de faiblesse. Il m'arrive d'être très fatiguée de m'attarder à rêver avec complaisance que nous sommes tous deux à siroter notre café sur les divans du salon. Je vis une vie peu confortable et qui ferait reculer bien des gens. Il n'y a plus de légumes à Gangtok. Je n'ai plus que des pommes de terre et du riz... La cuisine de Sophie est loin ! et parfois, comme les anachorètes du désert, la vision de succulents dîners passe dans ma cervelle. Vie très dure, de travail je t'assure... Ce voyage est peut-être le dernier. L'interrompre ?... serais-je sûre de le reprendre jamais ?... Le continuer, c'est un surcroît de sacrifices moraux et matériels pour toi.

Veux-tu, peux-tu les faire pour l'amour de la petite vieille savante à lunettes dont tu as eu un jour, en rêve, l'apparition prophétique ? C'est à toi de répondre.

C'est là, je le sais, demander beaucoup de générosité. Mon ami Sen, le directeur du journal, chez qui tu m'écris, a pour toi une admiration excessive et il entasse les épithètes élogieuses sanskrites pour glorifier un mari qui au lieu de tirer égoïstement sa femme vers ce que les hindous appellent « la vie inférieure » l'aide à marcher dans le sentier du savoir. Tu rirais un peu en entendant tout ce qu'écrit cet excellent homme et comme il te voit entouré d'une auréole.

[...] Pour ma part je me suis remise à écrire presque couramment ces caractères *dévânagari* qui semblent si terriblement embrouillés et mon écriture est devenue meilleure qu'elle n'était autrefois. Seulement, derrière cela, il y a la grammaire et on la croirait inventée pour rendre les gens fous. C'est un peu de cela que je voudrais démêler, ici, pour pouvoir travailler seule ensuite chez nous, car sans maître je t'assure que la besogne est presque impossible. [...]

Gangtok, 1ᵉʳ septembre 1912

Je vais te raconter mon excursion annoncée dans ma dernière lettre : un rêve à ajouter à ceux que je fais dans cette Asie que je comprends et qui me comprend. Nous sommes partis par un matin ensoleillé, le prince, le directeur de l'école, moi, une sorte de chambellan et d'autres satellites, une douzaine de personnes. Les porteurs de nombreux bagages ayant pris les devants avec les domestiques. [...]

On s'en va (*on*, c'est nous trois les personnages !) causant de différentes choses : questions religieuses et philosophiques, sociologie et problèmes économiques mêlés de considérations scientifiques. Mes deux compagnons sont, par leur pensée, loin de notre civilisation mais combien plus élevés en mentalité que les Anglais habitant leur pays. [...] Ils ne sont, ni l'un ni l'autre, gentlemen ou « homme du monde ». Non certes, pas même le petit prince. Ce sont des Tibétains avec un tout petit vernis d'occidentalisme qui s'effrite vite parmi la jungle. Ils sont loin d'avoir le cerveau d'un génie, mais ils pensent naturellement à des choses naturelles et ne sont pas des estropiés moraux. [...]

La route est longue : six heures de marche sans arrêt. L'arrivée au monastère est délicieuse. Un demi-mile avant d'atteindre leur demeure, nous trouvons les lamas venus au-devant de nous : une longue file de robes grenat-pourpre s'alignant sur une crête de montagne avec, derrière elle, le fond suprêmement majestueux d'un incomparable paysage de montagne. Prosternations, encens, et nous continuons la route, précédés par la procession rougeoyante. Et voici le monastère perché sur une arête de montagne coupée à pic ; un très vaste bâtiment de belle allure, presque imposant dans le cadre merveilleux qui l'entoure. Le prince s'en va descendre de cheval sur une sorte de piédestal carré recouvert d'un tapis du haut duquel il accueille d'autres prosternations. Moi, qui ne me reconnais aucun droit au piédestal, je saute de mon cheval et regarde de tous mes yeux, très prise par l'étrange décor si loin de ceux de l'Occident. Et je m'attarde à regarder jusqu'à ce que, du seuil de la porte, le prince me crie en riant : « Eh ! là. Est-ce que vous ne venez pas ! » Je viens et nous montons un escalier très large mais d'une telle raideur qu'une échelle lui est seule comparable. A l'étage, nous sommes d'abord conduits dans le temple supérieur. Tous les monastères du Sikkim comprenant deux sanctuaires superposés.

Je regarde toutes choses puis nous sortons, et le prince me montre une très grande chambre en face de la porte du Temple me demandant si elle me convient. Elle me convient à merveille car la vue est superbe du haut du large balcon. Seulement, le papier remplaçant les vitres aux fenêtres, qui sont de la dimension de quatre fenêtres ordinaires, est en pièces et la belle chambre, qui est située à un angle du bâtiment, est ventilée avec excès. On pendra des draperies... il est bon d'avoir de robustes poumons quand on voyage dans les Himalayas. Puis le prince me montre sa chambre. Je crois t'avoir dit qu'il est abbé de ce monastère. Il y a donc une installation permanente. Oh! rudimentaire. Elle est meublée d'un autel où trône *Padmasambhava* et le *dhyâni bouddha Amitabha*, une grosse lampe d'argent brûle devant les images. A côté de l'autel, une sorte de canapé et une table supportant des objets rituels servant aux lamas auxquels mon trop moderne ami Tulku a irrespectueusement ajouté un timbre pour appeler ses serviteurs Il y a encore un divan qui sert de lit, une table, deux fauteuils passablement disloqués et, contre un mur, des caisses en forme de cercueils dans lesquelles on enferme la vaisselle, le linge et les quelques objets que le maharadjah-abbé du couvent laisse là à demeure. La salle de bains... c'est le balcon fermé par ma toile aux regards indiscrets mais non au vent et au froid et je pense, avec un petit frisson, que de l'autre côté de la maison, dans ma chambre identique, la même salle de bains m'attend.

Notre course nous a creusés! Le thé tibétain et divers aliments sont les bienvenus.

Je vais ensuite visiter le temple et l'on me permet l'accès d'un petit réduit où les lamas pratiquent leurs rites magiques. J'y trouve la *Kâli* des hindous... Cette bonne femme s'introduit partout! [...]

Après dîner, nous causons, accompagnés en sourdine par les récitations des moines au rez-de-chaussée et la bizarre musique qui en marque les pauses. Que je suis loin d'Europe en face de ce supérieur de monastère lamaïste, « incarnation » et chef religieux des Himalayas,

discutant les moyens d'une réforme religieuse tandis qu'au-
dessus de la lampe d'argent, le *Padmasambhava* de l'autel
semble me défier d'attaquer son œuvre.

Le sommeil ne se fait pas prier après ces longues courses en montagne. Je regagne ma chambre à travers les
nombreux serviteurs qui s'installent pour dormir dans les
vastes corridors. Je vais m'accouder au balcon. La lune
éclaire un émouvant paysage de nuages et de montagnes.
Je suis la première femme qui ait passé la nuit dans ce
monastère. Ma chambre avec ses fenêtres en bois treillagé
et au papier déchiqueté ressemble à un décor de théâtre
On a pendu de-ci de-là quelques rideaux, mais l'air frais
et humide de la nuit entre à flots. Mon tout petit lit de
camp avec sa moustiquaire basse a l'air de danser dans
la vaste pièce. On a étendu un grand tapis bleu à terre et
la table est couverte par une splendide pièce de soie cra-
moisie toute brodée. La lune pénètre par toutes les ouver-
tures béantes et touche les choses de sa clarté bleue. Il
faut se pincer pour s'assurer qu'on ne rêve pas.

Le lendemain matin, je prêche dans le grand temple
assise sur une peau de léopard, deux longues files de moines rouges accroupis, de l'autel au portail, sur des tapis,
le prince-abbé siégeant sur son trône épiscopal en face
de moi et le directeur de l'école, interprète debout à côté
de moi.

L'après-midi nous montons à cheval pour nous rendre
à un autre monastère situé plus haut dans la montagne,
l'antique monastère royal du temps où la capitale du
Sikkim était Tumbong. De là, le prince me la montre,
l'ancienne cité de ses ancêtres... ce n'est qu'un monticule
verdoyant au sommet d'une colline... *Impermanence* des
choses ! Illustration de la leçon qu'a proclamée Celui
dont l'image est derrière nous sur l'autel.

Nous rentrons à pied, la descente étant trop rapide
pour les chevaux. Toute notre caravane patauge comme
une troupe de canards parmi les ruisseaux à traverser. Tout
ce pays est en pleine jungle, un vrai séjour pour cénobites,
pour esprits lassés de la vaine agitation du monde. Je
doute que mes Tibétains ressentent la poésie prenante de

l'heure et du lieu comme le fait mon âme raffinée d'ultra-
civilisée, pourtant le petit prince est tout grave, ici. Il y a
passé huit ans de son enfance malheureuse avec un lama-
précepteur. Il y a peu de romantisme dans cette histoire,
c'est celle très banale d'un enfant dont la mère est morte,
le père remarié et réservant toute sa sollicitude pour le
fils du second mariage. Tout est « moyenâgeux » dans ce
qui m'entoure, ce prince-abbé, la rusticité pompeuse de
l'étiquette de cette Cour minuscule, ce mélange de royauté
et de cloître, ce grouillement de serviteurs aux bonnets
armoriés et nu-pieds... C'est un rêve d'un monde très
vieux, très lointain.

Le Kumar a décidé d'aller à Fenzang le lendemain et
de là, de rentrer à Gangtok. La route est longue, très
difficile. Il est impossible d'emmener les chevaux ; il y a
trois rivières à traverser sur des bambous, ce n'est faisable que pour des chevaux de cirque. [...] Nous voici déambulant des côtes raides. C'est la jungle sans route. Des
paysans ont abattu des branches, coupé des herbes
pour faire un sentier, mais les pierres et les herbes restent
en travers. Nous arrivons à la rivière. Quand le directeur
d'école est au milieu des bambous formant pont, le prince
lui crie qu'ils se cassent et le malheureux de « s'escagas-
ser » comme tu dis, pour la joie générale. Sans être le
moins du monde une acrobate, ces ponts ne me causent
aucun souci et comme je passe mon appareil au prince
pour qu'il me photographie sur le pont je m'y promène
un long moment. J'espère que les clichés seront bons et
t'en enverrai des exemplaires aussitôt tirés.

Maintenant c'est fini de rire. Il s'agit de grimper à pic
sous un soleil torride. C'est dur, très dur. Je suis partie
de Gangtok le jour même où je commençais à être fatiguée
et j'ai des palpitations de cœur et des tendances à prendre
un coup de soleil malgré mon casque. Le jeune maharadjah,
lui, n'a ni cœur ni poumons, ou plutôt, a tout cela d'excellente qualité. Ce tout petit homme grimpe en vrai mon-
tagnard, qu'il est du reste. Cela m'ennuie quelque peu de
rester en arrière, mais vraiment je suis incapable de sou-
tenir son allure sous ce soleil et avec cette pente. Plusieurs

fois je trempe mon mouchoir dans l'eau pour le mettre sur ma tête sous mon casque. Au milieu de la côte nous trouvons une cabane de branchages, des paysans qui se prosternent et de la bière du pays. C'est l'offrande la plus commune. De distance en distance, sur notre route, un homme sort d'un fourré avec son pot à bière en bambou, se prosterne trois fois, le chambellan présente le pot au prince qui n'y touche pas et l'homme remporte son appareil. Ici, c'est une réception de tout un village, d'où la hutte de feuillages. Nous y siégeons avec satisfaction et demandons de l'eau. Le maharadjah Kumar y jette une pincée d'un produit anglais très célèbre « Enos' fruit salt » et m'en offre. Cela fait mousser l'eau, lui donne un goût de St-Galmier... mais cette boisson passe pour être purgative, ce qui me fait redouter les effets de ma gourmandise.

L'on regrimpe de plus belle. Il est 11 heures du matin et le soleil est décidément féroce. Chemin faisant, on m'explique les arbres d'essences diverses. Le petit maharadjah qui a le département des forêts sous sa direction est très calé en connaissances botaniques et agronomiques. J'entends non en science livresque mais en cette connaissance campagnarde et familière de ceux qui vivent avec les plantes et savent leurs mœurs. [...]

Les moines m'attendent un peu avant l'arrivée du monastère. Salutations puis, en procession, je gagne le bâtiment. A l'étage, dans le temple supérieur, je trouve le prince installé sur un divan, pieds nus comme tous les Orientaux. [...]

Je m'installe sur un autre divan, chacun de nous a une petite table naine à côté de soi, le directeur, lui, n'a qu'un carré de tapis et pas de table et la collation est servie. Les nappes sont des feuilles de bananiers et les assiettes sont, elles aussi, couvertes de feuilles semblables. On mange des œufs, du maïs grillé et du jeune maïs râpé et séché, des figues... J'ai dîné chez le prince, il a de belle argenterie et de belle vaisselle, mais il semble vraiment heureux devant ces feuilles de bananier, dévorant comme un paysan les maïs et les fruits. Je songe combien ces races d'Asie sont loin de nous en dépit des apparences revêtues par ceux des leurs qui ont reçu une éducation occidentale. Je me suis franchement intéressée, durant mon séjour ici, à étudier de près cette petite cour jaune, mais revenons au monastère. Les lamas sont venus en corps présenter leurs hommages et... un plat supportant plusieurs douzaines d'œufs frais, une bouteille de lait et du beurre. Le chambellan fait un discours, tenant une écharpe blanche à la main, les offrandes champêtres sont sur le plancher, les lamas rouges se prosternent par trois fois la face contre terre. Le chambellan parle d'une voix que l'émotion fait trembler, on dirait qu'un respect extraordinaire le paralyse et les moines rouges, aussi, sont là, presque tremblants devant Sidkéong Tulku qui trône sur son divan, l'air convaincu de sa supériorité. Vraiment, je suis sûre que tous « pensent » leur rôle et jouent leur personnage avec sincérité. Et puis, tout à l'heure, quand la cérémonie sera terminée, prince, chambellan, lamas, tout ce monde va bavarder, rire, raconter de grosses farces tibétaines dans la plus parfaite familiarité et sans le moindre décorum. Ils ne seront plus qu'une bande de gais barbares fraternels. Moi, je me fais l'effet d'un ibis rose du Nil, perché sur de longues pattes minces, au milieu d'une troupe d'oursons.

Le monastère n'est pas grand mais il possède de vraies richesses en anciennes bannières, en livres, et en objets divers. Après la collation je descends voir le temple du rez-de-chaussée. Il y a là de belles statues très artistiques qui font un peu excuser l'idôlatrie. Toute la troupe me rejoint un peu plus tard. Le prince en tête se prosterne trois fois avec ardeur. Il est, du reste, lui, un sincère croyant, les autres suivent à la file.

[...] A la tombée du soir, après que j'ai visité des maisons de lamas, nous nous installons au balcon du monastère et le prince ordonne des danses de jeunes garçons. Ils dansent la danse des squelettes. C'est *Yâma* le roi des morts qui envoie des émissaires sur la terre à la fin de l'année. Tu trouveras que le thème manque de gaieté, mais le lamaïsme est une religion terrifique, on y jongle avec des crânes, il n'y est question que de choses macabres. Si leur religion est telle, les Tibétains, eux, sont gais et, tandis que les squelettes évoluent devant nous, le prince et le directeur de l'école racontent de grosses plaisanteries rabelaisiennes, de celles qui ont amusé nos arrière-grands-pères : farces grossières, ni obscènes ni grivoises, mais qui chez nous ne font rire que les paysans. [...]

Les danses finies, je regarde les nuages, l'adorable nature qui nous entoure, les montagnes dont les cimes s'ourlent de lumière, les vallées qui sombrent dans la nuit. A travers les bois entrelacés comme ceux de mes moucharabieh qui nous séparent du temple, je vois la lampe à la flamme dansante projetant sa clarté mystique sur la grande statue du *Bouddha*. Eux, se sont mis à bavarder en tibétain. C'est une de ces heures précieuses pour ceux qui savent les sentir, une heure à enfermer dans le reliquaire aux souvenirs de beauté, d'art, de poésie et je me sens incorrigible en mon dilettantisme.

Le dîner ramène les feuilles de bananier et les petits bols contenant des légumes divers, jeunes pousses de bambous frites, haricots verts, œufs brouillés etc, avec un large plat de riz...

Et ceci terminé, le maharadjah Kumar nous dit selon cette formule familière aux Asiatiques qui nous semblerait étrange en Europe : « Parlons de choses religieuses. » La vieille pensée de l'Inde qui a éveillé en tant d'âmes des visions d'infini, d'éternel, des rêves de divine sagesse, de tranquille et dédaigneux renoncement, de scepticisme paisible et souriant, la vieille pensée des *Bouddhas* est présente et nous enveloppe dans les rets de sa subite douceur. Mysticisme et déraison penseras-tu... moi, je dis sagesse, mais qu'importe ! en tout cas, minutes heureuses, reposoir au milieu des préoccupations et des luttes de la vie... Seuil d'autre chose que notre compréhension laide de l'existence.

Les lamas m'ont donné, en guise d'oreiller, les superbes robes de soie de Chine toutes brodées d'or qui servent pour les danses. Les domestiques rangent mon divan d'un côté de l'autel, le prince occupera l'autre côté. Le maître d'école, comme laïc, n'est pas admis à dormir dans un

sanctuaire et, n'étant ni l'égal ni le domestique du maharadjah Kumar, à s'étendre devant lui autrement que pour
se prosterner. Il s'en va donc. Mon jeune boy s'étend
devant l'ouverture de la porte, car la porte elle-même est
absente, le valet du prince s'allonge un peu plus loin en
dehors. A vrai dire je ne suis pas extrêmement bien, mes
peignes m'entrent dans la tête et des puces me grimpent
aux jambes. J'ai mis mon mouchoir sur ma tête pour me
préserver des moustiques. Les pieds de mes bas sont raidis
par la boue dans laquelle je me suis enfoncée. Je crois que
le prince et les boys dorment déjà à poings fermés. Je ne
peux pas les voir, le divan est flanqué de sa petite table qui
forme paravent. Mais je vois la lune qui entre par le balcon
et caresse une face de piliers trapus, tandis que sur l'autre
la lampe de l'autel projette des ombres dansantes. Il y a
des zinnias jaunes et de grands lys, dont le parfum emplit
le temple, dans des vases devant la grande statue qui sourit, infiniment calme, de ce sourire un peu las que l'on
prête aux *Bouddhas*. Jadis, dans la Grèce antique, ceux
qui aspiraient à l'initiation s'en allaient ainsi dormir au
pied des images des dieux dans les sanctuaires... Quelle
initiation me viendra de cette nuit himalayenne passée
devant un autel lamaïste ? [...]

Il pleut à verse vers le matin. A 5 heures on s'étire et
on se lève, des cloches sonnent. A Podang la musique des
offices commençait à cette heure matinale. Au-dehors, déluge. Je mets mon *waterproof* sur ma tête et je sors. Ici, il
n'y a nulle installation et je suis réduite à chercher un
autre buisson qui me mène loin par des chemins glissants
et raides. Je rentre et avant déjeuner me rends dans une
petite pièce où l'on a préparé un peu d'eau. Je me débar-
bouille sommairement, de bain il n'y faut pas penser,
jamais je n'oserais poser mes pieds nus sur le plancher
couvert de crottes de rats du réduit où je me trouve. On
déjeune, et, la pluie ayant cessé, on part. Au moment du
départ quelqu'un s'aperçoit que la manche de ma chemi-
sette est tout ensanglantée. Les sangsues ont fait des
leurs ; pour le moment elles s'en sont allées mais j'ai près
du coude un petit trou d'où le sang coule en ruisseau. J'ai

l'air de revenir de la guerre et cette idée nous fait tous rire. La pluie a gonflé les torrents et nous descendons à même leur lit à maintes reprises, la rivière se traverse sur des bambous et une terrible escalade suit parmi les pierres et l'eau qui ruisselle sur nous. A tous moments on s'arrache des sangsues, mais plusieurs minuscules pénètrent à travers mes bras et je ne puis les enlever. Heureusement, à maintes reprises, des réceptions nous attendent, sièges sur une petite estrade, abri de feuillages, thé, fruits, maïs, bière, œufs. La « suite » de l'Altesse et mon boy engouffrent pour huit jours.

Des villageois paraissent, apportent des œufs, du beurre, se prosternent, le chambellan les nomme au prince qui ne dit rien et un porteur, une hotte au dos, reçoit les offrandes qu'on ramène à Gangtok. [...]

Tout a une fin, vers une heure de l'après-midi nous retrouvons nos chevaux venus à notre rencontre — Nous marchons depuis 7 heures et demie du matin — La façon dont grimpent ces bêtes est merveilleuse. Par moments elles sont toutes droites, comme au cirque. Et ce qui est merveilleux, aussi, c'est que je me tiens bien en selle pendant ces exercices de haute école et que je guide bien mon Bucéphale sur un terrain semblable !... N'es-tu pas émerveillé ? Tu m'as connue plutôt triste amazone. [...]

Il y a encore plusieurs stations ; à l'une d'elles on a préparé une sorte de nid où l'on grimpe par une échelle naine qui semble faite pour des poules. Quand j'arrive, le prince est déjà installé sur un petit trône couvert d'une peau de léopard. Il est tout petit, tout petit avec un costume de soie brun chaudron et jaune d'or et dans ce petit nid, sur ce petit trône, avec sa peau brune et ses yeux un peu bridés, il ressemble à un génie des contes de fées. C'est absurde, ridicule, drôle, gentil, je ne sais quoi... on ne voit de ces tableaux-là que dans les gravures illustrant les Mille et Une Nuits ou autres histoires fantastiques. Je pense qu'il va venir une fée ou un magicien qui va souffler sur toute cette scène, que le prince va devenir un champignon et la suite des brins d'herbe, ou plus simplement que je vais m'éveiller dans mon lit rose à Tunis. Il est

impossible que tout cela soit réel. Mais, comme je pense
ainsi, je grimpe la petite échelle et je m'accroupis sur un
second petit trône et je mange, je bois, je parle comme si
j'étais, moi aussi, un prince des Himalayas avec une peau
sombre et des habits éclatants. Mais je ne suis qu'un coucou d'Europe dans ce nid, un coucou étranger en sarrau
bleu marine, en casque colonial, à côté de ce maharadjah
colibri. Assurément, je suis comme les autres de notre
race attachée à notre civilisation, mais à courir le monde
autrement qu'en touriste Cook, la belle assurance que
l'on a de sa supériorité s'effrite un peu. Après tout qui donc
a raison, ces villageois joviaux et leur seigneur d'opérette
ou bien nous, avec notre prolétariat usinier et nos honorables des parlements ?...

Nous voici sur la grand'route. Grand'route doit se
comprendre comme vrai chemin où deux chevaux peuvent
se croiser et non pas comme une voie carrossable. Un peu
après le col nous trouvons une nouvelle chapelle de verdure, mais celle-ci est construite sur l'ordre du prince lui-
même. Il n'est plus question de trône, nous nous asseyons
sur une banquette de coussins recouverte de tapis. Il y a
du thé à l'anglaise, la vaisselle de porcelaine, du pain, des
confitures.

Et maintenant, il faut rétrograder et te raconter les
danses au palais, la veille de mon départ pour Tumbong.
[...]

Les danses sont loin d'être grotesques comme on les
proclame, elles me font penser à celles des guerriers scandinaves. Nous ne comprenons la danse que comme évocation lascive et, comme telle, exécutée par des femmes.
Mais, ici, la danse est une pantomime. Les guerriers évoluent autour de *Mahâ Kala* et du génie du *Kintjindjinga*,
tour à tour apaisés et en furie. En fait, ce sont des danses
sacrées qui se déroulent devant le temple... Le vieux maharadjah n'a aucune espèce de piété bouddhiste, il craint
les mauvais esprits, a installé *Padmasambhava* sur l'autel de son sanctuaire et est un chasseur enragé. Ce qu'on
chante pendant les danses est une fois de plus terrifique
et horrifique comme tout ce lamaïsme qui n'est que magie

et sorcellerie. J'ai pris d'assez nombreuses photographies favorisée par un beau soleil, mais ces danseurs gigotant ne sont pas faciles à saisir et beaucoup de clichés seront, sans doute, mauvais. Je les ai envoyés aujourd'hui à développer à Calcutta.

Tu crois peut-être que c'est tout. Il va te falloir pourtant, avaler encore quelques lignes.

Le lama fameux qu'on attendait est arrivé. Nous avons eu hier une longue conversation ensemble. Il a beaucoup d'érudition livresque et peu de logique à ce qu'il me semble à première vue. J'apprendrai évidemment beaucoup par lui au point de vue documentation, mais il va me falloir rester encore ici plus de jours que je ne pensais.

Sais-tu une chose, mon bon mouton, c'est que je suis célèbre jusqu'au Tibet. Ce n'est pas sans quelque stupéfaction que je l'ai appris. Le lama me dit : « Etant au Tibet j'ai entendu dire qu'une dame européenne, bouddhiste et très savante était au Sikkim et j'ai souhaité vous voir. » [...]

[...] Je suis prisonnière d'un rêve, d'une attraction de je ne sais quoi ou plutôt si, je sais, des aspirations de toute ma vie et peut-être de nombreuses autres vies et tout ce que je puis dire c'est : je souhaite achever mon voyage, écrire des livres auxquels je songe. J'écris tout cela avec la tête un peu en désordre, pleine du chaos des idées qui s'y entrechoquent, car je voudrais bien t'avoir là, pourtant, et t'embrasser mon grand Mouchy. Tu me disais l'autre jour : « 4 août * est-ce une date heureuse ou misérable ?... » C'est à toi qu'il faut le demander. Moi, je n'ai évidemment qu'à me louer aujourd'hui de notre rencontre. Notre étrange rencontre qui devait avoir de si étranges résultats...

Continuer mon voyage ?... Je compte qu'il me faudra 5 000 F. Veux-tu me les donner ? C'est une forte somme. [...] Je te dis simplement, tu sais quel est mon vœu peux-tu, veux-tu l'exaucer ? [...]

---

* 4 août : date de leur mariage.

Gangtok, 9 septembre 1912

Il n'est plus question d'excursion et de randonnée par monts et par vaux cette semaine. C'est une semaine de travail à la maison, écrivasseries, notes prises avec des lamas... tout cela est simple grisaille. Pourtant, une soirée tranche sur cette monotonie. Les hindous ont célébré la fête de *Skri Krishna, l*e grand héros national, incarnation de *Vishnou.* [...]

Donc, c'était la fête de *Bal Gopal* (*Krishna* enfant). Et, vrai, ce furent une extraordinaire enfance et tumultueuse jeunesse que celles du divin héros qui devait finir par si bien parler en profond philosophe. Nous avons à Gangtok un régiment de Cipayes Maharitis. Ils ont invité quelques Européens à assister à la fête qu'ils donnaient à l'occasion du festival sacré et voici comment j'ai célébré la naissance de *Sri Krishna* dans une chambrée de caserne.

La chambrée était du reste décorée pour la circonstance, les murs, le plafond recouverts d'étoffes, de carrés de soie, de boules de verre, que sais-je ! C'était très gentil. Tout au fond, l'autel était disposé, suivant la mode hindoue pour ces sortes de *pudja* (*pudja*, en sanskrit, signifie, adoration). [...] Imagine une chaise à porteur Louis XV mais avec des fenêtres dans les quatre panneaux et pas de brancards. Cette construction est en papier, ornée d'images représentant des traits de la vie de *Sri Krishna* et profusément décorée de fleurs et de dorures. Le toit est en dôme orné des mêmes fleurs et dorures. Là-dedans il y a un petit panier à *pudja*. De ceux qu'on apporte dans les temples en cuivre doré (Des amis m'en ont offert un à Calcutta). Dans le panier, caché sous les fleurs, une minuscule statuette de *Sri Krishna* et, devant le panier, une lampe qu'on alimente avec du beurre fondu. Mais je ne verrai panier et idole que plus tard.

Autour de l'autel beaucoup de lampes, de fleurs etc. Les soldats se sont installés tout autour de cette châsse de façon que leurs invités européens n'en puissent approcher.

La fête, ce sont des danses. Il y a un bateau entouré de pêcheurs, le patron de la barque et sa femme, un soldat habillé en femme. Tout cela danse en chantant, les matelots rament, la mouquère évolue gravement et le bateau, représenté par un homme qui a autour de lui l'armature d'une barque et marche dedans (comme parfois dans certains jeux on se met un cheval en carton autour de la ceinture), le bateau tangue et roule à souhait.

Puis il y a d'autres danses représentant des épisodes de la jeunesse de *Sri Krishna* : *Krishna* à Brindaban entouré de belles *Gôpis* [40]. Ce sont là histoires très amusantes, mais que je ne puis raconter à ma voisine anglaise qui me demande des explications. Je suis obligée de donner un tour plus pudique à l'aventure. Mais nos soldats se bornent à nous montrer le glorieux héros entouré de bergers et bergères (exactement ce sont des bouviers des deux sexes) qui dansent autour de lui. Les bergères sont du sexe fort, évidemment, mais quelques-unes dansent avec tant de souplesse et de grâce que, n'était leur figure et même malgré leur figure, elles donnent l'illusion de vraies femmes.

Toute la soirée se passe ainsi en danses diverses à nouer et à dénouer, en évoluant, les cordes de couleur pendues au plafond. Musique et chant accompagnent.

Le régiment accroupi par terre (en lotus) s'amuse énormément de ces récréations enfantines. Quelle différence de mentalité avec nos troupiers ! Ces maharatis sont de superbes gaillards de très haute stature avec des yeux de gazelle. Pendant les divertissements j'en vois quelques-uns, parmi ceux qui sont près de l'autel, qui regardent vers la petite idole, perdus dans une sorte d'extase... A quoi rêvent-ils ? Et leur prêtre continue tout le temps à alimenter la petite lampe au beurre. [...]

Et quand la représentation est finie, comme les invités s'en vont, je demande à un officier indigène la permission d'approcher de l'autel. Je suis sûre de ne pas être indiscrète. Je suis maintenant assez connue dans le pays. L'officier n'a pas une hésitation ; il m'emmène dans le coin de la pièce où l'autel rayonne à la clarté de nombreuses lam-

pes. Mais d'un mouvement tournant, avec la souplesse hindoue, il écarte le pseudo-docteur qui faisait mine de me
suivre et ses hommes, qui sont debout maintenant, ont,
en un clin d'œil, formé un cercle qui empêcherait d'approcher ceux des Européens impurs que la curiosité pourrait
tenter. Je regarde les images, je nomme à l'officier les scènes qu'elles rappellent. Et, alors, délicatement, il soulève
les fleurs et une sorte de voile qui masque la petite idole
que je n'avais pas vue jusqu'alors et me la montre. Le
tout, autel-chaise à porteur, petit trône et petite idole ont
l'air de jouets. Oui, vraiment, il semble que des enfants
se soient amusés à ériger une chapelle pour poupées. Mais
au lieu d'enfants j'ai autour de moi des hommes dont la
plupart ont une tête de plus que toi, des géants sculptu-
raux... et cela paraît étrangement déconcertant de les voir
en adoration devant leur petit *Krishna*. Pas un ne bouge,
figés, les yeux sur la châsse et sur moi. Oui, ils ont dansé
devant l'autel, mais *Krishna*, jeune, fut un luron et ce sont
ses « galéjades » et ses prouesses galantes qu'ils ont mi-
mées. Cela encore est « religion » de leur part. Je pense
que je dois une révérence au minuscule *Sri Krishna* pour
payer la courtoisie de mes hôtes et la faveur dont j'ai
joui. Je pense aussi que je vais scandaliser les chrétiens
blancs qui me regardent et m'attendent pour partir. Mais
quoi, le petit *Krishna* a été un enfant enjôleur à qui, dit-on,
nul ne pouvait résister et il me sourit de toute la luisance
du cuivre bien astiqué en quoi est taillée sa petite effigie.
Et le grand prêtre tout de blanc vêtu me regarde de ses
yeux de velours et le grand officier me considère d'un air
attentif et tous les soldats rangés autour de l'autel semblent attendre... Je suis un *saddhu*, un *sannyâsin* en cette
terre merveilleuse de l'Inde et les *saddhus*, les *sannyâsins*
lèvent leurs mains jointes et s'inclinent devant tous les
Dieux, parce qu'ils ne croient à aucun et que leur transcendante indulgence sourit à tous les essais des hommes
en quête de cieux à gravir.

Oh ! décidément le petit *Krishna* aura une révérence de
cour. Une expression heureuse, fierté, reconnaissance, a
passé rapide sur tous les bruns visages qui m'entourent.

Je crois bien avoir causé un peu de joie à tout un régiment de Cipayes. Cela coûtait bien peu. Mais en me retournant je vois mon hôtesse qui paraît scandalisée et son époux qui arbore une mine contrite. Le docteur, lui, a bu trop de whisky pour avoir une opinion.

[...] Bien cher Mouchy, ce m'est un grand plaisir de bavarder avec toi, je te l'ai déjà dit souvent. Ce m'est un grand plaisir de te lire, mais toi, tu bavardes avec moins d'abondance hélas ! [...] Bien grands et bien forts sont ceux-là qui acceptent l'absolue solitude, l'isolement complet d'esprit et de cœur et s'y complaisent. Ils sont plus que les dieux eux-mêmes, dit-on ici, où le rejet de toute faiblesse est l'idéal spirituel. Moi, je confesse que je muse encore parmi les fleurs... très cher, permets-moi de te dire que tu es la plus haute sur tige au centre du parterre. Qui donc t'a jamais fait compliment d'un goût si oriental ? [...]

Gangtok, 16 septembre 1912

J'ai été heureuse d'apprendre que les photos tibétaines t'avaient fait plaisir et, ainsi que je te le disais dans ma dernière lettre, j'en aurai bientôt d'autres à t'envoyer. J'ai vu les films développés, certains ne paraissent pas trop mal. Tu pourras me considérer, cette fois, tout à fait comme notre « Mohamed raçoul Allah » lui-même quand tu me verras sur les degrés d'un temple exotique au centre d'un groupe de lamas. Beaux souvenirs de voyages comme tu dis et, aussi, pour l' « écrivain » bons documents qui pourront être publiés comme illustrations de livres ou d'articles. [...]

Le lama qui est arrivé du Tibet est vraiment très instruit en sa partie et, aussi, intelligent. Evidemment, le défaut de culture scientifique se fait sentir chez tous ces lamas. Le sens critique est absent et, dans la même cervelle cohabitent les idées les plus disparates en vertu de ce principe qu'il faut des enseignements divers appropriés aux différents degrés de mentalité. Principe peut-être vrai, mais étrangement appliqué par eux. Tout de même, on a

rudement tort de considérer tous ces Tibétains comme des
sauvages et des imbéciles. Quand je compare aux quelques
lamas que j'ai vus les missionnaires installés dans le pays,
je ne puis que constater l'énorme supériorité intellectuelle
des premiers. Ils ont contre eux la civilisation plus rudimentaire que la nôtre à laquelle ils appartiennent et leur
épouvantable saleté... [...]

[...] *Soir :* Je rentre de chez le docteur. Je devais une
visite à sa femme et comme ils partent tous les deux
dans quelques jours passer un mois à Darjeeling je ne
pouvais esquiver cette visite d'adieu. Je ne sais rien de
plus déprimant que ce genre de corvée. C'est pénible. Il y
a une sorte de nuage, de brouillard presque visible entre
ces gens et vous. Ils apparaissent comme des personnages
de cinématographe... irréels, sans aucun lien avec vous.
Et puis l'on s'en va comme je l'ai fait ce soir, laissant
flâner son cheval par les chemins que la brume nocturne
envahit, regardant l'austère décor des montagnes bleuissantes sur lesquelles traînent des écharpes de nuage. L'on
songe à cette étrange chose qu'est la vie des êtres, à la
stupidité de toutes ces cervelles de pantins, à leur irrémé-
diable imbécile méchanceté. C'est une de ces heures où les
dévots s'en vont chercher au pied des autels de leurs dieux
une réponse, un encouragement ; la force qui les remet
debout ou la potion qui les endort... Moi, je les admire sans
réserve ces *sannyâsins*, ces *yoguis* qui ont rompu avec tous
ces jeux de nursery et qui demeurent seuls avec leur pensée audacieuse... orgueilleuse dirais-tu.

L'un de ceux-là m'a — je n'ose dire prise en affection,
ce mot est vide de sens appliqué à ces êtres-là —
agréée, me bornerai-je à dire et a quelque confiance en
moi. Il vient de m'écrire une longue lettre d'une caverne
située dans les montagnes arides de la frontière tibétaine
où il s'est retiré pour méditer et où il va passer l'hiver,
bloqué par les neiges, seul, séparé du reste du monde.
C'est une rare faveur, j'espère par lui pénétrer plus avant
dans les enseignements des sectes mystiques tantriques
très peu accessibles aux étrangers. Il y a, dans cette lettre,
des éclairs jetant des lueurs rapides sur des théories sin-

gulièrement hautes et le ton général des conseils qu'il me dispense est passablement altier.

[...] Je me demande si tu auras eu l'occasion de voir à Saint-Pierre de Rome les cannes à pêches qui servent à distribuer des indulgences. Que t'aura dit ce caravansérail du christianisme romain ? En bon huguenot tu auras pu songer à Luther qui entra là, l'âme débordante de dévotion et de respect, et en sortit pour aller brûler la bulle du pape à Wittenberg... Mais hélas ! je crains fort que le sang des ancêtres soit bien affaibli en toi et que l'épopée de la Réforme te dise peu de choses. Malgré mes atavismes terriblement mélangés allant du Midi à travers le Nord et jusqu'en Asie, les grands-pères Montalbanais ont toujours parlé haut en moi et m'ont légué leur penchant pour toutes les hérésies et toutes les révoltes. Il est probable que je suis plus « protestante » que toi bien que bouddhiste.

Mon bien cher, je suis une incorrigible philosophe... Et comment peut-on vivre sans philosopher ? Ceci me demeure une énigme. Comment fais-tu ? Comment font tant d'autres ? Pourquoi passent-ils, sans la voir, à côté de cette source de joies subtiles ? [...]

Lettre peu intéressante cette semaine. Ma cervelle est quelque peu fatiguée. Mes séances avec les lamas commencent généralement à 2 heures pour se prolonger jusqu'à 8 heures du soir, sans interruption. Il me faut une attention soutenue pendant ces six heures et le lendemain je dois écrire toutes mes notes et le résumé de notre discussion. Le directeur d'école m'aide à me rappeler et traduit les citations tibétaines. [...] Je suis évidemment restée ici très longtemps mais, au point de vue des documents recueillis, je n'ai pas à le regretter. Ce champ que je croyais devoir être stérile s'est montré très fertile. [...]

Gangtok, 22 septembre 1912

J'ai été hier prendre congé des résidents qui partent dans quatre jours pour Darjeeling où Mrs Bell se rend pour son accouchement. Nous avons convenu que le Résident se chargerait de ma future correspondance avec le *Dalaï Lama* et l'expédierait avec le courrier officiel. Ce fait même incitera le *Pontife Jaune* à me continuer son estime. Je crois bien que je suis la seule au monde parmi les Européens à correspondre avec ce personnage. Dans deux jours, on expédie mon nouveau questionnaire à l'autre « Grand Lama » le *Tashi Lama*. Cette fois me voici irrévocablement prête à partir. [...]

J'ai lu avec grand intérêt tes notes sur Rome. Oui, les ruines ne t'ont pas épaté, je comprends cela. Des ruines en pleine campagne comme El Djem ou Bou Graara que j'ai visitées avec les dames Salvador, peuvent dire quelque chose, mais des ruines encadrées de maisons modernes, de linge séchant aux fenêtres, c'est piteux, cela ressemble à un chantier de démolition. Le Palatin est déjà mieux parce que isolé. Alors St-Pierre... C'est la grande admiration ?... Tu m'étonnes. J'y suis allée très souvent, à toutes les heures du jour et du soir et je n'ai pas réussi à m'enthousiasmer. C'est grand, voilà tout. Et cette église qui a des fenêtres dans sa façade... des fenêtres avec des rideaux, comme un hôtel ! Ah ! je n'aime pas cela du tout... Quand je songe à Notre-Dame, ce joyau, aux cathédrales des Flandres ! Mais. n'est-ce pas, il n'y a pas lieu de comparer une cathédrale gothique à St-Pierre, autant y comparer la grande pagode de Rangoon... Hélas ! j'ai peur de ne pas aimer la fameuse *Shwe Dagon Pagoda* dont le toit est tout entier recouvert de feuilles de *vrai or* et l'intérieur tout plein d'or aussi. Cela, c'est en effet de l'éducation artistique que l'on a reçue. J'ai été élevée dans le pays des cathédrales gothiques. J'aime les ogives, les vitraux, les nefs sombres. Je ne comprends rien à l'art religieux italien. C'est bien pour Jupiter et ses cohortes, toute cette clarté, le drame de la Croix et le mysticisme chrétien s'en accommodent mal.

Je pensais bien que Pompéi après Timgad te dirait peu aussi. Toutes ces choses européennes sont petites... sur un petit continent. Tout cela, vois-tu, ne vaut pas un soir dans les Himalayas quand on s'en revient, comme je le faisais hier après le thé chez les résidents, par les chemins assombris avec, devant soi, les formes monstrueusement immenses des montagnes étagées et enchevêtrées. [...]

Il fait froid et triste, dis-tu. Ah ! mon pauvre grand cher ami, j'ai été toute remuée de t'entendre dire cela si tristement... Les sages ce sont ceux qui ont compris que de ce que le commun des êtres appelle la vie il n'y a rien à tirer que froid et tristesse et qui sont partis avec leur pensée, en quête d'autre chose... d'autre chose qui est au-delà du froid et du chaud, du rire et des larmes. Ils l'ont trouvé. Pourquoi d'autres, pourquoi nous-mêmes ne le trouverions-nous pas ? [...]

Les vrais compagnons, ce sont les arbres, les brins d'herbe, les rayons du soleil, les nuages qui courent dans le ciel crépusculaire ou matinal, la mer, les montagnes. C'est dans tout cela que coule la vie, la vraie vie, et l'on n'est jamais seule quand on sait la voir et la sentir. Mon petit bien cher, je suis née une sauvage et une solitaire et ces dispositions ont crû tout le long des ans que j'ai vécus. Je leur dois des joies que je n'aurais jamais connues sans elles.

Il fait froid et triste quand on demande aux êtres de vous être un soutien, de vous réchauffer, d'alléger le fardeau de misère inhérente à toute existence. Nul d'eux n'a réellement le souci de le faire, nul d'eux ne le peut vraiment. C'est en soi qu'il faut cultiver la flamme qui réchauffe, c'est sur soi qu'il faut s'appuyer.

[...] Je crains un peu que le prochain jour de courrier me trouve sur les hautes cimes en face du Gaourisankar, si le géant veut bien ne pas s'envelopper de nuées. Je vais regrimper, mais comme je n'atteindrai pas cette fois tout à fait 4 000 m d'altitude je suis sans enthousiasme. Dois-je l'avouer, j'ai le cœur quelque peu serré de quitter ce seuil du Tibet... Une attraction puissante m'attirait vers ce pays étrange et désolé. J'ai laissé quelque chose de moi là-haut, sur la route de Khampa-Dzong. Maintenant je vais redescendre vers la plaine hindoue, mettre toute la largeur de l'Himalaya entre moi et le pays que j'aurais aimé parcourir. J'emporte le regret de n'avoir pas osé imaginer la possibilité de ce voyage, de ne pas l'avoir préparé. Il aurait fallu peu de choses et cela eût été, en dehors de la satisfaction personnelle, une gloire peu commune car peu ont été vagabonder au « Pays des Neiges ». Voici où la sérénité est nécessaire !... Je saurai le jour de mon arrivée à Calcutta si j'ai fait quelques progrès en sagesse et si ces mois de méditation dans le pays des *Dévas* et des *Sages* n'ont pas été sans profit.

Pemionchi, 5 octobre 1912

Je viens d'arriver à Pemionchi. Il y a trois jours que j'ai quitté Gangtok. C'est la fin de mon pittoresque séjour au Sikkim ; dans quelques jours, je reprendrai le train-joujou qui m'a hissée, des plaines de l'Inde jusqu'aux premiers sommets des Himalayas. Cette fois ce sera pour redescendre... Ce pays que je quitte m'a captivée de toutes les manières, par ses paysages grandioses et par les études orientalistes que j'y ai faites et que j'aurais pu poursuivre des années. Il convient d'ajouter que j'ai vécu, ici, autrement qu'en touriste et que mes amicales relations avec la « cour » locale ont donné à ce séjour un caractère pittoresque qu'il n'aurait pas eu sans elles.

[...] Le temps, malheureusement, ne nous a pas favorisés. Nous avons quitté Gangtok par un déluge. [...] Nous avons dormi ce soir-là, à Kweuzin. [...]

Le prince me dit en quittant Gangtok : « J'ai emmené un *yogui* du nord du Tibet qui se rend à Pemionchi. » Ce lama est du style des nécromanciens-magiciens-sorciers, dont les histoires courent le Tibet. Il voyage avec son attirail magique, un petit tambour, une sonnette, un *dorjee*, et un tibia humain qui sert de trompette... J'oubliais, une boîte avec les images de *Padmasambhava* et de diverses déités. L'homme est un grand gaillard, jovial la plupart du temps, mais qui prend parfois une expression de folie inquiétante, et cela n'est pas étonnant étant donné le genre de méditation auquel il se livre et que je ne te décrirai pas parce que cela est sans intérêt pour toi. Je t'assure que ce n'est pas banal de s'en aller précédés de ce personnage bizarre qui porte son tambour et sa boîte-autel dans le dos — je dois même dire, à ma grande confusion que la boîte-autel, le grand *Padmasambhava* et les déités reposent... au bas du dos sur une partie de notre individu que nous ne tenons pas pour très honorifique. Le soir, à l'arrivée au bungalow et après le dîner, on cause de philosophie. Cet ermite-sauvageon avec son bric-à-brac de sorcier et son tibia passé dans sa ceinture a des aperçus qui dépassent de loin ceux de notre officiel M. Bergson. Je prends des notes, comme tu penses.

A Kweuzin, l'altesse mande un second *yogui*, originaire du Tibet oriental. Ce renfort détermine un surcroît de discussions. Et voilà le tableau. L'altesse est accroupie en lotus sur son lit. Je note qu'elle porte un pantalon de flanelle d'un rose plus que vif sous sa longue houppelande tibétaine de soie réséda à doublure bleue. Moi, j'occupe une chaise pliante en toile, comme on en a sur les bateaux. J'ai mon éternelle robe jaune. Assis en lotus par terre, sont : l'un des *yoguis* tout en grenat sombre, jouissant d'un carré de carpette pour poser son postérieur. L'autre *yogui*, en longue robe jaune avec des manches et une écharpe grenat. Il ne jouit que d'une natte. Le maître d'école en costume tibétain laïque, mais grenat aussi... ne jouit de rien du tout et est posé à même le tapis de la chambre. Sur la table il y a deux bougies, l'une dans un photophore, l'autre dans un chandelier... Il y a aussi un citron dans lequel on a planté des bâtons d'encens qui parfument l'air, y jetant une note de mysticisme.

La discussion est vive, les *yoguis* s'animent. Dans le feu des ripostes et comme pour se faire mieux comprendre, ils s'allongent l'un vers l'autre s'aplatissant sur le tapis. Je songe vaguement aux sangsues rampant sur la route.

Hélas ! c'est sans vie que j'écris, mais le tableau, je t'assure, valait son prix en exotisme intense et moi « qui sais voir » comme tu dis aimablement, j'en ai goûté la pleine saveur... Chacun a son genre de sensualité ; moi, j'ai celle, très tyrannique, de ces paysages humains.

Allant à Pemionchi, le maharadjah Kumar a adjoint le

second *yogui* au cortège. Au moment de la descente boueuse que j'ai seule faite à cheval, ces deux anachorètes relevaient leur robe si haut que je m'attendais à tout instant à voir... ce sur quoi reposait le grand *Padmasambhava*. Mais il n'en a rien été.

L'arrivée à Pémionchi s'est faite au son des cymbales et des clochettes qui avaient été nous quérir à plus de quatre kilomètres en avant. [...]

[...] A propos, le prince serait désireux d'avoir des dattes de Tunis. Veux-tu noter que dès qu'elles seront bonnes, je te prie de lui en envoyer une caisse (caisse peinturlurée, ce qui fera beaucoup mieux). J'aimerais bien aussi que tu lui expédiasses un album de vues de Tunisie. [...] Il a été tout à fait cordial pour moi, m'a aidée de mille façons et je lui dois tout l'intérêt de ce séjour au Sikkim, cela vaut bien une petite marque de reconnaissance. [...]

Rinchingpon, 10 octobre 1912

De Pemionchi on a été à Dentam en s'arrêtant au monastère de Sangachelli où le Kumar avait fait mander quatre anachorètes vivant dans les forêts. Ah! pour pittoresques, ils l'étaient! avec des tignasses invraisemblables! Le temple supérieur où nous nous reposons, en causant, et où le prince tient sa « cour » momentanée serait effroyablement *shocking* pour une Anglaise et même pour d'autres. Il y a là, sur l'autel, un monsieur bleu avec une dame blanche et un autre monsieur rouge avec une autre dame couleur chair, qui font des choses d'espèce « najateuse ». Ici, c'est un symbole. J'ai noté, en regardant les fresques du temple inférieur, des gens qui s'amusaient à la manière des fresques de la maison consacrée à Vénus à Pompéi. Mais, ici, cela n'évoque aucune gaieté libertine, je t'assure. Bien que la peinture soit d'un dessin plutôt naïf, le frisson vient à considérer ces êtres s'épuisant, pris au piège de la nature voulant la reproduction, tandis qu'un pied sur leur corps, se dresse une divinité terrifique avec un collier de crânes.

Tout cet effort vers la vie, dont la mort se rit, cette

volupté de ces êtres tout petits donnés par ces gigantesques dieux destructeurs... On reste devant la muraille, pris
par les pensées, les méditations qu'elle fait surgir. Il faut
être un touriste imbécile pour songer à parler d'indé-
cence. [...]

[...] En haut nous trouvons du brouillard, un bungalow en réparation, et nous y attendons nos bagages près
de cinq heures, les pieds dans la cheminée. La nuit est
humide et glaciale, il manque des carreaux à mes vitres,
je me recroqueville sous mes couvertures sans dormir
beaucoup. Le matin, désastre ! Il pleut... quelques éclair-
cies viennent et nous jouissons du plus extraordinaire
paysage de nuages, vus d'en haut, que l'on puisse rêver...
Mais les pics neigeux restent invisibles. Nous allons faire
une méditation matinale, le prince et moi, assis sur des
rochers. Nous sommes très distants l'un de l'autre, à quelque cent mètres, peut-être et devons ressembler à deux
oiseaux mélancoliques perchés sur leur aire. Cette mélancolie n'est, du reste, que dans l'apparence. Il y a une si
infinie sérénité, une si grandiose paix sur ces sommets
et tant de philosophie paisible aussi en mon esprit que
la déception causée par les nuages masquant le Méru
sacré, demeure des dieux, s'estompe, se noie dans la béatitude de ces heures silencieuses...

Nous repartons pour la descente, arrosés par de fré-
quentes ondées. Les gens de la suite ont coupé des hampes
desséchées d'une sorte de lis géant. Et soufflent dedans ;
cela ressemble tout à fait à des trompettes que des laquais
font résonner sur les *four in hand* au retour des courses.
Brusquement je songe à l'avenue du Bois, aux Champs-
Elysées un soir de Grand Prix à Longchamp.

Que nous sommes loin de tout cela dans cette jungle,
parmi ces forêts... et que j'en suis plus loin encore dans
ma pensée !

Le lendemain, on s'en va vers Rinchingpon. Quelques
miles avant l'arrivée, une bande de Népalais et Tibétains
musiciens nous attendent. Le Kumar fait taire l'harmonie
discordante des deux orchestres qui s'évertuaient à jouer
ensemble et nous demeurons avec deux flûtes modulant

en tierce une phrase discrètement scandée par des cymbales et un tam-tam. La mélodie est d'un archaïsme savoureux et presque purement grecque. Nous allons entre des taillis ensoleillés comme des dieux champêtres en balade à travers les campagnes de l'Arcadie... Ah ! que de minutes d'exquise sensualité intellectuelle m'a données ce séjour au Sikkim !... A Rinchingpon, le prince mande des villageois Lepchas qui chantent pour moi de vieux airs du pays. Ils sont à moitié morts de peur devant leur seigneur, se prosternent entre chaque couplet. Est-ce assez étrange que sur ces simples et candides campagnards mon petit camarade de route, si peu majestueux, produise un pareil effet ? Quand ils sont partis, des gens de la suite me chantent des airs tibétains dont on me traduit les paroles. Courtes phrases, un peu dans le genre des poésies japonaises et chinoises. Sentiments innocents... quelque chose de très lointain... porte d'un autre monde.

Et puis, c'est le dernier bungalow. Chakun, auquel nous nous rendons en visitant encore deux monastères, dont l'un de Bhikkus de la secte jaune. Musique, toujours, encens, reposoirs-nids le long des sentiers. [...]

Elle vient, la dernière journée, encore un monastère où nous grimpons à flanc de coteau parmi les musiques et les encens... le dernier lui aussi, et j'adresse un adieu un peu ému à tout ce bric-à-brac lamaïste qui m'était devenu familier. Comme nous sommes partis tard et que sur les trente-quatre kilomètres de route nous en avons vingt en montée très dure, la nuit nous prend après que nous avons goûté assis dans un champ de blé. Nous sommes dans une forêt. Où allons-nous ? je n'en sais rien. Je ne distingue rien, pas même le cheval blanc du Kumar qui précède le mien de si près que les deux bêtes se touchent. Le prince chante un hymne composé par *Milarepa* en l'honneur de son *Guru* ou précepteur spirituel. C'est une mélopée un peu sourde et monotone dont les finales de phrases s'achèvent en un murmure de syllabes, comme ravalées aussitôt émises. Je sais que les paroles disent : « O mon précieux Guru je te vois siégeant sur le lotus qui est au centre de mon cœur. »

Le maître d'école reprend le chant, pensant peut-être à son vieux précepteur qui l'a initié au tantrisme à la frontière du Bouthan. Nous allons, enveloppés de belle insouciance autant que de ténèbres... Enfin, on gagne deux huttes. Des serviteurs enroulent des feuilles de bananiers au bout d'un bambou et les imbibent de pétrole. Nous avons des torches à présent, qu'on allumera les unes après les autres.

Nous voici à la fin de la montée. La première lampe électrique apparaît... C'est la fin. Nous suivons une large route qui nous mène vers le centre de Darjeeling : un mile plus loin des hôtels, des villas se montrent, toutes leurs fenêtres rayonnent dans la nuit. Notre procession, le prince colibri et ses Tibétains, subitement, ont changé d'aspect, tout le pittoresque joyeux qui les entoure dans la jungle s'est soudain éclipsé. Ils ont l'air piteux de pauvres masques de carnaval sur cette large avenue et sous ses lampes électriques. Plus rien ne chante, ni les flûtes évoquant la Grèce païenne, ni les psaumes de l'ascète-poète : *Milarepa*... D'un coup, dieux, génie, âmes du pays de neiges se sont envolés effarouchés, ont fait volte-face vers le Sikkim... Je me sens presque gênée d'être parmi ces compagnons de route d'une autre race... La civilisation me rappelle que je suis d'une « autre espèce » comme pensent les Anglais... d'une « espèce supérieure »...

Avec cela, il me semble entrer dans un monde inconnu, comme si j'avais oublié la vie durant mes six mois de retraite. C'est un choc brusque, déplaisant ; plus que déplaisant, douloureux comme si je tombais de quelque paradis dans un monde inférieur. A l'hôtel on m'a gardé une chambre très convenable que je regarde avec les yeux d'un paysan sorti pour la première fois de son village. Je m'étais accoutumée à la nudité des chambres de bungalow, à une sorte d'austère dénuement... L'avouerai-je, j'ai presque envie de pleurer... Je ne pleure pas, cependant, mais que tout cela me semble laid, déplaisant après la jungle où voltigent les papillons multicolores et où les lampes électriques dansent vivantes dans la nuit.

Mon pauvre ami — faut-il dire hélas ! ou tant mieux !

— ces mois de méditations solitaires m'ont bien profondément enfoncée dans ma sauvagerie native, dans mon aversion du monde.

A mon arrivée à l'hôtel j'ai trouvé une lettre de Mrs Holmwood et le lendemain matin elle est venue me prendre pour m'emmener chez elle pour le lunch. [...] Je suis rentrée « m'habiller » pour le dîner. Demain je donne un lunch avec, pour invités, Mr et Mrs Holmwood et le prince du Sikkim. Ils se connaissent de longue date. L'après-midi je suis invitée chez le maharadjah et la maharani de Budwan que j'ai rencontrés à Calcutta et après-demain je prends le train à 2 heures pour Calcutta où j'arriverai le jour suivant 16 octobre à 10 h 30. Le soir j'irai voir promener la déesse Dourga dont c'est la fête.

14 octobre 1912. J'ai été chez les Burdwan. Le maharadjah m'a tenu d'extraordinaires et incohérents discours philosophiques. Je me suis inscrite chez les « excellences », le gouverneur du Bengale et sa femme qui villégiaturent ici, et j'ai écrit un mot de souvenirs et compliments à la lady ; j'ai pris des nouvelles de la Résidente de Gangtok. Ouf ! ces « officialités » sont heureusement terminées. Elles me sont imposées par ma situation d'accréditée auprès des hautes autorités britanniques.

L'altesse du Sikkim m'a porté ce matin, avec l'écharpe que l'étiquette tibétaine exige comme témoignage de respect, un présent peu banal. Lui-même était fort ému en me l'offrant et j'ai pensé que ce petit Jaune peu prodigue de paroles et d'expansions devait avoir une bien haute idée de moi pour me faire un tel cadeau... Ce que c'est ? Oh ! une chose qui ne dit rien par elle-même, une petite statuette de bronze représentant le *Bouddha Gautama*. Mais cette statuette est historique et elle était conservée comme relique dans un monastère. Lorsque le premier lama de la *Karmapa secte* quitta le Tibet pour venir au Sikkim, le chef religieux de la secte lui donna cette image. Il la transporta dans ses mains et quand il arriva, ses mains étaient remplies d'*amrun*, le breuvage d'immortalité... Le miracle est joli et son symbolisme transparent. La statuette dont l'intérieur est empli de reliques est vieille de plusieurs siècles et les lamas la gardaient avec vénération. Mon ami l'altesse croit à demi et peut-être plus qu'à demi, à la réalité du prodige. Envoyer loin de son Etat cette sainte image était une grosse affaire et pour les lamas et pour lui... A cause de l'intention avec laquelle elle m'était offerte j'ai reçu la petite statuette avec quelque émotion et me suis promis de la faire réexpédier, à ma mort, dans sa patrie... En plus de l'écharpe d'étiquette que j'ai été très étonnée de voir apporter par le prince, car il ne la doit qu'à son père et à quelques hautes personnalités comme le *Dalaï Lama* ou le *Tashi Lama*, il m'a offert un long morceau de soie jaune de fabrication chinoise pour m'en servir selon la coutume ritualiste comme d'une draperie qu'on rejette sur l'épaule quand on porte le costume religieux. [...]

Katmandoo, Népal, 23 novembre 1912

J'ai fait mon entrée à Katmandoo avant-hier, au clair de lune, dans une voiture de la cour et j'y ai dormi dans une chemise de nuit de la Résidente, mes bagages étant loin en arrière.

En quittant Gayâ, j'ai été coucher à Bankipur. Le *commissioner* qui est une sorte de préfet, m'avait fait préparer une installation au dok bungalow, désolé que les convenances ne lui permissent pas de me loger chez lui (il est célibataire). [...]

24 novembre 1912. [...] A Raxaul, le terminus du rail, je trouve le personnel du bungalow de la résidence. Rien à faire qu'à « me laisser faire ». Des hommes entendus dirigent les coolies, mes quinze colis sont enlevés et je suis moi-même enlevée par quatre porteurs sur un châssis de lit pourvu d'un toit et d'épais rideaux rouges.

Au bungalow, le thé est servi, le bain m'attend, le dîner cuit... Le lendemain, réveil avant le jour, les porteurs sont chargés sous l'œil vigilant du policeman-soldat qui va m'escorter. Nous partons, dans le matin rose, vers les cimes, lointaines au nord. La première étape est plutôt longue, soixante kilomètres environ, sans relais, les mêmes coolies faisant tout le trajet en trottinant presque continuellement. On débute par une longue route poussiéreuse, affreusement. Mon « lit » est soulevé à quarante centimètres à peine du sol et je respire les nuages de sable soulevés par les pieds des porteurs.

C'est la continuation de la monotone plaine de l'Inde. Je suis couchée sur mon lit, le toit trop bas ne me permettant pas de m'asseoir, nous comptons arriver au bungalow, où je coucherai, vers 10 ou 11 heures du soir. D'ici là les heures vont couler paisibles un peu somnolentes. Les porteurs chantonnent « Hé ! hé ! — oh ! oh ! — aïe ! aïe ! — hum ! hum ! ghoo go ! hum ! hum ! — haïfa — hum ! hum ! » Je ne garantis pas l'orthographe !... Il paraît que cela veut dire quelque chose comme : « Avançons, marchons... » Mais le rythme et l'air sont étrangement semblables à la psalmodie de nos Arabes emportant un mort. Si bien qu'enroulée des pieds à la tête dans une large écharpe de commune mousseline orange-safran qui me sert de cache-poussière je me fais l'effet d'un de nos cadavres tunisiens en route pour le champ de repos. L'idée m'amuse un peu et je souris parce que le jardinier de la villa résidentielle m'a offert au départ des fleurs qui reposent sur mon écharpe-suaire complétant l'illusion.

Au fait, est-ce que la vie est autre chose que cela : une marche vers le bûcher ou la tombe ? Oh ! *Shiva !* symbole des éternels recommencements et destructions, ton nom est sur mes lèvres. De temps en temps mes porteurs exhalent leur fatigue dans une invocation pieuse. « Rama Rama ! » y joignant parfois celui de l'épouse du divin héros « Rama Rama, Sita, Ram ! »

Dans l'après-midi on atteint le Téraï de mauvaise réputation. Pays de fièvre, pays de tigres. J'ai avalé et fait avaler à mon boy de la quinine préventivement. Quant aux tigres, nous sommes vingt dans notre caravane, la lune est presque pleine, je doute fort que cette nuit nous apercevions ne fût-ce que l'ombre de la queue d'aucun fauve. Et puis, suivant la croyance hindoue, les bêtes sauvages respectent les *sadhus*. Mes porteurs, ancrés dans leur superstition, seraient vraisemblablement très braves, à l'ombre de ma robe aurore et je me verrais tenue, par respect pour la tradition, à passer devant pour « parler » au passant nocturne... Evidemment, je le ferais... parce que le geste inutile et périlleux de la fuite serait lâche et inesthétique dans cette jungle emplie du souvenir des antiques épopées... parce qu'il serait égoïste sur cette terre qui est la patrie du *Bouddha*... et puis parce que, qui sait ? j'y crois un peu moi-même à la tradition et n'aurais pas très grand-peur... peut-être pas peur du tout, ce pays est si puissant pour infiltrer lentement en vous sa mentalité de nonchalante intrépidité. Ainsi je rêvasse un peu assoupie par le bercement de mon singulier véhicule, par la mélopée des porteurs. La nuit vient. La route pendant des kilomètres emprunte le lit d'une rivière. C'est une façon économique à recommander aux Ponts et Chaussées tunisiens. On se tortille péniblement entre d'énormes blocs roulés par les rares mais torrentielles crues, durant lesquelles, naturellement, la route devenant liquide, le voyageur est prié d'attendre. Je m'endors roulée dans une grosse couverture, les rideaux de mon lit-palanquin presque entièrement baissés. La nuit est très froide. Une vocifération, reprise en chœur, me réveille. Nous sommes devant une sorte de falaise envahie par la végétation qui m'apparaît comme un palais en ruine avec des portiques et des fenêtres béantes... une sorte de vision passant entre deux sommes. Et puis, c'est de nouveau une gorge embroussaillée, un nouveau lit de rivière, on n'arrive toujours pas. Cependant, on grimpe une pente raide. Je navigue pendant quelques minutes les jambes en l'air, la tête en bas, puis on me dépose par terre. La lune est à peu près couchée. Le bungalow est là, peu engageant d'aspect, sur le flanc d'un étroit ravin. Un vrai site à histoires de bandits. On aura dîné « par cœur » aujourd'hui, tu comprends qu'on ne peut que songer à dormir à cette heure. [...]

Katmandoo, Népal, 1ᵉʳ décembre 1912

Me voici installée, depuis quelques jours, dans le petit bungalow situé à l'extrémité du jardin de la résidence. Les résidents, eux, sont partis pour la jungle et y ont commencé leurs massacres d'animaux. Ma demeure serait confortable, n'était que l'unique cheminée, construite à mon intention, fume horriblement et que j'ai le choix entre être asphyxiée ou gelée. Dans la journée, le soleil est assez fort pour permettre, en étant bien couverte, de se passer de feu, mais le soir ou le matin de bonne heure c'est difficile et j'ai repris un gros rhume. Le maharadjah m'a donné un officier et un maître d'école qui ouvrent des yeux en forme de porte cochère pendant les discours des Pandits et n'arrivent évidemment pas à suivre la discussion. Le guide qui m'a été également donné et que l'on m'avait présenté comme un garçon intelligent dont j'espérais un peu d'aide, en sa qualité de fils de lama, se trouve être un petit ignare incapable de me donner le moindre renseignement sur les monuments ou n'importe quoi. Enfin, le maharadjah lui-même est très aimable, très obligeant ; mais il n'entend rien à mes recherches, ne connaît même pas le nom des livres sacrés essentiels de sa religion. Il est... savoure cet exotisme et ce paradoxe, il est spirite ! Les derniers messages *post mortem* de Mr Stead l'intéressent infiniment plus que la connaissance du suprême *Brahman*. Avec cela, en dépit de toute l'amabilité témoignée il y a, ici la double défiance patriotique et religieuse envers l'étranger. Ce petit pays qui a conservé un semblant d'indépendance et entretient quarante mille hommes sur le pied de guerre, plus environ cinquante mille autres réservistes, est médusé par la vue de l'Inde conquise et du Tibet où l'influence britannique grandit rapidement. L'Européen, tout Européen, est suspect et tous les gardes du corps qu'on lui donne sont autant d'espions qui le surveillent. Les résidents ne font pas un pas, même dans la ville, sans être escortés d'un *moukhia*, sorte de janissaire népalais qui se rend utile en écartant la populace devant vous, vous faisant témoigner le respect voulu, mais vous surveille en même temps. Je suis, naturellement, pourvue de mon *moukhia* qui marche devant mon cheval ou monte à côté du cocher à chacune de mes excursions. Et, comme la défiance est réciproque, les résidents m'ont munis de deux *cipayes*, soldat britanniques dont l'un demeure chez moi comme ordonnance et l'autre me suit à cheval quand je sors. C'est la réponse de l'Europe à l'indigène, signifiant qu'au-dessus de la protection du gouvernement local, il y a celle de la « Grande Albion » et que ladite Albion place sous son aile la dame qu'elle fait escorter par ses soldats. Les Anglais prennent cela très au sérieux. Je suis absolument certaine que s'il m'arrivait quelque chose de fâcheux ils regarderaient la chose aussi gravement que si j'étais de leur nationalité. C'est bien gentil tout cela... et bien embêtant, car tu comprends que ce que l'on peut voir de vie indigène quand on s'en va à travers le pays avec deux valets de pied chamarrés, un cocher vert et or qui tire l'œil à une lieue à la ronde, un *moukhia*, un guide et un *cipaye* à cheval, est plutôt mince. Les habitants grouillent en fourmilière, tenus à l'écart par les cannes de mes suivants... C'est comme une visite présidentielle. On s'en amuse une fois, deux fois... et puis cela devient fastidieux.

Les Pandits que j'ai vus n'ont, non plus, rien d'original. Il faudrait courir le pays, fureter dans les coins, comme je l'ai fait au Sikkim, et, avec un interprète intéressé à la question, peut-être découvrirait-on alors quelque chose. Mais il faudrait cheminer sans pompe et cela, paraît-il, est impossible, ni le maharadjah ni le résident ne le souffriraient. Au Sikkim, les conditions étaient différentes. D'abord, le pays est officiellement sous le contrôle de l'Angleterre, ensuite, quelque différence qu'il y ait entre le bouddhisme des lamas et le mien, j'étais « de la famille », et comme le résident le savait, il ne s'inquiétait nullement de moi, sûr que je ne courais aucun risque. Mais, surtout, le bouddhisme, si dégénéré qu'il soit chez

les Tibétains, leur a façonné une âme hospitalière et gaie
tandis qu'ici, les figures sont sombres, fermées, stupidement mauvaises. Saint Paul aurait dit que le pays était
plein de démons et « de fait » tous ces autels malpropres
que l'on rencontre à chaque pas, ces affreux sacrifices
sanglants accomplis avec une férocité inouïe, gâtent l'atmosphère. Imagine qu'on coupe une des artères carotides
de l'animal et qu'on le fasse ensuite marcher jusqu'à l'autel, alors, là, quelqu'un met ses doigts dans la plaie et tire
violemment sur l'artère pour l'amener au-dehors, ensuite
il n'y a plus qu'à s'en servir comme nous faisons d'un
tuyau de caoutchouc, c'est-à-dire à le pincer et à le fermer
alternativement pour faire gicler le sang sur l'image du
Dieu. Quelquefois on coupe les deux artères. On m'a dit
que certains « praticiens » habiles savaient prolonger l'agonie d'un buffle pendant deux heures. Il ne faut pas en
savoir davantage pour comprendre la mentalité des habitants, n'est-ce pas ? et l'espèce de malaria psychique qu'exhalent les temples de toutes dimensions dont la contrée est
hérissée. [...]

                                Katmandoo, 12 décembre 1912

[...] Je vais, après-demain, au lieu où la tradition place
la scène de la légende du *Bouddha* se donnant en pâture
à une tigresse, dans l'une de ses existences antérieures.
C'est là une histoire faisant partie des cinq cents contes
de ce genre appelés *Jatakas*. Cette légende est l'une des
premières que j'ai connue, bien avant d'avoir rien étudié
en fait de bouddhisme et d'être devenue bouddhiste. J'en
ai toujours été très admiratrice, je l'ai citée et commen-
tée maintes fois et l'envie m'est venue d'aller faire un
tour, m'en trouvant si près, à l'endroit où les dévots
ont, je ne sais sous quelle influence, situé un fait, qui, vraisemblablement, n'a jamais eu lieu — bien que tout soit
possible dans ces pays ! — Ceci peut s'appeler le pèlerinage d'une incrédule. Mais quoi, le temps est merveilleux
— un peu âpre la nuit — le pays est joli et la route sera
sans doute pittoresque. [...]

Après la fiction nous rentrerons dans une voie plus historiquement réelle. Moi, pauvre cher, je suis le contraire d'un croyant. Il y a des preuves historiques et archéologiques très excellentes pour affirmer que le jardin Lumbini où est né le *Bouddha* est à un endroit très bien reconnu aujourd'hui. Mais je n'ai pas une foi extrême en toutes ces preuves. Je dis, c'est très probable, mais enfin on peut se tromper. Et au fait, que le *Bouddha* soit né là où ailleurs, c'est tout un. N'importe, je suis ici, je ferai le pèlerinage complet, j'irai à Lumbini, aux ruines de Kapilavasthu où régnait le père de *Siddharta Gautama*, et le pèlerinage qui semblerait peut-être un peu rude à certains va, pour moi, être un pur délice. Le maharadjah m'envoie des gens, des tentes, un palanquin, vrai, je vais croire que je suis la reine de Kapilavasthu elle-même. Je vais encore là camper dans la jungle, on allumera de grands feux la nuit, on fera la cuisine en plein air. Ce sera tout à fait comme dans les gravures de Jules Verne qui m'enthousiasmaient quand j'avais sept ans. J'avais résolu d'aller là, humblement, dans un char à bœufs et de coucher dans mon char. Le maharadjah, plein du respect qu'un hindou bien né professe pour un *sannyasin*, s'est écrié : « Jamais je ne vous laisserai coucher dans un char à bœufs, dans mes Etats. » Et il m'a priée de ne m'occuper de rien. Il a donné des ordres et ses gens vont organiser quelque grosse caravane, trop grosse... mais nous sommes en Orient, pays de faste bruyant, qu'y faire ? [...]

13 décembre 1912. [...] Je n'ai jamais reçu la lettre à laquelle tu fais allusion et dans laquelle tu me parlais de la continuation de mon voyage. Bien certainement, mon très cher, je me rends compte que le temps passe et qu'il y a déjà pas mal de mois que j'ai quitté Tunis. Ce qui m'arrive est tellement inattendu dans ma fin de vie, ce voyage se présente de façon si différente de tous les autres que, je l'avoue, je manque de courage pour rompre le charme et m'en retourner. Il y a des choses qui ne se

recommencent pas. Je sens que si je continue, si je vais
au Japon, si je donne mes conférences en Amérique, j'arriverai à être ce que j'avais souhaité. Tout cela demande
des mois encore, c'est évident, et tout est dans tes mains.
Il y a cette question de sanskrit qui est aussi une grosse,
très grosse affaire pour moi et peut-être le pivot de tout.
Des gens très sérieux, des professeurs d'expérience m'ont
dit : « Donnez-nous quelques mois d'études suivies et,
avec ce que vous savez déjà, nous vous mettrons en état
de vous débrouiller et de continuer seule. » Il y a parmi
eux des gens qui apprécient ma façon de comprendre
leur philosophie et qui voudraient m'aider à me créer un
nom en Occident. Je sens mieux qu'autrefois, maintenant
que l'attention des orientalistes commence à être attirée
par ce que j'écris, qu'il faut que je me mette en garde
et me munisse du bagage nécessaire. Je vais publier un
livre sur le *Védanta*, c'est un ouvrage qui va être passé au
crible... Oui, je sais bien, quand on a une maison, un
mari, on n'est pas libre. Je dois penser que toi, qui n'as
pas la double raison qui me retient ici — la passion de
l'orientalisme, et l'œuvre de la réforme religieuse dont
je suis l'un des promoteurs — tu goûtes peu cette longue
absence. Et c'est logique. La grande maison est vide, tu
n'as que des étrangers autour de toi... Moi, je suis faite
à cette vie d'isolement. Je vois beaucoup de gens, diras-tu,
toi aussi et ceux que je vois passent et changent si rapidement qu'ils me sont plus étrangers que ceux qui t'entourent. Je m'en vais à travers la jungle seule parmi une
troupe de mercenaires. Si je suis fatiguée, si je suis souf-
frante, s'il m'arrive un souci, un chagrin, je suis seule.
Mais je le répète, je suis rompue à cela. J'ai cru mourir
sous ma tente au Tibet, dans cette vallée pierreuse dont
tu as une photographie et je n'ai eu en moi, ni faiblesse,
ni attendrissement, ni regret. J'ai trouvé beau cette mort
sur ces sommets, parmi le silence et cette solitude grandiose. L'habitude de philosopher depuis que j'ai treize ans
m'a créé un esprit très à part. Tu sais cela. Et toi, grand
Mouton, tu n'aimes pas la solitude, l'isolement. Tu les
supportes quand il le faut, mais tu ne les aimes pas. Si

tu me dis : reviens, je reviendrai. J'aurai rompu le fil qui me conduit. Je laisserai inachevé ce qui avait été si bien commencé... Oui, il y a ce que tu appelles l'envahissement du mysticisme. Tu vois très juste. La vague qui s'était élevée, quand j'étais encore enfant, est revenue plus haute. Mais ce n'est pas au cours de ce voyage qu'elle s'est manifestée. C'est bien avant, mon ami, lorsqu'elle a balayé tous les vestiges de la crise misérable qui m'a tenue si longtemps prisonnière. C'est vrai, je regarde le monde avec des yeux froids, les yeux de ceux qui l'ont analysé, pesé et jugé. Je suis bien proche d'avoir tué toute ambition personnelle et renoncerais, très aisément, à signer ce que j'écrirai. Tiens, je puis bien te le dire. Je trouverai grand plaisir à mon voyage à Lumbini et Kapilavasthu ; plaisir de visiter ces lieux historiques et plaisir d'une superbe randonnée dans la jungle. Le concours du maharadjah fait de ce voyage un rêve. Eh ! bien, lors de la visite au cours de laquelle il m'avait promis ce concours, le maharadjah me parla de choses très personnelles, d'ordre mystique, comme tu dirais. De retour chez moi, la réponse à donner me vint, catégorique, assez brutale, peu faite pour plaire et je pensai qu'elle pouvait faire écrouler comme château de cartes l'amabilité du prince et le voyage à Lumbini... Cependant je l'ai envoyée telle, résignée par avance à ne jamais voir la ville où vécut le *Bouddha*, le sol où il est né. L'effet a été tout autre. On est accoutumé dans l'Inde à la rudesse de ceux qui portent la robe orange... Mais le sacrifice était fait très paisiblement. Pour toi qui connais ma passion des voyages, ce fait sera caractéristique... Je te le répète, mon cher Mouchy, tout est en tes mains. [...]

Katmandoo, 21 décembre 1912

[...] J'ai été à *Mam Buddha* (la légende de la tigresse) ainsi que je te l'ai annoncé l'autre jour. Le voyage était très bien ordonné : voiture jusqu'à Badgoon et, là, chevaux tout prêts attendant. Il fait un petit vent court cinglant, rien de l'ample tempête tibétaine, on ne gèle pas, mais on est fouetté de frissons malgré de gros vêtements. Ce n'est pas un temps « nirvanique » mais un temps incitant à la lutte. Il faut aux philosophes d'Orient la tiédeur calme des nuits tropicales, il faut des parfums d'orchidées flottant dans l'air et des mouches lumineuses dansant dans les ténèbres pleines de chansons d'insectes, comme à Dikshu, autour du bungalow aux hortensias bleus où je me suis arrêtée, m'attardant dans le rêve à mon retour du Tibet. Le détachement, la sérénité viennent d'eux-mêmes dans cette ambiance et l'on irait, sans grand effort, vers la tigresse agonisante. C'est dans la satisfaction physique et mentale que naît l'indifférence, le mépris de la vie. Les *Bouddhas* et ceux qui leur ressemblent, furent toujours des riches, des heureux. Ceux pour qui la vie est âpre, par des circonstances personnelles ou climatiques, s'acharnent après elle, s'y cramponnent désespérément. Quoi qu'il en soit de cette philosophie d'allure paradoxale, mais pourtant exacte, ni le paysage banal ni la température n'inclinent vers l'idée de s'offrir en pâture à aucune tigresse. On se trouve ensuite en montagne, d'invraisemblables grimpades, pour retomber dans les champs coupés par des banquettes retenant l'eau des canaux d'irrigation. Le guide qui marche en tête lâche la route et attrape un sentier qui est un raccourci et qui, au bout de quelques instants, nous conduit à une étroite digue où il n'y a pas de place pour les pieds des chevaux. Il faut s'en aller dans les champs et nous avons l'air de faire une course d'obstacles, les poneys paraissent tout à fait réjouis de l'incident et sautent à cœur joie. Puis l'on recommence à grimper ferme. J'arrive au camp vers 4 heures. On a rasé, déblayé un vaste champ, brûlé et coupé des buissons tout à l'entour, planté des branches d'arbres en terre pour faire une allée de la route à ma tente. C'est très gentil d'aspect. Ma tente aussi est tout à fait confortable, avec un second toit couvrant et formant auvent tout autour. La tente est à deux pièces ; la chambre d'environ 2,75 m² et un petit cabinet de toilette attenant. Tout ferme très bien. Ah ! si j'avais eu cette installation quand j'étais juchée à 5 000 m... On a mis un épais lit d'herbe sèche sous les tapis de sorte qu'il fait vraiment très chaud. [...]

[...] Je dîne et je me couche tout de suite. J'aime ces nuits de solitude dans la jungle, dans la chambre de toile. Mieux qu'en la plus rudimentaire des maisonnettes on se sent parmi la nature, un avec les choses. La tente, mince cloison dont les parois chantent, clapotent et vivent avec le vent, la tente oiseau mouvant, aujourd'hui ici, demain là... un navire de terre ferme. Oh ! je n'aimerais pas, par exemple, les « campings » fastueux des résidents ou les tentes redeviennent presque une maison, où une nombreuse compagnie tient salon. Il faut être seul blotti dans l'étroite couchette à écouter les cris des oiseaux nocturnes. Les frôlements d'êtres invisibles de l'autre côté de l'étoffe. L'autre nuit j'ai cru à la visite d'un serpent. Ce sont mes rêves de petite fille sauvage que je vis aujourd'hui. [...] Si les dieux étaient bons, ils m'endormiraient du grand sommeil, dans une de ces nuits de la jungle « où il y a tant de planètes » comme dit le berger Balthazar de Daudet... et la tentation s'insinue, sournoise, de le leur demander... Je souris en songeant au *Mâra*, le Malin des légendes bouddhiques, qui tenta de même le *Bouddha* : « Tu as obtenu la paix, le repos, ô Bienheureux, maintenant éteins-toi, entre dans le repos éternel, dans le Nirvâna. » Et le *Bouddha* l'arrête : « Assez ô *Mâra*, aussi longtemps que je n'aurai pas annoncé cette doctrine et cette voie que j'ai trouvée et qu'elles n'auront pas été comprises par des hommes, des femmes, des religieux et des laïcs qui l'annonceront à d'autres, je n'entrerai pas dans le repos. » Les paroles des textes lus et relus, sus par cœur depuis si longtemps, résonnent dans le silence, autour du petit lit d'anachorète.

[...] A mon retour je trouve deux émissaires du maharadjah porteurs d'une large enveloppe et de paquets. La lettre est charmante, écrite dans cette note spéciale commune à tous les hindous lorsqu'ils s'adressent à ceux avec qui ils ont parlé de choses religieuses. Son altesse m'envoie les produits nationaux de son pays. D'abord, l'arme nationale des guerriers *gourkhas*, le *Kookri* de luxe à poi-

gnée d'argent ciselée aux armes du maharadjah et à gaine
de superbe maroquin enrichie d'ornements en argent où
je découvre un être bizarre à trompe d'éléphant, figure
presque humaine et corps d'oiseau. Ensuite, deux séries
complètes de monnaies népalaises or, argent et cuivre.
C'est très joli et cela représente plus de trois cents francs
de notre monnaie. Il y a de très lourdes et larges pièces
d'or du diamètre de la « pièce de mariage » que tu m'as
donnée mais beaucoup plus épaisses, et il y en a qui sont
des types non en circulation, si petites et si minces
qu'on n'ose les toucher. Naturellement, ce n'est pas de
l'argent à dépenser, ce sont des pièces de collection, mais
comme il y en a deux séries, tu pourras te faire une épingle
de cravate originale. Il y avait aussi une collection complète de timbres népalais et de cartes postales (ils n'ont
cours que dans le pays, la poste anglaise dessert l'étranger)
et, enfin, des muscs enfermés dans des pochettes de peau
cachetées. Les émissaires accroupis étalaient tout cela
avec respect, à mes pieds, sur le tapis. Ma femme de
chambre, accourue, baragouinait, entre des soupirs, dans
son anglais rudimentaire : *so much money! so much
money !...*

N'est-ce pas que c'est gentil ce cadeau tout en produits du pays ? Je ne m'y attendais pas le moins du
monde. [...]

C'est aujourd'hui l'anniversaire de la mort de mon
père. Huit ans qu'il s'en allait... J'ai pensé à tout cela
aujourd'hui. J'ai revu les circonstances qui ont entouré sa
mort : la dureté de ma mère, son égoïsme méchant que
ne touchait même pas la vue d'un mourant. Et puis j'ai
remonté le cours des années, j'ai revu avec plus de discer-
nement que lorsque j'étais jeune, ce qu'ils ont été l'un
pour l'autre pendant cinquante-trois ans de mariage et ce
qu'ils ont été pour moi... tous deux peu faits pour la vie
de famille qui veut l'union, la solidarité, l'amour dévoué.
Comme ils se sont rendus malheureux et comme ils m'ont
fait une triste jeunesse... Nous étions tous trois si divers,
si différents l'un de l'autre, comme si nous eussions appartenu à des races, à des mondes différents. Avec de l'intelli-

gence, de la tolérance, nous aurions pourtant pu être heureux. Oh ! quelle folie aveugle les êtres ! Pauvre Papa, malgré nos divergences nous avions pourtant bien des points communs, mais cela il ne voulait, ou ne pouvait le voir et c'était ce qui, en moi, lui ressemblait qui l'exaspérait le plus. Ma mère, elle, voyait plus juste, elle ne se trompait pas sur les côtés communs à mon père et à moi. C'était ce qui l'enrageait de retrouver, en moi, tout ce qui lui déplaisait dans son mari. Bien terrible chose que d'avoir des enfants, et terrible chose aussi, que d'être enfant ! [...]

22 décembre 1912. [...] Je crois t'avoir dit que le petit prince du Sikkim m'a envoyé, pour mes étrennes, un petit carré de très ancienne broderie tibétaine.

J'ai appris que le *Tashi-Lama* a envoyé pour moi un très long mémoire en réponse à mes questions. Cela est à traduire. D'autres érudits tibétains sont occupés, également, à me fournir des notes. Un de mes amis ermites m'envoie une longue épitre de sa caverne... Quand je suis partie je n'avais pas la moindre idée de recueillir des documents lamaïstes. Je pensais que cela serait en dehors du possible et, maintenant, ceux-ci vont former la grosse partie, la plus intéressante de mon bagage. Il y a là des choses absolument inédites en fait d'orientalisme. C'est bien curieux comme les choses s'enchaînent. J'avais bien cru qu'en fait de bouddhisme, mes études seraient presque exclusivement confinées au *Hinayâna*, l'Ecole du Sud et, maintenant, il semble que je vais non seulement produire des documents *Mahâyâna* mais aussi *tantrayâna*. Ces lamas tibétains se sont intéressés très vivement à mon travail d'études modernes. Je dois dire qu'ils en ont saisi l'intérêt bien mieux que les védantistes hindous et ils sont tout décidés à m'aider autant qu'ils le pourront. Tu ne sais pas qu'on parle de moi, maintenant, dans des monastères très reculés du « Pays des Neiges » et, comme dans les cerveaux orientaux la légende est tout de suite là, prête à éclore, il paraît que je suis en passe de devenir une « incarnation » des *Dakînis* (sortes de déités féminines). Ne raconte cela à personne, au moins. C'est gentil, poétique, assez prenant même, ces histoires-là dans leur cadre propre, transplantées ailleurs elles font pendant à celles de Tartarin.

A propos, j'ai montré mon arme de guerre (*Kookri*) à quelqu'un qui s'y connaît un peu. Il a déclaré que c'était une arme de haut prix et l'estime à une valeur équivalant à pas loin de deux cents francs. Avec des lourdes lames d'acier les gens d'ici tranchent d'un seul coup la tête d'un buffle. [...]

Rumindei, 8 janvier 1913

[...] J'ai quitté Katmandoo le 31 décembre et j'ai constamment voyagé jusqu'à hier ; je prends deux jours de repos en restant ici qui est l'endroit où est né le *Bouddha*. J'irai, après-demain, camper à Kapilavasthu, la ville où il passa sa jeunesse. C'est là comme à Carthage, il ne reste que quelques pierres. On doit aussi me montrer une ville de cette province encore plus fermée aux étrangers que la région de Katmandoo. [...]

Notre camp est dans un bosquet de manguiers. Ceci ne te dit rien, mais pour un lecteur des *Sûtras* bouddhistes cela rappelle des épisodes classiques et je songe à *Ambapali*, la belle courtisane propriétaire de « bois de manguiers » et mangue elle-même (*amba* signifie mangue en pâli), mangue savoureuse disent les vieux récits. C'est la Magdeleine de l'Evangile bouddhiste, mais une Magdeleine d'un tout autre caractère, sans passion, sans sentimentalité : *Ambapali* était une intellectuelle et une lettrée, une *Aspasie* hautement honorée, « la gloire de la ville de Vaiçali ». Le *Bouddha* fut son hôte et c'est à elle qu'on fait dire : « Rares sont les femmes capables de comprendre la profondeur et la subtilité de la doctrine... » Et il la traite en auditeur valable. C'est la seule femme avec *Vissaka* la riche matrone qui apparaisse dans les Ecritures comme ayant été appréciées par le *Bouddha* pour leurs capacités intellectuelles et *Ambapali* qui savait tant de langues, tant d'arts et connaissait les systèmes philosophiques a le pas sur *Vissaka*. Elle devint religieuse sans fracas, sans croire qu'elle avait rien à expier, à déplorer, comme une reine qui aurait compris la vanité du trône. On lui attribue des vers délicieux. [...]

Népal, Sinamena, 19 janvier 1913

Dès que j'aurai regagné l'Inde, j'expédierai la lettre contenant les incidents de cette nouvelle expédition. [...] Que peut-on rêver de plus « Jules Verne ». J'ai avec moi trois tentes : la mienne, celle des gens à mon service personnel et celle des gens d'escorte népalais. J'ai quatre éléphants et une dizaine de coolies-porteurs qui campent un peu plus loin. Tu comprends qu'il serait difficile d'organiser des voyages de ce genre par soi-même et je dois bénir ma bonne étoile qui m'a procuré toutes ces choses par la grâce d'un maharadjah qui a quelque estime pour mon modeste savoir. J'ai visité à mon dernier camp, où je suis restée quatre jours, différents endroits où l'on a trouvé des fragments indiquant l'emplacement d'une cité que certains déclarent être Kapilavasthu, tandis que d'autres prétendent que Kapilavasthu était dans la jungle où je suis actuellement et où se trouvent des vestiges plus importants. Tu sais que ma passion pour les vieilles pierres est mince. Ce que je souhaitais c'était parcourir ce pays natal du *Bouddha*, voir dans quel décor avaient éclos les idées qui l'avaient poussé à devenir un *Bouddha*. Tu me diras que les vingt-cinq siècles écoulés ont dû changer ce décor. Evidemment, mais pas tant pourtant qu'on pourrait le croire. La vie est lente en Orient et spécialement dans des coins reculés fermés à la civilisation comme l'est le Népal. Le père du *Bouddha*, *Suddhodhana* était le prince « riche en riz » et aujourd'hui la vaste plaine est couverte de rizières. L'emplacement des villages et des forêts a changé, je le veux bien, ils ont pris la place l'un de l'autre, mais les essences d'arbres sont les mêmes, la poussière des routes est la même, les mêmes sont les troupeaux, les bœufs et la forme des chars ramenant les moissons, ceci se voit sur les débris de sculptures. Et ce qui est encore bien plus le même, c'est le ciel, le climat et les pics des Himalayas formant le fond du passage. Une philosophie ne descend pas du ciel, elle naît dans le cerveau des humains et ce cerveau est fils de son milieu... Je t'assure que lorsqu'on rumine les théories hindoues dans la jungle où elles sont nées, on les voit sous un tout autre jour que les éminents chers maîtres qui ne les ont jamais connues que dans un cabinet de travail européen. Défunt Warren disait que ce qui l'avait le plus captivé dans son étude du bouddhisme, c'était *l'étrangeté* des horizons entrevus. Etrangeté en Occident peut-être bien, mais ici, horizon tout naturel. Nous avons souvent tous les deux fait cette remarque à propos de la Bible qui, livre fantastique en Europe, devient l'expression d'une vie vécue dans notre Orient méditerranéen et sémitique. Je suis en train d'expliquer ces choses dans un article plein de détails qui me paraissent jolis et intéressants, que je vais envoyer au *Mercure*. [...]

J'avais demandé à camper à Tilora, une jungle magnifique avec un étang et des clairières merveilleuses, mais on n'avait rien voulu entendre, déclarant l'endroit trop peu sûr, fréquenté par des « mangeurs d'hommes » et que personne ne s'y aventurait jamais la nuit. J'y vins une après-midi, et renvoyai mes suivants, demandant seulement qu'on m'amène un éléphant pour le retour. A la recherche d'une place ombragée où je puisse passer quelques heures paisibles, mon boy et moi faisons des découvertes affligeantes. Sous les arbres, de belles plumes bleues jonchent le sol indiquant que les oiseaux de proie font carnage parmi les beaux oiseaux bleus si jolis et qui se font si rares maintenant dans l'Inde. Plus loin, derrière un buisson, nous découvrons un vrai ossuaire... *Shiva ! Shiva !* cette jungle est un champ de bataille ! Bref, je trouve une place, m'assois, et le garçon s'en va vagabonder dans les taillis. Moi, je suis là comme les *yoguis* classiques de ce pays, je songe à la parole revenant si souvent dans les textes : « Que la jungle est un délicieux séjour pour les sages... » Je ne suis pas un sage mais je trouve la jungle délicieuse tout de même. Je suis partie, les yeux clos, en des méditations dont le sujet importe peu, lorsque j'entends, vers ma gauche, des pas ouatés dans les feuilles mortes. Des pas précautionneux de chat, mais de chat pesant. Je me dis que la distraction est chose mauvaise et m'efforce de ramener mes pensées sur mon sujet. Pourtant, au bout de quelques instants j'ouvre les yeux et regarde. A ma gauche, dissimulé à demi par le feuillage, à une vingtaine de mètres, il y a un corps long au pelage strié de noir, de la tête je ne vois que les oreilles droites. Ma première pensée est idiote, je dis : un zèbre ! Et puis je songe qu'il n'y a pas de zèbre dans le pays et que le pelage est trop roux pour être celui d'un zèbre et alors je songe : un tigre. Nous sommes près du crépuscule mais il fait encore tout à fait clair, je vois bien le corps long et les oreilles dressées. Je dis : un tigre et, ma foi, confessons-le, j'ai un battement de cœur, dont je souris très railleusement pour moi-même. Eh ! oui quoi, un tigre qui me voit probablement comme je le vois et qui songe immobile, comme je songe immobile. Que faut-il faire ? Me lever, m'en aller ? S'il le souhaite en deux bonds il m'aura atteinte... Et puis il est de tradition, dans l'Inde, qu'un *sannyasin* ne fuit devant aucun danger, cela m'intéresse de sentir le petit reste d'émotion nerveuse qui s'agite en moi, je me demande : que vas-tu faire s'il sort du taillis, s'il s'avance vers toi ? et je sais déjà que l'espèce d'entraînement, d'auto-suggestion, si tu veux, pratiquée de longue date seront les plus forts, que je ne bougerai pas, que je ne déshonorerai pas la robe couleur d'aurore qui m'enveloppe. Et puisque je le sais, je me dis qu'il convient aussi de laisser ce tigre pensif à ses méditations et de reprendre les miennes. Ce n'est qu'un tout petit effort, j'ai fermé les yeux de nouveau... après tout, tout n'est que rêve... J'ai oublié le tigre et la jungle et moi-même. Lorsque je sors de mes pensées, l'idée du tigre me revient et je me dis : Bah ! j'ai vu un tas de feuilles rousses tranchant sur des feuilles noircies. Je vais le revoir toujours à sa place, mon tigre de feuilles sèches. Je regarde... rien. J'essaie de toute

ma volonté de créer une image identique parmi le feuillage, mais en vain. Il n'y a pas de feuilles rousses et entre
les branches vertes à la place où le grand corps long
interceptait la vue, je vois un coin de ciel.

L'éléphant est arrivé, je retourne au camp. Dans la nuit
le rugissement d'un tigre, bien que venant d'assez loin,
met tout mon monde sur pied. Coïncidence ou bien est-ce
le même fauve qui a passé près de moi ? Je te le dis quand
ces choses-là sont vieilles de quelques jours, volontiers
on s'imagine les avoir rêvées.

Vas-tu penser que je suis brave, certains seraient ten-
tés de le croire. Mais non, vois-tu, tout cela, bravoure ou
lâcheté, c'est affaire d'hypnose dans la plupart des cas. J'ai
tant lu d'histoires hindoues de *yoguis* et de saints qui
regardaient les fauves en face que mécaniquement, auto-
matiquement je ferais de même. Ce qui aurait été brave
réellement, cela aurait été, non pas de poursuivre ma méditation sous le regard du tigre, car cela est dans la même
routine hindoue, mais de faire un geste inédit, non prévu
dans les histoires, un geste occidental : de prendre mon
appareil photographique, que j'avais avec moi, et d'essayer
de photographier l'animal. Il est probable qu'il se serait
sauvé... ou qu'il m'aurait happée, mais la jolie témérité
eût été d'essayer... A l'analyse je me fais un peu l'effet de
m'être enveloppée dans la sainte tradition et dans les
gestes séculaires des *munis* comme dans une forteresse,
étant convaincue de l'inutilité de la fuite, trop conscien-
cieuse pour attirer mon boy de mon côté et faire partager
mon danger à un enfant beaucoup moins préparé que
moi à une actualité dramatique et trop fière aussi pour
me permettre une attitude vulgaire. [...]

Bénarès, 19 mars 1913

[...] Hier, en écrivant une date, j'ai subitement songé
que c'était le 18 mars, l'anniversaire de *la Commune*, le
jour du pèlerinage des fédérés. T'ai-je jamais dit que j'y
avais été, au mur des Fédérés, après la fusillade, alors que

hâtivement on entassait les cadavres dans les tranchées creusées à cette intention... Une sorte de vague vision me reste de cela. J'avais deux ans à cette époque ! Si c'est la première fois que tu entends ce détail, tu te demanderas qui m'avait menée là. C'était mon père qui voulait que, si possible, je gardasse un souvenir impressionnant de la férocité humaine. Ah ! Dieux ! que je l'ai vue à l'œuvre, depuis, la férocité humaine, sous des aspects moins théâtralement tragiques. [...]

J'ai des visions d'Himalayas, de lacs où se mirent des pics neigeux, de cascades dans les forêts. Effet de la chaleur qui s'accentue, je n'en doute pas et qui, comme aux Arabes rêvant d'un paradis aux sources fraîches, par contraste avec leur désert brûlant, me ramène la sensation de l'air léger des hautes altitudes et de la brise piquante passant à travers les forêts. Tibet ! Tibet ! une partie de moi est restée là-haut dans les steppes, dans cette solitude désolée de Gyao-guwn où, imprudemment peut-être, j'ai proféré le « souhait qui lie » à ce que pensent les Tibétains. Dix ans trop tard ! J'avoue que le désir m'a mordu devant cette porte fermée, ouverte pour moi. Le désir de profiter de l'occasion unique, d'aller apprendre là ce que nul des rares explorateurs n'a été à même d'approcher, de faire ce que nul Européen n'a encore fait. Oui, la sagesse c'est de se résigner, de se contenter de la part déjà belle accomplie... mais tout de même, que le rêve eût été beau ! et quelle jolie fin de vie il promettait à la « petite vieille à lunettes »...

Mon grand cher, bons baisers de l'amie lointaine, ingrate et égoïste penses-tu... peut-être. Ce doit être l'avis d'Eva *, l'avis de bien d'autres ! Pourtant, si personne au monde n'avait vécu *sa* vie et suivi *sa* chimère, où serions-nous ? Si tous avaient renoncé à cela qui les appelait, tous les *Bouddha*, les *Christ*, les prophètes sociaux ou les pionniers de la science, si tous s'étaient coupé les ailes à l'angle du foyer, devant quelque devoir — il n'est personne qui n'en ait —, imagine-t-on les limbes blafardes

* Une des belles-sœurs de Philippe Néel.

dans lesquelles nous serions plongés ? La question n'est
pas de discuter leurs droits. Ils les avaient tous. Le point
à examiner est si, en quelque mesure, on est de leur race,
de leur sang. Nous sommes souvent trop prompts, chétifs
corbeaux, à nous croire de la famille des aigles ; mais
aussi, comme je disais l'autre jour dans une conférence,
combien auraient *pu* s'ils avaient *osé* ; combien ne sont
impuissants que parce qu'ils se croient tels. Difficile problème, appréciation épineuse. Ici l'usage donne aux gens
un *guru* qui tranche les difficultés de ce genre et décide
si l'on est légitimement autorisé à suivre la voie des
aigles ou si, brave oison, l'on doit pratiquer les vertus
domestiques dans sa basse-cour. C'est commode. Voyons,
si je te consultais, mon grand Mouton, et t'élevais pour
un instant à la dignité de *guru*, répondrais-tu ? Suis-je
de la catégorie des aigles ou de celle des oisons ?

                                    Bénarès, 25 mars 1913

    Te narrerai-je ma journée ? Contemplation du soleil
levant au réveil — ce qui t'indique que je suis matinale.
Quelques réminiscences d'un livre merveilleux : l'*Astavakra Gîta* [...] (Cette dentelle ne dit rien, mais je tiens
quand même à te montrer un échantillon de mon écriture
dévanagarie qui s'améliore de jour en jour.) Nous disons
donc, quelques réminiscences de cette *gîta* que notre ami
Gresse, de Sousse, goûterait infiniment moins que celle
qu'il lit et médite quotidiennement. Un livre âpre, terriblement outrancier en son implacable logique, Max Stirner, Nietzsche, Yang-tchou et Bhartrihari s'y fussent com-
plus et mon petit moi (comme disent les Chinois) s'y dé-
lecte aussi. Bain, pâtaugeages, tu m'as toujours connue
aquatique. Déjeuner, cacao et pain grillé. Distribution
d'ouvrage au tailleur, pas de femmes ouvrières ici, qui
vient raccommoder quelques vêtements. Puis, le Pandit
qui arrive : il est 8 heures — et la leçon de sanscrit commence. Lui parti, je m'occupe encore des raccommodages
en train et je lunche de meilleure heure, aujourd'hui, à

cause d'un rendez-vous. Le menu ? soupe aux épinards, œufs brouillés aux tomates et aubergines frites. Mon Tibétain ne réussit que les soupes, le reste ne peut guère être dégusté que par un *sadhu* qui s'exerce à manger « sans goûter » comme font les *yoguis*. Ensuite, je me rends, à travers les rues torrides, chez un *yogui* de mes connaissances. Un homme très cultivé, d'une philosophie étrangement nihiliste qui porte un nom religieux extravagant. *Satchitananda* [...] ce qui signifie : existence-connaissance-béatitude. (Ce sont les qualités du suprême *Brahman*.) N'est-ce pas que, malgré la distance géographique et morale, un pareil nom a une saveur Peau-Rouge. Chaque fois que j'écris le nom de ce gentleman je songe à Œil-de-Faucon... Me voici donc en route (40° à l'ombre) vers l'ermitage d'existence-connaissance-béatitude. L'ermitage est un pavillon comprenant deux pièces, l'une au rez-de-chaussée, sorte de hall minuscule plutôt que de chambre, sans portes ni fenêtres d'où un escalier, d'une étroitesse invraisemblable, grimpe à l'unique chambre de l'étage où vit le *yogui*. Contraste peu commun avec les habitants de l'Inde, la chambre est méticuleusement balayée et propre. Le mobilier se compose de deux chaises, un matelas roulé qu'on étend le soir par terre pour dormir et une couverture posée dessus — et matelas et couvertures sont irréprochablement blancs. Ici, c'est un prodige — dans un coin, par terre, quelques livres et cahiers, un encrier (les hindous écrivent accroupis comme les Arabes). C'est tout. Dans ce décor ascétique avec la vue sur des jardins et des temples que l'on découvre par les fenêtres ouvertes, nous causons *Védanta*. *Satchitananda* est un vrai *védantin*, un des rares *védantins* que j'aie rencontrés. Peu osent l'être avec autant de logique. Il n'y a pas une étincelle de douceur, de compassion dans sa doctrine... Je lui dis, en riant, qu'il incarne le *Védanta* dans toute son horreur. Qu'est-ce que cet être-là cherche avec sa vie d'ascète ?... Ce serait curieux à savoir, mais je doute qu'il veuille me l'apprendre, malgré l'évidente sympathie qu'il a pour moi. Nous causons pendant près de quatre heures. Tu t'écrieras, que de mots ! et combien de sottises !... Peut-être, mais ce n'est point la question. Je suis ici pour apprendre et de telles conversations sont un cours. Retour à ma cellule, ensuite, qui n'est pas beaucoup plus garnie que celle du *yogui*, et puis le Pandit de nouveau et, de nouveau, du sanskrit. Je vais dîner bientôt avec une soupe au lait et du macaroni et puis, j'irai au lit.

L'événement de la semaine a été l'éclipse de lune, samedi dernier 22 mars. Selon la croyance populaire, une éclipse est une chose redoutable, un signe présageant quelque malheur public. Il faut donc conjurer les dieux, redoubler de pieuses pratiques. En d'autres parties de l'Inde, il faut se baigner dans un fleuve sacré à l'instant même où la lune apparaît et, par la vertu de cette baignade on efface tous ses péchés. Les dames françaises * dont je t'ai parlé ont loué un bateau et nous avons dîné en pique-nique et passé la soirée de 5 à 8 heures sur l'eau. La foule sur les *ghâts* était énorme. Il y avait là cent mille personnes, peut-être plus. Des villages entiers étaient arrivés. Des trains spéciaux déversaient des pèlerins depuis trois jours. Le spectacle valait la peine d'être vu ! La nuit venue, sous la lune, le décor est devenu féerique avec le rougeoiement des bûchers du *Burning ghât*. [...]

Le séjour de ces dames Karpelès m'a rendu témoin d'un petit drame intime, très banal, du reste. Je t'ai quelquefois parlé d'un chimiste qui dirige une savonnerie à Calcutta et qui a été étudiant à Paris. Il y avait connu les demoiselles Karpelès et s'était épris de l'aînée. A Paris, cet hindou paraissait peut-être intéressant à la jeune fille. L'a-t-elle encouragé, je ne sais, en tout cas, lui, nourrissait l'espoir de l'épouser. [...] Il est venu me raconter son chagrin, presque pleurant. Ce n'est pas un gosse pourtant, il a trente-sept ans.

Il échappe heureusement à une triste aventure, car ce mariage en eût été une. Il n'y avait rien de commun entre lui et la jeune fille, et les mariages mixtes se heurtent dans l'Inde à tant d'hostilité que la vie en devient impos-

* Il s'agit de Mme Karpelès et ses filles Andrée et Suzanne.

sible pour les deux époux. J'ai tâché de le lui faire entendre. Avec pas mal de philosophie il m'a dit qu'évidemment
il arriverait à se consoler mais que, pour le moment, le
coup était dur.

Comme c'est bien toujours la même histoire, l'éternelle histoire. Sitôt que l'on demande quelque chose à
autrui, que l'on espère quelque chose de lui, la déception
vous guette, chaque fois que, tortue imprudente, l'on sort
un de ses membres de dessous sa carapace, la souffrance
en résulte. Ceux qui recherchent la joie récoltent la douleur. Ils savaient bien ce qu'ils disaient, ces sages qui
conseillaient « l'abstention », la renonciation. Ils savaient
bien que c'était la seule politique à suivre pour s'affran-
chir de la souffrance. Et tout ce minutieux entraînement
mental préconisé par les écoles de l'Inde se justifie par
le fait qu'il atténue dans une large mesure et quelquefois,
même, supprime la douleur pour celui qui le pratique.

Il y en a — et ils sont nombreux — qui disent : Peu
importe le prix dont s'achète la joie, nous voulons celle-ci,
nous savons qu'elle se paie, qu'elle a son inévitable contre-
partie de souffrance. Tant pis, nous accepterons cette
dernière parce que nous voulons le plaisir. Je me souviens
que Gabriel Séailles, qui présida une de mes conférences
à Paris, à la Sorbonne, soutint cette thèse avec véhémence.
Depuis ma petite enfance, d'instinct, je penche vers l'opinion opposée : ne pas souffrir ; c'est là, me semble-t-il, la
grande, l'importante affaire. Les gens qui veulent *vivre*
comme ils disent, c'est-à-dire rire aux éclats et crier de mal
ensuite, pleurer, chanter, s'agiter, me paraissent de misérables possédés, de pitoyables déments. « Tout près du
renoncement est la béatitude », dit la *Bhagavad Gîta* et
ceci ne doit pas être entendu au sens chrétien du terme
renonciation, mais comme le rejet de ce dont on a soi-
même reconnu l'insignifiance, ou pis, la nocivité foncière.

Cela doit bien t'ennuyer, peut-être même t'agacer, mon
grand cher, ces dissertations philosophiques d'un moumi
pratiquant ce que je qualifierai « un ascétisme épicurien ».
Tu m'as écris un jour que j'avais philosophé un peu plus
que de coutume : « Tous ces mots sonnent creux et vides

et combien deux bras ouverts, une épaule où reposer sa tête seraient meilleurs. »

Oui, mon grand ami, malgré — veux-tu accepter le compliment — que tu aies fait de grands progrès en sagesse ? — tu serais encore de ceux qui se laissent prendre au piège des reposoirs temporaires, qui pensent qu'un bandeau sur les yeux empêche les choses extérieures d'exister. Mauvais, bien mauvais système. Parce que les bras sont *impermanents*, ils se dénouent d'eux-mêmes ou les événements, la mort les dénouent et parce que l'épaule de chair d'un autre mortel est un instable et bien fragile soutien. Parce que, aussi, si l'appui ne se dérobe pas, c'est nous qui, dans *l'impermanence* de notre « moi », cessons de le trouver confortable, adéquat à notre besoin. Cela qui a été la position confortable de l'heure passée devient une gêne, un tourment pour l'heure qui vient. La bravoure est encore la plus sûre des attitudes. Les choses perdent de leur épouvante a être regardées en face, comme les fantômes que crée l'ombre de la nuit, elles apparaissent toutes différentes à celui qui marche vers elles et les scrute. Celui qui sans peur, au lieu d'écarter le spectre de la mort, va à lui, lui enlève son voile, le dépouille de la défroque carnavalesque dont l'ignorance des foules l'a affublé, constate qu'il ne reste rien de l'effroi qu'il inspire à ceux qui ne l'entrevoient que de loin à travers leur terreur.

Ah ! mon cher Mouchy, en retour de ce que tu fais pour moi, je voudrais te donner quelque chose de mieux que des mots, que des gestes vulgaires, je voudrais te conduire devant la porte que j'ai entrouverte mais je crains que tu ne t'en soucies pas.

La question de mon retour me paraît, d'après tes lettres, devenir pressante. Les choses sont simples aux simples et terriblement compliquées aux « tout cerveaux » qui les dissèquent. [...]

Après l'épouvantable crise morale qui m'a tenue quatre années et dont tu n'as jamais soupçonné la profondeur et la torturante intensité, j'ai retrouvé ces « chemins hors du monde » qui m'avaient tentée et captivée dans ma jeunesse. Je me suis étonnée qu'ils puissent se rouvrir et, lorsque j'ai eu compris que la paix, la sérénité reviendraient, j'ai conçu pour la doctrine qui me les avait ramenées une reconnaissance sans bornes. Tu t'es bien mépris sur le sentiment qui m'avait fait détruire nombre de choses avant mon départ. Il ne s'agissait pas d'éviter qu'en cas de mort elles ne tombassent en d'autres mains, mais de détruire tous les vestiges matériels de liens et de partir, ayant enseveli le passé. C'était l'équivalent du symbolique drap mortuaire que l'on étend, dans les couvents catholiques, sur le novice qui embrasse la vie religieuse.

Je suis peut-être imprudente de te dire ces choses, de te montrer la morte que je suis devenue ; comment le prendras-tu ?... Je n'ai plus de prudence humaine, j'en ai tant eue, trop... je n'en veux plus user. Je crois, je te l'ai dit, qu'une studieuse activité serait la voie la meilleure à suivre pour ma fin de vie. Veux-tu « la petite vieille à lunettes » de ton rêve. Celle qui écrit des livres et fait des conférences. Celle-là a besoin de continuer l'étude qu'elle poursuit avant de revenir vers l'Occident... Mais je n'y mets pas de passion. Peut-être la pensée que paroles et livres peuvent être profitables à autrui est-elle une décevante folie et la dernière flèche de notre vanité mal éteinte... C'est possible, et je suis prête à la renonciation... prête à bien des choses extrêmes et peut-être peu sages. Et ce qui serait sage, très sage et très bon aussi de ta part, ce serait de ne pas me jeter devant une résolution à prendre à un moment où j'y suis mal préparée ou, peut-être, une solution exagérée me solliciterait. Je te le dis : je crois que ma vie d'écrivain serait la solution raisonnable mais, je te le confesse, je suis sur le bord d'une autre solution, moins souhaitable, je le crois. Me presser serait peut-être m'y jeter.

L'âge amène aisément à l'esprit le « à quoi bon » ! et une cabane dans les palmes de Ceylan ou sur un éperon de montagne dans les Himalayas semble un séjour souhaitable avec l'oubli qu'il amène et la paix endormeuse qui monte de l'ambiance vous enveloppe comme un manteau, s'insinue en tous vos nerfs pacifiés. [...]

Pèse, vois, réfléchis, consulte-toi mon très cher, et, avant tout, ne te hâte pas de m'anathématiser. Je ne suis pas si noire que, peut-être, je t'apparais être... Je suis lasse, seulement. Un peu de cette lassitude qui perce sous le sourire quelque peu dédaigneux des *Bouddhas* m'a gagnée. Ne rejette pas tout à fait le moumi parce qu'il aspire à un peu de repos et de paix après des années qui furent dures. Pourquoi, oh ! pourquoi ne peux-tu pas trouver l'oasis que j'ai trouvée. Tu me diras toutes les religions, toutes les fois servent d'oasis pour leurs croyants. Oui, mais elles exigent au préalable l'adhésion du fidèle à leurs dogmes et ne croit pas qui veut à leur puéril panthéon. La paix dans l'agnosticisme, la sérénité dans l'incroyance est un plus haut abri à l'usage d'esprits plus raffinés. Elle est au-delà de l'adoration des dieux dont on a mesuré le néant et au-delà de la complaisance en un « moi-même » dont on a aussi percé à jour la vanité... l'irréalité...

Dis ce que tu veux, pense ce que tu veux. Ceux qui croient à la vie et à la mort, ceux qui recherchent dans l'une le plaisir et dans l'autre le repos ne récoltent que trouble et misère. C'est par-delà ces apparences qu'est la rive paisible... le *Nirvâna*.

Ne t'irrite pas de ces lignes que tu trouveras sans doute trop mystiques. Je te les envoie comme l'expression de ma plus haute affection allant à un ami très cher et très proche de ma pensée et de mon cœur malgré la distance.

Theosophical Society
European Quarter
Bénarès 10 juin 1913

[...] Que te dirais-je, mon grand cher, nous ne sommes ni Italiens ni Orientaux... ni Marseillais et les phrases qui, tant soit peu, sentent la redondance et la grandiloquence déplaisent à notre mentalité septentrionale. Il me faut donc être brève, tu liras entre les lignes tout ce que je n'exprime pas. Je suis touchée intensément de tout ce que tu me dis et j'admire oh ! très sincèrement, et même avec une pointe d'étonnement, ta largeur d'esprit... je dirais ta grandeur d'âme, si je n'avais peur que le terme ne te fasse sourire. Eh ! oui, mon grand ami, ta conduite à mon égard est au-delà de la ligne des sentiments vulgaires où se meut le commun des mortels. Ne pas s'irriter de ce qui vous est déplaisant et pénible, consentir à ce que les êtres qui vous sont proches suivent leur route propre, au lieu d'exiger qu'ils se fassent vos satellites et gravitent autour de la vôtre et faire encore plus que cela, non seulement ne pas chercher à entraver leur marche mais les aider à marcher sans trop d'encombre et de difficultés, ceci est grande sainteté chez un croyant ordinaire ; chez un in-croyants, cela devient haute sagesse et suprême philosophie. Tu veux bien, mon Ami, me reconnaître une certaine valeur intellectuelle, donc si mon appréciation et mon estime pensent avoir quelque prix à tes yeux, sache que tu me parais vraiment grand dans tes sentiments et ta conduite et que, du fond de mon Orient asiatique et du fond de ma studieuse retraite, je t'envoie, non point seulement la simple reconnaissante pensée que l'on peut avoir pour tout bienfait et pour tout bienfaiteur, mais un éloge ému et respectueux parce qu'en ce moment tu agis en vrai sage. Ajoute à ces lignes, mon cher Mouchy, toute l'affection qui ne peut s'exprimer en paroles et agrée le tout comme l'hommage de quelqu'un qui n'est prodigue ni d'admiration ni de paroles flatteuses et qui ne répand guère son amitié le long de son chemin.

Je suis navrée de penser, mon très cher petit, que mon absence te peine autant... *mon* absence... Pardonne-moi si, une fois de plus, je philosophe, peut-être est-ce moins *mon* absence que l'absence de compagnie tout simplement, la solitude qui t'est pénible. Je ne suis pas de ces étourdis qui croient que leur personne puisse avoir une attraction si puissante que leur perte soit irréparable. Je sais que si je puis, comme tu me l'écris si gentiment, être « quel-qu'un » comme personnage intellectuel, je suis une épouse dénuée de relief et de prestige en tant que telle et, qu'à part la satisfaction de vanité qu'un grand homme peut trouver dans le fait d'avoir donné son nom à une dame quelque peu admirée et en vue, je ne dois pas être une source de nombreuses délices pour un mari. Mais enfin, telle que, l'accoutumance des années déjà nombreuses de vie commune avait adapté, tant bien que mal, nos mentalités divergentes, et notre vie — elle me paraissait telle du moins — se poursuivait aimablement dans une quiétude souriante. Cela te manque et je le comprends très bien, j'avoue que je m'étais un peu prise moi-même à la petite douceur bourgeoise et insidieuse des tables fleuries, des repas quelque peu délicats et de ce rien de luxe qui enveloppe la « belle grosse maison ». Il y a toujours eu dans ma vie d'invisibles déités aux aguets pour me saisir lorsque je glissais, un peu somnolente, sur cette pente. Du reste, il n'y a là, chaque fois, qu'un peu de morphine ou d'opium mental... on s'en réveillerait un jour, trop tard peut-être, au seuil de la mort, et il resterait alors l'infini désespoir de s'être oublié, de n'avoir pas été *soi*.

Revenir... c'est *absolument* dans mes intentions et dans mon programme ; revenir pour écrire de beaux livres, pour donner des conférences dans des milieux savants ; revenir m'étant ménagé la possibilité de cette vie d'activité lettrée qui m'est indispensable... Et c'est parce que je souhaite revenir dans ces conditions l'âme souriante, en compagne que tu puisses supporter sous ton toit et dont la présence puisse même t'être agréable, que je m'attarde en travaux nécessaires à mon but.

Tu le comprends avec une grande sagesse : « Un oiseau ramené de force à la cage, enfoncé dans un coin, la tête sous son aile, un oiseau qui ne chante plus » comme tu l'écris, est une triste et misérable chose et penser que le maître de la pauvre bestiole puisse tirer d'elle grand plaisir est folie.

Eh ! oui, tu as été prompt à la saisir la « solution extrême » peu désirable — ou du moins qui m'apparaît telle — que pourrait entraîner l'obligation d'un retour précipité et avant l'heure, ou même ce retour lui-même, s'il s'effectuait, ce serait la retraite définitive : une hutte dans les Himalayas, ou une cellule dans une monastère de nonnes bouddhistes à Ceylan ou en Birmanie. Or, je le répète, je ne crois pas que le *Bouddha*, mon maître, l'aurait conseillée. Tu te méprends un peu, mon Ami, sur le sens véritable de la mystique robe jaune-orange. Mon mariage avec elle comme tu dis, n'implique point l'isolement égoïste, au contraire. Parmi ceux de mes amis qui la portent dignement sont un professeur à l'Université de Calcutta, plusieurs érudits orientalistes, deux femmes de haut mérite, chacune dans leur genre, l'une adonnée à des œuvres pratiques — écoles, asiles pour les femmes âgées — l'autre une linguiste et philosophe de valeur. Ces gens peuvent de temps en temps aller passer quelques mois dans la jungle mais la plus grande partie de leur vie s'écoule parmi leurs semblables et dans l'activité. Je souhaite suivre cette voie. Le but de la robe couleur aurore est, précisément, de constituer une forteresse et un refuge qui dispensent celui qui la porte, d'en chercher aucun autre. Je crois l'avoir déjà faite, cette comparaison : en Occident les chrétiens ont bâti des monastères aux murailles élevées, aux épaisses portes. Ils ont multiplié les grilles et les verrous et ont cru, ainsi, se ménager des retraites inaccessibles au Malin. L'Inde n'a jamais eu de couvent, les Maths sont de simples *boarding houses* pour religieux, ouverts à tout venant. Le mince rempart d'une légère étoffe de couleur symbolique a paru une suffisante défense autour de ceux qui ont pris les « chemins au-delà du Monde », un suffisant asile, aussi, pour se retirer et se sentir en paix. Cette audace n'est pas sans grandeur et c'est pitié de songer que tant d'imbéciles et d'imposteurs outragent, de nos jours, une idée faite de beauté, en assumant un vêtement qui ne leur a jamais été destiné... M'était-elle destinée à moi-même ? et suis-je de ceux sur le dos de qui elle est autre chose qu'une défroque monacale, une livrée de paresseux ou l'oreiller d'un être usé, fini, engourdi dans la torpeur ?... Des deux premières hypothèses je puis, je crois, répondre qu'elles ne sont pas mon cas... Je suis plus hésitante sur la dernière... La vie, le monde, toute la peine que l'on s'y donne, toute l'agitation pénible et folle que l'on y coudoie, tout cela n'est qu'un rêve, un rêve fatigant, pénible, dont on se lasse et l'on souhaite le réveil dans la sérénité, la paix. Mais ce souhait-là peut être tout autre chose que la manifestation d'une usure physique... Il peut être celle d'une sagesse naissante et, dois-je ajouter que, comme la plupart de mes congénères en humanité, je suis plus disposée à me croire sur la voie de la sagesse que sur celle du ramollissement. Au surplus, les deux : la fatigue de l'organisme physique et l'acuité de la vision intellectuelle ne peuvent-elles pas coïncider ?

(Lorsque j'ai *realised* que le *moi* n'existait pas *).

Qu'importe du reste. J'ai cru, honnêtement, avoir à payer une dette de reconnaissance à la doctrine qui m'avait sauvée d'une longue et douloureuse crise morale... Il s'est trouvé que la porte du *Nirvâna* s'ouvrait derrière le voile orange... pourquoi retournerais-je en arrière, à l'inquiétude, au rongement de cœur, à la souffrance ! Mais je te l'ai dit : tu te méprends si tu crois que cette renonciation morale et intellectuelle implique la retraite définitive dans la solitude et l'oubli de tous liens naturels ou sociaux. Le *Bouddha* a revu sa famille, après les années de solitude consacrées à la méditation et il a toute sa vie, conservé son fils *Rahûla* près de lui. Mais en voilà bien long sur ce sujet. [...]

Bénarès, 18 juin 1913

Dans la monotonie des jours que j'égrène dans la sainte cité de *Shiva*, une diversion s'est produite hier, le résultat en sera une lettre un peu plus intéressante pour toi. Or donc, Mouchy, j'ai donné, hier, une troisième conférence à Bénarès, mais ceci n'a rien de spécialement surprenant. Ce qui l'est davantage, c'est la réception d'honneur qui m'a été offerte par une société littéraire et par des *sannyâsins*. Ceci sort des habitudes du pays. La démonstration de la

---

* Cette phrase a été écrite, au crayon et dans la marge, par Alexandra David-Néel, fin 1959 ou début 1960 — elle avait quatre-vingt-onze ans — alors qu'elle relisait quelques-unes des lettres de cette abondante correspondance.

société littéraire s'explique, mais la participation de personnages religieux très orthodoxes (le terme, ici, signifie d'un bigotisme passablement intransigeant et intolérant allié à un mépris et une haine non déguisée pour les étrangers) est plus extraordinaire, quelles que soient les raisons qui ont pu les déterminer. J'ai trouvé hier au local de la Société — une fort belle maison — tout un lot d'ascètes hindous venus là pour m'honorer. Mais commençons par le commencement.

A la porte du local, arc-de-triomphe en verdure et en fleurs, bannières etc. A l'étage des membres sont réunis dans une grande salle, luxueuse pour l'Inde, c'est-à-dire contenant une profusion d'affreux lustres en verroterie de différentes couleurs, accrochés pêle-mêle au plafond. D'affligeants chromos appendus aux murs, de grandes glaces aux cadres d'or, des girandoles... que sais-je ? — Un fatras disparate et criard. [...]

La plupart des membres de la Société sont brahmins et opulents, ils n'en restent pas moins comiques à des yeux occidentaux. Pas de chaises, naturellement. Le tapis est recouvert d'un drap blanc qui le cache entièrement. Tout le monde enlève ses chaussures à la porte et s'accroupit à même le tapis. Le président est placé sur un grand coussin carré qui l'exhausse de cinq centimètres au-dessus du niveau général et... un tapis de table à franges, de fabrication allemande très vraisemblablement, jaune et rouge, affreux, recouvre ledit coussin. Sur ce tapis de table s'étale un gros homme, enroulé jusqu'à la ceinture dans le doti qui remplace le pantalon et portant, par-dessus, une courte jaquette en mousseline rouge. Il a un couvre-chef rond, plus brodé qu'un généralissime, des bagues avec de belles pierres à ses grosses mains brunes et velues et d'autres joyaux parmi lesquels une chaînette de montre, comme les femmes en portaient chez nous il y a dix ans. Tout cela est incrusté de diamants. Le gros homme a l'air très heureux de transporter cette devanture de bijoutier sur sa dodue personne. A sa droite, sur des tapis, sont assis les *sannyâsins*, par ordre de préséance. Ils sont venus en corps — pour la plupart — portant à la main leur bâton de voyageur, cette puérile houlette, un long bambou s'ornant d'une sorte de nœud orange au sommet qui m'amuse tant dans les mains d'hirsutes vieux bonshommes. Pour l'instant les houlettes sont remisées dans un coin et leurs vénérables possesseurs sont assis « en lotus ». Je m'assieds moi-même à la gauche du président, non sans que mon entrée ait été saluée par une salve d'applaudissements. Le président, puis d'autres parlent, je fais ma conférence en anglais, on la traduit en hindi. Puis vient le moment solennel où, au nom des pandits, on me confère le titre honorifique de *Darshan vidushi* [...] ce qui veut dire, en sanskrit, « savante en philosophie ».

Après ceci, le plus éminent des *sannyâsins* me lit une adresse et m'en remet le texte calligraphié dans l'ancien style sur papier jaspé d'or. L'adresse est enroulée dans un simple morceau de coton semblable au vêtement que portent les ascètes au lieu d'être enveloppée dans de la soie. Cela signifie qu'il émane de gens qui ont embrassé la vie religieuse et qu'il va à quelqu'un qu'ils regardent, de même, comme un personnage religieux, et cela, dans l'Inde, est un honneur très grand. Je m'étonne immensément que des *sannyâsins* de Bénarès, c'est-à-dire de la plus conservatrice et arrogante cité religieuse du pays, en soient venus à manifester en l'honneur d'une femme étrangère.

Cette double qualité d'étrangère de *mleccha* — ce qui équivaut à *roumi* chez nous — et de femme — les femmes sont fort méprisées, ici, devait selon la règle m'interdire même l'approche des *saints* de l'hindouisme. Qu'est-ce qui leur a pris, je me le demande. Je pense qu'ils ont été charmés de mes connaissances touchant leurs doctrines philosophiques et de ma façon de les comprendre. [...]

Quand toutes les congratulations ont été définitivement épuisées et que j'ai eu remercié comme il convient dans une improvisation anglaise qui a eu beaucoup de succès, on a fait de la musique !... très belle vraiment... dans le style hindou cela va sans dire. Musique religieuse... On a chanté un fameux hymne qui passe pour être celui que les disciples du célèbre philosophe *Sankara* vinrent lui chanter pour le rappeler à la conscience de lui-même, quand il s'oublia dans le harem du maharadjah défunt. C'était très beau et faisait oublier le clinquant des vilains lustres et tout le comique de l'entourage. [...]

Bénarès, 24 juin 1913

Je t'ai laissé, la semaine dernière, sur l'impression des pompes honorifiques dont m'ont environnée les fidèles de *Shiva* et de *Vishnou*. Cette petite cérémonie qui n'apparaît pas d'une importance extrême à mes yeux d'Occidentale en a, semble-t-il, une très grande pour les naturels de Bénarès. Un « saint homme » m'écrit : « Je ne sais si vous saisissez bien toute la singularité et la portée de cette manifestation ; à nous, hindous, elle semble stupéfiante. Que des *sannyâsins* et des pandits de Bénarès — la forteresse, le rempart de l'orthodoxie hindoue — décident, de leur propre mouvement, d'honorer une étrangère en tant que bouddhiste est un fait qui stupéfie ceux-là même qui l'ont accompli. Songez à l'accueil que, quelques siècles auparavant, aurait reçu celui qui aurait osé venir prêcher le bouddhisme parmi nous. On l'aurait tué peut-être. Et voici que tout au contraire on vous prie d'expliquer la doctrine du *Bouddha*, on vous écoute sympathiquement et l'on vous témoigne une respectueuse admiration. Comment se fait-il que ce soit une femme étrangère qui ait produit ce miracle... »

En effet, mon correspondant a raison, je ne puis comprendre qu'imparfaitement la singularité de la situation.

Sur une moindre échelle j'ai été l'objet d'une autre réception, hier, chez les *Jaïns*. Je ne sais si tu connais ce que sont les Jaïns. Voici très brièvement la chose. Peu avant le *Bouddha*, un *Mahariva* [41] prêcha une doctrine qui a des points de contact avec l'éthique bouddhiste mais en diffère complètement au point de vue philosophique. Entre les deux sectes (bouddhisme et jaïnisme) il exista, du vivant du *Bouddha* et après lui, une rivalité acharnée. Les *jaïns* se montrèrent les implacables détracteurs du bouddhisme et les bouddhistes, de leur côté, ne paraissent pas avoir eu grande sympathie pour les *nirgranthas*, les ascètes qui vivaient nus et qui poussaient les mortifications jusqu'à une limite absurde. La situation est restée de même de nos jours. Aussi, juge de ma surprise lorsque, l'autre soir, vers 5 heures, on me passe un papier portant le nom d'un *sannyâsin-jaïn* qui demandait à me voir. Je le reçois immédiatement et il m'explique qu'étant venu prêcher à Bénarès et y passant la journée, il avait entendu parler de moi et avait souhaité me voir. Il parlait parfaitement anglais, était des plus aimables et m'a appris une foule de choses intéressantes sur sa doctrine que je ne connais que très imparfaitement. J'ai su, depuis, qu'il est un personnage important parmi les siens, qu'il fait des tournées de prédication à travers l'Inde et est à la tête d'un journal religieux. A la suite de cette visite, j'ai été invitée au collège *jaïn* qui était décoré de petits drapeaux de couleurs diverses. On m'a installée dans un fauteuil tendu de jaune et les jeunes gens ont récité des vers sanskrits et hindis en mon honneur et à la gloire du *Bouddha*. J'ai été ensuite conduite aux deux temples et, à mon profond étonnement, invitée à y entrer, ce que les *jaïns* ne permettent jamais à aucun étranger. L'un des temples est érigé sur une vaste terrasse qui domine, de très haut, le Gange et la campagne de l'autre rive. Comme la rivière forme un croissant on aperçoit de cette terrasse tous les édifices massés sur la rive. C'est une vue merveilleuse et je me serais attardée là des heures. Très aimablement, on m'a invitée à venir quand je voudrais et à m'installer sur la terrasse pour aussi longtemps qu'il me plairait.

On m'a aussi invitée dans un *math* (tu sais que les *maths* sont des sortes de monastères) où j'ai trouvé quelques érudits parlant fort bien anglais et gradués de l'Université de Calcutta. Maintenant, ces messieurs qui ont porté l'habit et ont été initiés à la science et à la civilisation occidentale, sont revenus à l'antique tradition. Ils ont de longs cheveux dressés en chignon sur leur tête, ils marchent nu-pieds et s'enroulent dans une pièce de coton rougeâtre. Cela me rappelle ces Arabes qui ont été officiers en

France et qui, un beau jour, reprennent le burnous et retournent à une tente dans quelque bled, repris par l'habitude ancestrale. Ce *math* est situé à peu distance de mon habitation (20 minutes de marche environ), il possède un vaste et très beau jardin plein de belles fleurs et correctement entretenu dans le style « Le Nôtre » qui prévaut à Bénarès et vous fait penser à Versailles et aux Trianons chaque fois que vous pénétrez dans un jardin. Il y a des buissons taillés en forme de paons, de chiens, d'éléphants. Doji considère cela comme la suprême beauté !

L'un des hôtes du *math* s'est chargé d'un travail assez long pour moi. Il a consenti à noter entièrement le livre du professeur allemand Deussen sur les *Upanishad* (un livre qui fait autorité en Europe) et à écrire un rapport sur les passages qui lui paraîtront ne pas être d'accord avec l'interprétation classique hindoue. Comme c'est un homme très versé en fait de philosphie hindoue et connaissant à fond les textes sanskrits, son travail me sera d'une grande utilité. [...]

Bénarès, 9 juillet 1913

Nous avons eu, cette semaine, trois jours de liesse dans notre quartier d'ordinaire très paisible. Fête du Dieu du Monde !... Le Dieu du Monde c'est *Vishnou* sous la forme de *Jaggernath* (la divinité adorée à Puri) et... c'est une bien vilaine forme. Imagine trois informes poupées dont les têtes tiennent du singe et du poisson avec une bouche remontant jusqu'aux oreilles. Ces trois poupées, dont l'une a une face noire l'autre rouge et la troisième blanche, personnifient un symbole compliqué dont je ne te parlerai pas aujourd'hui. Tout comme à Puri les idoles sont sur un char et la multitude des fidèles défile devant elles, apportant des fleurs qui sont empilées dans le char par des prêtres de service auprès du Dieu. Tout au long de la route menant au char, il y a une sorte de foire : baraques avec jongleurs, chevaux de bois préhistoriques, vendeurs d'images sacrés et profanes, échoppes où l'on se pourvoit de bétel pour mastiquer et se faire une ignoble bouche

rouge salivant un liquide semblable à du sang corrompu.
Les marchands de fleurs, de guirlandes ne se comptent pas.
Il y a des colliers fleuris de toutes les couleurs et surtout de petites feuilles vertes de tulsi, la plante consacrée
à *Vishnou*. On voit de nombreux dévots couronnés de verdure ou de fleurs et cela leur donne un petit air grec
amusant. On offre, aussi, au public des quantités de sta-
tuettes en argile peinte qui représentent toutes sortes de
choses, des tigres mangeant des hommes, des dieux, des
nymphes, des policemen anglais. Il y en a pour tous les
goûts. Il y a aussi des fakirs. L'un couché sur un lit de
gros clous, pointes en l'air, l'autre la tête enterrée sous un
monceau de terre et respirant, le diable sait comment,
penserait un étranger... mais le Yoga a des secrets qui
expliquent bien des possibilités. Je vois un homme, un soi-
disant *yogui*, délicieux de forme, une vraie statue de Tana-
gra. Il est complètement nu, sauf le sac minuscule imposé
par la pudeur des conquérants britanniques. Sa peau est
très foncée, il s'est roulé dans la cendre, dans la boue, si
bien que toute cette ordure qui le recouvre ajoute à l'illusion ; vraiment oui, c'est une statuette qu'on vient de
déterrer dans les fouilles d'Herculanum. Ses cheveux tombent sur ses épaules, une menue guirlande de tulsi vert les
encercle, sa figure est fine, délicate... Orphée égaré dans
cette cohue vulgaire... Au moral, ce doit être quelque
éhonté fripon, c'est un coquin, comme on dirait en sanskrit, mais son « moral » ne se voit pas et il serait un désirable modèle pour un sculpteur. C'est du haut d'une terrasse que je contemple ce personnage en compagnie de
deux Anglaises, l'une très jeune, l'autre plutôt mûre. Elles
me paraissent prendre un intérêt extrême à l'anatomie du
pseudo Orphée et, la jeune étant fiancée, je m'amuse à la
taquiner.

Un des matins de la fête, je suis allée jusqu'au Dieu le
voir de près. Le maharadjah de Bénarès arrivait justement en auto, vêtu d'un habit blanc rehaussé d'or. On a
déployé une « ombrelle d'Etat » en brocart rose brodé
d'or et le prince a fait le tour du char puis est reparti
dans son auto. Voilà bien du moderne voisinant avec de

l'archaïque. Le long de la route, des fakirs mendiants viennent solliciter mon aumône. Je réponds : « Comment pourrais-je vous donner quelque chose, vous voyez bien que je suis moi-même un *sadhu*, je ne possède rien... » Ils s'en vont vraisemblablement désappointés, mais sans m'importuner davantage. La pauvreté volontaire est grande lettre de noblesse sur cette terre mystique et même d'effrontés chenapans comme ces faux *sadhus*, éprouvent le respect ancestral pour le vrai *sannyâsin*. Ai-je vraiment menti en parlant de la sorte ?... Ma mère jouit de ce qui est à moi et je me sens réellement *bhikkhuni*... peut-être beaucoup plus que je ne l'aurais souhaité... Mais qu'importe, je suis toujours sûre de la hutte et du riz quotidien dans un coin des Himalayas, en Birmanie ou à Ceylan. Pourquoi songer à ce que sera demain !... [...]

Bénarès, 28 août 1913

[...] J'ai passé, hier, mon après-midi dans un *math* de la secte de *Kabir*. C'est une vaste demeure avec une cour intérieure ombragée par des arbres géants, où s'élève le monument commémoratif érigé à l'endroit où *Kabir*, dit-on prêcha. Il y a aussi quelques tombes blanches, celles de supérieurs du *math*, assez semblables à des tombes arabes. Les *sadhus* et disciples qui vivent là sont assez nombreux. Je leur suis sympathique... on s'assied en rond, par terre, sur des tapis ou sur du linoléum (ultra moderniste et un peu affligeant, ce linoléum !) à l'ombre de la véranda. On apporte un livre du « prophète » fondateur de la secte et l'on lit, l'on commente, l'on cause. Une grande paix enveloppe ce cloître d'un caractère si différent des nôtres. Chose bien rare dans l'Inde, la maison est tenue avec une propreté hollandaise ou japonaise. Je m'y plais... il y fait frais et calme, on baigne dans le silence, l'oubli... Ce que mes hôtes disent et lisent est bien intéressant pour un orientaliste... mais ce qui est meilleur et plus prenant, c'est l'atmosphère du lieu et pour un peu je dirais aux *sannyâsins* aux longs cheveux : « Amis taisez-vous, vaines sont toutes nos paroles et nos discussions, fermons les yeux et écoutons bruire l'activité des choses, regardons couler le torrent des atomes... la vision de *Shiva* se lève... sourions-lui, nous les « en dehors » qui avons mis le pied sur le « sentier du retour » ou se dissout l'illusion du « moi » [...]

30/7/1913. J'ai cru bon de marcher ces deux jours passés pour tâcher de regagner un peu d'appétit. Hier, j'ai fait une très longue course, quelque chose comme neuf kilomètres, allant à pied au *Ghât* de Tulsi Dass. C'est décidément un lieu délicieux. Je n'ai pas usé de la terrasse du Temple et suis allée m'asseoir au bord de l'eau. Un *brahmin* de mes connaissances allant accomplir ses dévotions vespérales m'a aperçue et est venu s'asseoir à côté de moi. Nous avons parlé du *Brahman* et des *Védas*... longuement, mon interlocuteur étant un érudit... et doucement la nuit est venue, étoilée, calme. Quelques-uns des vieux Dévas, dont nous avions prononcé les noms, devaient errer sur le fleuve sombre... J'aurais souhaité une barque pour m'en revenir au fil de l'eau rapide, mais nulle barque n'était là disponible et il a fallu refaire à pied une longue route poussiéreuse. Je crois qu'il y avait excès, car j'ai passé une mauvaise nuit, souffrant du cœur, ce qui m'arrive bien rarement depuis que je suis en Asie. J'ai eu l'étrange vision d'un symbole que je crois appartenir à la collection des symboles tantriques mais qui m'est inconnu... Un rêve, mais un de ces rêves étranges que l'on fait lucidement. Ma cervelle est tant soit peu fatiguée de tout ce que je lui donne à emmagasiner. En tout cas, je vais m'informer et tâcher de savoir si le diagramme vu existe vraiment parmi la série des symboles usités en tantrisme. [...]

Mon petit, il faudrait que je répète, dans chacune de mes lettres, la même chose. « Je suis égoïste »... Oui, sûrement, c'est ainsi qu'Eva doit me qualifier oubliant que son Maître *Jésus* était un égoïste de la même race : « Ta mère et tes frères sont là et te demandent » lui dit-on, comme il prêche. Et lui, d'un geste et d'un mot écarte, balaie tous soucis de ce genre : « Qui sont ma mère et mes frères ? » Eh oui ! c'est cruel, c'est méchant... je songe à la candide indignation de cet ouvrier anglais interrompant Mr. Payne narrant la vie du *Bouddha*, dans un club socialiste : « Jamais je ne suivrai cet homme indigne qui a abandonné sa femme et son enfant !... » Sagesse commune, devoir à l'usage des foules... C'est contre eux que s'insurgent les héros d'Ibsen, la Nora de *Maison de Poupées*, le Solness de *l'Ennemi du Peuple* et d'autres... C'est eux qu'ignorent depuis les *Bouddhas* et les *Christs* jusqu'aux Bernard Palissy, tous ceux qui tiennent une idée, un rêve... L'Inde voit cela très bien, très nettement. A ceux qui suivent le « sentier du retour » (*nirvritti*) elle ne demande aucun compte. Ils sont en dehors de la loi, en dehors de la norme, ils sont passés dans un autre monde et c'est pour cela que, symboliquement, les *sannyâsins* accomplissent, au préalable, leurs propres rites funéraires. [...]

Bénarès, 13 août 1913

[...] Vois-tu, je crois que c'est grande sagesse que de savoir, consciemment, se duper un peu soi-même. C'est là un art utile à l'heure de la vieillesse.

Ne va pas prendre ceci pour une boutade amère. Il n'y a aucune amertume en mon esprit. A travers mille péripéties et maintes souffrances, j'ai obtenu mon désir et mon rêve et je puis, comme le Siméon biblique, chanter *Nunc dimittis*. Matériellement et moralement j'ai parcouru les routes qui fascinaient ma jeunesse. Les routes qui s'allongent... qui vont... qui vont... toujours plus loin vers l'inconnu.

Je suis entrée dans une phase de réels progrès en sanskrit. En toutes sortes d'études il en est ainsi, l'on semble parfois piétiner, ne rien comprendre et puis tout à coup les choses s'éclaircissent et il apparaît que l'on a appris beaucoup pendant ce temps qui semblait perdu. Dans quelques jours je commencerai la seconde partie de la grammaire. Je n'ai pas l'intention de devenir un érudit sanskrististe à Bénarès, — entre nous — je n'ai pas la présomption de le devenir jamais ; mais je saurai lire quelque peu proprement et pourrai continuer à accroître mes connaissances sans aucune aide, ou avec l'aide lointaine de mes amis orientalistes. En tout cas, quand mon *Védanta* paraîtra, on ne pourra pas me faire le reproche d'ignorer la langue des *Védas* ou des *Upanishads*, lequel reproche coulerait mon livre. [...]

Jamais, vois-tu, mon aimé Mouton, je n'aurais pu mettre sur pied ce livre à la maison. A tout moment des questions surgissent que je dois éclaircir en consultant des gens compétents. Puisque me voilà partie à faire de l'orientalisme suivant un nouveau procédé, il faut que mon travail ait de la valeur. Grand dommage que je sois si lente à produire, c'est un sérieux obstacle. J'ai tant de matériaux et il m'en arrive tous les jours de nouveaux. Tu comprends que c'est une vraie orgie après le triste désert intellectuel qu'est pour moi Tunis. Le désir de M. Woodroffe de me voir publier, en français, les résultats de ses études tantriques est une grande tentation et je me suis décidée à y céder. Etrange l'attraction du *Tantra* et du *Yoga !*... Ce magistrat anglais a été pris par elle, au-delà des limites qu'on eût pu prévoir. Il est devenu un dévot *tantrika*, un fidèle de *Kâli*, pratiquant les rites de la déesse, disciples d'un *gourou* et ayant été initié par lui en ces cérémonies successives que l'on appelle *abhikeshas*. Et moi aussi, parbleu, poussée par le désir d'apprendre j'ai été initiée à des *mantras* [42], des *mandales* [43] et je porte le poids d'un tas de secrets, quelque peu puérils à garder ; mais combien est différente ma manière d'envisager les choses. Il y a quelques semaines, sachant que M. Woodroffe avait une certaine expérience en la matière, je lui ai écrit pour lui demander conseil au sujet de l'intérêt que pouvait offrir, pour mes études, une initiation plus complète au tantrisme hindou dont la possibilité m'était offerte ici. C'était l'avis d'un confrère orientaliste que je cherchais. Il m'a répondu par une lettre de dévot.

Un hindou n'eût parlé autrement et j'en suis demeurée sidérée. Tout de même, je voudrais bien qu'il me fût donné, un jour, de contempler ce haut magistrat européen, dans un *çakra* [44] tantrique, offrant un sacrifice à *Kâli*, sonnant des clochettes, se barbouillant la figure de produits divers, etc. Cela vaudrait, je pense, tous les vaudevilles du monde. [...]

Bénarès, 2 septembre 1913

[...] Mon séjour dans les Himalayas a donné lieu à un mouvement de réforme religieuse qui s'affirme maintenant d'une façon que je n'aurais jamais soupçonnée. Parmi les lettrés on commence des études critiques d'exégèse, on se montre disposé à balayer une forte partie de superstitions qui s'étaient peu à peu incrustées sur la philosophie primitive. Pour l'élément populaire on organise des meetings, on combat les pratiques grossières, on a été chercher les aborigènes Lepchas dans leurs villages. Personne ne songeait à cette race presque disparue et on la considérait avec le plus entier mépris. On va maintenant tâcher de les délivrer de leur fétichisme et des sorciers qui les exploitent et faciliter l'accès des écoles à leurs enfants. Des jeunes gens se sont offerts pour aller étudier et devenir missionnaires-instituteurs. On va, en cérémonie, donner prochainement la robe religieuse à deux d'entre eux (puisque l'homme est ainsi fait qu'il ne peut se passer d'appareil théâtral et de signes distinctifs...).

A Bénarès, depuis que *Sankara* avait réduit au silence (au XIᵉ siècle) les disciples dégénérés du *Bouddha*, personne n'avait osé élever la voix et parler de bouddhisme dans ce rempart de l'orthodoxie hindouiste. Le Révérend Johnson m'avait même amicalement conseillé de dissimuler ou tout au moins de ne pas attirer l'attention sur le fait que je professe la doctrine combattue par *Sankara*. Naturellement, je n'ai pas songé un seul instant à l'écouter et les choses ont tourné de telle façon que l'accueil a été presque partout excessivement cordial. [...]

Bénarès, 17 septembre 1913

[...] J'ai reçu hier une boîte à talismans qui m'arrive du Tibet avec des brimborions, des chiffons de soie consacrés d'après certains rites magiques qui passent pour porter bonheur et qui ont aussi une autre signification, d'ordre plus relevé, trop longue à expliquer. La boîte est vieille, elle s'est promenée, suspendue au dos d'un vieux lama pèlerin, par monts et par vaux. C'est un souvenir et un naïf témoignage d'estime venus de loin... J'ai placé ce puéril reliquaire sur ma table... il n'est pas joli du tout, mais il raconte des histoires du Pays des Neiges et des rafales. Et de l'autre côté de la chambre, il y a le portrait d'un monsieur ingénieur devant lequel s'épanouit un bouquet de roses du Bengale... Deux mondes divers, pas vrai, très cher !

Bénarès, 30 septembre 1913

Je vais retourner ce soir à Ramnagar pour voir où le Seigneur *Râma* en est de ses hauts faits. Il y a dix jours que je l'ai laissé après sa nuit de noces. Il a beaucoup voyagé depuis et je vais le trouver dans la forêt, ce qui signifie, pour moi, une jolie course à éléphant à travers la campagne au crépuscule et un retour poétique sous les étoiles, avec des hymnes à *Hari-Vishnou* et des cris de « Victoire à *Râma Chandra !* » à la cantonade.

[...] Ce matin il m'arrive une de ces aventures abracadabrantes qui sont pain quotidien dans l'Inde. Mon pandit professeur, sa leçon de sanskrit terminée, me dit : « J'ai un ami, un vieux pandit âgé de soixante-dix ans qui est très malheureux. Il a été le précepteur spirituel (*gourou*) de beaucoup de Bengalis, mais maintenant ses disciples l'abandonnent, ils vont en Angleterre, ils se croient plus savants que lui, ils n'observent plus les règles des castes, ne croient plus aux Dieux et... n'offrent plus de présents à leur *gourou*. Le pauvre pandit est désespéré, il ne sait que faire... » Un temps d'arrêt et mon professeur me regarde un peu embarrassé, avec l'air de Junon « qui médite des ruses ». « Il voudrait apprendre quelque chose du *Tantra*... est-ce que je peux vous l'amener ? — Pour quoi faire ? Pour que je lui enseigne le tantrisme, en voilà une idée ! Il ne manque pas de *Tantrikas* dans l'Inde, qu'il aille les trouver. Et pourquoi veut-il à son âge commencer cette étude ? — Il ne veut pas étudier, il veut apprendre à faire quelques miracles. » J'éclate de rire. « Est-ce que

vous croyez que je vais lui en apprendre, est-ce pour cela
que vous voulez me l'amener ? — Ce serait si charitable
à vous, nous en avons tous pitié. Il dit : « Je suis prêt
à renoncer à tout, même à mon salut (*moksha*) pour pouvoir montrer mon pouvoir aux disciples qui m'abandonnent. — Mais il est possédé votre ami pandit ; parmi les
chrétiens, on dit : « prêt à vendre son âme au Diable »,
c'est là son état d'esprit. Mais je ne suis pas le Diable,
moi. » Mon professeur acquiesce. « Non, vous n'êtes pas
le Diable, mais vous connaissez les *tantras* [45]. » Bon ! c'est
une découverte, alors c'est la réputation qu'on me fait à
Bénarès. L'origine de cela est tout simplement, sans doute,
que j'ai été au Tibet et dans les Himalayas, le pays des
prestiges. « Quel genre de miracle veut-il faire, votre ami ?
— Il voudrait mettre des lettres dans les boîtes aux lettres
de ses disciples. » Je suis ahurie. « Mais le facteur fait
cela toute la journée, il n'est pas nécessaire d'être initié
au tantrisme pour opérer ce genre de miracle. — Mais
non, pas de cette manière, il voudrait que les lettres parviennent par quelque pouvoir aérien... et puis il voudrait
voir un *esprit* (une sorte d'être surnaturel). — Oui, en résumé votre ami pandit est fou, c'est ce qu'il y a de plus
clair. » Cela m'intéresse d'étudier cette mentalité bien hindoue qui d'ordinaire est soigneusement dissimulée devant
les étrangers. Jusqu'où iront ces deux imbéciles ? Je
prends un temps et dis : « Il doit propitier un *Vétala* [46]. »
Je ne sais pas trop si mon professeur ne va pas m'étran-
gler car j'ai proféré la plus horrible parole qu'il soit possible. Conjurer un *Vétala* est une opération abominable
avec des rites à faire mourir d'effroi. Tout cela est symbolique, mais il s'est trouvé des gens dénués de bon sens
pour pratiquer matériellement et grossièrement ce qui
était dit en langage figuré. Le pandit ne m'étrangle pas,
il est très sérieux. « Vous pouvez lui dire de le faire,
répond-il, il le fera. Il ira au champ de crémation, il man-
gera la cervelle d'un cadavre si vous le lui dites. » Ça c'est
le tréfonds, l'abîme de folie qui est caché dans le cœur
de presque tous les hindous. Certains, beaucoup même,
reculeraient, au moment de les accomplir, mais tous
croient à ces pratiques.

Cette malheureuse mentalité exerce une action déplorable sur la vie sociale de l'Inde, un grand nombre qui pourraient faire œuvre utile délaissent tout pour entreprendre la conquête de ce qu'ils appellent les « pouvoirs » et ce qu'il y a de remarquable c'est que cet état d'esprit est contagieux et qu'il y a des fonctionnaires anglais qui secrètement se font les disciples de vieux sorciers hindous.

2 octobre. J'ai été hier et avant-hier à Ramnagar où le spectacle devient de plus en plus curieux. Il y a eu des combats homériques, une armée de mannequins géants hauts de quatre à six mètres, des oiseaux monstres, des ogres à dix têtes. Nous continuons à déambuler de jungle en jungle à la suite des acteurs. Hier soir les éléphants sont rentrés au pas de course après la fin du spectacle. Je ne te dirai pas qu'être sur le dos d'un éléphant galopant est le comble du confort, mais c'est bien drôle, ces courses dans la nuit sur ces grosses bêtes. Cela va du reste être fini dans quinze jours. Je suis bien contente d'avoir vu ce spectacle.

Gangtok, 7 décembre 1913

[...] Mon voyage vers les Himalayas a été émaillé d'incidents peu agréables. Tu as su le train manqué à Rajagriha, les correspondances manquées ensuite, l'interminable trajet en chemin de fer et mes bagages enregistrés restant en route. Après ces épreuves, la montée à travers d'adorables vallées et des jungles comme on n'en voit que dans les Himalayas a été charmante. [...] Je suis tout de même arrivée à Gangtok sans accrocs. A quelques kilomètres de cette minuscule capitale j'ai rencontré les garçons de l'école rangés en haie, les instituteurs en tête, le premier maître est venu m'offrir la traditionnelle écharpe tibétaine, l'hommage classique du pays, ceci a été la première bienvenue. Un peu plus loin est apparue une députation des lamas, plus loin encore, certains notables et propriétaires agricoles, puis un haut lama et enfin le prince héritier en personne, une écharpe à la main, comme les autres, ce qui est tout à fait honorifique pour moi, car rares sont ceux à qui, vu son rang, il donne ce témoignage de respect. Près d'arriver, j'ai trouvé les fillettes de l'école avec leur institutrice. Tu vois, c'était comme M. Poincaré ! Comme ces différentes délégations me suivaient à mesure que je les rencontrais, j'ai fait mon entrée à Gangtok au milieu de la plus pittoresque procession que tu puisses imaginer. [...]

Après les indigènes, sont venus les Anglais. D'abord le secrétaire à la résidence chez qui j'ai logé autrefois. [...]

Voilà qui est fort bien. Ce qui l'est moins, c'est que très absorbé par la conférence sino-anglo-tibétaine, le résident M. Bel (celui qui est ici est intérimaire) a tout simplement négligé d'écrire au maharadjah du Bhutan pour l'aviser de ma prochaine visite et, maintenant, celui-ci qui a incidemment entendu parler de ma venue se demande quelle est cette dame qui menace ses frontières. Il faut savoir que jamais une femme européenne n'est allée au Bhutan et que fort peu d'Européens et seulement quelques fonctionnaires y sont entrés. Ce petit pays est encore plus fermé aux étrangers que le Népal et le Tibet. Bel qui m'a écrit pour me souhaiter bon voyage n'a pas l'air de se douter de son oubli. Néanmoins il faut, maintenant, que la résidence communique officiellement mes lettres d'introduction et ceci va demander un mois ou six semaines et... le Nathu La sera bloqué par les neiges, il faudra donc passer par un autre col. D'autre part, le résident m'a dit que le prince ne pouvait pas s'absenter immédiatement parce qu'ils avaient à travailler ensemble. Je sais que le Sikkim demande une rectification de frontières et la cession par le Tibet de la vallée de Chumbi.

Le résultat, c'est que me voici immobilisée. Immobilisée mais non pas inactive car, dès aujourd'hui, j'ai déjà commencé à lire du tibétain avec l'un des instituteurs. Je te vois hocher la tête et penser c'est beaucoup de choses qu'entreprend ce minuscule moumi. J'avoue que mes ambitions sanskrites et tibétaines peuvent paraître démesurées à mon âge, mais vois-tu, mon petit, les rhumatismes, l'ankylose sournoise qui gagne du terrain présagent de longs jours de fauteuil et c'est alors que, ne pouvant se résigner à être tout à fait un végétal, il sera bon de potasser du sanskrit et du tibétain. Je ne serai jamais un érudit de première classe, mais j'arriverai à lire passablement ces deux langues. Je suis tout à fait capable maintenant de continuer mon étude de sanskrit toute seule, avec un peu de travail je pourrai arriver au même point en tibétain.

La lettre que tu m'as renvoyée et qui venait du ministère est un accusé de réception du rapport que j'ai envoyé au ministère de l'Instruction publique, elle m'informe aussi que la commission des missions examinera ma demande de prolongation de mission et subsides. [...]

Tu me dis dans ta dernière lettre : « Fixe-moi une somme. » Mon bien cher, ces questions d'argent me sont très pénibles. Je sais que tu fais des sacrifices pour moi, pour me faciliter une voie qui te déplaît à toi. Je ne sais que te dire et le jour où il te plaira de dire : « assez », je n'aurai non plus rien à dire. Ce sera l'heure de voir si la philosophie des livres a agi et si la robe des *yoguis* était autre chose sur mes épaules qu'un amusant travesti... Mes projets, tu les connais : séjourner un peu au Tibet, si on me le permet. Y compléter mes études tantriques et puis partir pour le Japon et finir là mon cycle d'études comparatives du bouddhisme du Nord et du *Védanta*. Ce qui signifie un an, dix-huit mois et signifie aussi être, au retour, un personnage de quelque importance dans le monde orientaliste. De ceci, je l'avoue, j'ai peu de soucis si ce n'est que cette petite notoriété peut me faciliter les moyens de faire connaître des idées qui me sont chères. Tu es, mon très cher, la seule raison qui m'attache au monde. Dans mes pensées je me vois revenant après ce voyage, écrivant des livres auprès de toi... mais si tu ne veux pas qu'il en soit ainsi que ta volonté soit faite ! Je suis fatiguée, je me sens vieille, les gens m'apparaissent déments et sots. Factice ou réelle j'ai trouvé la « maison de mon repos » le *Thabor* où il fait bon « dresser sa tente ». Il y a des années et des années que j'y aspire. C'était le thème de mes prières d'enfant. L'autre jour je parlais avec un religieux chinois de cette terrible dégénérescence du bouddhisme et je lui disais : A quoi bon la prédication du *Bouddha*, à quoi a-t-il réussi ?... Très doucement, lui, qui n'a pas d'heures noires, ou du moins sait les cacher, me répondit : « A quoi il a réussi ?... A nous donner la paix à vous et à moi... et à bien d'autres. » C'est vrai. Il y a plus de vingt ans que je fais profession d'être boud-dhiste, mais mon admiration pour cette doctrine restait lointaine, je n'avais guère essayé de la mettre à l'épreuve, de savoir ce qu'elle pouvait donner... Je commence à savoir aujourd'hui... Raille si tu veux, mon bien cher, je te sou-haite, en ce jour des souhaits, de faire l'expérience que j'ai faite. [...]

                    The Residency Gangtok, 13 décembre 1913

[...] C'est très gentil, la résidence. J'y ai une belle cham-bre avec d'épais tapis et une belle vue sur les jardins, mais il faut payer le prix, n'est-ce pas ; s'habiller tous les soirs, voir les gens qui viennent pour le thé et aller soi-même en visite quand les résidents y vont. Il serait tout à fait impoli de ne pas être aimable avec des gens aussi gentils qu'ils le sont. Et quelquefois les visites et les thés sont accompa-gnés de choses pénibles... Hier,, chez le capitaine comman-dant le détachement des Cipayes, on a sorti de ces terri-bles « jeux de patience » perfectionnés à l'usage des grands enfants et il a fallu en assembler les pièces. Il m'était échu un ciel gris formant la partie supérieure d'un tableau représentant une course d'obstacles. Tu me vois devant les pièces bizarrement découpées de ce ciel gris énigmati-que ! Je pensais... la vie est brève, pourquoi donc ces gens-là cherchent-ils à en gaspiller les heures... mais, voilà, pour eux, ceci n'est pas plus un gaspillage que ce qu'ils feront ensuite ou ont fait précédemment... Selon la vieille parole : « Ils sont comme s'ils n'étaient pas », ce sont des âmes élémentaires grouillant dans la grisaille nébuleuse des limbes. Et puis, moi-même, avec ma philosophie, est-ce que je ne suis pas aussi grouillant en quelques limbes ? La belle affaire que discuter, prêcher, écrire !... cela aussi n'est-il pas vain comme ajuster les morceaux d'un jeu de patience ? Croire que l'on fait quelque chose d'intéressant, que l'on est quelque chose d'important, quelle folie ! Les âmes sont, sans doute, ces *yoguis* perpétuellement sou-

riants d'un sourire ironique qui ont compris le néant de
toute agitation et demeurent en repos dans un repli de
montagne à l'abri d'une caverne dans les solitudes, prélu-
dant à des paix infinies que les hommes pressentent et
qu'ils appellent de noms vagues... J'en suis à ruminer comment je pourrai me soustraire à la journée de *christmas*
avec son concert d'amateur, son thé, son dîner et la gaieté
de ces braves gens au rire si facilement déchaîné. Il me
semble que j'ai cent ans et que je tombe dans une nurserey
emplie des ébats des marmots. [...]

4 janvier 1914

[...] En fait de cadeaux, le Nouvel An m'a apporté une
superbe robe de lamani (lama femme) de haut rang. Robe
qui a été dûment consacrée selon les rites lamaïstes, ce qui
en fait un objet tout autrement précieux que celle que
l'on pourrait acheter. Parce que revêtir une robe achetée
ne serait qu'une mascarade, tandis que j'ai le droit de porter légitimement la mienne, et ceci n'est-il pas un savoureux souvenir de voyage que d'avoir pris rang parmi des
lamas tibétains. J'y vois plus que cela ; une marque de
sympathie et de respect des lamas himalayens et ceci,
comme tout témoignage de ce genre, est toujours bienvenu.

Au point de vue purement matériel, la robe est extrêmement chaude. Je t'écris en ce moment enroulée dans
ses profondeurs et m'y trouve bien. Au prochain jour je
vais faire mon portrait dans ce costume très oriental. La
robe est en drap-feutre rouge foncé avec un col genre
kimono en soie bleu vif et des revers pareils au bout des
immenses manches. A la taille, une ceinture de soie jaune
à franges. On revêt avec cela des bottes hautes en drap
de différentes couleurs. Le pied est vert et rouge avec de
très jolies broderies à la main dans le drap. On noue le
haut des bottes en dessous du genou avec des liens assortis à la ceinture. Et puis il y a le bonnet extraordinaire à
calotte de soie chinoise (brocart) jaune d'or avec des
revers en peluche lisérés de rouge qui s'ouvrent sur le
haut du front, formant comme deux cornes. Dommage que
la photographie ne rende pas les couleurs ! [...]

Gangtok, 11 janvier 1914

[...] Le Râja du Bhoutan est toujours dans l'Inde, il ne paraît pas que mon voyage dans son Etat doive s'effectuer très prochainement. Et dire que je me suis démenée et dépêchée comme si le feu était à mes trousses pour arriver ici à temps. Mais c'est comme cela en Orient, les gens n'ont pas la notion de la valeur du temps. Le vieux Râja, que la négligence de l'administration britannique a sans doute vexé, n'a pas pu m'avertir que ses plans étaient changés et qu'il allait être absent pour quelque temps. Traverser par le Tibet devient de plus en plus difficile avec l'accumulation des neiges. Je crois bien que ce contretemps est pour quelque chose dans mon état *.

Néanmoins je ne suis pas inactive, je pioche le tibétain qui est infiniment moins difficile que le sanskrit.

[...] J'ai été cette semaine pour trois jours au monastère de Rumtheck. J'y ai étrenné ma tente qui a eu grand succès auprès des lamas. Moi-même j'en suis très satisfaite. Elle est extrêmement chaude et confortable. [...]

S'il ne lui arrive pas d'accident je t'expédierai mon matériel de campement quand je quitterai le Japon et nous pourrons jouer aux explorateurs dans notre jardin. [...]

Tu ne te sens aucune disposition pour devenir un *arânyanka*, un *sannyâsin* toi. Tu crois à la réalité du monde et du « moi » et des choses douces ou pénibles à ce « moi » ; manœuvre donc ta barque avec prudence au milieu des écueils. Il faut être ou très fort, ou très stupide ou complètement usé pour être indifférent.

Il y a trois sortes de béatitudes, dit la *Bhagavad Gîta* : la béatitude faite de torpeur, d'obscurité, d'inconscience de la brute ; la béatitude créée par l'activité des êtres

---

* Au début de cette lettre A. David-Néel s'étend assez longuement sur son état de santé, qui paraît, à ses dires, très inquiétant ! Mais depuis qu'A. D.N. a commencé ses voyages nous avons pu constater que ce n'est que lorsqu'elle est « sédentaire » que toutes les nombreuses maladies qu'elle énumère et surtout sa « neurasthénie sournoise... » l'accablent, car dès qu'elle est en route, à pied ou à dos de mule... comme par hasard, elle ne souffre plus de rien.

énergiques, passionnés en un sens quelconque, qui mettent leur vie dans l'action et savourent la joie d'agir ; et la béatitude de ceux qui savent ce qu'est l'action, d'où elle émane, où elle conduit et qui ont atteint la paix exempte de passion, le repos qui est au-delà de la joie et de la douleur, du désir quel qu'il soit.

Je ne crois pas t'offenser en te plaçant dans la seconde de ces catégories : tu es un actif, un de ces êtres qui sont pleinement dans le monde de la forme, de la sensation, de la matière comme on dit en Occident. Que ce monde-là te soit clément, qu'il te donne l'espèce de béatitude qu'il est capable de donner, c'est là ce qu'il est sage à toi de viser.

Je te vois sourire, un brin ironique et demander : « Toi, Moumi, naturellement, tu te places dans le degré supérieur... » Qui sait ?... Je suis sur son seuil, peut-être, et y suis encore très peu en équilibre. Ou peut-être ce seuil est-il celui du premier état décrit, où la fatigue, trop de luttes mentales soutenues, un cerveau trop surmené me font tomber lentement. Il y a longtemps déjà que je t'ai fait part de ce point d'interrogation : *Nirvâna* ou ramollissement ?...

Pour sortir de la philosophie, voici que d'une façon inattendue je pars après-demain pour un endroit reculé de la jungle où, d'après la légende, le fameux *Padmasambhava* a vécu. C'est parmi un chaos de monts couverts de forêts — j'ai entrevu cette région de loin, autrefois, étant sur une montagne à Pémionchi, mais je n'y suis jamais allée. Il y a là trois monastères de lamas, tapis parmi les forêts.

Tout à l'heure j'ai interrompu ma lettre pour aller expliquer un *sûtra* (texte philosophique pâli) à deux douzaines de lamas, la plupart jeunes étudiants, à qui je fais quelques petites conférences de temps en temps. C'est là que s'est arrangée cette excursion. Cela va me faire une douzaine de jours de courses à cheval à travers un pays splendide. Je paierai l'écot par quelques discours sur la vie et l'œuvre de *Padmasambhava*, que j'essaierai de faire rentrer dans une réalité aussi historique que possible, ce qui ne me sera ni difficile ni pénible. [...]

Gangtok, 24 janvier 1914

[...] Mon petit voyage a été charmant, bien qu'un peu
éreintant, et il m'a laissé une figure quelque peu « amenui-
sée » comme tu dirais. Je suis allée au cœur de la brousse
par des sentiers extravagants et ai presque autant cheminé
à pied qu'à cheval, les pentes roides en éboulis rocheux
ne permettant guère de les descendre autrement qu'à pied.
J'ai visité quatre monastères, retrouvé d'anciennes connaissances, des *yoguis* tibétains d'allures extraordinaires, personnages d'un autre monde. Dans les expéditions de ce
genre on ne dort guère et l'on ne mange pas énormément :
Réveil de bon matin, déjeuner et puis une longue journée
de marche, dîner à l'arrivée et, après, causeries, discussions philosophiques jusqu'à minuit. Mais l'air des Himalayas est nourrissant par lui-même, je crois, car, après
tout, on ne sent guère la fatigue. J'ai été, pour une nuit,
l'hôte d'un riche lama titré qui possède une superbe maison (superbe en style tibétain, s'entend). Je m'y suis
vu attribuer une petite chambre pourvue de cousssins, de
tapis, de draperies, mais sans la moindre accommodation
pour se laver. Naturellement j'ai tout le nécessaire avec
moi et ces ustensiles de bain ont fort émerveillé la maîtresse du logis. Ma chambrette communiquait avec une
vaste pièce, la seconde par ordre de préséance, je ne vois
pas d'autre moyen de la qualifier, car il n'est question, ici,
ni de salle à manger ni de salon, mais seulement de pièces
à tout faire occupant un grade, plus ou moins élevé, dans
la hiérarchie des appartements. Donc, cette nuit-là, dans
cette pièce, la seconde en dignité, logeait un de mes amis,
un *yogui* tibétain et un de ses disciples. J'avais réclamé
son voisinage parce que je pensais que le fait qu'il soit
installé là tiendrait respectueusement à l'écart la cohorte
curieuse des enfants et des serviteurs, anxieux de savoir
ce que la dame européenne faisait dans sa chambre, et qui
assiégeait ma porte tout en babillant à tue-tête. Les salles
première et seconde en grade sont des sortes de pièces
publiques que l'on traverse et où l'on entre sans frapper,

pour cette bonne raison qu'elles n'ont pas de porte mais seulement des portières en étoffe.

Après le dîner suivi d'une longue causerie devant l'autel chargé de précieuses et antiques statuetttes de cuivre et d'argent, chacun s'était retiré vers minuit. Je savais que mon voisin appartenant à la secte tantrique se livrait à des récitations nocturnes et je me proposais d'en être témoin. Fatiguée je me couche, mais sans m'endormir, me tenant sur le qui-vive... Rien que le silence... Attente somnolente. Mon voisin tousse. Oh ! il s'éclaircit la voix pour commencer sa psalmodie... Non, il tousse simplement, prosaïquement. Les minutes et les quarts d'heure passent... je m'endors. Il est 3 h et demie du matin, un son rauque me réveille. Alléluia ! c'est mon *yogui* fidèle qui ne m'a pas abandonnée et commence seulement les exercices pieux en soufflant dans un tibia humain aménagé en trompette. En un clin d'œil je suis debout, ma robe tibétaine revêtue sur ma chemise de nuit, j'entrouvre ma porte : Ce serait à peindre ! La vaste salle est sombre, pas d'autre lumière que la petite lampe brûlant sur l'autel. Le *yogui*, un homme de très haute stature, est assis sur des coussins les jambes croisées sous lui comme les *Bouddhas*, dans la main droite il tient le *damarou*, le petit tambourin de *Shiva* dont la taille s'est accrue chez les *tantrikas* tibétains, dans la main gauche il a la sonnette rituélique et, devant lui, est sa trompette macabre. En face de lui, son disciple, assis dans la même posture sur le plancher, paraît « escagacé ». Et le tambourin résonne et la clochette tinte rythmant la psalmodie monotone mais victorieuse, mordante comme un âpre cri de triomphe, à certains moments la sonnette se tait et le *yogui* entonne son tibia dont le rugissement déchire de façon impressionnante le silence de la nuit. Tout cela a l'air d'un rêve et moi-même, debout dans l'encadrement de la porte, vêtue d'une robe identique à celle des deux autres sorciers, je me fais l'effet d'un personnage irréel. Je la connais en partie par cœur la psalmodie qui emplit la chambre enténébrée. En dépit de l'appareil de nécromancie qui l'entoure, elle emporte la pensée loin et haut... Le lama chante : « Je suis le *yogui* sans peur qui a surmonté toute crainte... Je danse en l'écrasant sur l'illusion de l'*égo*.. »

On pourrait bien faire tout cela sans accompagnement de tambourin et de tibia-trompette. C'est sûr. En ce qui me concerne je ne pourrais pratiquer ce genre de symphonie que par jeu, mais il faut se garder de vouloir uniformiser les mentalités. Ce singulier personnage qui siège, fantastique, dans l'ombre, musicien diabolique échappé de quelque sabbat, c'est loin, très loin d'être un imbécile. Voici déjà longtemps que je le connais, nous avons longuement causé ensemble, c'est un philosophe au cerveau délié et subtil. C'est un peu pour m'amuser, parce que je l'en ai prié, qu'il psalmodie cette nuit ; en règle générale ces rites s'accomplissent non pas dans une maison mais à l'endroit où l'on incinère les morts. Et il me disait : « Il ne faut pas croire que le *yogui* éclairé va en ce lieu pour conjurer des esprits infernaux, des déités terrifiques comme le vulgaire le pense. Non, il y va ou il y conduit ses disciples pour vaincre sa propre superstition ou leur propre superstition, pour triompher de la terreur atavique qui niche au plus profond des replis de notre cerveau, pour détruire toute semence de crainte de l'inconnu, de la mort et des trépassés, des vagues esprits, démons ou dieux auxquels ont cru nos ancêtres et auxquels nous sommes si aisément portés à croire nous aussi, sous une forme ou sous une autre, pour nous persuader que tout objet de terreur est une création de notre propre esprit rien de plus. » [...]

Quoi qu'il en soit, j'ai savouré en gourmet le régal exotique de ce concert nocturne, que peut-être nul Européen n'a jamais entendu, et lorsque tout fut achevé, je fermai ma porte doucement, je retirai ma lourde houppelande lamaïque et je me glissai entre mes couvertures pour trois heures de sommeil profond. [...]

Rangpo, 13 février 1914

[...] Il y a du nouveau au Sikkim, le vieux maharadjah est mort le 10 au soir. Dans une lettre écrite le matin du 10, le prince me disait que son père était à l'agonie et le matin du 11 nous avons appris, sur la route, que tout était fini. Ce n'est pas un événement mondial, mais tout est relatif et la poignée de gens qui gravitent autour de ce que l'on appelle ici : le Palais, est très agitée.

Je ne sais pas ce qui s'est passé dans les tout derniers instants du pauvre homme, mais jusqu'au moment de mon départ il persistait dans sa mauvaise volonté à l'égard de son futur successeur. Il ne pouvait se consoler de ne pas laisser son trône minuscule au fils de sa seconde femme. Il a tâché de faire signer à l'autre fils des papiers par lesquels il acceptait que toute la fortune de son père aille aux deux enfants du second lit. Celui-ci refusait de signer, je ne crois pas qu'il aura cédé depuis mon départ. Il m'a consultée et je n'ai pas cru devoir lui conseiller de se laisser dépouiller. Son demi-frère est un gentil garçon de vingt et un ans. Nous sommes très bons amis et je ne lui veux aucun mal, mais il peut se contenter de sa part légale. Du reste, je ne crois pas que ce soit lui qui poussait son père à déshériter son frère aîné. Il y a parmi les conseillers du défunt Rajah des gens qui étaient très hostiles à l'héritier présomptif. Je ne crois pas mon jeune ami vindicatif, mais, tout de même, il est sûr que ces gens-là doivent se trouver mal à l'aise aujourd'hui. La période de deuil finie, le nouveau maharadjah va épouser la petite princesse birmane. Elle va bien étonner les naturels de ses Etats cette maharani modern style et la silencieuse maison du prince va se trouver quelque peu bouleversée. Le premier événement sera l'achat d'un beau piano pour la nouvelle épouse qui m'écrit qu'elle pioche très sérieusement la musique. Ce n'est pas un mariage de passion et j'ai été un peu effarée, l'autre jour, en constatant qu'à tout prendre, si le gouvernement ne le poussait pas au mariage, le petit prince s'accommoderait bien de rester célibataire. Cette exubérante birmane, forte tête venant d'un pays où les femmes sont plus indépendantes que les Européennes, lui fait un peu peur. La jeune Ma Lat n'est pas précisément une dame de harem, silencieuse et soumise ! Mais dès qu'il aura des enfants il sera ravi, car les enfants sont sa grande passion.

Je suis, à cause de ce délai, dans une situation qui

arrive de temps en temps dans des pays comme ceux-ci :
Je suis à court de vivres. Mon hôte, demain à son arrivée,
trouvera un dîner plutôt sommaire !

Vraiment, je riais cet après-midi toute seule en pensant, une fois de plus, que si j'ai commis abondamment
le péché de gourmandise autrefois, l'expiation est sévère.
Combien y a-t-il de temps que je n'ai mangé un plat qui
me plaise ?... Vraisemblablement, depuis que j'ai quitté
Tunis. Mon pauvre cher, si tu voyais les ratatouilles que
j'absorbe ! J'ai fait connaissance avec toutes sortes d'herbes : des orties, des pointes de fougère, des racines sauvages... que sais-je !... et mon opinion est que ce sont là
menus pittoresques, mais qu'ils ne font pas oublier les
petits pois de Clamart ou les asperges d'Argenteuil.

Clamart, tout à coup, vient d'éveiller un vieux souvenir.
Celui d'une longue course dans la neige avec les Coulomb
et Tasset qui, déjà, à ce printemps de sa vie, était ineffable. Je me rappelle que j'expliquais à Tasset un phénomène — vraiment je ne sais dans quelle catégorie il peut
être catalogué — dont les *yoguis* tibétains parlent ici. A
cette époque, nul ne m'en avait jamais dit un mot, j'avais
simplement éprouvé la sensation moi-même. Voici ce que
c'est. Il m'arrivait, spécialement vers le soir, de sentir mon
corps devenir très léger, mes pieds paraissant à peine
effleurer le sol et, dans cet état spécial, je pouvais marcher,
marcher indéfiniment, à vive allure et couvrir une distance considérable sans ressentir la moindre fatigue. Ce
fait se produisait souvent après une course déjà très longue, le soir tombant, alors que, selon les règles ordinaires,
j'aurais dû, au contraire, me sentir lourde et fatiguée.
Nous nous demandions, Tasset et moi, quelle pouvait être
la cause de ce phénomène. Et voici que j'ai appris qu'ici
les *yoguis* tibétains ont, paraît-il, des méthodes à eux de
cultiver cet état, qui, chez moi, était spontané et involontaire, de le provoquer à volonté et d'arriver ainsi à parcourir des distances énormes. N'est-ce pas curieux ? Je
vais tâcher de me faire initier à leur méthode pour voir si
je retrouverais le résultat d'autrefois.

Ces *yoguis* du Tibet sont gens vraiment curieux. Ils
ont aussi des méthodes (bien utiles dans un pays comme

le leur) pour maintenir leur corps chaud. Une des épreuves qu'ont à subir les néophytes qui pratiquent ce genre
d'entraînement est celle-ci : Le candidat *yogui*, absolument
nu, en hiver, est sur le bord d'une rivière. Dans l'eau glacée de celle-ci on trempe un drap et tout mouillé on le
roule sur son corps. L'homme doit *sécher* le drap par sa
propre chaleur. Quand il est sec, on le remouille et le réap-
plique sur la peau de l'aspirant *yogui* et l'on compte combien de draps il est capable de sécher dans la journée. On
m'a dit que certains pouvaient en sécher vingt-quatre. Je
ne puis pas répondre du nombre, mais je connais des gens
qui sèchent ainsi des linges mouillés. Je n'ai jamais été
jusqu'à sécher des draps, tout ce que je sais faire c'est
me réchauffer les pieds quand ils sont froids et j'avoue ne
pas très bien saisir le mécanisme de la chose. Quoique
évidemment il s'agit de faire remuer le sang et d'activer
la circulation dans la partie refroidie. Mais comme j'agis
sans méthode, ayant découvert le « truc » toute seule, l'opération me fatigue beaucoup, si bien que, souvent, je préfère garder mes pieds froids. Par exemple je me procure
très aisément une sensation de froid au milieu de la plus
intense chaleur.

Nous sommes de bien curieuses machines. Ne trouves-
tu pas, Monsieur l'ingénieur ?...

Admire quelle digression peut prendre source dans les
« petits pois de Clamart »...

Je ne sais pas dans quel état de santé, M. Mac Kechnie va m'arriver demain et s'il sera disposé à travailler
tout de suite.

Il devait être l'hôte du maharadjah Kumar. C'est moi
qui avais arrangé les choses. Mais, maintenant, le Kumar
est maharadjah pour tout de bon, avec beaucoup d'affaires
sur les bras. [...]

Peut-être pourrai-je l'emmener avec moi dans quelque
monastère et, tout en continuant à étudier le tibétain, je
pourrai examiner avec lui les points qui m'intéressent
dans les Ecritures Pâlies. J'aime beaucoup tout ce qu'il a
écrit. C'est lucide, bien vu, très logique. Beaucoup de ceux
qui en Europe veulent faire du Bouddhisme une religion
de bigots ne lui pardonnent pas d'être un libre penseur

convaincu. Il a écrit : « Le Bouddhisme est une religion sans Dieu c'est-à-dire une A-Théiste religion selon le vieux et vrai sens du terme. » Ses compatriotes ne peuvent digérer cela. Le trait d'union d'A-Théisme ne les désarme pas. Personne n'ose se dire athée en Angleterre. Mais Mac Kechnie n'a pas voulu dire *athée* au sens pris aujourd'hui par le terme qui est négation de Dieu. Il a placé un trait d'union pour rétablir le sens étymologique de l'*a* privatif. Le bouddhisme est une religion sans Dieu, qui ne se préoccupe ni d'affirmer ni de nier l'existence d'un Dieu, qui ignore, tout simplement, cet être extraordinaire et inimaginable : le Dieu personnel, tel que l'entendent les religions sémitiques. Toutes les philosophies hindoues, ou du moins la majorité d'entre elles, sont a-théistes. L'Inde est panthéiste depuis l'origine de sa pensée philosophique. La grande et séculaire querelle entre les *atmavadins* et les *anâtmavadins* est, je le crois, une question de mots. C'est ce que je m'essaie à prouver de même que j'essaie de montrer les grands principes fondamentaux du bouddhisme et la doctrine du Vide (le transcendental nihilisme des *sunyâvadins*) contenus dans les *Uupanishads* très antérieurs au temps du *Bouddha* et peut-être dans le *Rig Véda* lui-même qui remonte à une époque encore plus reculée... [...]

14/2/1914. Je reçois ce matin une lettre du maharadjah. Les obsèques de son père sont fixées au mardi 16, dit-il. Il s'est trompé ou de jour ou de date parce que le 16 est lundi. Dans tous les cas, je rentrerai à Gangtok demain. Je tiens à voir les funérailles avec la procession des lamas et des gens de la Cour en costumes pittoresques et les cérémonies accompagnant la crémation du défunt maharadjah. Peut-être pourrai-je prendre quelques intéressantes photos. [...]

T'est-il jamais arrivé de rêver la nuit et de *savoir* en même temps que tu rêvais ? Quelques personnes, je note qu'elles sont rares, ont expérimenté ce fait bizarre. Je suis du nombre. Si cela ne t'ennuie pas, je te citerai deux exemples de genres différents. Une fois à Calcutta je cherchais à me rappeler un nom. Depuis plusieurs mois je m'y efforçais en pure perte. Tiens, c'était comme l'histoire du nom de ton tailleur de Saint-Laurent. Et voilà qu'une nuit, en rêve, le nom me revient et aussi la mémoire que je le cherchais depuis longtemps. Toujours dormant je fais ce raisonnement. Quelle misère, je dors et demain matin j'aurai peut-être oublié le nom que je viens de retrouver. Il faudrait l'écrire. Oui, mais je rêve, je dors, je ne puis pas écrire. Il faut que je tende ma volonté sur le désir de me rappeler au réveil. C'est ce que je fis, puis, tout sombra dans la continuation du rêve. Le matin je ne me rappelai pas tout d'abord, mais peu après, le souvenir du rêve me revint et ensuite le nom. lui-même.

Il y a quelques jour, je rêvais que j'étais à Bruxelles sur la grand'place. Il y avait foule, les fenêtres étaient décorées, un cortège passait avec des drapeaux. C'était une fête. Et, tout à coup, l'idée me vint que c'était un rêve et cela m'intéressa de regarder tout le décor que je savais être irréel, de voir ce qui allait arriver. Et, comme mon cerveau est saturé de philosophie je me suis mise, immédiatement, à raisonner. « Regarde tous ces gens qui t'entourent, ceux qui défilent et les maisons, et les drapeaux, les fleurs : tout à l'heure tu vas te réveiller, tout cela disparaîtra. Il en est de même avec tout ce que tu vois et coudoies dans ton état de veille, cela disparaît après une rapide vision et c'est comme si cela n'avait pas été. Quelle est la différence entre les deux. Y en a-t-il une ?... » Et je continuai à rêver que le cortège venant de la rue au Beurre, enfilait la rue de l'Etuve...

Eh bien ! ceux qui ont de temps en temps de ces expériences arrivent à voir les choses dites réelles du même œil que celles vues en rêve. Les unes et les autres leur paraissant aussi illusoires. Croire que cet amalgame d'événements abracadabrants et incohérents que nous contemplons est autre chose qu'un jeu cinématographique me paraît vraiment une opinion de nigaud, de rustique qui s'assoit pour la première fois sur les bancs d'un théâtre et encourage l'héroïne, sympathise avec l'amoureux, lui donne de bons conseils, injurie le traître et le dénonce, lorsqu'il l'aperçoit, armé d'un poignard, se dissimulant derrière un arbre en papier. Les civilisés avertis savent que tout cela est un jeu. Les sages hindous eux aussi ont dit que le grand drame que nous appelons la vie n'est

qu'un jeu, une scène de théâtre. En sanskrit cela s'appelle
lila [...]

Tumlong, 12 mars 1914, Podang Monastery

Je viens de passer quelques jours intensément intéressants. Il y a eu, ici, une série de fêtes et cérémonies religieuses des plus pittoresques. Le rite d'ordinaire si silencieux où se dresse la *Gömpa* s'est rempli d'extraordinaires
harmonies. Du matin 3 h et demie ou 4 h jusqu'à la nuit
tombante cela a été un déchaînement d'instruments, de
psalmodies, de récitations. Il y a eu des processions, comme on n'en voit qu'à l'opéra, et des rites curieux s'accom-
plissant en plein air, tandis que les lamas rangés dans le
Temple procédaient à d'autres affaires : lecture de textes
sacrés ou autres besognes du même genre.

Tu penses qu'il m'a fallu tous mes yeux et toutes mes
oreilles et que finalement je suis un peu lasse de cette
orgie de sons et de couleurs qui a pris fin voici deux
heures à peine. Faut-il ajouter, pour t'amuser, que le
maharadjah m'a envoyé un interprète spécial et que j'ai
prêché cet après-midi devant un nombreux auditoire de
lamas, sur un passage d'un *sûtra* tibétain !

Je suis en train d'écrire tout ce que j'ai vu et je crois
que dans les photographies que j'ai prises, certaines
seront bien réussies. Malheureusement celles-ci ne rendront
pas les merveilleuses couleurs des costumes des lamas
et c'est grand dommage. Mon interprète retourne demain à
Gangtok. Je vais le charger de mettre cette lettre à la poste.
Je ne l'allonge pas davantage. Je suis harassée et mes yeux
se ferment malgré moi. Tu comprends que ces réveils ultra
matinaux pendant plusieurs jours m'ont un peu fatiguée.
Je suis ravie de l'occasion rare que j'ai eue. Certains Américains paieraient gros pour avoir été à ma place. Je
m'acclimate de plus en plus dans mon monastère et je suis
en bien meilleure santé qu'au bungalow de Gangtok. Je
vis au premier étage et c'est je crois bien préférable pour
mes fièvres rhumatismales. [...]

Podang Gömpa, [...] 18 mars 1914

[...] Ici, rien de neuf après le pittoresque tumulte des fêtes des premiers jours de l'an tibétain tout est retombé dans le silence. Seul le gong du matin et le gong du soir, à l'heure où l'on allume les lampes devant les statues des grands lamas qui peuplent le Temple, marque le temps qui passe.

Pourtant, en guise de récréation, nous avons eu un ouragan qui a tout mis sens dessus dessous dans ma chambre, démoli, en partie, mon aérien cabinet de toilette et défoncé maintes fenêtres du monastère. Et puis la trombe a passé, nous laissant le soin de nettoyer, de réparer...

J'ai fait hier une jolie ascension avec un lama et Doji. Nous sommes redescendus comme des animaux sauvages à travers les buissons. Les lamas veulent me bâtir une hutte sur l'un des sommets voisins pour que j'y puisse aller vivre quand bon me semble. C'est la coutume ici, plus encore peut-être que dans l'Inde, que les gens religieux d'importance aillent faire de ces retraites sur un pic escarpé. Je n'ai aucune répugnance à suivre la coutume. A vrai dire, mes rêves étaient moins ambitieux. Je songeais simplement à une cabane, très à proximité de la *Gömpa*, une sorte de « bastide » constituant un but de promenade et un endroit où aller m'asseoir l'après-midi avec mes livres. Les braves lamas n'ont pas un seul instant soupçonné la médiocrité de mes vues et, d'emblée, m'ont montré, dans les nuages, des arêtes de montagne qui leur paraissaient dignes de moi. Si bien que je n'ai pu exprimer mon trop bourgeois et prosaïque désir. Hier, comme nous siégions sur les hauteurs, le lama me fit comprendre que l'emplacement était honnête, mais qu'il y avait mieux et que l'on brûlait de me proposer une hutte plus exaltée, et il me désignait, dans le ciel, une crête boisée où, paraît-il, de célèbres *yoguis* ont séjourné. J'avoue que j'ai, de loin, considéré l'endroit avec quelque défiance. Il doit y faire magistralement beau, par les jours clairs quand le massif neigeux du Kintchindjinga apparaît. Mais les jours de pluie, de grêle et la nuit... brrr. Je sens d'avance le vent froid qui vous transit. Tout de même, je vais me hisser là un de ces jours pour voir... mais je crois que je renoncerai aux délices de « faire grand » et me contenterai de l'endroit très suffisamment élevé (2 000 m environ) et solitaire que j'ai vu hier. L'autre place ne doit pas être loin de 3 000 m d'altitude si elle ne les dépasse pas.

C'est une drôle de vie que d'aller passer là des semaines ou des mois, ou des années comme certains le font, tout seul, sans âme qui vive autour de soi, sans voir d'autre figure humaine que le paysan qui, tous les trois ou quatre jours, vient vous alimenter en eau. On fait son thé soi-même, on y mêle de la farine d'orge, on mange du fromage, une soupe de viande desséchée, quand on est un tibétain ; mais l'on emporte des boîtes de conserves quand on est un ermite d'Occident. C'est un jeu, si l'on veut. Un jeu pas à l'usage de tous, car j'en sais beaucoup et beaucoup qui n'aimeraient guère ces nuits solitaires passées seul parmi la jungle dans une mince hutte de bambous tressés.

Mais il n'y a pas de tigres ici, quelques léopards clairsemés tout au plus et quelques ours dans les forêts reculées. D'ailleurs un *yogui*, un *gömpchen* comme on dit en langue tibétaine, n'est pas suspect de crainte, Il est celui qui domine tous les dangers et les vainc tous. C'est très joli et je ne me soucie guère de dangers qui, du reste ne se présenteront pas, mais je crains fort de manquer d'eau pour mon tub ou d'être malhabile à allumer mon feu. N'importe, cela me tente fort de goûter la saveur de cette vie et les bons lamas ne font vraiment que me faciliter une expérience que je regretterais toujours de ne point avoir faite, si j'en laissais passer l'occasion. Mais eux n'y entendent point malice et c'est déférence de leur part que cet empressement à me pourvoir de ce qu'ils jugent que je requière de façon urgente. Bonnes âmes... pourtant un peu sceptiques, peut-être, au sujet de la dame européenne qui s'arroge le droit de porter les bagues symboliques des *gömpchen* — légitimement d'ailleurs, les ayant reçues d'un *gömpchen* fameux. Ils veulent voir si cette dame d'Occident n'est pas un *gömpchen* de papier mâché et si elle saura suivre la coutume. Cela m'amuse un peu de soupçonner cette idée enfantine de leur part. Ne sommes-nous pas tous, au fond, de grands enfants, chacun jouant un jeu, et les plus sages, les plus avisés sachant que c'est un jeu. Ce savoir-là est peut-être bien toute la sagesse. Et voilà comme quoi, après tant d'autres choses, je savourerai la sensation presque neuve d'être un *yogui* tibétain. Il me manquera le tambourin, la clochette et le tibia-trompette, car, bien que je possède les deux premiers objets, je ne veux pas pousser le jeu jusqu'à encourager et alimenter la superstition de pauvres gens, simplement pour satisfaire un caprice de dilettante...

En voilà bien long mon cher, à propos d'une cabane dans la jungle et d'un singe qui vise à contrefaire les lions, qui est ta femme.

Il y a autre chose que du jeu puéril, autre chose qu'un amusement un peu piquant dans l'acte de ceux à l'imitation desquels quelques-uns escaladent les cimes peu accessibles et s'enfoncent là dans leurs pensées... mais la plupart de leurs soi-disant disciples et imitateurs ne sont que des pantins absurdes essayant un geste magistral. Ainsi suis-je, pauvre pantin moi-même !

Te souviens-tu de Nyânâtiloka qui vint chez nous, à Tunis, en robe de capucin et dont je t'ai dépeint, autrefois, l'île paradisiaque à Ceylan ? Je viens d'apprendre qu'il est à Darjeeling à la frontière du Sikkim et que, peut-être, il montera jusqu'ici. Comme on se retrouve dans le monde ! [...]

Podang Gömpa, Tumlong 21 mars 1914

Je viens de recevoir ta lettre du 20 février dernier. Des coolies viennent d'arriver de Gangtok, apportant dix pains, une boîte de pétrole, etc. et cela a été l'occasion d'envoyer mon courrier. Ils repartiront demain chargés de mes lettres à mettre à la poste... et ce sont là, les seuls événements de la vie primitive d'ici.

Je suis montée, hier, donner un coup d'œil à la hutte que l'on me prépare et je comptais m'y rendre encore cet après-midi en guise de promenade, mais parvenue à mi-chemin j'ai du redégringoler en toute hâte, un orage s'annonçant. [...]

Singulière idée que de s'éprendre de cette vie peu confortable !... Ta lettre, mon bien cher, me fait précisément tourner mon attention vers cette singularité. Tu es sur le point de quitter Tunis, de liquider la « belle grosse maison » que j'aimais et, comme tu le dis, et comme tu as logiquement tous les droits de le dire : je compte de moins en moins dans tes projets de vie. Silhouette qui devient de jours en jours plus vague, qui s'estompe sur des horizons à toi inconnus. Je ne suis plus que cela et je le sais. Et parce que je le sais, je t'estime infiniment pour l'appui que tu prêtes avec tant de persévérance à ce petit fantôme lointain du Moumi que tu as connu.

Peut-être suis-je, comme les personnages des vieux romans de chevalerie, « enchantée ». Peut-être quelque magicien, quelque fée, m'ont-ils jeté un sort. Le même « sort » qui lie les *Bouddhas* et ceux qui les suivent, qui les rive à cette « autre voie » qui n'est pas la voie ordinaire. Les hindous connaissent bien cela, ils disent : *Nivritti marga* et *pravritti marga* [...] *Pravritti marga* c'est la voie où l'on croit à la réalité du monde et du « moi » où l'on cherche la satisfaction de ce « moi » dans tout ce qui peut l'accroître, l'intensifier, faire vibrer ses sens. *Nivritti marga*, c'est celle par où l'on marche, si lentement soit-il, vers la dissolution du « moi », la cessation de la soif d'être en tant qu'individualité qui est la cause donnant naissance à des « moi » successifs. C'est la route de la paix, de la sérénité. Pour si peu qu'on en ait goûté, de cette route, comment pourrait-on la quitter... Il faudrait être un triple fou. D'ailleurs le pourrait-on ? Je ne crois pas au libre arbitre. Comment un être, produit de causes antérieures, qui est né d'elles, qui est elles, comment pourrait-il agir en dehors de l'influence de ces causes. Je suis mes parents, mes ancêtres, mes maîtres, les livres que j'ai lus, les aliments que j'ai mangés, l'air que j'ai respiré, les gens que j'ai hantés, les milieux où j'ai vécu. C'est tout cela réuni, toutes ces particules de vie venues d'éléments si multiples et divers, qui font mon « moi » je n'en ai pas d'autre.

Je ne crois pas que l'on aille par un choix à cette voie du *nivritti*, c'est elle qui s'ouvre devant nous. Et cela peut être vrai que les *Bouddhas* apparaissent, à ceux qui ne les comprennent pas, comme de monstrueux égoïstes... Pourtant, c'est grâce à eux, grâce à la pensée qu'ils ont laissée dans le monde et qui s'infuse en certains cerveaux, que beaucoup ont trouvé le calme, la paix que rien n'aurait pu leur donner. Je n'ai pas à cacher que je suis de ceux-là et que je dois à la doctrine des *Bouddhas* quelque chose d'infiniment précieux que rien n'aurait pu me donner.

Je ne suis ni complètement morte ni en état de ramollissement puisque je me livre à des études linguistiques généralement considérées comme ardues. Je veux écrire des livres, mais je veux le faire sans fièvre. Je n'ai aucun souci de devenir célèbre. C'est là, chose bien mesquine.

Et tout cela n'est ni gai ni plaisant pour toi mon grand ami cher, parce que tu ne crois pas à la *nivritti marga* et ne te soucies pas d'y croire. [...]

27 mars 1914

[...] Evidemment, il est des gens qui pensent comme *Jésus* reprochant à Marthe l'agitation dans laquelle elle se plonge : « Marthe tu te soucies de bien des choses, une seule, pourtant est nécessaire. » Tu n'es pas de ceux-là et, très franchement, je confesse que je ne crois guère possible d'en être lorsqu'on est engrené dans la vie occidentale.

S'asseoir et méditer pendant des heures, manger n'importe quel brouet et vivre dans une hutte de bambous, c'est possible dans les Himalayas, dans l'Inde, mais non à Chaville, à Boulogne ou même à Bône. Cela y serait sans charme, sans esthétique, en contradiction trop flagrante avec un décor inadéquat, hostile. Je suis bien près de croire que le tenter relèverait plutôt de l'asile d'aliénés que de la suprême sagesse.

Et c'est pour cela, je ne le cache pas, que l'idée du retour à la vie occidentale m'angoisse. Quitter en même temps que ma robe de *yogui*, l'invisible vêtement fait de paix qui m'enveloppe ! Etre de nouveau une « dame » —

une vieille dame cette fois — assumant la corvée de choisir des chapeaux abritant suffisamment un visage chaque jour plus ridé, et créant, si possible, une ombre d'illusion. Donner et me rendre à des « thés » des dîners, écouter le papotage vide de femmes et d'hommes en route vers la mort comme un troupeau d'inconscients moutons en route vers l'abattoir, contempler leurs grimaces, leur folle et désordonnée agitation et être forcée d'accomplir moi-même des gestes identiques aux leurs... Quelle perspective !

Quand je revois, dans ma mémoire, ma jeunesse, même mon enfance, et tous les jours qui ont suivi, il me semble sortir d'un cauchemar, d'une fournaise ardente... Faut-il s'étonner que la délivrance me soit douce et que je répète ce vers du *Dhammapada* : « Pleine de charme est la forêt solitaire pour le *yogui* dont le cœur est vide de désir. »

Ce n'est pas, mon grand cher, que je manque d'affection pour toi. Je t'aime mieux et plus profondément que jamais, non seulement mue par la reconnaissance que je te dois mais parce que je te comprends mieux qu'autrefois. Toi aussi, tout petit aimé, tu es ce que j'ai été et ce que sont la plupart, un pauvre papillon affolé voletant autour d'une lampe, se brûlant les ailes à la flamme. Toi aussi, tu es dans la fournaise, dans la chambre de torture qui s'appelle le monde, la vie. Tu t'es agité et meurtri et tu n'as, pas plus que tes frères en illusion, réussi à saisir l'eau du mirage, le fantôme du bonheur.

Ce fantôme-là, on l'appelle de noms divers, et il apparaît sous mille aspects. Il est l'ambition, la richesse, l'amour, une femme, un homme et toujours il glisse entre vos doigts, toujours il se change en cendres et vous appelle plus loin sous une autre forme. Triste et haletante course qui s'achève dans l'abîme. Il faut envier les sages qui s'en libèrent qui, à leur tour, narguent le fantôme et ne se laissent pas entraîner sur ses traces. [...]

Gangtok, 27 avril 1914

J'ai quitté hier mon monastère et, après environ cinq heures de chevauchée à travers la montagne, suis arrivée à Gangtok. [...]

, [...] Me voici donc au courant de ton départ de Tunis et de ton installation à Bône. [...]

Ah ! oui, il y a aussi le départ de la « belle grosse » maison... un peu de mélancolie plane là-dessus... mais n'en plane-t-il pas sur la plupart des choses de ce monde ? Cette belle maison, je l'ai fort aimée... pourquoi ? — parce qu'elle était un peu cloître, un peu temple, si close, avec ses grilles et ses portes massives ; et le soir, alors que les petites lampes s'allumaient dans les recoins sombres, cet intérieur musulman s'imprégnait d'un charme mystique qui me séduisait.

La belle maison.. elle caressait mes rêves de nonne philosophe, elle est peut-être complice des *dévas* qui, entre ses murs, m'ont murmuré les paroles qu'ils disent au *Bouddha* dans ce génial et délicieux poème le *Lalita Vistara*... : « Viens, c'est l'heure, sors de la maison, toi qui durant d'innombrables vies a formé des vœux pour l'affranchissement suprême. »

Va, très cher, tu n'es pas seul à l'avoir senti le mélancolique adieu à la grande maison silencieuse. Elle me fut bonne... un reposoir après des jours pénibles, l'asile calme où, peu à peu, je suis revenue à ce qui a toujours été ma véritable vie. Ah ! mon ami, si je n'étais pas aujourd'hui détachée des questions de foyer, du désir d'un « home » plaisant à mon esthétique sensualité, je m'affligerais d'être bannie de cet Eden. Et tiens, veux-tu que je te dise, c'est une bonne, excellente chose que ce départ se soit produit après que j'ai été assez longtemps en Orient. Quelques années plus tôt, étant avec toi, dans les circonstances actuelles, il est presque certain que je n'aurais pas été celle que tu rêves, aujourd'hui, d'avoir à tes côtés. Non, je le sais, j'aurais plutôt été un surcroît d'ennui pour toi. Quitter ma belle maison, m'en aller dans une quelconque confortable villa, quel crève-cœur cela eût été et combien mal je l'aurais pu dissimuler. Tes difficultés s'en seraient peut-être accrues. Tout est bien, vois-tu, très cher petit. C'est en rêve seulement que les êtres nous sont doux et qu'il est bon de les avoir près de nous... en rêve seulement, dans la vie réelle ils sont les pierres aux angles aigus desquels on se heurte et l'on se blesse. L'égoïsme est la loi, la loi d'airain et aussi la loi légitime de tout ce qui croit à l'existence d'un « moi ». Et quant aux sacrifiés à ceux qui se dévouent, comme l'on dit couramment, ils sont une race haïssable de brebis importunes, se dressant en reproche perpétuel devant ceux en faveur de qui ils sont censés avoir fait abnégation d'un « moi » dans les limbes d'une personnalité trop insignifiante ou trop veule pour pouvoir s'affirmer. Oh ! ces martyrs avec leurs yeux languides de poissons torturés et leur suffisance de héros, les dieux préservent de leur contact ceux qui ont quelque énergie et quelque joie de vivre !

Tu n'es pas de mon avis, tu as d'autres héritages ataviques que les miens. Tu as vécu parmi des femmes-moutons, des femmes-anges et tu n'as jamais vu ce qu'il y avait au fond de leur âme.

Mon petit cher, tu hausseras les épaules, et hausse-les si tu veux, mais tu es plus aimé, plus vraiment aimé par la lointaine voyageuse que je suis que tes amis ne le sont pas leurs dévouées épouses. Tu n'en as cure n'est-ce pas ? Ce que tu cherches, toi comme tant d'autres — et je ne t'en blâme pas — c'est l'apparence, l'extérieur, la grimace d'affection, de sollicitude, le geste momentané et hypocrite. Peu t'importe si, toi, le dos tourné, l'actrice dit ouf ! et maudit sa comédie. Le fond des choses et des sentiments, mieux vaut ne pas chercher à les découvrir n'est-ce pas ? Ces recherches-là n'attirent que les philosophes et elles les mènent à des extrémités que les gens sensés réprouvent. [...]

Tu me juges sévèrement, mon ami. Tu dis : « Ton indifférence au besoin d'affection tient à ce que tu la remplaces par le plaisir d'être adulée, vénérée, de jouer au saint, à l'apôtre. Si respect et admiration venaient à te manquer, alors tu sentirais le vide. » Je crois que tu te trompes, Mouchy. Ah ! certes, je sais que je ne t'ai donné aucun motif de me regarder comme une sainte et tu es fondé à railler. Que je sois devenue la sainte que je n'étais pas, j'en doute fort moi-même. D'ailleurs, sainteté n'est pas un terme qui a cours dans la doctrine que je professe. Il n'y a pas de saints parmi les bouddhistes, il y a « ceux qui savent », « ceux qui sont éveillés ». Les autres, ceux qui occupent...

Gangtok, 5 mai 1914

Je t'ai laissé bien brusquement la semaine dernière. Des gens, trop importants pour que je pusse les faire éconduire par les domestiques, étaient venus me voir. [...]

Tu m'excuseras de ne pas reprendre mes dissertations philosophiques là où je les ai interrompues et d'aborder un autre sujet.

J'aimerais bien avoir un plan de ta nouvelle demeure. Tu sais que j'ai l'amour des plans et des cartes [...]

J'ai reçu une invitation singulière, celle d'un célèbre *yogui* tibétain qui me convie à l'aller visiter et à passer quelque temps auprès de lui, tandis qu'il résidera dans une caverne perchée dans les nuages, à la frontière du Tibet. Je connais ce personnage, j'ai discuté avec lui, durant de longues heures, les problèmes philosophiques du *Védanta* et du *Bouddhisme*. Je le tiens en haute estime pour sa netteté de vue et l'audace des théories qu'il professe. J'ai, bien entendu, accepté avec reconnaissance une invitation qui n'a jamais, très probablement, été adressée par aucun *yogui* du Pays des Neiges à aucun Européen.

Le voyage est tentant, je connais la route en partie. C'est à renouer connaissance avec les rafales des hautes steppes. L'aire de ce *yogui* perche à quelque 4 500 m d'altitude non loin d'un fort beau lac, m'a-t-il dit. Je présume qu'il ne fera pas chaud là-haut même en juillet. Heureusement j'ai, cette fois, une bonne tente bien close et je trouverai, peut-être, une autre caverne, où quelque anfractuosité de rochers dans laquelle je pourrai la planter à l'abri du vent.

A ne considérer que le côté voyage, c'est là une aventure qui vaut la peine d'être vécue. Mais il y a plus. Celui qui m'a invitée n'est pas une tête folle. Son idée est de m'apprendre quelque chose touchant les mystérieuses doctrines et pratiques du tantrisme tibétain dont il est un adepte. Ma curiosité, plus que ma curiosité, mon intérêt d'orientaliste et de philosophe est éveillé. Cela est si dur, si difficile d'apprendre quelque chose en Asie. Tout y est si fermé, si secret. Les gens et les choses elles-mêmes y sont toujours réticents, murés. Croirais-tu que, même ici, où l'on me connaît depuis longtemps, où j'ai prêché dans tous les monastères, beaucoup me suspectent encore d'être missionnaire chrétienne, assumant un déguisement bouddhiste, pour tromper le peuple et lui faire abandonner sa religion. Ce sont les hauts lamas qui m'ont conté cela, eux, ayant fini, après maints examens et interrogatoire sur la philosophie, par m'admettre.

Ah! combien je voudrais savoir couramment le tibétain! Il y a là une littérature fascinante et des gens si spéciaux amalgamant la haute philosophie de l'Inde à l'humour spécial des Jaunes. [...]

Gangtok Palace's guests house, 10 mai 1914

Je suis dans l'ennui jusqu'au cou et même par-dessus. Mon boy tibétain, je te l'ai dit, s'est épris d'une vendeuse de thé, nouvelle Carmen qui l'a rendu fou et, ce qui est pis : voleur! Il a causé du scandale au monastère en y introduisant sa belle, venue de Gangtok et ils ont eu l'audace d'y coucher ensemble. Il y a eu plainte et j'aurais gravement offensé les lamas si j'avais essayé de soustraire le garçon au châtiment mérité. Du reste, il s'est mal conduit envers moi, me dérobant diverses choses (pas de grande valeur) pour les offrir à la dame de ses pensées. Il était aussi devenu parfaitement idiot car l'amour, s'il donne de l'esprit aux filles, rend stupide les garçons. C'est comme ça dans tous les pays du monde. Il en était arrivé à me faire manger de la crème avec des champignons dedans au lieu d'œufs brouillés aux champignons.

Bref il est parti! Mais ça n'est pas drôle pour moi. Mon bagage de langue tibétaine n'est pas volumineux et le domestique qui me reste n'entend pas un mot d'anglais. Nos dialogues sont plutôt amusants, mélange de tibétain et d'hindi avec force gestes. Malgré tout je suis encore en vie et, par une heureuse chance, mon actuel serviteur sait cuisiner un peu et paraît pris d'un beau zèle depuis que l'autre est parti. Mais il m'a resservi de la crème aux champignons parce qu'il l'avait vu confectionner au boy et qu'il croit que ce plat est à mon goût. Je rêve aux moyens de lui exprimer, en tibétain, de mettre un terme à la production de ce phénomène culinaire. [...]

Gangtok, 1er juin 1914

Si, par ta dernière lettre, tu as voulu m'enfoncer plus profondément dans mes méditations, me montrer, plus clairement, la misère de toutes choses, me faire resouvenir de la parole du *Dhammapada* : « Quel sujet de rire, quelle joie y a-t-il dans ce monde ?... » tu y as pleinement réussi. [...]

Etais-tu en colère quand tu as écrit ta lettre, quand tu m'y as dit que, si je revenais, cela devait être pour être prête à marcher dans « l'ornière frangeuse » ? Quel besoin y a-t-il de marcher dans l'ornière fangeuse ? Pourquoi s'y embourberait-on ? Dans quel but ? Pourrais-tu me l'expliquer ?

Tu m'écris que tu veux chercher « un cœur compatissant ». [...] Et, en cela, tu n'est pas en dehors de la norme. Il y a longtemps que les *Upanishads* l'ont proclamé : C'est pour l'amour du « soi » que nous sont chers, parents, amis et toutes choses. En langage moderne, cela signifie que ce que nous aimons, ce sont nos sensations, la satisfaction de nos désirs. Cela est vrai même des martyrs qui marchent au bûcher. [...]

Ta menace, mon pauvre ami, suggère simplement la réponse suivante : puisque n'importe qui peut, à ce qu'il te semble, remplir mon rôle auprès de toi, pourquoi m'entêterais-je et me forgerais-je l'idée d'une responsabilité et d'un devoir que toi-même me montre si légers puisqu'il peut y être aisément suppléé.

J'avoue que je me suis méprise sur les mobiles de ta conduite depuis mon départ pour ce voyage. Je croyais qu'avec le temps, avec l'âge, la réflexion t'était venue, que tu avais enfin compris l'abîme de tortures morales où m'avais jetée autrefois, que tu avais songé à ces quatre

années passées à La Goulette et durant lesquelles ma raison avait presque sombré. Je croyais que tu t'étais resou-
venu des humiliations calculées que tu m'avais fait subir,
de la façon dont tu avais piétiné sur ma délicatesse, abu-
sant de la situation difficile où je me trouvais alors.

Tout cela est loin, très loin, j'ai trouvé la paix et je
songe à ces jours troublés avec l'indifférence d'une étrangère, sans colère, sans regrets. Ils m'ont été une rude mais
salutaire école.

Eh ! bien, je le confesse, j'avais eu l'idée que tu avais
enfin compris tout cela et que la pensée de m'aider à me
faire une fin de vie paisible t'était venue, jugeant que,
peut-être, c'était bien agir.

Il paraît que je me suis trompée. Tu m'écris que c'était
en vue non du passé, mais de l'avenir que tu me suivais
avec sympathie dans mes pérégrinations érudites. Oui, je
sais, pour toi, comme pour beaucoup, le passé compte peu.
Gens et choses sont aisément jetés par-dessus bord. [...]

Ne prends pas cette lettre pour un réquisitoire contre
toi, mon grand cher Ami, tu te méprendrais étrangement
sur mon intention. Tu es meilleur que beaucoup, meilleur
et plus intelligent que la majeure partie de tes collègues
dans le troupeau. Je t'ai parlé de toi, de faits se rapportant
à toi, parce que c'est à toi que j'écris, mais ce n'est pas
ton procès, c'est celui du monde que je fais. Je pourrais
trouver dans l'égoïsme de ma mère, dans son fanatisme
aveugle, dans la triste jeunesse qu'elle m'a faite, d'aussi
pénibles sujets de méditation. Je pourrais songer à mon
père, à ses cinquante-deux années de mariage avec ma
mère, passées à se détester l'un l'autre. Je pourrais songer à un oncle remarié dépouillant les deux filles issues
du premier mariage de l'héritage de leur mère. Je ne suis
pourtant pas née dans une famille de monstres, mais chez
des gens parfaitement honorables et respectés, aisés et
réputés vertueux... Quand je regarde autour de moi je
trouve les mêmes tares. Je n'ai pas été un ermite toute ma
vie, tu sais que le cercle de mes relations est plutôt étendu,
qu'il embrasse des milieux divers et n'importe où l'on
regarde c'est le même désolant spectacle.

Est-il donc bien utile de s'obstiner à « marcher avec le

troupeau » comme tu l'écris, ce misérable troupeau d'êtres occupés à se tourmenter les uns les autres et à se torturer eux-mêmes.

J'avais cru qu'un jour viendrait, peut-être, où tu voudrais aussi t'échapper et, je continue à croire qu'il viendra, parce que tu n'es pas absolument dupe, parce que tu essaies, consciemment, de te leurrer toi-même et que ce jeu-là ne peut manquer d'avoir une fin étant trop fatigant et exigeant trop d'efforts.

2 juin 1914

C'est le jour du courrier d'Europe mais rien n'est venu du Mouchy. J'ai, comme l'on ne m'apportait pas de lettres, envoyé un domestique chez le maharadja pour voir si une lettre n'était pas restée par erreur chez son secrétaire avec les siennes. Mais, rien... tu es occupé, sans doute... ou tu n'as pas le désir d'écrire...

As-tu songé à une chose, mon bon Ami, c'est que bien que tu blâmes ma vie de *bhikkhu* sans domicile, tu m'as rendue beaucoup plus « sans domicile » que je m'y attendais et que je ne le souhaitais. En déménageant, tu n'as même pas songé à me donner l'adresse de ta nouvelle demeure qui, en fait, est mon domicile légal ! Tu m'as dit de t'écrire à ton bureau ! N'as-tu pas songé que je pouvais avoir à informer mes connaissances, les éditeurs des revues où j'écris et d'autres personnes du même genre qu'elles ne doivent plus rien m'adresser à Tunis et que ma présente adresse est à Bône. Tu comprends que je ne puis tenir tout ce monde au courant de mes pérégrinations. Nous n'avons rien à nous dire, mais il est utile que l'on sache où m'écrire en cas de besoin. Tu n'as pas songé non plus qu'il était un peu en dehors de la norme, des habitudes du « troupeau » qu'une femme ne sache pas où son mari habite et tu n'as pas pensé, non plus, que ce détail pouvait m'en rappeler un autre qui me fut, autrefois, plus que pénible...

Par une étrange coïncidence, ma mère elle aussi a déménagé et mon brave cousin, oh ! sans mauvaise intention aucune, je le sais, a négligé, lui aussi, de me donner sa nouvelle adresse. Je sais à peu près où l'appartement est situé, mais le nom précis de la rue et le numéro, je les ignore.

Voici donc que j'ai de par le monde une mère et un mari, que je ne suis brouillée ni avec l'une ni avec l'autre, et que si quelqu'un venait à me demander où l'un ou l'autre demeure, je devrais avouer cette chose plus qu'étrange, que je n'en sais rien.

Oh ! ne va pas te tracasser à ce sujet, mon bien cher Ami, je te confesserai, pour te mettre l'esprit tout à fait en repos, que s'il se mêle une ombre de mélancolie à ma constatation de ce fait bizarre, son caractère peu banal m'intéresse et, qui sait, flatte un peu ma vieille manie de ne pas être et faire comme la foule.

Quoi qu'il en soit, tu le vois, toi-même, inconsciemment, contribues à me « faire sortir de la maison » comme dit un texte pâli que tu t'amusais à citer en plaisantant. Tu paraissais peu enclin à croire à l'*Anaké*, au *Fatum* autrefois, au *Mektoub* de notre Afrique musulmane, en es-tu l'instrument ?...

Mais assez de bavardage. Je vais penser à tout cela là-haut dans ma solitude de rochers et de neige. J'ai trop d'amitié et de confiance en toi pour imaginer un seul instant que tu veuilles me créer d'inutiles difficultés, interrompre brusquement mes études et me retirer ton appui. Le voyage projeté au Bhutan et qui n'a pu être réalisé à cause de la perturbation que la maladie et la mort du vieux maharadjah ont jetée parmi le train-train de la petite Cour, obligeant ceux qui devaient faire partie de la caravane à rester à leur poste, ce voyage dis-je, m'a induite à de gros frais dont une partie seulement a servi à d'autres objets et m'a été utile. Mon matériel de campement doit être complété pour monter, seule, où je me rends et me voici de nouveau forcée à plus de dépenses que je ne voudrais, quoique je procède avec toute l'économie possible. [...] A tout cela, il faut ajouter que j'ai acquis une véritable bibliothèque de livres philosophiques, ouvrages plutôt chers. Tu vois que ce qui est resté pour mes dépenses personnelles de nourriture et de vêtements a été peu de choses. [...]

Gangtok Palace Guest House, 9 juin 1914

C'est de nouveau jour de courrier aujourd'hui et, de nouveau, aussi, le facteur ne m'a rien apporté de toi. Cela signifie quinze jours pendant lesquels tu n'as pas trouvé le temps ou pas eu le désir de m'écrire... Je n'éprouve pas de colère, je ne t'en veux pas. Je suis assise à un petit bureau près de la fenêtre ouverte, devant moi est un grandiose paysage de monts géants couronnés de noires forêts. Il fait chaud — chaud pour les Himalayas, cela veut dire 25 degrés —, j'ai délaissé mes robes épaisses et me retrouve enroulée dans mes communes mousseline orange, comme à Bénarès, des sandales aux pieds... Ce n'est pas très élégant et ce n'est pas destiné à l'être... cela parle de solitude, de lassitude, de renoncement... et, comme dit la *Gîta* : « Tout près du renoncement est la béatitude. » [...]

La « vie humaine » comme tu l'appelles c'est le trouble, l'anxiété, le perpétuel combat pour retenir des choses fugitives et mouvantes comme l'onde. Mon pauvre petit cher, il faut lutter, être sur le qui-vive pour retenir l'affection des êtres, il faut l'alimenter en nourrissant les sensations de ceux qui vous aiment. Pourquoi vous aimeraient-ils si vous ne leur donnez rien, si vous ne leur êtes pas une source de joie ? — C'est logique, très légitime, la « vie humaine » est un marché où les êtres trafiquent. Quelle lassitude engendre cette perpétuelle tension de nerfs ! Il vient un jour où le courage manque, où l'effort pèse trop... l'on ouvre les mains que l'on tenait crispées sur les hochets chers et on les regarde s'en aller au fil de ce torrent rapide qu'est le temps... on les regarde disparaître... que vont-ils devenir... on ne saura jamais. Et l'on demeure seul, seul comme on l'est toujours en réalité.

Je crois tout de même, vois-tu, que tu as eu un peu tort de me faire de la peine et de m'acculer à une résolution extrême pour laquelle l'heure n'avait peut-être pas encore sonné... Mais au fait, qui donc peut dire quand l'heure réellement sonne. [...]

Gangtok, 28 juillet 1914

J'ai déménagé hier et j'écris dans un nouveau décor. On attend, dans quelques jours, l'arrivée du Premier ministre tibétain qui revient de la conférence sino-tibétaine qui a duré environ un an et s'est tenue à Delhi et à Simla sous les auspices et la surveillance du gouvernement britannique. Cette conférence n'a d'ailleurs eu aucun résultat. Aucun agrément n'a pu se faire, nul traité n'a été signé entre la Chine et le Tibet et le bruit court que les hostilités ont repris à la frontière chinoise. Les Anglais, il est à penser, n'attendent qu'un prétexte pour mettre la main sur le Tibet dont ils ont déjà effectivement, sinon officiellement, annexé une ou deux provinces. Ce n'est pas que ce pays puisse leur rapporter quelque chose, mais il sert de barrière entre eux et les Russes et protège la frontière de l'Inde que les Himalayas, aujourd'hui explorés et percés de routes, ne suffiraient sans doute pas à garantir contre un envahisseur sérieux et bien armé. Bref, politique à part, on attend ce personnage qui s'en retourne à Lhassa avec une suite nombreuse. [...]

En fait d'événements, il y a eu une violente secousse de tremblement de terre la semaine dernière. [...]

Gangtok, 10 août 1914

La nouvelle de la guerre est tombée, ici, comme partout d'ailleurs, en soudain coup de foudre. Au point de vue des individualités c'est bien misérable et terrible chose. Ruines et deuils vont être accumulés dans toutes les nations. Au point de vue général, peut-être cet orage vaut-il mieux que la continuation de la « paix armée » qui exténuait tous les pays d'Europe. Pour nous, en particulier, les circonstances semblent aussi heureuses que possible. Une guerre entre nous et l'Allemagne était inévitable un jour ou l'autre. Nous ne l'avions évitée jusqu'ici, qu'à force de concessions et d'humiliations : Algésiras, la cession du Congo et d'autres faits de moindre importance montraient notre impuissance et notre crainte et redoublaient l'arrogance de nos voisins. Un jour serait venu où la coupe aurait débordé et nous serions partis en désespérés dans une lutte inégale, vaincus d'avance. Les choses sont différentes aujourd'hui. Bien qu'elle n'ait peut-être pas une valeur égale à celle de l'armée allemande, l'armée russe et ses millions d'hommes est un poids important dans la balance. La Russie peut tenir longtemps, l'Allemagne va se voir couper les arrivages de blés russes sur lesquels elle vit. Cela va être la famine dans quelques mois. La décision de l'Angleterre a dû consterner l'Allemagne. Sur terre, les Anglais ne peuvent guère nous être utiles, mais ils empêcheront le bombardement de nos ports de l'Atlantique et l'entrée d'une flotte allemande dans la Méditerranée. Ils pourront, peut-être aussi, nous envoyer deux ou trois cent mille hommes. Ils viennent d'en accepter 200 000 que l'Australie équipe et défraie pendant toute la guerre. Toutes les colonies anglaises ont offert des hommes et de l'argent. Même le maharadjah du Népal vient d'offrir toute son armée pour aller combattre en Europe. Les Rajahs de l'Inde offrent des millions. Les Allemands vont sans doute perdre, du coup, leur marine marchande dont ils étaient si fiers. Ils se sont mis dans une mauvaise situation. Voilà tout le monde qui leur tombe sur le dos. Leur agression contre les Belges est sévèrement jugée. Les journaux anglais déclarent que les Allemands sont l'ennemi public qu'il faut écraser pour le bien général de l'Europe. [...]

J'ai appris la fin tragique de Jaurès. C'est un événement bien inattendu. Quelle attitude ont les différents partis en France ? Je suppose qu'il y a unanimité de sentiment pour la défense nationale. Autant je trouve absurde les déclamations patriotiques devant un drapeau, autant je juge idiot de créer des dissensions lorsqu'il s'agit de défendre la maison où l'on trouve son pain, et le pays c'est cela pour beaucoup, pour la majorité. Pour les plus intellectuels il peut y avoir une autre raison pour défendre la France ; c'est qu'elle représente la civilisation, les idées de progrès, d'émancipation de l'esprit humain contre la barbarie, les idées réactionnaires, l'autoritarisme.

Tout est loin d'être parfait chez nous, cependant, il y a une énorme différence entre vivre sous notre république — quelque médiocre qu'elle soit — et vivre sous la botte de la soldatesque prussienne, et tous devraient le comprendre. En tout cas nous n'avions pas le choix. [...]

25/8/1914. Je viens de lire les télégrammes. Rien de neuf. Bruxelles est envahi, l'armée belge s'est retirée à Anvers. Un aéroplane allemand est tombée à Assche (l'endroit où mes parents avaient une maison de campagne et où, tiens, j'ai esquissé mes premiers pas vers la vie de *Yogui* dans un petit bois au sommet d'une colline qui s'appelle « La Morette »). Pauvre Belgique et pauvres Belges ! Si nous sommes victorieux, nous ferons payer aux Allemands une grosse indemnité, mais qui ressuscitera les morts ! Que devient ma mère dans tout cela. Elle n'est pas en état de bien comprendre et j'ai grand-peur que la frayeur ne la tue. [...]

Vallée de Lonak, Haut Himalayas, 28 octobre 1914

Je viens de recevoir par un porteur tes deux lettres datées du 3 et du 22 août, elles étaient encloses avec d'autres dans une petite boîte dans laquelle le maharadjah m'envoie cinq pains.

Le messager repart demain pour des régions plus civilisées et emportera mon courrier.

La première partie de mon voyage a été souriante et favorisée par un beau temps. Notre caravane a cependant essuyé une forte tempête de neige à la traversée des deux cols de Hé et de Tang-chung situés le premier à environ 4 700 m, le second à près de 5 400 m d'altitude. Nous avons campé par-delà dans des endroits très marécageux et dénués d'intérêt. Ainsi que je te l'ai dit, l'orientaliste écossais a joint ma caravane avec ses yacks et ses domestiques. Après tout, je n'en suis pas autrement fâchée aujourd'hui, car l'éventualité que j'envisageais comme possible mais très improbable s'est produite : Voici trois jours que je

suis malade d'une vilaine et très forte grippe qui me donne
une violente fièvre, compliquée de mal dans l'oreille (une
sorte d'abcès, d'otite, encore une fois). Evidemment un
compagnon de route, surtout un homme, ne peut être d'un
grand secours, mais tout de même il peut prendre la
charge de surveiller les serviteurs et les bagages et ceci
me permet de rester enfermée dans la tente au lieu de
devoir m'agiter au vent. [...] L'un de mes précédents camps
a été au pied des hauts pics glacés du Kintchindjinga. Je
souhaitais voir ces géants de tout près, sans autres chaînes
de montagnes entre eux et moi. J'ai eu là un grandiose
spectacle et la vue d'une gigantesque moraine s'étendant
pendant des kilomètres au pied des neiges étincelantes. Ce
voyage, dans son ensemble, est passablement rude. La
température, la nuit, touche 0° et une tente n'est pas une
maison, si confortable soit-elle. L'altitude aussi est fatigante, elle produit un embarras dans la respiration. [...]

Chöten Nyima Gömpa (Tibet), 6 octobre 1914

L'orientaliste écossais rentre au Sikkim demain et
emportera cette lettre pour être mise à la poste à Gangtok. Je suis toujours très enrhumée mais le mal à l'oreille
a disparu, ou presque. Nous avons franchi la frontière par
un col superbe et... 50 centimètres de neige par terre en
certains endroits. La veille, nous avons campé à l'abri de
quelques rocs et le matin nos tentes ployaient sous la
neige tombée la nuit. Il gelait : 3° sous zéro à l'intérieur
de ma tente, pas de feu et toutes les tortures imaginables
dans mon oreille et la moitié correspondante de ma tête !
C'est beau, les grands voyages ! Pas vrai mon bon cher
mouton !

Au Tibet nous avons trouvé du temps sec, soleil radieux,
froid, et ce terrible vent qui m'était déjà familier. Que
décrire dans ces solitudes ? Nous longeons les derniers
pics neigeux des Himalayas et au loin, par delà les steppes, sont d'autres sommets blancs appartenant aux monts
transhimalayens. Nous avons erré quatre jours au pas lent
des yacks avant d'arriver ici. Parfois, il me semblait que

d'ancestraux souvenirs remontant du fond des siècles passaient en moi et je me sentais une antique nomade, balancée au rythme d'une lente monture à travers les déserts de l'Asie centrale, suivant, comme aujourd'hui, le convoi des bagages et des tentes... Rêves qui accompagnent ces journées monotones de route. On rencontre parfois des ânes ou des brebis sauvages qui fuient de loin. Et puis le soleil se couche avec les mêmes colorations que chez nous en Tunisie.

L'arrivée au pied du col du *Chöten* du soleil (*Chöten Nyima La*) est fantastique. Du haut d'une falaise sablonneuse, on voit une autre falaise à pic décorée d'érosions splendides, un ruisselet tout au fond et, dans un élargissement de la vallée, un monastère à moitié croulant en ruine. Puis derrière tout cela, loin et formidablement haut, une brèche entre deux montagnes et descendant par la cassure, un glacier gigantesque. Impossible à décrire, c'est un paysage d'un autre monde ! Jamais je n'oublierai ma visite ici, c'est l'un des plus saisissants tableaux que j'aie rencontrés.

Au monastère il ne reste que trois *anis* (nonnes) de la plus humble catégorie, sales, en guenilles mais extrêmement hospitalières. Elles me montrent immédiatement les meilleurs trous, qualifiés de chambres, de leur cité en ruine. Je me décide presque pour l'un d'eux qui serait plus chaud qu'une tente, mais mes serviteurs ne peuvent trouver place tout près et ce serait très gênant pour moi de ne pas les avoir à portée. Je placerai donc ma tente au-dehors. Elle est confortable d'ailleurs, mais cette nuit j'y jouissais de moins 5°. L'air est si sec, toutefois, que je ne souffre pas trop.

Thangu, 17 octobre 1914

Me revoici, depuis deux heures, revenue vers un rudiment de civilisation qui se présente sous l'aspect d'une maisonnette en bois, perdue parmi les montagnes. Enfin, après un mois passé sous la tente, ce chalet semble un petit palais. Je joins à cette lettre, les pages écrites au crayon à la *Gömpa* de la *Chöten Nyima La.* L'orientaliste écossais n'est pas parti. Nous avons été ensemble vers le col qu'il devait franchir et nous y avons joui d'un merveilleux spectacle de neige amoncelée en pyramides au-delà d'un petit lac gelé, mais c'est tout, le sentier avait disparu sous des 7 à 8 m de neige. Il n'y avait aucun moyen de passer. Force a été à ce gentleman de revenir par les steppes du Tibet avec moi. [...] Dure, très dure excursion, Mouchy. Temps superbe, soleil radieux de l'autre côté des Himalayas mais un beau froid aussi, 7° sous zéro dans la tente, moins 10° au-dehors ! Et cela n'est pas la température de la nuit, car la nuit je n'osais bouger de sous mes couvertures pour consulter un thermomètre, mais la température du matin, vers 8 h. Tout gelait, mon bien cher Mouton, le lait de conserve formant un petit cake de glace dans les boîtes, les légumes Félix Potin, durcis, adornés de petits cristaux qui les faisaient paraître des friandises de chez le confiseur. Et un vent avec cela ! Tous mes doigts sont coupés de profondes crevasses, bien que j'aie toujours porté d'épais gants de laine. Ma figure, par contre, s'en est bien tirée grâce aux couches d'huile dont je l'imprégnais deux ou trois fois par jour. Combien j'ai béni ma robe bénite de haute révérende tibétaine en épais drap rouge et mes bottes de Lhassa ! D'autres vêtements ne m'auraient pas garantie comme elles l'ont fait. [...] J'ai beaucoup médité là-haut parmi ces solitudes, peut-être l'air vif, le climat âpre ont-ils agi sur mon esprit l'inclinant à l'action, mais je me sens un vif désir de travail, un vif désir de revenir prendre une place honorable parmi les orientalistes d'Occident. Peut-être y a-t-il aussi à ce désir d'autre motifs que le vent cinglant des steppes de *Trinky Dzong* et de *Khampa Dzong*, mais ceux-là sont d'ordre mystique et tu les comprendrais mal, mon tout petit cher. J'ai passé quelques jours exquis dans ce monastère de la *Chöten Niyma La.* Qui peut imaginer un site aussi extraordinaire que celui-là ! J'en rapporte deux pierres sculptées représentant l'une le *Bouddha* historique, l'autre son supposé successeur qui apparaîtra un jour. Ce ne sont pas des Michel-Ange, mais elles ne sont pas de trop mauvais spécimens d'art tibétain. Les nonnes ont fait pas mal de difficultés pour me les céder bien que j'aie offert quelque monnaie en échange.

En tout, mon mois d'excursion a été assez coûteux. J'avais 9 yacks portant tentes et bagages et 3 yacks de selle pour moi et mes deux serviteurs de Gangtok. Mais ce sont là choses peu communes à faire et que peu de gens font, explorateurs exceptés.

[...] La guerre ?... que veux-tu que j'en sache, revenant du Tibet ! J'écris au maharadjah de m'envoyer des journaux. [...]

D'une caverne près de Thangu, 2 novembre 1914

Quelques lignes seulement, un courrier du maharadjah st venu m'apporter du pain, des bougies et des journaux et repart, j'en profite pour envoyer ce mot à la poste.

Je suis à jouer la femme de la période quaternaire dans un abri de roche dont l'entrée est pourvue d'un mur en pierre sèche et d'une porte primitive. Après les grands froids endurés au Tibet je me trouve là presque chaudement. L'altitude de ma caverne est d'environ 4 000 m sur un flanc de montagne escarpé et merveilleusement ensoleillé. Nous n'avons eu que deux jours de neige depuis que nous sommes ici, mes serviteurs et moi, mais toutes les montagnes en face, côté nord, sont blanches. Je me porte très bien, j'ai considérablement maigri, effet du froid et d'un régime ascétique (un seul repas par jour — la tasse de chocolat du matin et le thé au lait du soir exceptés). Je me réjouis de ce résultat, car je devenais ridicule. Je n'oserais pas encore me déclarer mince, il s'en faut, mais mes proportions sont devenues plus raisonnables et je me trouve infiniment plus alerte.

Je pioche ferme le tibétain et viens de me décider à passer l'hiver à Lachen dans le monastère dont le *yogui*, dont je suis actuellement l'hôte, est le chef. Ce *yogui* avait décidé de s'enfermer pour une nouvelle période de trois ans dans sa caverne mais, grand miracle, je l'ai décidé à différer sa réclusion d'un an et à apprendre l'anglais, tout

en m'enseignant le tibétain, en vue d'une collaboration à
l'ouvrage que je prépare sur le *lamaïsme* comparé avec le
Védanta. J'ai je te l'ai dit la plus haute estime pour cet
homme. C'est un penseur de haute envergure. Il a fréquenté
les lamas les plus en renom du Thibet et a un sens critique
et une largeur de vues étonnants. Au demeurant c'est un de
ces penseurs libres (je n'ose écrire libre penseur le mot a
été si gâché !) comme en produisent les grandes philosophies de l'Orient. Je ne crois pas que la vie à Lachen sera du
genre sybarite. Le monastère ne vaut pas celui de Phodang,
c'est l'habitation de rudes Tibétains qui n'entendent rien
au confort et vivent sous l'autorité d'un abbé qui est accoutumé aux duretés d'une existence d'ermite. Je sais que ce
ne sera pas le lit de roses, mais c'est une chance inespérée
d'apprendre vite le tibétain et de pénétrer les doctrines
qu'aucun orientaliste n'a comprises. Et puis ce que tu
m'as écrit sur l'impossibilité d'envoyer des fonds me force
à une grande économie et me terrer là est ce que je vois de
plus économique. Je t'en dirai plus long dans ma prochaine lettre. [...]

D'une caverne à Thsyang-thang, date ? novembre 1914

[...] J'ai reçu il y a quelques jours un fort lot de journaux envoyés par le maharadjah. Il y en avait d'illustrés.
J'ai pu voir Louvain en ruine, d'autres places, bien connues
de moi, réduites à l'état de décombres, les Prussiens para-
dent à Bruxelles etc. et cela m'a plus vivement fait sentir
l'horreur de la situation. [...]

Je suis toujours dans ma caverne, le grand lama qui a
bien voulu m'admettre à partager sa montagne et à être
mon professeur de langue et de philosophie tibétaines se
montre d'une extrême bonté pour moi, me pourvoyant de
beurre de yack, de lait, de fruits. Cela fait, par exemple, il
est exigeant en ce qui concerne l'étude, il me pousse comme
un cheval de course et réclame une obéissance absolue. Je
la lui ai d'ailleurs spontanément offerte, connaissant les
coutumes de l'Orient à ce sujet. Le résultat est excellent.

J'ai plus appris ici en quinze jours qu'en un an à Gangtok.

Cette rude vie me plaît. Oh ! tu as mille fois raison quand tu écris : « Le jour où l'on renonce à manger du poulet c'est qu'on n'y tient plus beaucoup ou que l'on préfère à la saveur du poulet, celle des principes au nom desquels on y renonce. » Vérité absolue. Et tout l'enseignement du *Bouddha* est là. Il n'a jamais demandé aux gens comme le font les Chrétiens, de se mutiler moralement ou physiquement par la renonciation. Il leur a simplement dit de regarder, d'analyser, de se rendre compte de la valeur des choses et de se décider ensuite. Le bouddhiste ne renonce qu'à ce à quoi il ne tient plus parce qu'il en a mesuré le vide, le néant. Mon *lama-yogui*, ici, professe des doctrines terrifiantes et Max Stirner, Nietzsche, l'Ecclésiaste et tutti quanti sont, devant lui, de simples babies sortant du jardins d'enfants. Il m'aime bien, je crois, comme une petite sœur, autant qu'un caractère comme le sien est susceptible de ce que nous nommons amitié. Il me verrait mourir sans s'émouvoir, cela ne fait aucun doute ; mais il n'est peut-être pas indifférent au plaisir de discuter avec moi les livres du *Mahâyâna*.

L'autre soir, parmi l'austérité de notre vie d'ascètes, s'est glissé un incident bien amusant.

J'étais, avec mon serviteur Aphur *, dans la caverne du lama, c'était le soir. Il me dit : « Je vais boire de la soupe, vous allez en boire avec moi. » Je remercie tout en expliquant qu'à cette heure (environ 9 h), je ne me sens pas disposée à prendre de la soupe. Mais ceci est hors d'étiquette et, surtout, hors des usages qui règlent les rapports d'un étudiant avec son maître. Je le sentis et n'insistai pas. Après tout, cette soupe tibétaine j'en ai souvent mangé avec le maharadjah, j'y suis faite et la trouve bonne, malgré l'heure tardive, elle passera très bien. Mais... le maharadjah a un bon cuisinier et le *yogui*, tu le devines, est son propre cordon bleu. Il est très fort, très admirable en philosophie et très médiocre en art culinaire. La soupe,

---

* Aphur est le premier prénom tibétain de Yongden qui vient récemment d'arriver près d'A. David-Néel.

dès les premières gorgées, me rappela l'épreuve de la soupe
au mouton que m'infligea, à Louvain, une de mes tantes
par alliance d'origine germanique. Je t'ai souvent conté
l'épisode. Ici aussi il fallait faire bonne contenance et avaler
le nauséabond mélange. J'y tâchai de mon mieux, appelant
à mon aide tous mes souvenirs stoïciens. Mais la tasse à
demie bue, malgré tous mes efforts, il me fallut fuir au-
dehors. Je réintégrai ma caverne en proie au mal de mer.
J'eus une mauvaise nuit et le lendemain, presque vers le
soir, j'eus le goût de cette soupe dans la bouche. En fait,
une formidable indigestion. Mes domestiques rappor-
tèrent le fait à l'ermite et comme quoi leur maîtresse
était assise sur son lit roulée dans sa robe, sans vouloir
manger. Le *yogui* descendit me voir, s'étonna fort qu'une
soupe dont il mangeait tous les jours pût avoir un semblable effet sur moi. Il s'assit près de moi, nous commen-
çâmes à parler d'un fameux ouvrage sanskrit traduit en
tibétain et mon mal passa. Après tout ce n'était rien de
grave. N'est-ce pas que c'est amusant ?

Mon tout petit très cher, tu vois que, même pour les
ermites, les expériences de la vie ordinaire se répètent.
Tout est rêves, comment prendre quelque chose au sérieux ? Tout est rêves ! N'est-ce pas un rêve pour une
Parisienne d'être ici sur cette pente de montagne escarpée,
nichant son lit de camp sous une voûte de rochers et
d'avoir pour unique compagnie celle d'un être qui passe
aux yeux des villageois de la région pour un prodigieux
sorcier, qui a passé plus de vingt ans de sa vie seul dans
des endroits déserts, qui a vécu dans des cimetières, mangé
du cadavre, que sais-je ? N'est-ce pas là de l'invraisemblable, comment ne l'appellerais-je pas rêve. [...]

Gömpa de Lachen, 17 novembre 1914

J'ai quitté ma caverne, voici cinq jours, non pas que
je m'y déplusse. Cette vie de préhistorique parmi les
rochers de ma montagne à pic avait une saveur très captivante, très prenante et je m'y serais volontiers attardée et

oubliée... mais je n'étais pas seule ! Au-dessus de moi, dans son aire d'aigle, le grand lama veillait et, puisqu'il avait, pour je ne sais quelles raisons mystérieuses — je n'ai pas la présomption de croire que ce fût uniquement en ma faveur — consenti le sacrifice, très dur, de sa solitude, il ne voulait pas que je me laisse surprendre par les neiges et bloquer dans mon abri de roches. Un peu de neige était déjà tombée sur notre versant, les montagnes d'en face étant vêtues de blanc depuis longtemps. Mes domestiques qui cuisinaient en plein air voyaient les blancs flocons voltiger au-dessus de la soupe ou des omelettes et s'y dissoudre. C'était pittoresque pour moi, mais un peu pénible pour eux qui n'habitaient aucune caverne, mais une simple, mince tente. Bref, le *yogui* a décidé le départ. Il n'y avait qu'à m'incliner. Nous sommes descendus à Lachen par une superbe journée. Paysage d'hiver : neige et feuilles rousses mais soleil des tropiques dans un ciel d'azur sombre. [...]

Où en est la guerre ? J'en ai des nouvelles vieilles d'un mois. Que s'est-il passé depuis ? Combien de massacres en plus ? Je sais cependant que la Turquie mal inspirée, s'est mise à la remorque de l'Allemagne et que la Grèce marche contre elle. Les Anglais et nous, avons bombardé les Dardanelles. Voici qui n'aidera pas à accélérer la fin du conflit. Pas une nation de l'Europe ne va être laissée à l'écart. On se bat aussi au Tibet, à la frontière chinoise, et les Anglais ont envoyé un régiment et des munitions en quantité à Gyantze. A Shiga-tze les vivres sont devenus hors de prix et les hordes de mendiants frachissent les cols et descendent ici. Beaucoup montent vers la *Gömpa* et assiègent mon camp avec des litanies variées, invoquant *Chenrési (Avalokiteshvara)*, le *Bodhisatva* de la compassion infinie et m'appelant « très précieuse », « suprême » *(rinpoche)*. Les domestiques leur distribuent des pommes de terre, un peu de farine... Ils s'en vont satisfaits. Il y a de biens jolies femmes parmi eux. Car si les hommes, généralement, ne sont pas très beaux au Tibet, leurs compagnes sont souvent exquises. Je prêchais hier à la *Gömpa* des nonnes et, vraiment, quelques-unes me donnaient des distractions

tant elles étaient pittoresques et charmantes à regarder. Je
ne puis plus me dispenser, maintenant, de ces exercices
oratoires. C'est à mon instigation que les prédications
régulières ont été instituées au Sikkim et je suis prise
dans mon filet. Hier, tout naturellement, le lama m'a
dit du haut de sa fenêtre, comme je passais le nez hors
de ma tente : « C'est aujourd'hui nouvelle lune, irez-
vous jusqu'à la *Gömpa* ou préférez-vous que je mande les
« *anis* » ici ? » Que je dusse leur faire un discours, cela ne
faisait pas question. Ce n'est pas toujours très amusant,
mais j'ai tant tonné contre les lamas instruits qui se renferment dans leur tour d'ivoire et méprisent les simples
bonnes gens, que je dois payer d'exemple. Je soupçonne
que la chose amuse beaucoup mon *yogui* et je le sens
infiniment railleur. Quel être singulier ! Franchement laid,
vêtu de robes crasseuses, comme tous ses compatriotes,
grand, robuste, avec une natte de cheveux embroussaillés
qui lui tombe jusque sur les talons. Extérieurement c'est
un rustaud. Et puis, tout à coup, en parlant, sa physionomie change, ses yeux deviennent pareils à ceux d'un Mé-
phisto, avec des lueurs de flammes au fond... et ce qu'il dit
est merveilleux, est effrayant de profondeur et d'audace...
l'instant d'après ce n'est plus qu'un jovial Tibétain.

Lachen Gömpa, 25 novembre 1914

J'ai reçu tes lettres et les paquets de journaux. Tu peux
être tranquille, ceux-ci m'arrivent en y mettant le temps,
mais m'arrivent sûrement et, bien que ce ne soit qu'un
petit canard, la feuille bônoise me fait grand plaisir.

Peux-tu me dire pourquoi le nouveau journal de Cle-
menceau : *l'Homme enchaîné* a été saisi par le gouvernement ?

Une chose est par-dessus tout très consolante dans cette
effroyable guerre, c'est de voir l'union qui s'est faite chez
nous et comme quoi tous, sans distinction de partis, ont
compris que c'était la vie de tous qui était en jeu avec la
vie du pays. C'est terrible, certes, mais c'est beau de

voir que nous ne sommes pas les pleutres, les aveulis que beaucoup nous croyaient être et que, calmement, alors que nombre d'entre nous sont revenus des emballements d'antan sur les mots creux de gloire, d'honneur, etc., nous sommes capables du même héroïsme que nos ancêtres. La plupart de ceux-là étaient des fanatiques, des hypnotisés ; ils s'en allaient criant : « *patrie ! patrie !* », comme d'autres crient : « *Dieu ! Jésus ! Mohamed !* » et ceux de l'Inde : « *Shiva !* ou *Vishnou !* » sans savoir, sans comprendre. Et ce patriotisme-là était mauvais comme tout ce qui procède de l'ignorance. Nous l'avons disséquée, l'idée de patrie, comme celle de Dieu, comme beaucoup d'autres et la notion que nous avons de la patrie, aujourd'hui, est infiniment plus sensée, plus rationnelle. La patrie a cessé d'être un mythe, elle est devenue une réalité proche correspondant à des intérêts immédiats. Ce n'est pas pour l'amour d'une déité chimérique que nous ne voulons pas être Allemands, c'est parce que chacun de nous veut vivre sa vie, selon l'impulsion et le génie de sa race propre. Nous sommes Français, cesser de l'être c'est cesser d'exister et nous ne voulons pas mourir. Nous gagnerons la partie, cela est pour moi chose certaine, mais ce sera long et sanglant.

Ah ! tu dis vrai quand tu parles de ma tristesse en songeant à la pauvre petite Belgique. Pense que je connais presque tous les endroits dont les noms obscurs paraissent dans les journaux. Ce sont parfois de minuscules bourgades, mais à beaucoup d'entre elles sont attachés, pour moi, des souvenirs d'enfance. Pauvre Louvain, surtout. Je connaissais par cœur tous les pavés pointus de la ville. Et Malines ! et Vilvorde ! et Termonde ! et Bruxelles surtout où j'ai passé seize ans de ma vie, où est mort mon père !... Je ne puis imaginer, je ne puis admettre que les Allemands s'installent là. Le jeune roi se montre très brave à ce qu'il semble. Il doit avoir ses neveux dans les deux camps. Ses sœurs sont mariées l'une en France (la duchesse de Vendôme) l'autre en Allemagne, femme d'un Hohenzollern.

Qu'on est loin de cette tourmente, ici, dans ce monastère rustique ! Les seuls événements au village c'est la

descente des paysans vers le Sikkim pour s'approvisionner du riz ou leur montée à Khampa-Dzong ou à Shigatze pour acheter des moutons et de la farine d'orge. Bon
gré mal gré, les circonstances vous font vous plier à cette
vie. Moi aussi, je m'intéresse au prochain départ vers les
cols de la frontière, parce qu'il me faut une provision de
beurre de yack et de farine d'orge pour les mois où la
neige nous bloquera dans notre vallée. J'ai réduit mes dépenses au minimum, et me contente presque uniquement
d'aliments indigènes. Oh! ils sont peu variés. On cultive
à Lachen des pommes de terre, des navets et un peu de
fèves. C'est tout! Les dames missionnaires partagent avec
moi quelques produits de leur potager, ce qui signifie, de
temps en temps une courge ou quelques carottes. Mon
yogui, lui, trouve que ma chère est luxueuse et me fait de
discrets reproches sur ce qu'il estime être de la sensualité,
de l'épicurisme.

J'ai découvert un coin de faiblesse dans cet esprit bâti
en granit et c'est... un chat. Un chat familier qui vit avec
lui dans sa caverne et ne connaît que lui, refusant même
d'accepter les friandises que d'autres lui offrent. Son
chat, effrayé par la venue des porteurs et des chevaux,
s'était sauvé le jour de notre départ. L'ermite avait laissé
deux hommes pour le ramener, mais l'animal ne voulait
pas se laisser approcher. Alors, en père héroïque, l'ascète est parti secrètement pour quérir son enfant ; comme
il aime peu qu'on l'entoure et l'escorte, il a disparu sans
prévenir personne, n'emportant ni couvertures ni vêtements chauds, seulement, une poignée de farine d'orge
pour toutes provisions. Et il a voyagé à pied toute la nuit
dans l'obscurité, tâtant la route devant lui avec un bâton.
Et quelle route! coupée de chutes d'eau, de torrents, de
rochers... Il s'est installé à attendre le minet et durant ce
temps le minet avait voyagé en sens inverse et arrivait
ici de lui-même. J'ai aussitôt fait envoyer un homme et le
cheval du *yogui* pour le ramener, car il aurait pu rester là
des semaines à attendre le chat qui était ici. Il n'a pas
été content de cette intervention. Il a plaint les gens, le
cheval, de s'être fatigués pour lui. « Pourquoi déranger

du monde pour un chat », dit-il. Il oublie sa fatigue, sa
longue marche dans la nuit, souffrant comme il est d'une
violente crise de rhumatismes, il oublie les quatre nuits
passées dans la caverne froide sans couvertures, vêtu d'une
mince robe et le jeûne subi. Il a retrouvé son chat qui lui
a fait fête au retour !... On regrette de voir cette paille, ce
défaut, rompre la perfection d'un bloc d'airain poli et
puis l'on sourit un peu touché, un peu ému au fond, parce
que cette puérilité, cette sentimentalité en ont rencontré
d'autres qui sommeillent au fond de notre propre cœur,
du cœur de chacun des pauvres êtres très mesquins que
nous sommes tous, même les plus grands, les plus forts
d'entre nous. Ah ! les *Bouddhas* sont rares, les surhommes
qui ont dépouillé toute faiblesse !

Lachen Gömpa, 6 décembre 1914

[...] Ma semaine a été remplie par l'aménagement de la
cabane qui doit m'abriter le jour où la neige me forcera
d'abandonner ma tente. Oh ! combien primitive et rustique, cette cahute de lama de village. Tu n'en as pas idée !
La demeure du plus déshérité de nos paysans français est
un palais en comparaison de la mienne. Mais, tu sais, avec
la vie de quasi explorateur que je mène j'ai appris à me
contenter de peu, et à arranger avec ce peu une manière
de confort. Ma cabane a un toit mais manque de plafond
et, entre le toit et les murs, un large espace bâille, propice,
trop propice, aux ventilations intempestives. De l'étoffe
waterproof, empruntée en partie à mes tentes, va former
un plafond et descendre sur les murs. Je vais calfeutrer les
interstices et, ma foi, je crois que lorsque tout sera arrangé
je ne serai pas trop mal. Je conserve, du reste, ma plus
grande tente ouverte aussi longtemps que possible. Je m'y
plais fort et elle est suffisamment chaude. C'est-à-dire qu'il
n'y gèle pas. J'y conserve une température de + 5° toute
la nuit. Après les froids tibétains, je trouve cela très doux.
J'ai aussi presque complètement terminé mes approvisionnements : pommes de terre, navets (le seul légume

qui croît ici), fèves, beurre de yack qu'on m'a apporté en
grosses boules cousues dans de la peau de chèvre et de la
peau de mouton. Cela ressemblait à d'énormes têtes de
géants décapités que l'on aurait regardées du côté de la
chevelure. Ces horreurs sont arrivées hier soir et on les a
entreposées dans la petite chambre du fond de ma tente.
Avant d'aller au lit je passe derrière la portière pour
prendre quelque chose dans la petite chambre, j'avais
oublié mon beurre... Je heurte du pied un objet rond et,
dans la demi-obscurité, je vois une demi-douzaine de chevelures noires et grises qui gisent sur le sol. Après la première stupéfaction passée j'ai pris une crise de fou rire.
Il va falloir fondre ce beurre, en saler une autre partie.
Mes domestiques sont si malpropres que je dois constamment les surveiller. Que d'ennuis ! et combien la plus simple des vies est compliquée pour nous Occidentaux !

Du haut de la terrasse du monastère, je regarde les
montagnes environnantes, les bois que l'hiver a jaunis et
cuivrés et, plus haut, les neiges immaculées resplendis-
sant au soleil. Le désir de m'échapper m'envahit, je suis,
bien que si loin, encore trop empêtrée dans le filet qui lie
au monde, à la civilisation, à ses conventions, à ses façons
d'être. Je suis encore trop peu réveillée du mauvais rêve,
du rêve harassant de l'existence individuelle et même dans
ma caverne de *yogui*, mon esprit reste celui d'une Parisienne philosophe-artiste et dilettante. S'échapper, se libé-
rer de soi-même et du monde que l'on porte en soi... être
ce qu'ont été les *Bouddhas*... Voilà bien de grandes pensées
nées à propos de beurre. Eh non ! elles ne sont pas nées
uniquement à propos de beurre, mais sous l'influence
d'une heure passée avec les filles de l'école industrielle
de Lachen. Je viens de voir le triste résultat du travail
des dames missionnaires, pauvres âmes à courte vue qui
ne pensent certes pas à mal faire. J'ai vu une collection
de jeunes filles et jeunes femmes devenues sournoises, ne
croyant plus à la religion de leur pays, n'ayant rien compris au christianisme et n'ayant saisi de lui qu'une chose,
c'est que les dames de la mission « donnent » à leurs
ouailles. Elles donnent des chemises roses ou bleues, des

jupes à rayures vives, les lamas eux ne donnent pas et se contentent de recevoir, je parle du commun clergé qui vaut celui de Sicile ou d'Espagne. Les lamas-philosophes, eux, s'isolent, dégoûtés. Je crois que, volontiers, les filles de l'école escompteraient si la *Jebtzun rimpoche*, la précieuse révérende que je suis, donnera plus que les dames chrétiennes. Je ne pratique pas ce genre de prosélytisme, il me fait horreur. Je ne crois pas à l'Enfer éternel et, comme le *Bouddha*, je me contente d'exposer les idées que je crois salutaires. Ceux qui n'en veulent pas n'ont qu'à les laisser... Ils repasseront plus tard dans un siècle ou dans dix mille, en une autre existence. Et, au fond, religions, philosophies, le monde et les êtres qui s'y meuvent en des gestes divers, tout cela n'est qu'un rêve, qu'images mouvantes sur une toile de cinéma ; tout cela n'est qu'une histoire que l'immuable « Un » se raconte à lui-même comme disent les *védantins*, ou une histoire racontée par personne à personne comme l'enseignent les *sûnyâvadins*. Dès lors, celui qui sait le grand secret sourit à la fantasmagorie de sa vie et de celle des autres, sourit à la fantasmagorie du monde et la grande paix l'environne.

Fantasmagorie aussi est cette guerre et le carnage qu'elle entraîne. [...] Ah ! vois-tu, mon grand cher, une caverne là-haut sur les cimes et une écuelle de bois pour y manger sa bouillie de farine d'orge et de thé et la paix sur tout cela, l'absence de désir, d'espoirs et de craintes, la sérénité inébranlable, la tête qui jamais ne se courbe, les yeux qui jamais ne cillent devant n'importe quelle vision si effroyable qu'elle puisse être, le cœur dont les battements jamais ne s'accélèrent à la pensée d'aucun objet... rêve vois-tu, idéal que j'ai effleuré, que j'ai réalisé parfois en de brèves heures. Et comment descendre du Thabor quand on en a savouré l'extase, ne fût-ce que quelques minutes ? Redescendons-en cependant, Mouchy. J'ai fait quelques photos assez réussies des environs de ma caverne. [...] Elles sont très jolies, l'une représente mon camp avec les yacks attendant d'être chargés et l'autre est l'entrée du col de Koru (Koru la), paysage de neige avec les yacks en marche. Vu dans un verre grossissant, c'est extrêmement joli. Tu m'écris : « Pourquoi vas-tu là, pourquoi affronter ce froid, ces solitudes ?... » Pourquoi j'y suis allée vers cette terre fascinante ? Eh ! le sais-je, pour rien et pour beaucoup de raisons, parce que parmi ces vastes horizons l'on rêve, comme en notre Sahara, des rêves autres que ceux qui vous visitent dans les villes et que l'on y rencontre d'étranges sensations. J'ai été une nomade de l'Asie centrale en quelqu'une de mes vies antérieures, comme disent en riant mes amis orientaux... et le souvenir m'en revient, lointain au fond de moi-même, là-haut dans les grandes steppes. [...]

Gömpa de Lachen, 14 décembre 1914

Cette semaine a été marquée par un événement très inattendu dont la nouvelle m'est arrivée en coup de foudre il y a trois jours. Mon jeune ami et compagnon de tant de randonnées à travers les jungles himalayennes, le maharadjah du Sikkim est mort, subitement, après une maladie de quelques jours que les médecins n'ont pu définir. Il y avait déjà six jours qu'il était mort quand la nouvelle m'est parvenue. Nous sommes loin de Gangtok ici.

Pauvre garçon, si attaché à la vie, resté si enfant, si gamin à trente-sept ans ! Nous nous étions quittés, voici environ trois mois, par un matin pluvieux dans une haute vallée, entre des cols neigeux, lui redescendant vers la *Gömpa* de Talung et de là, à Gangtok, moi montant vers les neiges au pied du massif du Kintchindjinga, au glacier du Zému, et de là, jusqu'au Tibet. Il était vêtu à l'européenne en ce jour, d'un costume d'alpiniste, et il s'en allait, alerte, sautant d'un roc à l'autre, se retournant de temps en temps pour agiter son chapeau, criant : « *Good bye, don't stay too long !* » (Au revoir, ne restez pas trop longtemps.) Il disparut à un tournant du sentier... C'était fini, je ne devais jamais le revoir ! Je l'aimais très sincèrement, ce pauvre petit roitelet dont l'enfance sans mère avait été si malheureuse, qui n'avait trouvé qu'un ennemi dans son père. Il me confiait ses ennuis, même ses affaires de cœur, comme tu sais. Je lisais les lettres de sa fiancée et il me contait le tourment de l'autre, de la maîtresse qu'il aimait et ne pouvait épouser. Je puis difficilement me faire à l'idée de sa mort et penser que, retournant un jour à Gangtok, je ne le reverrai pas dans cette maison qui était un peu mienne, dans cet oratoire où il conservait les pages de conseils religieux que j'avais écrites pour lui. Fini, disparu, poignée de cendres aujourd'hui, le petit prince lama et « incarnation » tout comme son illustre coreligionnaire le *Dalaï Lama !* C'est la vie, n'est-ce pas ? La vie qui est faite de séparation, de désintégration, de mort. C'est le royaume de *Shiva,* c'est *Shiva* lui-même. Celui qui en est fatigué, lassé, n'a qu'à en franchir le seuil, comme l'ont fait les *Bouddhas,* qu'à passer dans l'au-delà où cessent les antithèses dont est fait le monde, où il n'y a « ni jour ni nuit ; ni ténèbres ni clarté ; ni joie ni douleur ; ni vie ni mort ».

Le *yogui* qui vit à la *Gömpa* prend ce triste événement d'une façon qui me surprend. Il voit dans la mort du maharadjah la disparition d'un promoteur de réformes religieuses et d'enseignement pour le peuple. Il s'en montre très affligé, si affligé même que cela m'inquiète pour sa santé. [...]

Lachen Gömpa, 18 décembre 1914

Cette semaine a été marquée par deux événements, ils n'abondent pas à Lachen. Hier les villageois sont revenus de leur dernier voyage d'hiver au Tibet. La caravane était pittoresque à voir, les yacks, les mules chargées de provisions, les troupeaux de moutons que les hommes chassaient devant eux, pauvres victimes, vont dans quelques jours être convertis en viande sèche que l'on conserve un an et même plusieurs années. Tout cela dévalait par l'étroit sentier avec des clameurs, des cris : un tableau d'un autre âge, lorsque les hordes de nomades parcouraient la terre. Avant-hier, on a incinéré une femme à quelques pas derrière ma tente, car c'est là que se trouve ce que l'on appelle le « cimetière », champ de crémation serait plus exact car, ici, l'on n'enterre pas les morts. J'ai été voir l'opération qui a duré environ cinq heures, faute d'un convenable arrangement du bois, encore suis-je allée donner quelques conseils sur le tard. Dans l'Inde on place le cadavre au milieu du bûcher, bois dessus, bois dessous, il est très promptement brûlé. Ici, on assoit le défunt au sommet du bûcher et la moitié du bois se consume sans autre effet que d'enfumer le corps, de le faire se contourner et se recroqueviller d'une façon qui serait pénible à des nerfs européens, mais en Orient les nerfs ne sont pas si sensibles et, vers la fin, les deux opérateurs retiraient le tronçon de cadavre calciné, le poussaient de côté, réarrangeaient le bois, y replaçaient le tronçon, tapaient dessus pour en détacher des morceaux de chairs qui, séparés, brûlaient plus aisément, puis recommençaient encore le même jeu. Tous les assistants étaient partis dès le bûcher enflammé, nous étions là, quatre, dans la brousse : les deux hommes chargés de la crémation, un cousin de la défunte et moi ; le soir tombait, le vent se faisait froid, mais le feu du brasier réchauffait et, de crainte d'un rhume, j'y vins tendre mes pieds. Je songeais à mon petit ami, si amusant dans ses robes de soie de prince colibri. Quelques jours auparavant il avait, lui aussi, été cette sorte de guenille informe, noire, qui grillait devant moi sur les braises rougeoyantes et puis, aujourd'hui, il n'était plus même cela, il n'était plus rien... Si j'avais été à Gangtok j'aurais vu ses petites mains se crisper, se retourner dans le feu, comme celles de cette morte et ses cheveux brûler en soudain embrasement et son crâne éclater... je ne l'ai pas vu, mais j'ai tant contemplé de crémations dans l'Inde que le tableau est présent devant moi comme si j'en avais été témoin.

Et voilà, c'est fini... la vie continue. Le jeune frère et successeur du maharadjah m'a envoyé un courrier spécial porteur d'une lettre touchante, qui se termine en lettre d'affaire. Il s'est, malgré son deuil, occupé de choses dont j'avais besoin, une lampe, etc. C'est très aimable à lui. C'est un jeune homme de vingt-deux ans, très réservé, intelligent, pourvu d'une bonne éducation anglaise. Il me pose la même question que son frère : « Quand viendrez-vous à Gangtok ? » Nous sommes bons amis. Il m'avait cédé sa chambre et son petit salon quand j'avais été assister à l'installation de son frère comme maharadjah et j'avais usé ses meubles et sa vaisselle pendant plusieurs mois à Gangtok... La vie continue. Il sera maharadjah, il viendra me voir, j'irai le voir, ce sera simplement une autre figure dans le même décor !

Oh ! combien fou serait-on de s'attacher à ce jeu d'ombres fuyantes que l'on appelle le monde ! [...]

Lachen Gömpa, 30 décembre 1914

J'ai eu beaucoup de travail tous ces jours derniers. Tu te demanderas quel travail l'on peut avoir ici. Eh bien voici. Il m'a fallu terminer mes approvisionnements car les neiges sont imminentes, envoyer un domestique à Gangtok pour en rapporter des vivres, de la farine, du riz, du maïs, des allumettes, du pétrole, etc. Et puis j'ai dû installer ma hutte, procéder aux aménagements inté-rieurs. Cela a consisté à boucher, aussi bien que possible, tous les trous et fentes avec de la paille, à coller du papier par-dessus, puis à clouer des étoffes sur le tout. En somme, j'ai suivi le plan des tentes et c'est comme une sorte de tente que j'ai arrangé ma hutte. Il y a, sous le toit de bois, un plafond en tissu imperméable et les murs sont tendus d'étoffe, ce mur d'un côté n'est qu'une simple vannerie enduite d'un peu de glaise, tu comprends que ce n'est pas chaud dans un pays où il y a parfois un mètre quatre-vingts de neige et qu'un revêtement intérieur s'impose. Je ne croyais pas que mon sang habitué aux températures élevées pourrait réagir aussi vigoureusement qu'il le fait, je ne souffre pas du tout du froid bien que je n'aie pas de feu autre qu'un petit brasero qu'on m'apporte le soir dans ma tente. A propos de travail, sais-tu que je fais mon pain moi-même, je me confectionne aussi de petits cakes pour manger à déjeuner. Ah ! pain et cakes ne sont pas tou-jours tendres ! Je cuis une fois tous les quinze jours ou trois semaines mais c'est un grand luxe d'avoir du pain, même un peu dur.

Mon Noël s'est composé d'un très simple lunch à la *Mission House* en compagnie des dames de céans et d'un voyageur de passage, un jeune Anglais qui forme une collection zoologique pour un musée.

La veille, les lamas avaient procédé aux récitations rituelles à la mémoire du maharadjah. Elles s'accompagnent d'une notable bombance : riz, thé sont ingurgités en formidables quantités par les célébrants. L'année dernière, j'étais au monastère de Phodhang-Tumlong quand la même cérémonie a eu lieu pour le père de mon pauvre ami. Je ne me doutais guère que j'assisterais à celle que l'on célébrerait pour lui ! On a emporté son corps à ce même monastère de Tumblong dont il était l'abbé. Un haut lama, celui qui devient abbé à sa place, a découpé le crâne qui sera disposé en coupe et conservé dans la Gömpa et puis on a brûlé le cadavre sur le toit du monastère. Tout ce que je pourrai revoir de ce garçon qui aimait tant la vie, ce sera un fragment d'os, une coupe comme celle que j'ai là sur mon étagère et dans laquelle je mets mes épingles ou les petits objets que je sors, le soir, de mes poches. D'où peut venir ce dessus de crâne anonyme qui me sert de vide-poche ? Il a appartenu à deux *yoguis*, dont l'un est mort et l'autre est celui qui m'en a fait cadeau. Ils ont mangé, dans ce crâne-coupe, des décalitres de soupe de farine d'orge et de viande séchée, car l'usage donne un crâne en guise de vaisselle aux *yoguis* des sectes tantriques. Un soir, pour satisfaire à la tradition et complaire à un ami tibétain, j'ai dégusté deux doigts de bière de millet dans un crâne, en guise de communion tantrique et de toast au grand *Padmasambhava*, mais je n'en fais pas une habitude. Tout cela est tellement puéril en son naïf effort pour paraître terrible !

Pauvre petit maharadjah ! Tout de même si je retourne à Phodhang et si je vois cette coupe faite de son crâne, je me défendrai difficilement d'une minute d'émotion. [...]

Gömpa de Lachen, 10 janvier 1915

[...] Il y a deux nuits la neige s'est remise à tomber avec abondance, j'ai, malheureusement, accordé trop de confiance à la solidité de ma tente. Elle tiendra jusqu'au jour, me disais-je, et alors, les domestiques viendront la décharger de la neige. Plusieurs fois j'avais secoué le toit, mais vers le matin, une sorte de pressentiment me dit que cette fois je dois me lever en hâte. J'obéis à cette suggestion, j'allume une lanterne, passe ma houppelande et mes bottes tibétaines et me prépare à aller appeler à l'aide. Comme je délace les rideaux d'entrée la catastrophe se produit, la perche arrière se brise et la tente s'effondre en partie heureusement retenue par la perche avant. Je me précipite au-dehors dans la nuit avec ma lanterne appelant les domestiques, cela fait réveiller les lamas, quelques-uns accourent, on apporte des pelles, il y avait, à vue d'œil, plus de soixante centimètres de neige sur la tente et la neige continuait à tomber dru. Nous sommes restés à travailler jusqu'au jour ; vers 8 heures la neige a cessé et nous avons procédé au déménagement de mes affaires. Rien, heureusement, n'a été endommagé par la chute de la tente. J'en suis seulement pour deux perches à renouveler. [...]

[...] Oui voilà, la vie des vivants continue avec ses heures de préoccupations et ses heures de rire, en dépit de ceux qui disparaissent. Plusieurs de ceux que j'ai connus sont morts l'année dernière, tous relativement jeunes, l'aîné avait quarante-quatre ans. Tu sais combien je suis lente à vraiment comprendre les événements qui surviennent. La mort du petit maharadjah ne m'est encore qu'une sorte de mauvais rêve. Je ne suis pas complètement persuadée que je pourrais aller chez lui, à Gangtok, et ne plus l'y voir venir à ma rencontre dans la véranda. Nous nous écrivions fréquemment quand je n'étais pas Gangtok et à tous moments la pensée me vient, à propos du Sikkim : « Je dirai ceci ou j'écrirai

cela au maharadjah » Mais, jamais, je ne lui dirai ni
écrirai plus rien! Sa mort est une de ces morts qui im-
pressionne, non pas tant parce que des liens d'amitié
vous attachaient au défunt, mais parce qu'elle vous rend
l'idée de la mort présente et vivante. Ce n'est plus un mot
comme lorsque le plus souvent nous disons : « Un tel est
mort. » C'est un fait réel auquel nous nous heurtons et
qui s'impose à notre esprit.

La femme du résident m'écrit à propos de lui et tout
en déplorant sa fin inattendue : « Après tout, peut-être est-
ce mieux pour lui, il ne pouvait pas être très heureux ici
avec son caractère. » Il y a quelque vérité dans cette
observation. Il se préparait un malheureux mariage...
Depuis quelque temps il errait à l'aventure hors de la
voie qui aurait pu lui assurer le bonheur. Ici, parmi les
hauts lamas, on donne des raisons mystiques à sa mort.
Je puis, moi aussi, être dupe d'une illusion superstitieuse,
mais je crois que s'il avait été fidèle à sa vocation de
Tulku il serait encore vivant. Je lui ai parlé plusieurs
fois, ayant de vagues pressentiments de malheur et, chose
étrange, je n'étais pas seule. Il y a six mois, le lama près
duquel je suis lui avait écrit dans le même sens, je me
souviens que le maharadjah me l'avait dit et j'ai appris
que d'autres, aussi, lui avaient parlé ou écrit dans le
même sens. Etrange ! Quoi qu'il en soit et que ces idées
soient rêveries ou réalité, je demeure très frappée. Non
pas au sens de larmes, de lamentations — je n'ai pas
pleuré le soir où, brusquement, quelques lignes brèves
m'ont appris sa mort. Je reste calme, mais certaines pensées se sont plus profondément enfoncées dans mon esprit,
comme après la mort de mon père. [...]

Gömpa de Lachen, ? 1915

On ne sait vraiment qu'écrire à ceux qui vivent les
heures tragiques que vous vivez tous en Europe et dans
nos colonies. Que peut un quasi *yogui* himalayen, perdu
dans un recoin de montagne, narrer d'intéressant à ceux

qu'étreint la fièvre d'un drame angoissant. Le calme, la sérénité, l'indifférence de nos neiges et de nos solitudes, et la paix qu'elles versent en l'esprit de ceux qui les hantent, doivent sembler irritants à ceux qui demeurent dans le monde des hommes d'action, le monde des vivants... où l'on s'entre-tue. [...]

Oui, mon très cher, on est loin de cette agitation meurtrière ici, mais les âmes sont les mêmes, querelleuses, égoïstes et brutales. Il y a le germe d'un soldat teuton dans la cervelle de plus d'un paysan de Lachen, mais le germe manque d'occasions favorables pour se développer avec toute l'amplitude dont il serait peut-être susceptible.

Puis-je, tout de même, me risquer à esquisser un bout de paysage lamaïque qui a, la semaine dernière, mis une sorte de variété dans la vie de la *Gömpa* ? Un disciple du haut lama est venu le voir. Peu ordinaire lui-même, mon hôte a des disciples qui sortent du commun des lamas. Celui-ci est un *Gömpchen*, un ermite, comme son précepteur spirituel. Il perche au sommet d'une montagne boisée à quelque quarante ou cinquante kilomètres au sud de Lachen. Il est jeune, vingt ou vingt-quatre ans, plus pauvre que Job — il m'a confié, tandis que je lui offrais le thé, qu'il n'en avait pas bu depuis trois ans — intelligent, grave ! Il est vêtu de la jupe blanche des ascètes des sectes *nga lu* (le tantrisme tibétain) blanche *en principe*, car, en fait, la grossière cotonnade en est d'une indéfinissable couleur isabelle et crasseuse. Là-dessus une sorte de chemise rouge sombre et c'est tout. En bandoulière le tambourin (*damarou*) et le tibia-trompette (*Kangling*). Quoique très laid, le personnage porte avec lui une certaine atmosphère esthétique. Il était, je crois, aussi désireux de me voir, que moi de le rencontrer et vers le crépuscule, comme je reviens d'une course à travers la jungle, je l'aperçois qui me regarde du haut du balcon de la *Gömpa*. Le lendemain matin, je le vois répéter cette sorte de danse étrange que les *nga lu* exécutent dans les cimetières tibétains parmi les cadavres dépecés jetés aux rapaces, en psalmodiant cet hymne d'une philosophie terrifique que j'espère bien traduire et publier, si j'en obtiens la permis-

sion de ceux qui m'ont témoigné la rare confiance de me
l'apprendre.

Si je suis enthousiaste admiratrice de la pensée exprimée dans l'hymne, je le suis beaucoup moins du tambourin, du tibia-trompette et de la danse qui l'accompagnent.
Pourquoi cette mise en scène puérile autour de ce joyau
philosophique ? Je me le demande. Enfin, ce matin-là,
devant son maître et moi, le jeune *yogui* « répétait » mur-
murant les paroles à voix basse, car elles sont tenues très
secrètes. Il tournait, virait, le tambourin scandant la mesure, un pauvre *damarou* de quatre sous à moitié cassé.
Il fait grand soleil, mais l'on songe aux nuits où les
ossements, les chevelures jonchent le sol et l'on voit cet
homme tout seul, perdu dans l'immensité, dansant sous le
ciel clair parmi les fragments de squelettes, clamant sa
joie orgueilleuse de savoir que dieux et démons sont une
vaine illusion, que tout est vide et vain, illusion et mirage
et que, lui-même, le danseur ironique, n'est qu'une ombre,
un fantôme sans réalité ! Comprend-il tout cela, le petit
disciple ? son maître que je questionne me répond : « Il
comprend... un peu. »

La danse finie, nous allons prendre le thé, et, dans mon
tibétain nègre, je cause avec le jeune homme. Il n'est pas
bête, loin de là, certainement, il doit comprendre... un
peu.

Et puis, le lendemain, il s'en va, je me trouve être sur
la terrasse avec le *Gömpchen* quand il prend congé de
celui-ci, se prosternant trois fois suivant l'étiquette du
Tibet et recevant ensuite sa bénédiction. Il me dit adieu
en quelques mots respectueux, bien pensés, bien tournés,
et puis il descend l'étroit sentier qui traverse, en bas, le
village, et même à ce qui sert de « grand-route », un chemin muletier. Il se retourne, se retourne encore, regardant
son maître qui se tient debout sur la terrasse, élevant ses
mains jointes en lui en signe de vénération ; au détour
de la route il s'arrête longuement, s'incline et puis disparaît. [...]

Mes progrès en langue tibétaine me surprennent moi-
même. Je cause maintenant des heures avec le *Gömpchen*,

en charabia, c'est entendu, mais je me fais comprendre et le comprends. Ce n'était pas du tout la même chose avec mon lama professeur de Phodhang, je me faisais difficilement entendre de lui pour des choses très simples et, ici, je discute des sujets philosophiques. Ce *Gömpchen* doit être un sorcier. Tout le monde le dit et je finirai par le croire. [...]

Lachen Gömpa, le 18 janvier 1915

[...] Toute la semaine dernière a été remplie par des réjouissances à l'occasion du Nouvel An tibétain [...] (*Lo-sar*). Réjouissances très primitives qui se réduisent à d'interminables mangeailles et beuveries en plein air. Les villageois festoyaient en bas dans l'*agora* de Lachen, l'espace où les hommes discutent les affaires du village. Les lamas se réjouissaient plus haut, à flanc de montagne, sur le terre-plein de la *Gömpa*. Des deux côtés c'était le même spectacle de marmites bouillonnantes en plein air et de gens assis par terre, partageant avec leurs doigts des mets peu appétissants à un spectateur occidental. Les jeunes novices lamas se sont, dans l'intervalle des services, livrés à des sports naïfs, courses sur un pied, etc. Ils ont même dansé à la corde, comme les petites filles de chez nous, mais avec beaucoup moins d'art qu'elles. Je n'ai pas remarqué de lama ivre dans notre monastère, quoique les bambous contenant la bière nationale aient largement circulé. Peut-être ma présence a-t-elle modéré un peu l'ardeur des buveurs, je ne sais, mais je présume qu'en maintes *Gömpas* il n'en aura pas été de même. Le maharadjah est mort, cela s'est senti tout de suite. Les réformes qu'il avait cherché à introduire sont mortes avec lui et surtout, en première ligne, l'interdiction qu'il avait édictée d'apporter des boissons fermentées dans les *Gömpas*. Ici, je suis un peu comme un reproche vivant à tous ces rustres lamas. Je ne bois ni bière ni vin et ne mange pas de viande. IIs savent très bien que je représente la règle qu'eux, ils enfreignent. Ils me respectent fort pour cela, mais trouvent que ce chemin est trop escarpé pour eux. Ou plutôt ils ne pensent rien du tout, je suis un être d'une autre espèce et ils ne songent même pas à établir la plus légère comparaison entre mes actes et les leurs.

Comme je n'aime ni le spectacle de ces gueuletons barbares, ni celui des cérémonies rituelles renforcées de tambourinades assourdissantes, j'ai fui dans la montagne tous ces jours-ci. La neige a complètement fondu sur les versants ensoleillés, je m'asseyais sur un rocher, me ligotais avec ma ceinture à la manière des *yoguis* tibétains — un procédé ingénieux qui supplée au manque de dossier et vous procure une position des plus confortables — et je restais là, à lire du tibétain et à rêver. Mon vieux *yogui* m'a dit, hier, avec un sourire sceptique : « *Mem Sahib* a eu l'esprit malade tous ces jours-ci ! » Oui, quelque peu. Mon instinct atavique de huguenote n'est pas encore tout à fait plié à l'indifférence pleine de philosophie qu'enseigne le bouddhisme. Je crois encore qu'il y a des gens qui agissent mal et qu'il faudrait convertir, corriger... Mon ami, l'ermite, ne croit rien de tout cela, les êtres sont ce qu'ils peuvent, pense-t-il, ou plutôt il pense qu'ils ne *sont* pas du tout, que le monde n'est qu'un jeu d'ombres sur la toile d'un cinématographe et que, lui-même, n'est qu'une ombre parmi ces ombres. Je crois cela comme lui, avec mon cerveau... mais il me vient parfois des révoltes contre son indifférence souriante et je lui prêche de fameux sermons en mon tibétain nègre. Il dit alors : « Vous devriez aller, en face, à la Mission, avec les ladies, elles croient aussi que *Kuntcho* (c'est le nom que les missionnaires chrétiens ont donné à Dieu, en réalité *Kuntcho* signifie *suprême* ou chose précieuse, c'est un des titres donné à la triade bouddhiste : le *Bouddha*, la doctrine ou la loi, et la communauté des disciples : *Bouddha - Dharma - Sangha*) veut que tout le monde soit pareil. »

J'y vais souvent à la Mission, les Ladies sont des femmes hospitalières, il y a toujours du thé et des biscuits pour moi et un lunch à l'occasion. Elles sont venues hier dans ma cellule prendre le thé. Cela les intrigue beaucoup que le *Gömpchen* et moi nous puissions faire bon ménage. Elles ne voient en lui qu'un bonhomme crasseux et laid, je le vois bien aussi, mais je vois également autre chose qu'elles n'ont pas vu, c'est la belle intelligence cachée sous cet extérieur peu engageant.

Dans tous les cas le *yogui* possède une vertu bien rare chez ses compatriotes, il est généreux et désintéressé. Il y a peu de jours il m'a apporté un très beau livre tibétain, une édition ancienne, de valeur, comme on en voit au musée Guimet. Il m'a absolument forcée à l'accepter. Je ne savais trop que lui offrir en retour. A l'occasion du Nouvel An il a dû recevoir beaucoup de gens, offrir beaucoup de thé et de friandises. Je pensai que, pauvre comme il est, quelque argent serait le bienvenu pour aider sa sœur à équilibrer le budget ménager. Au Tibet, offrir de l'argent est admis, cela ne blesse personne, on peut en offrir au *Dalaï Lama*, à condition que la somme soit d'importance. Je ne suis guère en fonds pour le moment, je lui présentai donc dix roupies, qu'il voulut refuser. « Ce serait mal à moi de vous prendre votre argent disait-il, vous avez beaucoup de frais, des domestiques à payer etc, vous êtes une lady et moi je n'ai besoin de rien... » Bref, je le priai tant qu'il emporta les dix roupies. J'avais besoin d'un supplément de beurre pour fondre et conserver, le *Gömpchen* le savait. Je le vois arriver avec un homme portant du beurre, on en pèse 6 *seers* (cela fait environ 12 kg) le prix est de une roupie par *seer*. Quand tout est pesé, le *Gömpchen* me dit : « Il n'y a rien à payer, c'est un cadeau que je vous fais » et il se sauve. C'était une façon de me rendre en partie ce que je lui avais donné. [...]

Monastère de Lachen, 7 février 1815

[...] En fait de changement, il est arrivé ici un disciple du *Gömpchen* qui va demeurer à la *Gömpa* pendant quelques semaines. Il m'amuse énormément et je lui ai donné un surnom très drôle en tibétain, mais intraduisible. Il appartient au genre de ceux qui « croient que c'est arrivé. » [...]

Ecoute cette histoire :

Un garçon meurt au village c'est un pauvre, pas d'argent pour acheter le bois nécessaire à un bûcher ; les hommes sont tous descendus avec les troupeaux, personne pour porter le corps jusqu'à la rivière, alors on le traîne seulement jusqu'à des taillis voisins. Grand régal pour les chiens. L'un d'eux emporte le crâne presque totalement dépouillé de chair près de la maison d'un paysan et l'abandonne là. Celui-ci voit un objet dans un coin, regarde et, sans s'étonner : « Tiens, ça doit être la tête d'un tel ». Mon cuisinier et un jeune lama se trouvent être là au moment de la découverte. Par manière de plaisanterie, ils emportent le crâne en revenant à la *Gömpa*, mais le laissent à mi-chemin près d'un mur. Le lendemain le lama raconte la chose à un autre. Le *yogui* l'apprend, il ordonne qu'on aille chercher le crâne dans lequel il veut découper une coupe. On l'apporte à la *Gömpa* où le *yogui*, n'ayant pas sous la main les instruments nécessaires, s'évertue à le scier avec une scie gigantesque et n'arrive à aucun résultat. Obligé de renoncer à son entreprise il repousse le débris dans la neige. Le lendemain on l'en extrait pour le faire sécher au soleil, mais, alors, mes instincts de civilisé s'éveillent, je prépare une forte solution d'acide carbonique et je m'en vais arroser et nettoyer l'ossement en question, un de mes boys le retournant avec un bâton. Après cela au moins il sera propre et n'empoissonnera pas ceux qui le toucheront... Et je songe au petit maharadjah... c'est tout ce qui reste de lui aussi, un morceau de crâne dont on a fait une coupe ! Ah ! cette mort pèse lourdement sur mon esprit. Il y a un contraste si frappant entre l'ardent, l'effréné attachement à la vie qui était en ce garçon, et sa mort soudaine, jeune, savourant les délices de sa royauté d'opérette. Leçon bien faite pour impressionner. Ah ! la vie ! et ceux qui y croient et ceux qui s'agitent ! quelle folie ! L'un veut être célèbre et l'autre riche, celui-là s'acharne à obtenir l'amour d'une femme et cet autre la grâce d'un Dieu. Tel suit Epicure et tel autre s'enfonce dans l'ascétisme... Et tous veulent quelque chose, poursuivent un but quelque part dans les nuages, tous sont enragés du désir de la sensation, du frissonnement de la chair ou de l'esprit car c'est cela la vie, une succession de sensations. Et celui qui n'est plus dupe, qui n'est plus entraîné et roulé inerte par le flot des sensations mais demeure lucide parmi elles, celui-là s'abandonne à la sensation de suivre, en observateur, le jeu des sensations. Rêve, rêve !

Une de mes sensations présentes, et non la moindre, est de me demander si tu vas parvenir à bientôt m'envoyer quelqu'argent. Vrai, cela me serait bien utile. J'ai toujours dans l'idée que par Malte tu pourrais réussir.

Est-ce que tu ne pourrais pas m'envoyer une douzaine de cartes postales avec des vues algériennes, des vues du désert et quelques vues d'Alger donnant des aspects de grande ville. C'est pour les montrer aux lamas. Et j'aimerais bien aussi lire un livre de *Bergson, l'Evolution créatrice*, s'il t'était possible de me l'envoyer.

J'ai vu que l'on va bâtir une église au sommet du Belvédère à Tunis et que les troupes ont figuré à la cérémonie de la pose de la première pierre. L'anticléricalisme n'est plus de mode. C'est un des effets de la guerre. Quand les hommes ont peur ils se tournent vers les dieux, vers le surnaturel, comme les enfants qui s'accrochent aux jupes de leur mère. Un souffle de religiosité passe sur le monde avec le souffle des boulets qui fendent l'air. La religiosité vulgaire se muera en attraction vers la philosophie chez les esprits de plus haute envergure, j'ai quelqu'idée que mes livres sur le *Védanta* et le *mysticisme tibétain*, trouveront des lecteurs après la tourmente. [...]

Monastère de Lachen, 8 février 1915

[...] La lettre que tu as jointe à la tienne est bien de l'ineffable Tasset, comme tu le supposais. Cet être extraordinaire parle de la grande débâcle annoncée par l'*Iliade*, le *Mahabhârata* et les *Prophètes d'Israël*. Il la voit dans la guerre actuelle. Sa lettre est un poème ! Bien qu'il soit un de mes très vieux amis, un compagnon de jeunesse et d'université je ne puis m'empêcher de le trouver loufoque au suprême degré. [...]

Si tu le veux bien nous ferons un saut de l'Europe enfiévrée aux Himalayas paisibles. Nous sommes dans la neige jusqu'au cou, ou presque. L'épaisseur moyenne de la couche blanche est de un mètre. Hier, par un soleil splendide, j'ai entrepris la construction d'un *Chöten*, le monument bouddhsite que l'on retrouve sous différents noms à travers toute l'Asie. A Ceylan cela s'appelle *Dagoba*, en Birmanie *Pagoda*, dans l'Inde *Stûpa*, au Tibet *Chöten*. C'est un édifice rond sur une base généralement carrée. [...]

Dans la soirée, grosse aventure ! On signale au loin un chien qui s'efforce de se frayer un passage dans la neige et n'y peut parvenir. Le pauvret apparaît en détresse et l'est réellement. La nuit est proche, qu'est-ce qu'il va devenir ? Je dis : « Je vais aller le chercher. » Autour de moi on se récrie, il n'y a pas de sentier frayé, il faut descendre dans un petit ravin, remonter sur l'autre versant. Enfin, je verrai bien si je peux arriver. J'ai des pantalons de flanelle, de hautes bottes de feutre et un imperméable. Allons !... C'est vite écrit, allons, mais je t'assure que je n'allais pas vite avec de la neige plus haut que la ceinture, tâtant la route devant moi avec un bâton pour me rendre compte si je ne descendais pas dans quelque trou. Après un bout de chemin j'aperçois un de mes garçons qui grimpait revenant du village, je le hèle et il m'accompagne. C'était une vraie expédition polaire, froid en moins. Nous perdons le sentier, mon domestique tombe dans un trou, je le tire par la tête pour l'en sortir et, peu après, il me rend le même service. Nous grimpons sur des rochers que nous ne voyons pas et nous arrivons au chien qui est pris sous la neige et ne peut bouger. Pour combler la mesure, l'animal effrayé et très sauvage, montre des dents menaçantes bien qu'il soit un tout jeune toutou. J'abrège les détails, on passe une corde sous l'animal et on le hâle à la remorque jusqu'au monastère où il, ou plutôt elle, car c'est une femelle, se montre de l'humeur la plus féroce. Aujourd'hui, après avoir bien mangé, l'animal paraît de tendances plus pacifiques, dans quelques jours il sera tout à fait gentil. Il est poilu comme un yack, tout noir, nez noir, yeux noirs, un peu de fauve seulement à l'extrémité des pattes. Cette race de chiens garde les troupeaux de yacks et les tentes nomades dans les steppes du Tibet. Ce sont des bêtes à moitié sauvages, très fortes et redoutables pour les étrangers. Qu'adviendra-t-il de mon rescapé ? Quoi qu'il en soit, ma petite protégée a mangé une grosse assiettée de riz que je tenais à la main, mais, après, quand j'ai voulu la caresser, elle a esquissé un mouvement de museau menaçant, mais il y a déjà grand progrès car elle n'a pas montré ses petites dents blanches et aiguës.

Voilà tous les événements grand cher. Non un autre, d'un ordre différent. J'ai commencé à lire avec le *yogui* la vie de l'ascète poète *Milarepa*. Je l'ai lue, lors de mon premier séjour au Sikkim, sur un manuscrit traduit en anglais, mais de me trouver devant l'original, un vénérable gros livre tibétain, a quelque peu fait battre mon cœur d'orientaliste. Le *Gömpchen* m'a dit : « Nous allons commencer par lire cet ouvrage parce que le sujet qu'il traite vous est familier (il sait que j'ai écrit la vie de *Milarepa* en français, le manuscrit est prêt à être publié) et aussi parce que la langue dans laquelle le livre est écrit est très belle, très littéraire, et que vous y trouverez de bons exemples à imiter en parlant et écrivant. »

Je me demande ce qui a pu décider cet homme à s'intéresser à mes études. Ce n'est pas bien amusant pour un philosophe comme lui de m'entendre ânonner sur un texte ! Il est vrai qu'après, nous dissertons sur des sujets philosophiques et que je lui parle des doctrines et des pratiques mystiques de l'Inde tandis qu'il me raconte celles du Tibet. Il a vécu auprès d'érudits et de penseurs subtils, ici, il est parmi des rustres ; intellectuellement très isolé, et c'est peut-être à cela que je dois la sollicitude dont il m'entoure, il aime assez à causer avec moi. Mais après tout, je m'en irais demain qu'il en serait, je crois, fort peu peiné... en vrai sage, il a cultivé l'indifférence ! [...]

[...] J'ai reçu une lettre, navrante en sa simplicité, du vice-roi lord Hardinge dont le fils a été grièvement blessé dans la bataille de la Marne et est mort des suites de ses blessures trois semaines après. Il n'y a pas un an que lady Hardinge, une femme charmante, est morte en Angleterre loin de son mari. Ce sont là, vraiment, coups bien rudes à supporter. [...]

Lachen Gömpa, 14 février 1915

[...] J'ai lu dans les journaux que tu m'as envoyés un récit de la mort de Péguy, le directeur des *Cahiers de la Quinzaine*, une petite revue très littéraire de Paris. Je le connaissais un peu. Il paraît qu'il est mort en héros, la lorgnette à la main, debout, dirigeant le tir de ses hommes qu'il avait fait coucher, s'exposant seul. Il était officier de réserve.

Tu me dis : « Peut-être regretteras-tu, un jour, d'être restée loin tandis que tous, ici, nous vivions ces heures tragiques. » Je ne le crois pas. J'ai pesé la question avec cette acuité de vue et de pénétration que donne l'habitude de l'analyse et de la méditation. Si j'avais été un homme, certes, je me serais engagé et aurais fait comme les autres. Comme femme, il ne me restait que le rôle d'infirmière. Si j'avais été à proximité j'aurais offert mes services au lendemain de la déclaration de la guerre. Mais étant loin, quand je serais arrivée, les cadres auraient été au complet, très vraisemblablement je n'aurais pas été acceptée. Peut-être aurais-je dû risquer la démarche tout de même, mais je me trouvais à court d'argent pour le voyage et puis, je l'avoue, il y a eu un autre souci en jeu : la crainte de ne plus pouvoir revenir ici, d'avoir abandonné pour jamais les études que je poursuis en Asie. Oui, elle est attachante cette vie d'ascète studieux que je mène. On dit, dans l'Inde, que le *sannyasin*, quoi qu'il fasse, quoi qu'il pense, reste lié par un charme, du jour où il a eu l'audace, ou l'imprudence, de revêtir la robe archaïque du mysticisme hindou. Je ne suis guère portée à la superstition et pourtant, quelquefois, je me dis : qui sait ? Une tradition et une chaîne de pensées millénaires sont une force, une énergie aussi réelle dans le domaine mental que l'électricité sur le plan physique. Mais laissons cela.

Tu vas rire mon très cher, il m'est arrivé une chose inattendue. Est-ce là aussi de la magie ? Je serais tentée de le croire. Le fait de vivre si proche des déités à formes terrifiques d'un temple de la secte *Nga Lu* a-t-il opéré sur moi ? (j'écris secte *Nga Lu* pour me faire entendre en français mais c'est un horrible pléonasme, *lu*, signifie secte en tibétain). Je ne sais. Enfin, voici mon histoire, j'ai, depuis longtemps déjà — car je change peu souvent de serviteurs — deux jeunes gredins qui ne sont pas trop mauvais domestiques pour le genre primitif de vie que je mène. Ils ont cuisiné en plein air sans se plaindre avec de la neige jusqu'aux genoux et tombant à gros flocons sur les casseroles. Me trouvant à court de porteurs, ils ont transporté des colis sur leur dos, le long de montagnes escarpées et, l'autre jour, m'étant évanouie, le cuisinier, qui était accouru, m'avait prise dans ses bras et pleurait comme un veau sur moi, bonne nature au fond. Mais tous deux sont voleurs. Ils ne commettent que de petits larcins, mais c'est insupportable. L'autre jour, après une série de disparitions d'enveloppes, de clous à tête de cuivre, etc. je les surprends s'adjugeant une grosse moitié d'un petit sac de farine d'orge de Shigatze, alors je réfléchis un moment. Que faire ? Les amendes ne paraissent pas les toucher et, du reste, pour le moment, je ne leur donne pas d'argent mais seulement de la nourriture et des vêtements. Alors ? il ne reste que la bastonnade, ce qui ne me sourit guère. Ils ne sont plus tout à fait des gosses, l'un a vingt ans, l'autre vingt-deux ans. Mais j'entrevois que la canne est dans les habitudes locales et que c'est le meilleur argument à leur servir. Je ne suis pas en colère, j'ai même envie de rire. J'ai ruminé tout cela en trois ou quatre minutes et, m'étant décidée à l'exécution, je prends ma canne dans un coin et en allonge une bonne volée à chacun des deux coupables qui ne tentent même pas d'esquiver les coups sentant qu'ils les ont mérités. Et tout de suite après, ils ont été d'une docilité et d'une attention remarquables à leur service. C'est drôle n'est-ce pas ? Mais, le plus singulier, pour le philosophe que je suis, c'est d'avoir constaté que cette exécution commencée très froidement, peu à peu éveillait de la colère en moi. Parfois, voire même le plus souvent, le mouvement de l'esprit déclenche le geste physique qui lui correspond : on est en colère, alors on cogne. Mais ici, c'était le contraire, le geste physique allait réveiller des centres nerveux, correspondant à un sentiment mental : je cognais et je sentais la colère se produire. Cela m'a intéressé cette constatation et fait voir, une fois de plus, que nous ne sommes que des machines.

L'installation officielle du nouveau maharadjah aura lieu la semaine prochaine. Lui, et sa jeune sœur m'ont cordialement invitée à venir à Gangtok, mais je n'en ferai rien. J'ai de moins en moins le goût pour les dîners et réceptions officiels. De plus, l'aller et le retour auraient été huit jours de route à cheval, peut-être dix jours et des frais de porteurs pour mes bagages, cela ne me souriait nullement. Et enfin, je préfère laisser passer plus de temps avant de revoir, vide de son hôte, la maison de mon jeune ami disparu. Il n'y a pas un an que l'on célébrait son installation à lui. Il y avait eu un grand lunch au palais et ensuite, le soir, nous dînions familièrement chez le nouveau maharadjah, l'orientaliste écossais et moi ayant dévêtu nos robes de cérémonie et étant revenus à notre simple vêtement habituel. J'aime mieux ne pas me retrouver au palais de si tôt. [...]

Monastery of Lachen Post Office,
Cheuntung (Sikkim) via India, 21 février 1915

[...] Comme le cerveau se fatigue parfois à apprendre et à retenir des mots nouveaux, je me livre, en guise de récréation, à une étude d'un autre genre. J'avais depuis longtemps l'ambition de savoir manier les tambourins avec lesquels les lamas scandent leurs récitations. Cela n'a l'air de rien, mais on doit s'exercer quelque peu avant d'attraper le tour de main qui fait battre les deux petites balles attachées au tambourin selon des rythmes variés. Je suis presque au bout de mes peines pour le petit tambourin, reste à voir le plus grand, celui que les *Gömpchens* emportent au cimetière. Cela délasse pendant quelques instants. Comme j'écris, pas mal du tout, la première sorte d'écriture tibétaine, je me suis mise à la seconde, sous la direction du maître d'école du village. Il vient trois fois par semaine et je le paie quatre roupies par mois (environ 6 F 80). J'ai déjà produit pas mal de pattes de mouches qui ressemblent fortement à des caricatures d'animaux et à une flore microbienne, mais cela s'améliorera. Mes commencements dans l'autre écriture furent déplorables et, maintenant, ma calligraphie est presque élégante. [...]

Monastery of Lachen, 27 mars 1915

Que pourrait-il advenir dans une lamaserie himalayenne sinon de ces menus faits dépourvus de tout interêt sauf pour les montagnards qu'ils touchent de près. Les villageois ont planté leurs pommes de terre. Une des dames missionnaires est revenue et travaille d'arrache-pied au jardin potager de la Mission. Ce beau zèle a été contagieux et je me suis demandé pourquoi je ne ferais pas, moi aussi, pousser quelques légumes qui seraient un bien précieux appoint pour varier mes menus anachorétiques. Mon idée a été accueillie avec enthousiasme par la bonne dame qui m'a « cadeautée » d'une ample provision de semences venant de Finlande. Tu diras, pourquoi de Finlande, c'est bien loin ! Oui, mais c'est la patrie des missionnaires et les graines finlandaises réussissent bien ici. Il va sans dire que celles provenant de plantes acclimatées aux plaines torrides de l'Inde feraient triste figure ici. Voilà, je vais partager mes graines par moitié, une partie va être semée ici dans quelques jours, dans deux petits enclos bien exposés que l'on a commencé à préparer aujourd'hui par un premier labourage. L'autre partie sera semée dans deux mois à *Dewa-Thang* quand je m'y installerai. La différence d'altitude nécessite ces semailles tardives. Si les *Dévas* bénissent mes petits champs, si les insectes ne s'y donnent pas rendez-vous en trop grand nombre, si les chèvres ne

sautent pas par-dessus les clôtures et encore bien d'autres
si..., j'aurai des petits pois, des haricots verts, des salades,
des carottes, du persil, des choux et même des scorsonères
et des carottes amères qui me rappelleront la pauvre
Belgique.

Mon domestique est parti il y a trois jours pour Calcutta et va me rapporter mes bagages. Je pense : « Comme
c'est sot et inutile d'avoir des bagages et comme *Diogène* et
les *Sadhus* de l'Inde ont raison ! » Mais de même « qu'il
sera ôté à ceux qui n'ont rien » ceux *qui ont* se voient toujours forcés *parce qu'ils ont*, d'ajouter quelque chose à
leurs possessions. C'est un cercle vicieux dans lequel on
tourne péniblement. Il faut pour s'en sortir, se résoudre à
quelque coup d'éclat comme les *Bouddhas*, les *Chaitanyas*
et d'autres ; s'en aller, laissant tout, sans retourner la tête,
sans se demander ce que deviendra ce qu'on laisse. Cela
répugne à des gens élevés bourgeoisement dans des habitudes d'ordre.

Au point de vue occidental, le fait de vivre dans une
hutte mal close de lama tibétain, étroite comme une cabine
de navire, de manger dans des assiettes en fer émaillé fort
ébréchées pour avoir été trimbalées en bien des campe-
ments divers, paraît déjà une renonciation excessive. Mais
quand je considère mes multiples caisses, je me trouve
fort loin de la renonciation des Grands Sages dont je lis
les histoires. Après tout, je ne cherche pas à les copier
servilement. A quoi bon ! Autant vaudrait s'efforcer d'imiter les lions ou les aigles quand on est homme. [...]

[...] Ma collection d'objets tibétains s'est encore accrue,
mais cette fois de deux jolies pièces, deux bagues que je
viens de recevoir. Ce sont les anneaux classiques portés
par les *Gömpchens* des sectes *Nga-Lu* et par eux seulement. Ils ont un tas de significations symboliques dans le
détail desquels je ne veux pas entrer. L'une des bagues,
représentant une clochette, est en argent avec de petites
turquoises et l'autre figurant un *dorji* (c'est le foudre tibétain) est en or avec de minuscules rubis. C'est très, très
joli, beaucoup plus joli que le collier d'ossements humains,
bien qu'il fasse partie de la même parure tantrique.

Un de mes domestiques m'a priée de lui enseigner le sanskrit. Chose qui épate en Europe, pas vrai ? Vois-tu Tahar te demandant de lui apprendre le grec ! Mais ici ça n'est pas particulièrement surprenant et j'ai promis quelques leçons au garçon. [...]

1ᵉʳ avril 1915

[...] Je ne mourrai décidément pas de faim pendant la guerre, quoique les envois de fonds m'aient été coupés. Le maharadjah du Népal, qui a appris ma situation, m'envoie, à l'instant, une lettre charmante et quelques fonds. Non point en prêt, il est trop grand seigneur pour cela, mais en cadeau du genre de ceux que l'on offre, dans l'Inde, aux personnes qui ont adopté la vie religieuse ; c'est-à-dire que le donataire se déclare le très humble obligé de celui qui veut bien accepter ses dons. C'est très aimable de sa part. [...]

Monastery of Lachen, 10 avril 1915

[...] Ici, rien de neuf, sinon de ces menus faits qui ne t'intéressent pas. Un lama de la *Gömpa* de Chöten Nyima au Tibet où je suis allée l'année dernière est de passage ici et vient tantôt prendre le thé avec moi. Demain, je lunche chez les dames de la Mission. Je fais de grands progrès en langue parlée tibétaine. Je me prépare à arranger mon camping pour les nuits d'été. Dans une quinzaine je monte vers la place où je compte l'installer pour choisir un emplacement définitif. Je resterai là environ une semaine, soit sous la tente, soit dans la caverne que j'ai déjà occupée. Oui, je le comprends, ces détails manquent d'intérêt pour toi. Parfois je songe : si Mouchy était ici, s'il pouvait aimer ces montagnes, ces sites sauvages, les longues heures de silencieuse méditation dans la solitude, les poètes tibétains et les philosophes hindous !... Comme notre vie serait différente ! Oui, mais Mouton cher n'aime rien de tout cela. Beaucoup partagent ta façon de voir, moi, c'est entendu, je suis un phénomène et je détonne dans le monde civilisé. Toute petite j'étais déjà comme cela. J'ai de l'atavisme de nomade asiatique dans les veines, c'est certain. Ici, où les gens croient aux existences successives, ils disent : « *Mem Sahib* a été autrefois un grand lama tibétain !» Je n'en sais pas si long qu'eux à ce sujet. Mais, dans la mémoire de mes cellules chante un passé qu'illustrent poétiquement les vers de Richepin :

> *Au pas lent des chevaux*
> *Par les monts, par les vaux*
> *La caravane passe !*
> *Où va-t-elle en rêvant ?*
> *Où s'en va la poudre au vent ?*
> *Mais toujours en avant*
> *Et vers l'espace !*

Je crois que j'avais vingt ans quand j'ai lu cela dans les *Chansons touraniennes* et je m'en souvenais dans les steppes, là-haut, cet automne, bercée au pas lent des yacks qui me portaient, parmi les bruits de sonnaille des bêtes chargées de bagages, les sifflements stridents et monotones de leurs conducteurs se mêlant à la chanson de la rafale. L'on marchait, des jours, des jours dans un décor identique, immense comme celui de l'Océan. Il semblait qu'on allait nulle part et l'on ne se sentait aucun besoin d'arriver quelque part. A quoi bon ! On allait « comme la poudre au vent, vers l'espace ! »

Je m'en rends bien compte, il est plus que singulier que, née Parisienne, élevée dans une grande ville par des parents qui étaient tout autre chose que des chemineaux ou des poètes, je sois douée de cette mentalité si étrangère à celle de mon milieu. J'ai eu la nostalgie de l'Asie avant d'y avoir jamais été et du premier jour où, il y a bien longtemps, j'ai débarqué en Indo-Chine je m'y suis sentie chez moi. Etrange !

Le lama est venu et il est reparti. Nous avons causé de la *Gömpa* perdue dans le désert. Je lui ai montré les photographies que j'y ai faites et lui en ai donné quelques-unes, ce dont il a été ravi. Il était absent quand j'ai été à sa *Gömpa* et le regrette. Il espère que j'y réitérerai ma visite l'été prochain et peut-être bien le ferais-je. Cela n'est pas très loin, quatre ou cinq jours de voyage, au plus. Je pourrais passer là un mois à parler tibétain. Mon visiteur est un tout jeune homme de vingt ans, fils d'un éminent lama de la secte des lamas rouges, il paraît intelligent et très aimable garçon ; un de ses oncles, mort aujourd'hui, était, paraît-il, non seulement docte en philosophie mais un réel philosophe, son neveu suivra peut-être ses traces. En attendant, je crois qu'il serait un hôte très agréable dans son monastère du désert et, dès à présent, il m'a promis une ample provision de bois sacré, de celui qui, dit-on, appartient aux Dieux locaux et que, pour respecter les us du pays et ne choquer personne, j'avais défendu à mes domestiques de couper me contentant de brûler de la bouse de yack. Mais le jeune sorcier est en terme d'intimité avec les divinités de son pays. Il a eu un large geste et m'a dit : « Quand je fais, *moi*, couper du bois dans la vallée, les dieux n'en sont point offensés ; vous aurez votre provision. » C'est gentil et c'est savoureux de faire bouillir sa soupe sur des brousailles empruntées à des déités ! [...]

Monastery of Lachen, 6 mai 1915

Je viens de rentrer à Lachen après avoir été camper quelques jours à Dewa-Thang. L'excursion a été délicieuse car, à part une courte bourrasque de grêle, le temps a été des plus beaux. De tous côtés les rhododendrons sont en fleur et la montagne est un vrai paradis de féerie. Le dernier jour de mon séjour à Dewa-thang, je suis descendue dans la vallée marécageuse qui s'étend au pied de la montagne où je campais, j'ai poussé jusqu'au pied de la chaîne de montagnes qui fait face à la mienne. Tournée vers le nord, elle est couverte de neige, j'ai grimpé sur une avalanche formant une mer de neige avec de hautes vagues tourmentées mesurant 5 à 6 m. Elle ne fondra pas avant deux mois d'ici. J'ai aussi été voir de près un petit lac noir que les paysans de Lachen disent habité par un mauvais génie ayant la forme d'un bœuf. Il a fallu traverser la rivière

pour y arriver, et comme l'eau était déjà assez profonde,
un jeune lama qui remplace momentanément celui de mes
domestiques qui est à Calcutta m'a chargé sur son dos. Au
retour, il a trébuché sur les pierres au milieu du courant
et nous avons failli, tous deux, prendre un sérieux bain
froid. Comme j'avais jeté des pierres dans le lac noir, mes
gens n'ont pas manqué de voir en cela la cause de la
bourrasque de grêle qui nous a cinglés à peine revenus au
camp. Je leur ai fait remarquer que la grêle avait déjà
fait une timide apparition avant que j'arrive au lac, mais
cela n'a pas paru les convaincre. A Dewa-Thang et sur les
montagnes à pic qui surmontent ce petit plateau, il n'est
plus question de neige — à part quelques minuscules ta-
ches sous les arbres —, c'est le printemps et le soleil tape
très dur. J'ai la peau de la figure toute brûlée. Ce que j'ai
été faire là ? Ah ! mon grand cher Ami, c'est un poème et
tu aurais fort ri si tu m'avais vue. J'ai été, tout simplement
te faire concurrence et pratiquer les métiers d'architecte
et d'ingénieur. Je fais bâtir là des baraques à flanc de
montagne sur une pente extravagante et dans un terrain
sans consistance qui déboule comme du sable dans les
dunes. On va faire une ou deux petites terrasses puis
accrocher le reste aux arbres qui serviront de pilliers prin-
cipaux. Cela tiendra, je l'espère, j'en suis même certaine,
mais très probablement un homme du métier n'aurait pas
une si belle confiance.

Et pourquoi ces baraques ? Voilà. Je ne puis pas passer
l'été dans ma cellule de Lachen. Un réduit de cette dimension, c'est à peu près acceptable en hiver quand on se
recroqueville contre son poêle, mais dès que le soleil se
fait un peu chaud on y manque d'air et de lumière. Et puis
les lamas du monastère peuvent avoir besoin de la cabane
dont je les ai privés. [...] Mes tentes sont charmantes pendant la saison sèche, mais quand les pluies arrivent et que
le sol se détrempe, le « camping » perd de son attrait. Bref
le maharadjah du Népal a désiré me procurer un gîte à
ma convenance où je puisse continuer mon étude du tantrisme tibétain dans des condtions requises par les usages
du Tibet et terminer mon ouvrage sur le *Védanta*. Après

mon départ, la bicoque qui m'aura servi sera transmise à quelque lama désireux d'isolement. Comme nous ne sommes pas, ici au Népal, le maharadjah ne peut faire construire lui-même et a dû se borner à m'envoyer des fonds, ce qui fait que le soin de dresser les plans m'incombe. Tu comprends, il ne s'agit pas d'une vraie maison selon l'idée qu'un Européen se fait d'une maison. Je bâtis un ermitage de *yogui* tibétain, dans le style des demeures des villageois avec quelques petites améliorations et, comme le terrain n'est pas de niveau, les différentes chambres s'accrochent les unes aux autres en échelons, formant autant de petites cahutes à toits séparés. Les paysans de Lachen ont entrepris la construction à forfait. Tous les hommes valides du village, environ soixante-dix, se mettent à l'œuvre dans quinze jours et ils comptent avoir terminé le « palais » dans l'espace de deux semaines. Ils toucheront 160 roupies pour ce travail. Ce qui fait 275 F. Il y aura le bois à payer et quelques autres frais, mais, ici cela ne va pas loin. On coupe le bois à même dans les forêts et l'on paie un tout petit droit à l'Etat.

Voilà qui va me mettre très à l'aise, me permettre de sortir mes livres de leurs caisses, de classer mes documents, mes fiches sur les philosophies orientales, d'avoir à demeure un lama lettré pour m'enseigner le tibétain littéraire etc.

L'ermitage s'élèvera à la place où j'ai séjourné dans une caverne l'automne dernier. Une partie de mon « appartement » sera même formée par cette caverne. Le site est splendide, très ensoleillé, l'altitude doit être d'environ 3.900 m, compte fait d'après celle d'un point voisin officiellement mesuré. C'est un peu plus bas que notre Mont-Blanc, mais le climat des Himalayas est différent de celui de l'Europe. [...]

Monastery of Lachen, 16 mai 1915

J'ai été ravie de recevoir ta longue lettre datée du 4 avril et de lire tout ce que tu m'y racontes au sujet de tes affaires à Bône. [...]

Il est peut-être un peu délicat pour moi de t'encourager dans ta résolution d'accepter une nouvelle situation. Facilement, j'aurais l'air de te pousser à travailler pour profiter des fruits de ton labeur alors que tu as tous droits au repos. Mais je ne crois pas devoir me laisser arrêter par ces apparences. Je t'ai parlé, autrefois, de prendre une retraite complète, tu y inclinais alors qu'à Tunis, tu avais à faire face à un travail exagéré, mais, maintenant, après plusieurs mois, non de repos, mais d'une tâche moins écrasante, ayant surtout devant toi la perspective de la réalisation proche d'une entière inactivité, tu recules. Tous tes instincts d'homme d'action se cabrent. Tu n'es pas un vieux monsieur, tu ne l'es ni de corps ni d'esprit et la vie d'un vieux monsieur, même cossu, te fait peur. N'avoir rien à faire t'épouvante et je le comprends. Et puis, si n'avoir rien à faire, si le spectre des journées toutes uniformément vides est déjà effrayante, un autre fantôme plus effrayant encore l'accompagne et celui-là tu le dépeins très bien dans ta lettre ; il s'appelle : « n'être personne ! » Oui, n'avoir plus à commander, n'être plus salué bas par des subordonnés, passer partout ignoré, anonyme, sans avoir quelque part un petit coin de domaine où l'on est chef « maître après Dieu » comme disent les marins en parlant de leur capitaine, cela est dur, pénible à l'extrême pour qui a, depuis de longues années, été « quelqu'un ». [...]

Et, si tu veux bien y songer, grand cher Mouchy, est-ce que tes propres sentiments, aujourd'hui, ne te rendront pas indulgent pour le « Moumi » qui n'a pu supporter de n'être plus rien qu'un moumi domestique comme des millions d'autres moumis anonymes. [...]

Pour en revenir à une autre question que tu soulèves, je n'ai jamais envisagé l'idée que je ne doive plus retourner auprès de toi. Je ne sais le tour que les événements peuvent prendre dans l'avenir. Il est fou de chercher à le prévoir. Mais, en tout cas, toi habitant l'Occident j'ai toujours projeté d'y revenir. A vrai dire, l'Occident, la civilisation ne me manquent nullement. Comment penserais-je si j'étais très très riche, si je pouvais mener en Europe une vie très luxueuse, voyager dans des conditions extra-confortables, avoir une maison bien montée où aucun souci ménager ne m'incomberait, posséder une belle automobile etc. je n'en sais rien. Me laisserais-je reprendre par l'attrait de ces choses ? Je n'en suis pas sûre, mais je ne suis pas absolument sûre du contraire non plus. En tout cas, il est possible que je voudrais en tâter momentanément sachant la porte ouverte derrière moi et la possibilité de reprendre un bateau, quand je le voudrais, et de retourner à mon existence de *yogui*.

Mais je suis loin, n'est-ce pas, d'être très riche, et une vie médiocre, en Occident, m'attire très très peu. Je n'ai que peu de goût pour les choses médiocres, le confort médiocre, les situations médiocres, le succès médiocre. Les *yoguis* sont de grands orgueilleux, plus que des orgueilleux car ils méprisent l'orgueil lui-même, comme ils dédaignent le monde, non seulement celui-ci, mais tous les paradis, les mondes célestes que l'imagination peut inventer et la gloire d'être *Indra* ou *Brahmâ* lui-même leur semble aussi vaine et aussi futile que celle du bambin qui ceint une couronne de papier doré, s'arme d'une baguette en guise de sceptre, et se fait proclamer empereur par ses petits camarades.

Comme le disait un jour un ermite tibétain : « Seul sur une montagne, nu, ne possédant rien, couché à même le roc d'une caverne on se sent libre, dénué de toutes craintes, plus grand qu'un rajah, plus qu'un Dieu ! » [...]

Oui, mais en Occident, il y a un Mouton qui m'est cher, bien plus cher qu'autrefois, quoique ceci puisse te paraître paradoxal, et, bien souvent, il me vient un grand désir de le revoir. Ah ! ce serait déjà fait depuis longtemps si je me savais la possibilité matérielle et morale d'aller et de venir entre les Himalayas et la demeure de ce Mouton. Mais quand je m'en irai d'ici, je sais que je n'y reviendrai plus. Quand je me retrouverai dans ta maison, je sais que je n'en sortirai plus... J'ai toujours eu l'effroi des choses définitives. Il y en a qui ont peur de l'instable, moi j'ai la crainte contraire. Je n'aime pas que demain ressemble à aujourd'hui et la route ne me semble captivante que si j'ignore le but où elle conduit. J'ai cessé de croire qu'on choisit, qu'on dirige et qu'on mène sa vie d'après les plans qu'on fait. Les êtres sont des épaves qui voguent au gré des vagues sur une mer sans havre. S'agiter et prévoir, désirer et vouloir sont des actes de fous. Les sages voguent et dérivent selon le vent qu'il fait et s'amusent à noter les montées sur les crêtes dansantes et les descentes dans l'abîme glauque des flots. Tout cela est fantaisie, ombres écloses en rêve, mirage... Que dirais-je donc, mon bien cher, sur le sujet que tu soulèves. Tu ne sais pas toi-même, à présent ce que l'avenir te réserve comme situation et tu peux être. dans quelques mois, dans quelques semaines, à la tête de revenus sérieux. Je ne sais pas, de mon côté, ce qu'il adviendra de mes fonds en Belgique. Je ne crois pas à une perte complète, mais combien de temps faudra-t-il attendre avant que les valeurs belges reviennent à un cours normal et paient de nouveau des intérêts ? Cela dépend de la durée de la guerre et de son issue. Je n'ai aucun espoir que ma mère soit encore vivante. Faible de corps et d'esprit comme elle l'était, le choc qu'elle a dû ressentir, les privations, peut-être, qu'elle a subies ont dû avoir raison du peu de vitalité qui restait en elle. Après tout, elle avait quatre-vingt-quatre ans et ne pouvait plus espérer de longs jours, mieux a peut-être valu pour elle que la mort lui épargne les souffrances qui sont le lot de tant de ses compatriotes. [...]

[...] Le maharadjah du Sikkim arrivera ici la semaine prochaine pour une courte visite de deux jours. C'est un gentil garçon de vingt-trois ans, sortant du collège, à qui le gouvernement a donné un mentor qui le suit comme son ombre et lui dicte tout ce qu'il a à faire ou à dire. Cette visite m'apporte quelque mélancolie. Je me souviens du jour où le frère défunt du présent rajah arrivait ici, alors qu'il était simple prince héritier. Je me trouvais à Lachen et j'avais fait dresser par mes domestiques un arc de triomphe en branchages à l'entrée du bungalow. Moi, j'étais sur la route avec mon appareil photographique pour prendre une photo du cortège pittoresque... Je revois le petit prince m'apercevant, agitant son chapeau et me criant de loin un avis au sujet du temps d'exposition à donner et de l'ouverture du diaphragme. Il paraissait si jeune, si heureux de vivre, et deux jours après nous partions pour le Nord, vers la région des steppes... De tout cela il ne reste qu'un morceau de crâne dans une boîte au monastère de Phodhang. Il court une rumeur sur laquelle j'aime mieux ne pas m'apesantir : Il aurait été empoisonné ! Il en avait si peur !... Mieux vaut oublier... Tant et tant d'autres meurent chaque jour. Mais cette mort-là m'a été saisissante par le contraste de l'attachement éperdu à la vie que nourrissait le disparu. Jamais je n'aurais pensé qu'il me précéderait dans l'au-delà.

Tu croiras que je broie du noir, très cher. Non, je vois tout avec calme. Le calme dont vous enveloppent les monts géants parmi lesquels je vis. [...]

Lachen Monastery, 27 mai 1915

[...] Je suis au milieu de caisses et d'un tas de jeunes lamas qui clouent et emballent mes bagages. Je quitte Lachen demain avec une armée de soixante-dix hommes qui vont établir mon camp à Déwa-Thang. Le temps est mauvais, pluie en abondance, ce n'est pas agréable en voyage. J'ai la surprise de voir une rivière courir au milieu de ma tente certaines nuits, inondant le tapis. C'est un peu ma faute car je n'ai pas établi le fossé réglementaire pour drainer l'eau. [...]

Le maharadjah est reparti hier. Ces courtes visites donnent toujours un peu de tracas car le maharadjah n'est pas seul. J'ai eu avant hier un thé à trois classes. Dans ma tente le jeune Rajah et son précepteur. Dans la hutte où j'ai vécu cet hiver les *Kazis* (petits nobles locaux), sous une véranda les domestiques. Tout ce monde a paru enchanté.

Je termine mon tout petit, un tas de gens m'importunent de questions. Deux forestiers que le maharadjah m'envoie viennent d'arriver pour choisir les arbres qui me sont nécessaires en compagnie des villageois qui construisent les cabanes. Ils m'ont été offerts gracieusement (les arbres, pas les forestiers) je n'aurai pas à payer de droits à l'Etat du Sikkim, de sorte que ma maison après tout ne me reviendra pas cher. [...]

Déwa Thang, 3 juin 1915

L'encrier a été vidé pour voyager et le cruchon à encre est au fond de quelque caisse clouée, d'où le crayon que tu vois.

Je suis arrivée ici il y a trois jours. En venant de Lachen j'ai campé en cours de route dans un endroit très joli mais infesté de mouches microscopiques très venimeuses. Les mêmes sévissent à Lachen. Pour écarter les insectes importuns on allume des feux sur lesquels on jette des branches vertes d'une sorte de pin odoriférant, la fumée chasse les mouches. [...]

A Déwa-Thang le temps n'est pas absolument mauvais car certaines matinées, ou après-midi, sont ensoleillées mais il pleut fréquemment, surtout le soir et j'abomine la pluie. Elle me déplaît déjà quand je demeure dans une maison, mais sous la tente la pluie devient tout à fait exécrable. Je comprends de plus en plus qu'il me fallait un toit si je voulais poursuivre mes études ici. Depuis le mois de septembre dernier je n'ai fait que camper sans jamais coucher dans une maison si j'en excepte huit jours passés au bungalow de Tanghu. C'est une vie rude, je te l'assure, et beaucoup n'y résisteraient pas. J'ai passé, durant toute cette période, la majeure partie de mon temps en plein air, ma hutte de Lachen était si exiguë que je n'y faisais guère que dormir. Tout l'hiver, même lorsque la couche de neige mesurait deux mètres de haut, j'ai pris mon tub sous ma petite tente... Je n'en aurais pas aisément fait autant quand j'avais dix-huit ans. J'étais plutôt douillette à cet âge !

Enfin me voici transformée momentanément en chef de chantier dans la jungle. Je navigue parmi des arbres, des planches, des terrassements. Tout cela n'est pas de dimensions gigantesques, mais l'ouvrage est difficile. Il y a un certain mur retenant un terre-plein qui me cause quelque angoisse. Est-ce que tu crois que sur un mur de pierres sèches posées les unes sur les autres sans mortier, on pourrait appliquer une couche de ciment ? Tu me rendrais service en me donnant ton avis d'homme compétent. Je puis toujours, après coup, demander un ou deux sacs de ciment à l'ingénieur de Gangtok et faire enduire le mur qui a environ 7 m de long sur 3 m de haut.

Je pense que, lorsque tout sera fini, mon château construit en troncs d'arbres et en planches taillées à la hache, avec des toits en écorce, ressemblera à une habitation de pionnier dans le Far-West d'Amérique ou de chercheur d'or au Klondyke.

T'ai-je dit que, sur le conseil du résident, un érudit en langue tibétaine, j'avais fait l'acquisition du dictionnaire tibétain publié par le gouvernement, c'est un énorme volume très mal commode à manier, d'un poids extravagant. Le prix aussi est extravagant et correspond au poids du livre, 32 roupies — environ 55 F — Aussitôt installée, je vais me remettre à quelques traductions sanskrites avec un *brahmin* du Gujrath qui est professeur à l'école népalaise de Gangtok. Peut-être viendra-t-il passer une quinzaine de jours ici cet été, mais ce n'est pas indispensable pour notre travail qui peut se faire à distance. [...]

Camp Déwa-Thang, 12 juin 1915

Ma cahute est presque terminée. Elle l'aurait été dans deux jours si je ne m'étais trouvée à court de clous et tous mes travailleurs en ont profité pour s'esquiver et aller vendre des produits locaux (des plantes tinctoriales) à la ville tibétaine voisine Khampa-Dzong. Ils ne reviendront pas avant quinze jours et me voici à les attendre sous ma tente. J'y ai fait poser des planches sous ma toile imperméable, cela me sauve un peu de l'humidité du sol, mais, tout de même, aussi faite que je sois maintenant, à cette vie de campement, j'aimerais autant être dans une maison, si rudimentaire soit-elle, car nous sommes en pleine saison des pluies. Nous sommes, ici, à 3 900 m d'altitude et la

pluie n'est pas tout à fait à la même température que celle
de Ceylan. Le minuscule plateau où j'ai dressé mes tentes
est encadré de montagnes sauvages terminées par des
arêtes aiguës de rocs déchiquetés. Plus bas s'étend une
étroite vallée pleine de ces arbustes nains au feuillage aro-
matique emplissant l'air de cette odeur spéciale particulière aux hautes régions de l'Himalaya. La vallée se heurte
à un cirque de montagnes couronnées de neiges perpé-
tuelles d'où descendent des torrents. C'est très beau, très
grand, un peu terrible, un décor qui dépasse la taille de
l'homme. Il en est ainsi partout dans les Himalayas dès que
l'on atteint les hautes altitudes. Je n'ai jamais rien vu qui
ressemble à ce pays-ci. Il y a, entre 4 000 et 6 000 m d'altitude des paysages extraordinaires, gigantesques, qui paraissent appartenir à un autre monde. Oui, c'est bien là le mot
propre, on avance, à travers ces solitudes, timidement,
comme un intrus qui s'est faufilé dans une demeure étrangère. Le Mont-Blanc, la Junfrau, la Meije et tutti quanti
sont des taupinières. Il faut voir le massif du Kintchindjinga se dressant sur des moraines fabuleuses, on ne se doute
pas auparavant que pareille chose puisse exister.

Ici, le paysage n'atteint pas encore ces proportions et le
petit plateau boisé de Déwa-Thang, avec ses airs de parc,
atténue fortement la sévérité du décor environnant, pourtant c'est beaucoup plus grand, plus majestueux que n'importe quoi en Europe. Oh ! je comprends la fascination
que, depuis des siècles et des siècles, les Himalayas exer-
cent sur les hindous et comme quoi ils en ont fait la
demeure de leur grande déité : *Shiva.* [...]

De mon camp à Déwa-Thang, 20 juin 1915

J'ai reçu hier ta lettre d'Alger et ta carte de Thougourt.
J'ai été bien agréablement surprise d'apprendre que tu as
poussé jusqu'à cette oasis saharienne. C'est grand dommage qu'un vieil Africain comme toi n'ait pas fait plus
ample connaissance avec le Désert. Enfin, tu as maintenant
jeté un coup d'œil rapide sur Tozeur et sur Thougourt, c'est

mieux que rien, mais ne t'imagine pas pour cela que tu connais le Sahara. J'y ai, à diverses reprises, passé quelques semaines et justement parce que mon séjour a été plus long que le tien j'ai pu comprendre que je n'avais guère pu pénétrer, durant un aussi rapide passage, le mystère de ces sites grandioses. Une ville, à la rigueur, cela se « comprend » assez facilement, mais la Nature est plus rebelle aux confidences et quand cette Nature s'appelle *Sahara*, *Himalaya* ou *Tibet*, elle exige de nous un long temps de probation avant de nous initier à sa vie spéciale, de nous admettre dans son intimité. Il faudrait habiter le Sahara au moins un an, le contempler en diverses saisons pour avoir une idée de ce qu'il est. Il est une de ces faces terribles et grandioses de ce que les philosophes de l'Inde appellent la *Mâya*, l'illusion, le mirage de la matière. C'est un pays propice aux méditations solitaires et je lui ai une dette de reconnaissance pour quelques heures pleines de pensées qui m'ont conduite ici dans un désert, bien différent d'aspect, mais qui parle la même langue. [...]

C'était, hier, journée de surprises. Dans mon sac postal j'ai trouvé un cadeau de la jeune sœur du maharadjah du Sikkim. Cette bonne petite jeune fille a pensé que je devais avoir froid ici et m'a confectionné une sorte d'écharpe de laine blanche avec de gros glands de laine, tout à fait jolie. Elle l'a faite elle-même et me l'envoie avec tout plein d'amitiés naïves. Les dames de la Mission m'ont expédié de la confiture et du sirop de fraises nouvellement faits et une boîte de gâteaux secs. Et voici que de Londres, un gentleman de mes amis qui s'est ému en sachant que tu ne pouvais pas m'envoyer de fonds m'adresse cinq livres (125 F = 75 *rupes*) à titres d'essai, dit-il, pour voir si l'argent me parviendra bien, et dans ce cas, voulant me faire un autre envoi ou se mettre à ta disposition comme intermédiaire pour me transmettre ce que tu voudrais envoyer s'il t'était plus facile de communiquer avec Londres. Je n'ai besoin de rien maintenant et le mieux sera que tu rembourses cet homme aimable aussitôt que possible. C'est un ancien professeur de chimie à l'Université de Glasgow aujourd'hui âgé et retraité. Il est *Fellow of the Royal Society*, ce qui équivaut, en Angleterre, à membre de l'Institut chez nous. Il professe le bouddhisme et est actuellement président de la Société bouddhiste de Grande-Bretagne et d'Irlande. Sa femme est une très aimable vieille dame, j'ai été quelquefois leur hôte à Londres. [...]

Le *lama-yogui* est parti pour le Tibet où il doit rencontrer plusieurs de ses anciens co-disciples pour commémorer le quinzième anniversaire de la mort de leur *Guru* (celui qui fut leur maître en philosophie). Ce *Guru* vivait dans une vaste caverne au sommet d'une montagne dans la région de Kham-pa. Le lama reviendra ici dans quelques semaines et il se pourrait que, vers cette époque, en août, j'aille moi-même passer un mois dans un monastère tibétain auprès d'un autre lama qui m'a invitée. Le père de ce lama jouit d'une grande réputation de magicien dans toute la région de Kham-pa, je ne le connais pas personnellement, mais ce doit-être un bonhomme curieux à voir. Son fils, que je connais, est un charmant jeune homme de vingt-cinq ans, déjà sorcier lui-même, et qui se fait une fête de me promener à travers les montagnes et les steppes, de me raconter des légendes et de me montrer un tas d'endroits consacrés par des traditions bizarres. Ces deux-là n'appartiennent pas à l'espèce philosophe, mais au point de vue étude de mœurs tibétaines ils sont typiques.

[...] Voici ma nouvelle adresse : De-Chen Ashram, via Lachen, Post Office Cheuntung, Sikkim, via India.

De-Chen signifie : Grande Paix, c'est le nom du plateau où je campe. La-Chen, signifie : Grand Col.

Camp Déwa-Tchang, 29 juin 1915

Un lama s'en retourne à Lachen et portera cette lettre aux missionnaires qui l'expédieront à Cheuntung. [...]

Le temps s'étant mis au beau pendant quelques jours, j'en ai profité pour faire deux ascensions, l'une d'elles très réussie, jusqu'à un col qui doit, d'après mes calculs approximatifs, avoisiner les 4 500 à 4 700 m d'altitude. Je suis partie toute seule avec ma canne et, comme je ne connaissais pas le chemin, j'ai été me buter, à la montée, à des endroits à pic sur lesquels j'ai grimpé à genoux, à quatre pattes, de toutes sortes de façons peu esthétiques. Mais il n'y avait personne pour se moquer de moi. A la descente j'ai trouvé la vraie route sur des pentes gazonnées très aisées. Le col, là-haut, est très aride entre des rochers noirs gigantesques, paysage grandiose, mais qui m'est, maintenant, familier.

L'inénarrable M. Sen m'écrit, enfin, que tous mes bagages ont été expédiés et que mon domestique est en route. Ce n'est pas dommage. Le résident, très aimablement, a donné des ordres pour que mes caisses soient convoyées ici avec soin, et rapidement. [...]

De-Chen Ashrâm near Lachen, 12 juillet 1915

[...] Quelques fois en lisant le « Journal » que tu m'envoies, j'oublie où je suis et je me trouve transportée en France parmi la fièvre de ces heures tragiques. Et tout à coup je m'étonne de mon entourage, les autres montagnes, la solitude, tout ce décor himalayen me semble un rêve et la sonorité étrangère des mots tibétains m'étonne à l'entendre sortir de ma bouche. Il n'est pas possible que je me trouve là, il n'est pas possible que ce soit moi qui parle un tel langage ! Un flot de nostalgie, rare chez moi, je l'avoue, monte, monte. Non pas de nostalgie de l'Occident, je me trouve bien ici, dans ces montagnes, mais nostalgie de toi, grand Ami ; je voudrais te revoir, t'embrasser... Et puis je médite... nous sommes si différents l'un de l'autre, de tempéraments si divers en dépit de notre très grande affection !...

J'ai ployé mes tentes et suis montée m'installer dans ce qui doit être le logement des domestiques. C'est la seule partie de mes cahutes qui soit terminée. [...] J'ai là-dedans mon lit de camp, une table et une chaise pliantes. Des malles recouvertes de carpettes tibétaines forment un étroit divan. Par terre, un tapis et une peau de yack. C'est de plus en plus Far West et je me remémore tous mes souvenirs de Fenimore Cooper. Dans l'autre pièce sont des malles, une table avec bassin et aiguière pour la toilette, un petit poêle prêté par les missionnaires de Lachen et une étagère dont les rayons représentent des domaines divers. L'un chargé de livres philosophiques, sanskrits et tibétains, l'autre supportant le poivre, le sel, le beurre, l'huile, le vinaigre, des pots de confiture, etc. Ce n'est qu'un logement provisoire, dans trois semaines, un mois, je pourrai occuper mes vraies chambres un peu plus spacieuses et confortables et, surtout, moins généreusement ventilées étant adossées à un mur de rochers.

Aujourd'hui, avec mes domestiques, j'ai construit un sentier, fait des terrassements, nivelé, aplani et j'ai réussi à me constituer une promenade longue de trente-deux pas de plain-pied avec la maison et de niveau. Ça n'était pas commode sur cette montagne à pic. Demain mes garçons, terrassiers aujourd'hui, se transformeront en maçons et nous bâtirons le fourneau de la nouvelle cuisine. Ah ! la vie est plutôt rude, ici, et tout en potassant mes dictionnaires et mes lexiques, je dois faire maints métiers divers.

Le maharadjah vient de m'envoyer de Gangtok, par un porteur spécial, ma provision de thé tibétain. Tu sais que ce thé est sous forme de grosses briques compressées. La qualité supérieure est assez coûteuse, environ 8 Rs soit presque 14 F la brique. Je n'en ai d'ailleurs jamais acheté, avant toujours été pourvue par les soins du défunt maharadjah. Son frère et successeur a tenu à continuer. Le porteur, un Népalais né dans le sud du Sikkim, n'était jamais venu aussi loin, ni monté à une telle altitude. Il a mis sept jours à effectuer son voyage à l'aller et était tout ébahi de se trouver ici. Il a dit à mes domestiques : « Ce n'est pas un endroit pour des hommes ordinaires, c'est bon pour des *sadhus*, seulement, de vivre ici. » Les *sadhus* (littéralement les saints) est l'appellation courante, dans le langage familier des hindous, désignant les *sannyâsins*. Les garçons ont beaucoup ri. [...]

De-Chen Ashram, 29 juillet 1915

[...] Ma « maison », ou du moins la baraque que je baptise de ce nom ambitieux, me donne beaucoup de mal. On l'a presque entièrement démolie pour la reconstruire à nouveau.

Une chose très inattendue, c'est une invasion de sauterelles au Sikkim. Il en vient jusqu'ici, pas beaucoup, mais à Lachen, situé plus bas, elles dévorent tout. Les paysans sont au désespoir. Il n'y aura rien à manger cet hiver. On se bat de nouveau au Tibet et un décret a été rendu interdisant les exportations de farine d'orge, ou n'en permettant qu'une très faible quantité. C'est une autre ressource qui va manquer aux Sikkineses. Le riz, le maïs vont être hors de prix et je songe que les provisions d'hiver vont me coûter gros car j'ai des domestiques à nourrir.

Certaines régions de l'Inde souffrent déjà de la famine. Il semble que nous traversions une ère de cataclysme. [...]

De-Chen Ashram, 8 août 1915

[...] Mon « hôtel particulier » comme tu dénommes plaisamment ma hutte de Huron, sera, je l'espère, terminée vers la fin du mois. Cette baraque m'a donné beaucoup de mal. Les premiers constructeurs l'avaient construite comme un château de cartes. Rien ne tenait et, en m'adossant un jour à une paroi-muraille, celle-ci a cédé et j'ai failli dégringoler à la renverse d'une hauteur respectable. Bref, on a tout reconstruit. Ah ! ça n'est pas joli, mais cela *tient* maintenant. Je t'enverrai une photo quand le bâtiment sera achevé et badigeonné. Adossé au roc, il y a une chambre longue que je divise en deux avec des rideaux. La première partie sera mon cabinet de travail où je prendrai aussi mes repas, la seconde sera ma chambre à coucher. Cette dernière communique, par un escalier de trois marches, avec la caverne où j'ai logé lors de mon précédent séjour ici. Courant le long de cette chambre longue, il y a une sorte de balcon assez large sur le côté duquel est un minuscule cabinet de toilette. Sous ce balcon est le couloir menant à la cuisine et, ouvrant sur ce couloir, les W.C. Plus haut que la chambre longue s'étagent, en gradin, deux cellules. L'une servira, au besoin, de chambre d'hôte quand mes amies de la mission viendront ici, l'autre renfermera une partie de mes provisions. A l'écart se trouve une autre cahute formant le logement des domestiques et comprenant une autre petite chambre à provisions. Cette description donne l'idée de quelque chose d'assez spacieux, mais c'est en réalité, tout petit. Seulement dans ces régions solitaires on est encombré d'un tas de sacs, de caisses. Pas un grain de sel n'est à trouver au-dehors. Il faut emmagasiner des vivres pour plusieurs mois et mes domestiques ont bon appétit.

Mon mépris des vanités du monde n'a pas été jusqu'à laisser nues, telles quelles, les planches mal rabotées qui forment mes murs. J'y colle du papier et je peins quelques autres boiseries, portes, fenêtres, etc. Bien entendu, ce sont mes domestiques et moi les tapissiers et les peintres. Nous ne sommes pas très experts, mais de nos efforts réunis il sortira un logis un peu plus propret que si nous avions tout laissé comme au départ des charpentiers. La peinture est peut-être du « luxe » mais le papier tient chaud et bouche les nombreux interstices existant entre les planches et je me doute un peu de ce que sera l'hiver dans la neige à 3 900 m d'altitude. [...]

De-Chen Ashram, 20 août 1915

Il y a quelques jours je me suis éveillée à l'aube avec une amusante idée : « Je suis propriétaire dans l'Himalaya ! » Cette constatation de ma nouvelle qualité m'a immédiatement fait sourire. C'est là chose imprévue à laquelle je n'avais jamais songé, moi, qui ait pourtant rêvé pas mal et très en dehors des rêves habituels.

Une maison m'appartenant c'était bien un de mes très

anciens rêves depuis que j'étais fillette, mais jamais, au grand jamais, il ne m'était venu à l'idée de la situer dans un recoin perdu et absolument solitaire du « pays de *Shiva* ». C'est toujours l'invraisemblable qui finit par arriver ! Il n'y a que dans les romans ou les pièces de théâtre que les événements se succèdent avec quelque logique. La vraie vie est tissée d'incohérence ; telle est, du moins, l'opinion de notre philosophe à la mode, M. Bergson. Je m'y rallie pour aujourd'hui devant l'incohérence de mon aventure présente.

En ce pays où il n'y a ni hôtels ni maisons à louer, c'est, je te l'assure, une source de réel repos que d'avoir un abri stable dans lequel on n'a pas à craindre, comme dans les bungalows, la lettre courtoise mais péremptoire de l'administration vous annonçant que tel ou tel fonctionnaire en service était attendu et, faute d'autre logement, devait s'installer à votre place. [...] J'ai résidé dans des *Gömpas*, au palais, mais on est toujours là, comme l'oiseau sur la branche, on doit se contenter d'habiter les lieux comme on les trouve, quelque incommodes qu'ils soient. A Tumlong-Phodang, les lamas m'avaient construit une chambre de bains en bambous tressés, sur un balcon. Ce qu'il y faisait chaud l'hiver ! Et à Lachen, c'était la même chose. J'avais, cette fois, une petite tente qui tapissait la cabane. Mais n'importe, cela restait peu confortable. Et tout l'hiver dernier, avec de la neige à la hauteur d'un homme, j'ai pris, là-dedans, mon bain quotidien.

Ma cahute actuelle, tout primitive et rustique qu'elle soit, m'évite quelques-uns de ces inconvénients. [...] Tout est presque terminé, pas complètement cependant. Les lamas qui travaillaient comme menuisiers sont repartis pour Lachen où ils vont célébrer la fête annuelle en l'honneur du dieu du Kintjindjinga qui n'est autre que le *Kubera* de l'Inde, le *Plutrus* de la mythologie hindoue. Le bouddhisme de ces montagnards est purement nominal. En réalité ce sont de simples païens, animistes et fétichistes. Quelques hauts lamas, seuls, entendent quelque chose à la philosophie. La masse ne se trompe cependant pas sur le caractère inférieur de sa religion, elle sait qu'il y en a une autre plus élevée, plus vraie, mais elle la considère comme hors de portée de l'intelligence des communs des hommes et ne tente aucun effort pour s'éclairer à son sujet. Les gens pieux espèrent qu'un jour, après de nombreuses renaissances successives, ayant accumulé un grand nombre de bonnes actions, ils se trouveront doués d'un intellect apte à aborder cette haute religion des *Bouddhas*. En attendant, ils se comportent comme des sauvages. Les lamas instruits ne cherchent pas à les éclairer. Il entre sans doute quelques sentiments cupides dans cette indifférence car le rituel, les conjurations etc. rapportent des cadeaux, mais il n'y a pas que ce mauvais motif. Ces lamas pensent qu'il est absurde de chercher à faire voir les fleurs, les paysages, la lumière du soleil à des aveugles-né. Le plus charitable parti à prendre à leur égard est de les aider à vivre aussi paisible et heureux que possible dans leur monde d'aveugles.

Il y a des concepts philosophiques qu'il faut tenir secrets, pensent-ils, réservés à une élite. Ils tueraient moralement les esprits faibles. Ces grands *yoguis* du genre de ceux qui m'honorent de leur amitié, tel que celui qui vit dans le voisinage de ma nouvelle demeure, sont, à tout prendre, des sceptiques transcendants. Un d'entre eux, un vieillard mort récemment dans l'Inde, était le plus admirable philosophe que j'aie jamais rencontré. Il m'a écrit, sur le *Védanta*, des lettres que j'insérerai dans mon livre. Je le regrette beaucoup, mais des êtres de cette sorte ont dépouillé notre personnalité. Ils sont devenus de pures idées. Ils sont devenus le *Brahma* ! comme disent les *védantins* et leur mort n'apparaît pas et n'est pas sentie de même façon que celle du vulgaire... Mais c'est là du mysticisme, n'allons pas plus loin. [...]

Fin août ou début septembre 1915 ????

[...] Merci des conseils techniques que tu me donnes au sujet de mon mur. Je viens de l'observer pendant près de trois mois, les plus mauvais, ceux de la saison des pluies où ont lieu des éboulements de terrain. Il n'a pas bougé. [...]

Certes, cette habitation, bien que ce soit un simple abri tout à fait indigne du titre de maison, est une « aventure » et je me suis plus d'une fois demandé si j'avais été tout à fait sage en m'y embarquant. Bien que familière avec la pensée orientale et, en grande partie adaptée à elle par de singulières et innées tendances, je n'en conserve pas moins, aussi, une tournure d'esprit occidentale, ce qui me permet d'envisager mes actes sous deux faces différentes. Evidemment, pour un hindou, se retirer dans les Himalayas, même temporairement, équivaut à un brevet de haute sagesse et mes amis orientaux sont remplis d'admiration à mon égard. Moi aussi je crois que ceux-là ont choisi la meilleure part qui s'isolent loin du charivari discordant du monde. Je le crois, mais je ne suis pas un *Bouddha*, ma sagesse est fragile et de mince épaisseur. Je n'ai pas le moindre doute sur la beauté, la grandeur du renoncement d'un vrai *sannyâsin* pour qui le monde et les choses du monde n'ont pas plus de valeur qu'une poignée de loques malpropres, qui regarde toutes choses comme bulles d'eau. mirage... mais, malgré tout, je me sens très loin d'être un tel *sannyâsin*. Entre lui et moi il n'y a guère de commun que la couleur de nos robes... c'est peu. Et c'est pourquoi, songeant à tous ceux qui s'agitent, se dévouent en ce moment dans notre pays, songeant à toi qui tiens une grande place, la seule, dans ma vie, je me demande si je fais bien d'être ici. Après tout, la sagesse, la grande, celle des *Bouddhas*, éclora peut-être un jour en mon esprit sur ces cimes à la température inclémente. Et puis la sagesse et les *Bouddhas*, cela aussi fait partie du mirage de la fantasmagorie ; idées, images sans réalités, fantômes créés par l'esprit du rêveur éternel. [...]

Maintenant que me voici presque entièrement installée, je me suis mise immédiatement à deux travaux linguistiques, l'un tibétain, l'autre sanskrit, sous la direction de deux hommes compétents qui me serviront de professeurs. Pour le tibétain, ce sera mon ancien interprète, revenu à Gangtog après avoir été prêté au gouvernement britannique pour la conférence anglo-sino-tibétaine qui s'est tenue dans l'Inde. Pour le sanskrit, un *Pandit gujrati* attaché à l'école népalaise de Gangtok. Quant à la pratique du tibétain parlé et à la lecture je m'y exerce avec le *lama-yogui* et aussi pour ce qui est du langage courant, avec tous ceux que je rencontre et mes propres domestiques.

Ah ! s'il faisait seulement un peu chaud ! Je n'aime guère le froid et, ici, il n'y a pas d'été. Je dis plaisamment en tibétain : « *Tada goumgka tchoung-tchoung doug ! jougla gounka tchempo yong inkiam dirou goungka nomgyun.* » Je transcris phonétiquement pour te donner une idée du *son* de la langue, mais la translitération ne correspond en aucune manière à la réelle orthographe. Cela veut dire : « Maintenant c'est le petit hiver, plus tard ce sera le grand hiver, ici c'est toujours l'hiver ! »

J'ai compté, en vivant dans le voisinage d'un lama bien versé dans la connaissance du tantrisme tibétain, profiter d'une occasion me permettant de me documenter sur des points demeurés inconnus des érudits européens. C'est très difficlie de rencontrer un lama disposé à vous instruire. Ces gens-là considèrent le secret et le mystère comme nécessaires. Peut-être n'ont-ils pas tout à fait tort car leurs doctrines sont extrémistes et, mal comprises, conduisent à toutes sortes d'aberrations. En tout cas, l'étude est intéressante parce que jamais faite ou très imparfaitement effleurée seulement par les orientalistes. Sir Woodroffe de Calcutta s'est lancé à corps perdu dans l'étude du tantrisme hindou, mais lui est un dévot. Il rend un culte à *Káli* comme un simple croyant hindou. Il est embourbé dans la superstition et ne conserve aucune liberté d'esprit pour juger la valeur des théories de la secte qu'il étudie et faire un choix entre elles.

Tout cela paraît verbiage bien futile à ceux qui sont à la guerre. Il ne peut en être autrement et pourtant, des guerres il y en a eu beaucoup, malheureusement il y en aura d'autres dans l'avenir ; des hommes meurent, il en est mort beaucoup, il en mourra beaucoup encore. Et les idées, toutes immatérielles et fragiles qu'elles paraissent en présence des faits brutaux, les idées demeurent plus longtemps. Elles survivent aux hommes, aux cataclysmes de la nature et de l'histoire ; générations après générations se nourrissent d'elles pour les vénérer ou les honnir. Des livres comme la *Bhagavad Gîta* ou la *Bible*, depuis de longs siècles marquent de leur empreinte des millions de cerveaux... On peut aujourd'hui, dans la fièvre de l'action tragique n'être que chair, nerfs et sentiments brutaux, la tourmente passera et, de nouveau, beaucoup parmi les hommes tourneront leurs regards inquisiteurs vers le mystère du ciel parsemé de mondes, vers le mystère de leur être et de l'existence. Je ne sais, je n'oserais dire, si de leurs méditations résultera autre chose que du tourment ou de la béatitude pour eux-mêmes, mais je sais que l'humanité est incapable de renoncer à ces rêves. [...]

De-Chen Ashram, 7 septembre 1915

[...] J'ai été profondément peinée, mon grand cher, en voyant, par ta lettre, que tu étais, en l'écrivant, en un pénible état d'esprit. Quand tu recevras celle-ci, cette « crise d'âme » comme disent nos romanciers psychologues, sera passée depuis longtemps — rien n'est plus changeant et mouvant que l'esprit disait le *Bouddha* — mais elle peut revenir et tu ne dois point t'y abandonner.

Certes, je te comprends. Il est des êtres à qui la solitude est affreusement pénible. Je crois bien qu'elle l'est à tout le monde, seulement, selon les caractères divers des mentalités, la « solitude » revêt d'autres aspects. Il est des gens qui ne peuvent souffrir la solitude physique. Ma pauvre mère ne pouvait se sentir seule ni dans un compartiment de chemin de fer ni dans une maison, à peine dans une chambre. Il lui fallait entendre des bruits de voix, voir du monde. Cela tournait chez elle au cas pathologique, c'est la mentalité du mouton qui ne peut vivre loin du troupeau. Il n'est pas question de cela chez toi. Tu es une intelligence et ne tombes pas dans des travers aussi proches de l'animalité.

Il y en a qui souffrent de la solitude sentimentale, du

manque d'amitié ou de tendresse, qui ont besoin qu'on
s'occupe d'eux, qu'on les cajole. Les enfants sont dans ce
cas ! les petits et beaucoup de grands enfants aussi. Parmi
eux, les uns sont inintelligents et prennent pour argent
comptant les marques d'affection qu'ils reçoivent, ils sont
trop peu clairvoyants pour comprendre qu'en réalité chacun n'aime que soi-même, ne cherche que ses propres sensations. Il y a des siècles qu'un penseur anonyme, dans
une des *Upanishads*, plaçait ces paroles sur les lèvres d'un
Rishi conversant avec sa femme : « C'est pour l'amour du
« Soi » que nous sont chers époux, enfants, parents,
amis... » Il y en a qui se délectent dans le sacrifice, la
douleur, l'abnégation. On dit : « Comme cette femme, cet
homme aime cet autre, lui sacrifiant tout. » En fait, ils
aiment la sensation qu'ils tirent de leur sacrifice. [...]

Les intelligents de ton espèce ne sont pas dupes. Ils
savent la vanité des paroles et des gestes d'affection, mais
ils les désirent quand même, parce qu'après tout, le cha-
touillement mental qu'ils produisent leur est agréable. Il
y a des gens qui ont la passion du *vrai*, qui s'acharnent
à tout démolir pour regarder ce qui se trouve à l'intérieur,
qui ont la manie de la dissection. J'appartiens à cette
espèce de maniaques. [...]

Mais parmi ces mêmes intelligents il y en a, comme toi,
qui se fichent du *vrai*. Ils se disent : « Si le pain, le beurre
que je mange ont bon goût et me nourrissent, au diable si
j'ai besoin de savoir s'ils sont pur froment ou pure crème.
Ce que pense au fond l'être qui me prodigue ses caresses
m'indiffère totalement, les mains sont douces et mon
épiderme en ressent satisfaction, c'est tout ce qu'il faut.
Des mots aimants m'accueillent, c'est une musique qui me
plaît ; s'ils sont sincères ou non, je n'en veux rien savoir. »
Cela, c'est un genre de sagesse et, peut-être, la meilleure
pour celui qui veut vivre parmi ses semblables. C'est la
tienne, je le sais.

Et puis il y a encore des gens à qui la solitude intellectuelle est insupportable. Je confesse ma faiblesse. Je
suis du nombre. Ne pouvoir parler à personne d'études, de
philosophie... supplice pénible. Je l'ai enduré des années

à Tunis. Un mot jeté au hasard sur des questions religieuses ou philosophiques te faisaient l'effet de divagations de déments...

Et, au sommet de cette échelle, il y a les solitaires qui paraissent n'avoir besoin d'aucune compagnie. Eh bien, ce serait erreur de le croire. J'en connais quelques-uns de ceux-là qui vivent pendant des années dans des endroits presque inaccessibles, sans voir qui que ce soit. Leur solitude n'est qu'apparente. Leur esprit est un monde, un monde peuplé d'êtres-idées innombrables et leur caverne nue est un salon où l'on cause... où l'on cause même fort bien.

Mon petit cher, voici encore une longue dissertation de plus à ajouter à tant d'autres dont je t'ai fatigué. Qu'y faire ?... Les chiens aboient, les chats miaulent, c'est leur nature, moi je philosophe, c'est la mienne, cela est tout aussi spontané et involontaire et n'a pas plus d'importance.

Je voudrais bien te prêcher quelques vérités qui me paraissent être propres à guérir les maladies du genre de la tienne, mais tu ne souhaites pas la guérison et je ne ferais que t'ennuyer. Tu n'en es pas à voir le monde comme « un monceau d'immondices », comme disait le *Bouddha*, et moi je l'ai vu sous cet aspect depuis que j'étais fillette, bien que j'aie tenu à jouer, comme beaucoup, mon rôle de chien errant et ai donné mon coup de dent dans le tas mal odorant. Ce qui m'a valu, d'ailleurs, d'assez pénibles nausées.

Quand je te dirais tout est vain et faux dans ce que tu désires, dans ce dont l'absence te pèse, je ne te convaincrais pas, j'aime mieux te parler autrement. Ne m'en veux pas si mes paroles te déplaisent, je les crois sages.

Je ne pense pas. mon bien cher Mouchy, que dans les heures que traverse notre pays, il y ait place pour nos petites souffrances. Chacun de nous a autre chose à regarder que son petit « moi » et les exigences puériles de celui-ci. Il y en a beaucoup qui donnent leur vie et la donnent de bon cœur pour éviter que la France périsse et que la barbarie triomphe. Vraiment, en songeant à ceux-là, en songeant à tous ceux qui, depuis un an, tiennent campagne loin des leurs souvent, ayant laissé derrière eux leurs familles sans ressources, on se trouve mesquin de penser que sa maison est vide, sans caresses, sans baisers. Il y a eu un admirable mouvement chez nous. Nous nous croyions veules et nous nous sommes réveillés énergiques. « Haut les cœurs » a été un cri de ralliement pour la plupart, et cette fermeté nous sauvera.

Oui, sans doute, il est plus facile de se maintenir au diapason héroïque dans l'action. L'action grise comme le vin, mais il n'y a guère d'action dans cette effroyable guerre. Les longs mois passés dans les tranchées ne sont pas pour exalter mais bien plutôt pour déprimer les hommes.

Ce que tu m'as appris du suicide de B... m'a profondément surprise. Un homme qui se tue est toujours à plaindre. Non parce qu'il cesse de vivre. Cela est l'événement banal qui nous attend tous. Mais parce qu'il a dû beaucoup souffrir avant d'en venir à cette détermination. Cependant, je m'étonne que des gens se suicident à l'heure actuelle. C'est une lâcheté peu admissible. Comment, voici un homme qui pouvait, comme chirurgien, soulager tant de blessés, et qui se dérobe à ce devoir d'honneur et de conscience ! Je ne le juge pas, mais je plains ceux qui ont une pareille mentalité. Il devait avoir des ennuis, des souffrances, mais comment oser les mettre en parallèle avec la somme effroyable des souffrances répandues dans le monde aujourd'hui.

La France n'a pas besoin que de soldats. Après les terribles tueries qui dureront peut-être longtemps, il lui faudra des hommes d'expérience pour aider à la reconstitution de sa prospérité. Il faudra des hommes divers pour maints emplois divers. Il y aura des quantités d'œuvres qui demanderont des gens dévoués pour en assurer le fonctionnement. Voilà, surtout, ce à quoi doivent penser ceux qui n'ont pas à être soldats. Il ne restera pas trop d'hommes de valeur chez nous. Lorsque l'un d'eux se suicide ou se laisse seulement tomber dans un marasme égoïste, il est un déserteur, et de la pire espèce. [...]

Depuis le départ du *Bikkhu* écossais je ne sais plus rien de la guerre. J'envoie aujourd'hui le montant de six mois d'abonnement à un journal de Calcutta. Je ne puis plus rester dans cette incertitude. Pendant quatre nuits consécutives j'ai eu d'affreux cauchemars. Les Allemands avaient pris Paris. On allait traiter la paix, nous étions vaincus. La Belgique restait à l'Allemagne et autres événements du même genre. J'y ai pris de violentes douleurs cardiaques. [...]

Je n'ai, en ce qui me concerne, nullement renoncé à revenir chez nous. Je fais, en ce moment, la seule chose qui soit à ma portée, des études orientalistes ; je ne suis bonne qu'à être une érudite. Ce n'est pas très utile actuellement, mais plus tard, peut-être, cela servira-t-il. Nous avions laissé passer aux mains des Allemands la suprématie en matière d'érudition orientaliste, je ne serais pas fâchée d'entamer, si peu que ce soit, leur prestige, en ajoutant, en ma personne, une unité de plus au nombre, hélas bien restreint, des orientalistes français. [...]

De-Chen Ashram, 18 septembre 1915

[...] Quelques mots au sujet de mon excursion. Le lama a été très pris par ses affaires, il a passé tout son temps avec ses *cow-boys* inspectant ses yacks, leur faisant manger du sel sous ses yeux, inscrivant le compte des jeunes, nés cette année etc. Je ne l'ai donc pas eu pour compagnon pour grimper sur les montagnes comme il avait été convenu. Je ne le regrette du reste pas. D'après les indications qu'il m'a données j'ai pu faire seule, ce qui est toujours, pour moi, délicieux, deux fort longues courses pédestre. Le premier jour j'ai marché pendant cinq heures consécutives, grimpant des montagnes très escarpées, et ai revu de loin, très en dessous de moi, le plateau de Gyan-gan où j'avais planté une très pauvre tente lors de mon premier voyage, autrefois, vers le Tibet. Le second jour, je me suis dirigée vers le pied des immenses pics neigeux. J'ai côtoyé d'énormes moraines et ai atteint un cirque où sommeille un petit lac aux eaux opalines, merveilleux, un vrai lac pour ondines et fées. Ce jour-là, j'ai marché pendant six heures et me suis égarée au retour à la nuit tombante. Les nuages étaient descendus très épais et je tournais tout proche de mon camp sans parvenir à le retrouver. Un garçon qui rassemblait des yacks m'a remise sur la voie, au moment où je partais dans une direction tout opposée et commençais déjà à envisager la peu souriante perspective de passer la nuit dehors roulée dans mon mince *waterproof*.

Le lendemain, nous sommes repartis pour rentrer par une autre route que celle par où nous étions venus. Route plus courte mais plus difficile franchissant un col dont l'altitude me paraît devoir dépasser 5 000 m. Paysage très grandiose de rochers déchiquetés d'un gris noirâtre. La nuit nous prend un peu après le col franchi. Il faut camper. Les hommes ne trouvent pas d'eau. Je m'efforce de les convaincre qu'il doit y en avoir quelque part tout près, parce que deux cercles de pierres avec des traces de feu allumé là, de temps à autre, montrent que l'endroit est une étape connue des rares voyageurs sur ce chemin. Mais eux tournoient parmi les rochers comme des imbéciles et déclarent qu'il n'y a pas d'eau à trouver. Il fait déjà trop nuit pour que je me mette moi-même à la recherche. Le lama est d'une humeur massacrante et mes domestiques peu réjouis à l'idée de se coucher sans dîner. Ils font néanmoins leur devoir, arrangent ma tente, dressent mon lit. J'ai un peu de thé dans ma bouteille thermos, j'en bois la valeur d'un demi-gobelet, grignote quelques provisions et vais me coucher. Le lendemain pas moyen de se laver, pas de déjeuner, sauf le restant de mon thé et encore un petit grignotage. Au moment où l'on ploie les tentes, un de ces idiots découvre le ruisseau assez maigre, mais très clair, qui coule à deux pas de nous. Mais tout est emballé maintenant, il n'y a qu'à partir.

Cette fois les yacks vont d'un côté et nous, à pied, nous regagnons ma montagne par des pentes invraisemblables. Il fait bon, le soleil est chaud, le paysage splendide. Je muse le long de la route, tout le monde est parti en avant. Je suis un peu comme la « petite chèvre de M. Seguin » du conte de Daudet. Mais il n'y a pas de loup dans la région, et le seul danger possible c'est le risque de glisser et de rouler à la rencontre de quelque roc aigu qui vous perforerait le crâne. Rien ne m'arrive de semblable et je retrouve ma hutte devant laquelle les yacks viennent d'amener mes bagages. Il va falloir rentrer et ranger tout cela. Besogne peu agréable. Un de mes domestiques est en congé, il ne m'en reste qu'un et un petit garçon. Il faut que je les aide. [...]

Je reçois, maintenant, le journal de Calcutta auquel je me suis abonnée. [...]

En fait, les Boches sont vainqueurs sur toute la ligne et la paix, si les Alliés étaient forcés de l'accepter maintenant, serait dictée par l'Allemagne. Les journaux n'osant plus trop parler de leur écrasement déclarent que les Allemands s'*usent*. Il n'y paraît pas trop. Je continue toujours d'être persuadée que nous finirons par l'emporter, mais il est à craindre que nous ne puissions pas anéantir l'Allemagne comme elle le mérite et comme il le faudrait pour que l'Europe puisse dormir en paix, se reposer et se refaire sans avoir la préoccupation d'un retour menaçant du monstre toujours vivant et redoutable. [...]

Lorsque la guerre n'était qu'un jeu d'ambition mutuelles déchaînées, lorsqu'on se battait pour un caprice de rois ou une combinaison de financiers, on pouvait se désintéresser de la lutte. Aujourd'hui nous nous battons contre la barbarie pour sauver la civilisation que les *Kultur-Boches* mettent en péril et c'est, pour celui qui est du monde, qui croit à sa réalité, qui n'appartient pas, comme moi, à un au-delà que volontiers, tu qualifierais de « Royaume des Ombres » un devoir sacré que de se tenir prêt à l'action. [...]

Moi, je ne peux plus voir les choses, même les choses terribles comme cette guerre, que telles que rêves et cauchemars, ombres sur la toile d'un cinématographe. Je regarde autour de moi, je vois ces monts géants et ma bicoque de cénobite. Tout cela est trop fantastique pour être vrai. Je regarde dans le passé, les événements de ma

vie, de celles des autres ; je me revois enfant à Saint-
Mandé, jeune fille à Bruxelles, j'entends parler mon père,
ma mère, je me vois au Tonkin, dans l'Inde, en Tunisie,
je conférencie à la Sorbonne je suis artiste, journaliste,
écrivain, des images de coulisses, de salles de rédaction, de
bateaux, de chemins de fer, se déroulent comme un film.
Il y a là-dedans de la joie, des rires, des frissons de
triomphe, de la douleur, des pleurs, des affres, des tortures
sans nom, tout cela est jeu de l'imagination. Il y a ni « moi »
ni « autres », il n'y a qu'un rêve éternel qui se poursuit,
enfantant d'éphémères personnages, d'irréelles péripéties.
Alors... la conclusion suit tout naturellement.

Et puis, si nous redescendons de ces cimes pour reprendre le ton ordinaire, je puis encore ajouter : J'aurais fait
une bonne infirmière, j'ai passé pas mal de temps dans
les hôpitaux autrefois à Bruxelles comme membre d'une
œuvre charitable d'assistance : J'ai failli être médecin et
ma mère * seule a été cause que je n'ai pas suivi cette
carrière. [...] Il y avait, sans doute, les blessés, les mou-
rants à qui j'aurais, peut-être, pu être de quelque utilité
justement parce que j'aurais apporté dans mon hôpital
une mentalité autre que celle du commun des infirmières.
Cela apparaît vraisemblable, mais cependant, me laisse
un doute, un doute qui ira grandissant et côtoiera peut-
être, un jour, le remords. N'ai-je pas mal agi ?

Certainement, il y a eu quelque égoïste lâcheté dans
mon attitude. J'ai craint, une fois ayant quitté l'Asie, de
n'y plus pouvoir jamais revenir.

Aujourd'hui, c'est chose faite. Puisque je suis, comme
toi, de ceux qui n'ayant pas été de l'armée d'aujourd'hui
peuvent être de celle de demain, le mieux est de songer à
y remplir le rôle dont je suis capable, petit ou grand, peu
importe.

Tu m'écris : « Bienheureux sont ceux qu'une foi quelconque en des idées console dans les heures d'isolement et

---

* Mme David disait à sa fille : « Vous voulez être médecin ?...
Mais les hommes eux-mêmes n'y connaissent rien, alors pensez, une
femme ?... »

d'amertume. » Certes, tu dis vrai ; mais plus vrai encore serait-il de dire : « Bienheureux ceux qui ont appris à passer avec sérénité parmi les visions de l'existence, pour qui il n'est plus de solitude, quoique étant seuls et pour qui les coupes les plus amères restent sans saveur. Peut-être qu'après les heures bouleversées que nous traversons, certain auront soif de cette philosophie de l'au-delà des joies et des douleurs, et que ceux d'entre nous qui pourront la leur porter feront œuvre aussi pieuse et charitable que ceux qui ont versé aux blessés de nos ambulances les potions qui endormaient leurs souffrances. »

Je crois que je reviendrai. Un jour je prendrai congé de mon ermitage, des montagnes, du vieux *yogui*, sans doute, et je redescendrai pour ne plus jamais le gravir à nouveau le sentier de Déwa-Thang. [...]

Mes amies de la mission qui ne comprennent pas la vie de méditations solitaires me disent souvent : « Il faut être une lampe. C'est écrit dans l'Evangile. » Mais encore faudrait-il ajouter : « Il faut être une lampe *allumée*. » Nous en avons tant, de par le monde de ces « lampes » obscures qui promènent leur inutilité dans les ténèbres qu'elles prétendent éclairer.

Le *Bouddha* avait vu quelque chose ; mais ce quelque chose, la grande majorité de ses disciples ne l'a jamais aperçu et c'est pourquoi leurs discours laissent froid.

J'ai passé, parfois, de très intéressants moments avec l'ami de ton frère Elie, Wilfrid Monod. Il a vu quelque chose, celui-là. Ce quelque chose, moi, je ne le vois pas du tout, mais à côté de W. Monod, quand il parle, on sent le rayonnement de la lampe.

Mon *lama-yogui*, lui aussi a « vu ». Oh ! des horizons fort différents de ceux qui ont apparu à W. Monod ! Nous pouvons rester des jours, des semaines à lire, à traduire et puis, soudain, sur une explication, un commentaire que je sollicite, ou qu'il m'offre de lui-même, la lampe apparaît rayonnante et je songe à ce texte pâli qui revient si souvent à la fin des *suttas* bouddhistes : « C'est comme si, tout à coup, l'on apportait une lampe dans les ténèbres afin que tous ceux qui ont des yeux, puissent voir. »

Eh bien ! si je dois encore et plus que jamais être orientaliste, je prétends à mieux qu'à être une carcasse de lampe sans flamme. Dans l'étude et la réflexion je cherche à voir ce qu'ont vu les *Bouddhas*. Si je puis transcrire la vision d'une façon vivante et vécue comme ils l'ont fait, peut-être vaudra-t-il la peine d'écrire et de parler. Sinon, à quoi bon, n'y a-t-il pas assez d'écrivassiers et de bavards sur la terre ? [...]

Dechen Ashra, 30 septembre 1915

[...] Je souffre, pour le moment, de misères accumulées : une crise rhumatismale et une grippe que m'a généreusement passée l'un de mes domestiques.

J'ai eu pas mal de déboires avec une cheminée que l'on a reconstruite deux fois et qu'il va falloir définitivement démolir pour la remplacer par un poêle. La fumée m'asphyxiait, il était impossible de faire du feu.

Mon *yogui-lama* s'est retiré dans sa caverne comme un escargot dans sa coquille. C'est un type bien extraordinaire, tout en contrastes. Un jour génial, l'autre puéril à faire pleurer ou rire aux larmes, ce qui se ressemble. Il y a en lui toute la mentalité des *Marpa* et autres lamas célèbres dans l'histoire religieuse du Tibet, une mentalité excessive de barbares philosophes. Ah ! pour un orientaliste, cette tranche vivante et vécue de l'âme tibétaine est bien captivante à étudier.

A propos de mon cuisinier : Il est, après sa raclée reçue, retournée à Lachen et a, nuitamment, réenlevé sa dulcinée que les dames missionnaires avaient ramenée sous leur pieux toit. Au matin, l'une d'elles s'apercevant de la disparition de la fille, a fait seller son cheval et s'est mise à la poursuite de la fugitive. Je trouve cela absurde. Cette servante à au moins vingt-quatre ans ; puisqu'elle est si déterminée à vouloir mon cuisinier, le mieux est de les laisser se marier, après tout c'est leur affaire. On m'a offert d'envoyer des hommes pour capturer mon domestique et me le ramener ligoté. J'ai décliné cette offre aimable. Je ne vois pas qu'il ait commis un crime si affreux, la fille est plutôt son aînée et il ne l'a certes, pas prise de force. [...]

[...] Oh, je suis ravie que tu ailles à Béchar, mais avec ton système de voyages cinématographiques, combien d'heures cela signifie-t-il à passer dans les oasis ? T'arrêteras-tu seulement à Béni-Ounif pour voir le Figuig ? Ce serait si malheureux de passer là si près et de ne pas voir le Figuig. Béchar est une oasis pareille à beaucoup d'autres, mais le Figuig ! C'est une vision inoubliable. La steppe tibétaine et le Figuig, vu du col de Zenaga, demeurent pour moi ce que j'ai vu de plus impressionnant au monde. J'espère bien que tes compagnons de route t'auront emmené voir cela. [...]

Hier, j'ai été avec deux de mes domestiques faire une longue excursion dans une vallée perchée au pied des neiges éternelles. Le chemin s'est trouvé en grande partie formé par le lit d'un torrent roulant parmi d'énormes rochers. Nous nous sommes hissés à travers des dédales de blocs pendant plusieurs heures, travaillant à éviter les bains de pieds dans l'eau bouillonnant en chutes multiples. C'était un peu éreintant. Temps peu favorable. Une neige gelée nous a cinglés au retour. Malgré cela, c'est toujours amusant de vagabonder au grand air. [...]

J'ai tant fait de plans qui ne se sont jamais réalisés que j'ai cessé d'en faire, pourtant, je rumine mon départ d'ici dans quelques mois, la guerre finie, bien entendu. J'irais, si possible au Japon que je désire beaucoup connaître et où j'ai d'érudites relations parmi les professeurs de l'Université de Tokio... Et puis, ce serait alors le retour, si M. Mouton veut bien me réserver un coin où me livrer à mes travaux d'orientalisme... Mais nous aurons le temps de parler de cela. [...]

De-Chen Ashram, 24 novembre 1915

Deux lignes à la hâte. Quelqu'un venu inopinément va emporter ce mot au bureau de poste. J'ai reçu un paquet du « Journal ». Merci, mais pourquoi pas de lettres ? Il fait froid et des apparences d'engelures aux pieds ont fait leur apparition chez moi. Vilaine chose que je n'ai plus connu depuis que j'ai quitté la Belgique.

La guerre ? Quoi ? Rien de saillant dans les journaux de Calcutta reçus hier.

Le beau soleil et la neige sur les monts font le paysage splendide. On s'attarderait bien à demeurer ici longtemps, longtemps. Cet instinct du *home* qui est au fond du cœur de chacun de nous — et qui du reste a été la source de la civilisation — se prendrait volontiers à pousser des racines. Il faut secouer cela ; toutes attaches sont mauvaises, toutes chaînes sont à briser et tout enchantement à rompre. [...]

De-Chen Ashram, 2 décembre 1915

[...] Le Sikkim est tout agitation parce qu'on y organise la conscription. Les paysans déclarent qu'ils ne veulent pas être soldats. Ils ne se présentent pas quand ils sont appelés, ils parlent de se révolter. Tempête dans un verre d'eau ! Mais, en fait, depuis la mort du maharadjah, c'est un gâchis épouvantable. Le résident a passé tout l'été au Tibet où il a à mener des affaires bien plus importantes que celles du minuscule Sikkim. L'Angleterre et en train de s'approprier en douceur toute la région de Gyantze. [...] Mais pendant ce temps il n'y a personne ici que quelques commis de bureau. Le petit maharadjah ne compte pas. C'est un gosse qui n'a aucune autorité. Chacun tire de son côté. Les paysans sont devenus arrogants, tâchant d'exploiter ceux qui requièrent leurs services, les chefs de village terrorisent leurs humbles administrés, c'est

un joli grabuge ! Dans ma solitude je subis le contrecoup
de tout cela. Mes convois de vivres traînent sur les routes.
Si j'achète des pommes de terre à X son chef Z, qui aurait
voulu me les vendre lui-même, houspille le pauvre diable
et l'oblige à lui payer la *moitié* de ce qu'il a reçu de moi.
Pleurs, gémissements. J'ai dit aux dépouillés de porter
plainte à Gangtok, ils n'osent pas. Les lamas ont failli en
venir aux mains avec les gens du village de Lachen. Paix
champêtre ! En voilà en qui la contemplation des sublimes
Himalayas ne fait pas naître des pensées de calme. Au
fait, ils ne *voient* pas plus les Himalayas que ne les voient
leurs bestiaux qui paissent sur les cimes. Heureusement je
ne perçois que les échos affaiblis de ce tumulte.

Il commence à neiger. Je suis inquiète au sujet de
mon convoi de riz attendu dans une quinzaine. S'il allait
ne pas pouvoir passer ? Ces préoccupations-là semblent
drôles à des citadins, pas vrai ?

Le *yogui* a été se recroqueviller dans son antre pour
deux semaines au moins, ce qui m'a privé de nos séances
de lecture tibétaine, mais il les a reprises avant hier. [...]

[...] Il n'y a rien de plus hasardeux que les mariages
entre gens de nationalités différentes C'est comme ceux
entre gens de religions différentes. Je ne sais pas ce que tu
penses à ce sujet, mais je ne t'aurais jamais épousé si tu
avais été catholique. Je sais bien que nous ne sommes
l'un et l'autre que de lointains huguenots, l'un des dits
huguenots est bouddhiste et l'autre... mécréant. Mais n'importe, il y a la tradition, un certain pli de pensée. Nous
pouvons aller ensemble au musée cévenol, à la tour d'Ai-
gues-Mortes ou aux carrières à Nîmes et rêver là, ensemble,
aux mêmes choses en communion d'esprit parce que, bien
que nous ne croyions pas les mêmes choses que nos arrière-
grands-pères, nous conservons leur mémoire avec vénération et nous les admirons, nous nous sentons de leur
sang. Je ne pourrais jamais faire cela avec ma mère. Mais
au fait, je suis bien plus huguenote que toi, bien que mon
père ait épousé une catholique et que toi tu descendes
d'une pure lignée de fidèles et de pasteurs. C'est peut-être
justement d'avoir une mère catholique qui a fait se cabrer

et s'affirmer davantage toutes les cellules que m'ont trans-
mises les ancêtres qui furent « de la Religion ».

A propos, tu devais t'acheter une Bible en gros caractères et la placer à ton chevet ! Qu'est devenu ce projet ?...

Je n'ai pas été surprise de ta rencontre avec un théo-
sophe dans le monde des Chemins de Fer. La Société
théosophique a un nombre énorme de membres (dont je
suis, d'ailleurs, par fidélité à de vieux souvenirs datant
de 1892 et à de braves amis que j'ai dans la Société). Il y a
de bons toqués et aussi des chercheurs sympathiques,
puis, dans les hauts postes, de peu estimables roublards
dupant les naïfs. C'est un monde curieux. Mais, à celui
qui le prend comme moi, en guise de club, l'association
est précieuse et permet des séjours à prix modiques dans
de confortables maisons où la Société, en somme, est bien
plus agréable que celle des hôtels ou des pensions de
famille. Monde très tolérant, d'ailleurs, et de bonne compagnie.

Mon lama me dit à propos des chefs de la Société
théosophique : « Quand quelqu'un énonce des vérités, des
choses utiles et sensées, il ne trouve pas de disciples, mais
quand un charlatan se met à parler de miracles saugre-
nus, la foule immédiatement se met à sa remorque. »
C'est très juste, et le lama ne fait, du reste, que répéter
ce qui disait le Grand *Yogui* tibétain *Milarepa*. [...]

De-Chen Ashram mi-décembre 1915

[...] J'en suis loin, de l'Afrique, sur mon versant de
montagne himalayenne et le climat n'est guère le même.
Il gèle, même dans la journée, dans mon cabinet de toilette et les brocs d'eau sont remplis d'un bloc compact de
glace. Mais avec cela temps splendide, soleil radieux, pas
de neige, à part deux ou trois saupoudrages très vite dis-
parus. Un hiver exceptionnel de l'avis des naturels qui me
déclarent chançarde. Néanmoins, j'ai déménagé, c'est-à-
dire que, de ma pièce longue à colonnades j'ai émigré dans
la caverne qui y est attenante. Là, point de vent ; un mur

et une voûte d'énormes rochers formant une protection efficace, de l'autre côté une cloison sépare la caverne de ma chambre. Juste une petite fenêtre donnant sur le dehors et très abritée du vent. Ce logis de l'époque quaternaire est agrémenté d'un poêle et de tapis, ce qui n'a rien de quaternaire. J'y ai installé un lit sur des planches volantes et je m'y trouve très chaudement. J'ai laissé les chaises dans ma chambre et je m'assois à l'orientale sur des coussins, ce qui est beaucoup plus chaud. Ma caverne n'est pas de dimensions énormes mais je n'y reçois pas de nombreux visiteurs, tu l'imagines ! Le mobilier se compose du lit, de deux carpettes en haute laine, l'une jaune, l'autre bleue posées sur des sacs rembourrés et servant de sièges : la jaune pour moi (elle a été fabriquée par la sœur du maharadjah) la bleue, achetée à Shigatze, pour le lama, quand il vient lire ou causer avec moi. Entre les deux sièges, une mallette basse sert de table. Il y a aussi le poêle et la caisse à bois pour l'alimenter. Il reste encore un peu de place permettant à un domestique de circuler pour servir le thé ou vaquer à d'autres besognes. Tu trouverais l'ensemble bien misérable, mon grand cher, mais dans ce pays-ci, c'est du luxe.

J'attends le convoi de riz, le tout dernier de l'année dans une huitaine, venant du Sud et dans trois ou quatre jours les derniers approvisionnements, venant du Nord, c'est-à-dire du Tibet. Après cela, toutes les cambuses seront remplies et la neige pourra venir si elle veut. Ces approvisionnements, quoiqu'ils ne ressemblent pas à ceux des Magasins généraux de Paris, sont cependant considérables. Il y a environ 120 livres de beurre, 500 kg de riz, autant de maïs, 80 kg de farine de blé, autant de farine d'orge, environ 1 200 kg de pommes de terre, des navets, des radis tibétains, environ 150 kg de lentilles et fèves de diverses espèces, les épiceries, conserves, le thé, etc. 40 kg de graisse de mouton pour les domestiques et quatorze moutons entiers pendus dans une chambre, naturellement frigorifique, où la viande est à l'état de bois dur et se découpe à coups de hache. Je ne puis imposer le végétarisme à mes domestiques, en hiver.

Le froid est intense et l'altitude y ajoute beaucoup. Et puis ces garçons n'ont aucune vocation d'anachorète ; ils restent dans cette solitude à condition de manger beaucoup et bien... manger est la préoccupation qui prime tout chez les Tibétains. Je croyais que cette viande gelée et durcie, cette sorte de *tasajo* séché, non par le soleil mais par le vent, devait être une triste pitance. J'en ai goûté et, ma foi, c'est très acceptable, quoique évidemment fort loin de la saveur d'un gigot parisien cuit à point. Voici comment l'on procède : On commence par détacher l'épiderme du morceau que l'on veut manger, puis on place ce morceau dans un bassin et on le lave plusieurs fois à l'eau chaude, on laisse égoutter et puis on le cuit chacun selon son goût. Les Tibétains sont pauvres cuisiniers. Ils ne connaissent que la viande bouillie ou bien frite coupée en menus morceaux. J'ai tenté l'expérience de rôtir un gigot dans la casserole et l'ai réussi. Ce n'est pas commode d'être végétarien ici l'hiver. A part les pommes de terre et quelques navets que je ne puis digérer, il n'y a aucun légume. Je crois bien que ma goinfrerie me poussera à mettre de temps en temps la dent dans un morceau de mouton, mais, toutes autres considérations à part, mes intestins se trouvent très bien de mon régime sans viande. [...]

J'ai interrompu cette lettre pendant quelques jours, ayant été occupée à présider à la mise en place de mes provisions. C'est fini et les chambres sont préparées pour recevoir le surplus attendu bientôt. Mes serviteurs ne cessent de rire et d'être joyeux, cet amoncellement de choses « mangeables » leur met de la béatitude dans l'âme !

Dans quelques jours ce sera le Nouvel An et j'ai décidé que nous le célébrerons dignement. On cuira du riz au beurre avec du sucre et des corinthes dedans. C'est un mets que seuls les rajahs, les très hauts lamas et autres grands personnages, dégustent au Tibet. Les domestiques sont un peu effarés de penser qu'ils vont en goûter. Nous irons en pique-nique au bord de la rivière, et là les garçons joueront au football, courront, sauteront par-dessus des obstacles. Il y aura des prix pour les gagnants. Un cerf-

volant est attendu de Calcutta ainsi que des petits drapeaux (60 c l'un) un Français, un Belge et un Anglais.
Ah ! ce sera une grande fête ! Tu comprends que pour des
jeunes garçons ce n'est pas très folichon de demeurer sans
camarades, dans un endroit solitaire. Alors il faut bien,
de temps en temps, les amuser un peu. [...]

De-Chen Ashram, 26 décembre 1915

En fait d'événements à De-Chen, j'ai été malade l'autre
nuit et ma bicoque a failli brûler !

Je ne sais ce que j'ai eu : un état fébrile qui me tenait
depuis plusieurs jours. Vers le soir un froid intense, né-
vralgie pénible, impossible de dîner. Je me mets au lit et
m'endors puis me réveille vers minuit, des nausées, vomis-
sements, les dents claquant quoiqu'il ne fasse pas froid
dans ma caverne, la crise un peu apaisée je me recouche,
puis recommence. Je souffre vraiment et je me décide à
battre le gong pour appeler mes domestiques. Ils rallu-
ment le poêle, m'apportent de l'eau chaude. Je reste une
heure blottie contre le feu puis, je renvoie le garçon qui
était près de moi et je me remets au lit. Je somnole
un peu et suis tirée de mon état comateux par des craque-
ments. Je crois que c'est mon petit compagnons de chambre
(un jeune chat) qui griffe la boiserie et je crie chut ! chut !
mais cela ne cesse pas, j'ouvre les yeux et vois le toit de
la chambre touchant à ma caverne, en flamme. Je me
jette à bas de mon lit, cours au-dehors, bats le gong et
crie de toutes mes forces aux garçons de se hâter. En les
attendant j'ai porté dehors les brocs d'eau de mon cabinet
de toilette, tout cela en chemise de nuit, dans le froid,
ce qui n'est pas pour calmer mon indisposition ! Enfin
ils sont sur le toit, on jette de l'eau, tout s'éteint, c'était
le tuyau de mon pêle qui avait causé l'incendie. Maintenant tout est sale à l'intérieur et moi je grelotte. Il est
5 heures du matin, on rallume le feu dans un autre poêle,
on me fait du thé. Mon serviteur en chef insiste pour que
je me recouche, tout danger étant passé. Il a raison et je

suis son conseil. On me prépare une nouvelle bouteille
d'eau chaude pour mettre à mes pieds. Tout le monde
veut rester pour me faire boire chaud, veiller au feu, etc.
mais je préfère être tranquille et les renvoie. Dans la
journée je suis fiévreuse. Le lendemain je vais un peu
mieux et le surlendemain, comme c'était Noël, et que les
boys désiraient fortement une partie en plein air, je les
emmène en pique-nique à quelques kilomètres d'ici, au
bord de la rivière. Ils ont cuisiné un lunch à la tibétaine et joué à divers jeux pour lesquels j'ai distribué des
prix de 20 c (2 annas) aux gagnants. [...]

De-Chen Ashram, 12 janvier 1916

Me voici forcée, aujourd'hui, de te parler d'une question toujours ennuyeuse à aborder : la question d'argent.
J'ai reçu une lettre de Sir Woodroffe me rendant compte
de diverses courses et démarches qu'il a faites pour moi
(affaires concernant mon fournisseur de produits photo-
graphiques et arrangements spéciaux obtenus, par faveur,
du superintendant des Postes en vue de conserver hors
délais réglementaires mon courrier à Cheuntung en cas
de fortes neiges). Dans sa lettre, entre autres choses,
il me dit : « Si votre mari éprouve toujours de la difficulté à vous envoyer directement des fonds dans l'Inde,
il peut faire ses envois à mon notaire, en France, M. Lefè-
vre, les Andelys (Eure). [...]
Maintenant que ma bicoque est construite, bien que les
vivres reviennent cher, devant être transportés de si loin,
je puis m'en tirer à peu de frais. Cependant, puisque tu
auras à faire un envoi, je te serais obligée de le majorer
de façon à ce qu'il me reste quelque chose pour moi. Je
t'ai dit dans quelles intentions le don du maharadjah du
Népal avait été fait, ce n'est pas là de l'argent destiné à
payer des provisions et des vêtements, mais des dépenses
concernant des études orientalistes. Je puis pourvoir à l'entretien de ma baraque, payer les pandits qui me servent de
professeurs et à qui j'envoie mes traductions à corri-

ger, etc. Mais il me faudrait quelques petites choses pour moi.

Sans doute, cela m'ennuie de te le demander, mais voici longtemps que tu ne m'as rien envoyé, nous ne savons pas quand la guerre prendra fin et il est agréable de ne pas se sentir trop gênée quand on se trouve loin. Sait-on quels événements imprévus peuvent surgir ? Le total va tout de suite s'élever à cause de la somme à rembourser. Si tu pouvais envoyer 5 000 F je crois que, tout remboursé, il pourrait me rester de 1 500 à 1 700 F pour moi, ce qui ferait environ 900 roupies. Tu vois que ce n'est pas le Pérou, mais cela m'aiderait.

Il n'y a aucun plan à former pour l'avenir tant que dure la guerre. Il n'y a qu'à rester dans son coin et y vivre le plus économiquement possible. C'est ce que je fais. La mer paraît de moins en moins sûre. Je ne me soucierais même pas de traverser le golfe pour aller en Birmanie. A quoi bon s'exposer sans utilité. J'aurais peut-être dû revenir en France dès la déclaration de la guerre. Vingt ans plus tôt je l'aurais fait sans raisonner, sans me demander d'avance ce que je ferais une fois arrivée. On est un peu fou et sans doute beaucoup plus sage quand on est jeune. Avec l'âge, on devient une machine raisonneuse, absurdement prévoyante et faussement sage. Cette sagesse des gens âgés s'appelle, je crois bien, sénilité, impuissance... Après tout, folie ou sagesse, enthousiasme ou décrépitude, tout est pareil, également vain, également décevant et illusoire. Il ne faut s'affliger de rien, il ne faut rien désirer, rien regretter. Où sont les hauts faits et les désespoirs tragiques des héros de l'Hellade, les prouesses des paladins, l'héroïsme des saints et des martyrs ? Le temps a tout emporté et la même comédie se poursuit aujourd'hui avec des larmes, des rires, du sang, des grands mots, des grands gestes... Théâtre de pauvres marionnettes ensorcelées qui s'évertuent et s'épuisent quelques instants et puis sombrent. [...]

Voici longtemps que je n'ai eu mon courrier, je vais envoyer demain ou après-demain mes deux jeunes boys à la poste. C'est toujours une affaire d'Etat en cette saison. On se demande si pendant leur absence la route ne va pas se fermer et empêcher le retour. Le temps s'est maintenu extraordinairement beau mais les nuages s'amoncellent chaque jour davantage et il faut s'attendre à d'inévitables fortes neiges.

Pas d'événements dans ma solitude. Que pourrait-il arriver ? Je suis là avec trois jeunes garçons et une vieille femme, la mère de l'un d'eux, je ne les vois guère que le matin et un peu au dîner qu'ils me servent dans ma caverne. Parfois je fais ce que l'on appelle en tibétain : *tsam*. C'est-à-dire que, pendant plusieurs jours, je ne vois personne ni ne parle à personne. On pose ma nourriture dans la chambre voisine et l'on agite une sonnette pour m'avertir, puis l'on se retire. C'est très reposant, ces jours de solitude complète. [...]

Hier, j'ai emmené les garçons jouer sur un petit plateau situé au-dessous de mon ermitage. Il faut bien les distraire un peu. Ils ont respectivement vingt-deux, dix-huit et quinze ans. Ce n'est pas excessivement drôle pour eux, cette vie dans la solitude. Ils ont une grosse balle pour jouer au football et une sorte de cerf-volant qu'ils ne savent, du reste, pas manœuvrer. Après qu'ils ont eu bien couru, on a allumé de grands feux dans la forêt et fait du thé — thé tibétain s'entend, au sel et au beurre, avec du riz grillé. Le lama et sa compagne, ainsi qu'un petit orphelin qu'il élève, s'étaient joints à nous. Cela faisait en tout huit personnes, les seuls habitants humains de ce désert. Le temps n'était pas très beau, il se mit à neiger pendant que nous buvions notre thé. Je regardais ces sauvageons installés autour des brasiers, c'était une gravure d'un livre de Jules Verne ou d'un autre conteur analogue. Et je me revoyais petite fille, à Bruxelles, dévorant les

histoires de voyages, m'hypnotisant devant leurs gravures...
tout arrive, n'est-ce pas, même l'invraisemblable, surtout
l'invraisemblable, peut-être ! [...]

De-Chen Ashram, 25 janvier 1916

Les jeunes garçons sont partis ce matin descendant
mon courrier et, cet après-midi, sont arrivés deux lamas
qui montaient les courriers précédemment arrivés. Le
peignoir que tu m'as envoyé faisait partie du ballot. Je suis
enchantée de l'avoir. La douane me réclame Rs 2/4, ce qui
fait environ 3,80 F. Ce n'est pas excessif et je les paie
avec plaisir, tout heureuse de retrouver ce chaud vêtement, le pareil n'étant guère possible à se procurer dans
l'Inde.

De revoir ce kimono m'a causé une certaine émotion.
Je me suis instantanément retrouvée rue Abd'el Wahab
dans le grand salon, j'allais me mettre au piano, toi tu
partais à ton bureau et venais me dire au revoir... Pourquoi
ces circonstances, plutôt que d'autres également familières ? Je ne sais. La mémoire des cellules est chose étrange
et mystérieuse ! Loin tout cela, fini... La « belle grosse
maison » est à d'autres... Mouchy installé dans un décor
qui m'est inconnu. Ah ! je n'ai pas la sotte vanité de me
faire plus forte, plus détachée de tout que je ne le suis ;
ces souvenirs m'ont serré le cœur et je suis restée là, un
long moment, le peignoir entre les mains presque prête
à pleurer... Tu diras : c'est ta faute, pourquoi as-tu volontairement tout quitté ? Mais non, très cher, ce n'est pas
ma faute. D'abord on ne fait rien volontairement. Je
lisais l'autre jour, en tibétain, dans l'histoire de Milarepa,
son départ de chez son maître, son *Guru* comme on dit
dans l'Inde. Il est demeuré auprès de lui huit années
durant lesquelles il a été initié à toutes les doctrines
connues du grand *Marpa,* un philosophe et un érudit linguiste. Et puis il a eu un rêve, il a vu sa mère morte,
la maison paternelle en ruine, sa sœur réduite à la mem-
dicité. Il n'y tient plus, tous ses souvenirs d'enfance
longtemps endormis sont réveillés, il veut partir, revoir les

siens. *Marpa*, prophétiquement lui dit : « C'est bien, pars, mais nous ne nous reverrons jamais. » Le jour du départ arrive. *Milarepa* vénère jusqu'à l'adoration le maître qu'il quitte. Le long de la route il taxe sa conduite de folie, il veut revenir sur ses pas, il pleure, son cœur est déchiré, mais en même temps il poursuit son chemin. La silhouette de *Marpa*, au sommet de la montagne jusqu'à laquelle il avait accompagné son disciple favori, se fait plus petite, plus imprécise ; au détour du sentier *Milarepa* cesse de l'apercevoir et son âme saigne dans toutes les affres d'une agonie morale torturante, mais ses pieds marchent, l'emportent vers son destin en dépit de lui-même... *Milarepa* n'était pas un médiocre poète ni un conteur banal. La scène décrite par lui est poignante en dépit de la langue peu sonore, peu vibrante dans laquelle il la narre. Je rêvais en lisant cela... C'est l'éternelle histoire de tous. C'est l'inéluctable destin aussi. On dit : Ah ! si je n'étais pas parti, si je n'avais pas ouvert la main et laissé échapper ce qu'elle tenait, si je n'avais pas renoncé ! Eh ! bien, si l'on n'était pas parti, les choses seraient parties, si l'on n'avait pas ouvert la main, ce que l'on y tenait serré, comme le sable fin des dunes, se serait échappé entre nos doigts vainement crispés. Si l'on n'avait pas renoncé, les autres, êtres ou choses, auraient renoncé à nous. L'eau du torrent coule, coule, les mondes tournent, tout se meut tout passe tout se transforme ; l'immobilité, la stabilité, sont rêves de fous. *Anicca ! Sabbe sankhârâ annica* a dit le *Bouddha* : Tout est *impermanent*. Il faut se résigner à cette loi ou bien passer au-delà d'elle, mais elle signifie passer au-delà du monde, au-delà de la vie et de la mort, au-delà de l'illusion du « Moi ».

Il y a bien des pensées dans un kimono n'est-ce pas mon bien cher ! [...]

De-Chen Ashram, 31 janvier 1916

[...] Le temps est plus splendide que jamais. Voici deux jours qu'il ne gèle pas et le soleil est radieux. Ne va pas t'imaginer que De-Chen, malgré le froid dont je t'ai parlé, est situé dans un pays maussade, brumeux, avec un ciel pâle comme celui de la Belgique ou de l'Angleterre. Non pas. Il fait froid parce que l'altitude de mon perchoir avoisine le 4 000 m mais le soleil est tropical ou presque, le ciel pareil à celui de notre Afrique, ce qui est bien plus joli que le ciel *vert* de l'Inde. Oui, n'est-ce pas c'est drôle un ciel vert... les poètes persans et les musulmans de l'Hindoustan l'ont chanté : « Le perroquet du ciel » disent-ils. Cela signifie juste l'équivalent de notre *azur céleste* à la teinte près, bien entendu.

Un phénomène singulier. Ici tout est sans saveur : fruits, légumes (sauvages ou cultivés) ne sentent que l'eau. Effet de l'altitude évidemment. Un peu plus haut il ne pousse plus que des lichens. Ceci ne m'étonne pas, mais croirais-tu que les œufs de mes poules — de très beaux gros œufs — sont, eux aussi, dénués de saveur ! Pourtant à une trentaine de kilomètres dans des hameaux situés plus bas les œufs sont excellents. Est-ce que l'altitude agirait aussi sur les poules ? Elles sont très bien portantes cependant, se promènent tout le jour au soleil, et mangent du maïs en abondance. [...]

De-Chen Ashram, 3 mars 1916

Les neiges qui ont été bénignes cette année viennent cependant de bloquer le chemin pendant plusieurs semaines et nous sommes demeurés sur notre montagne, isolés du reste du monde. Le spectacle des monts géants, tous vêtus de blanc, a été inimaginablement grandiose lors de la dernière pleine lune. Avec cela un silence extraordinaire tous les ruisselets et cascades enchaînés et muets, plus un oiseau, à part nos deux corbeaux, presque domestiques qui ont hiverné près de nous.

C'était l'époque où les lamas de haut rang ont l'habitude de s'enfermer pour un mois et mon voisin a suivi cette coutume. Il m'a pourtant autorisée à grimper jusque chez lui tous les deux jours lire du tibétain sous sa direction. Je n'ai pas manqué une seule fois à la leçon.

Je m'habillais en culotte de cheval, avec de hautes bottes tibétaines et parfois, j'envoyais devant deux domestiques qui servaient de « chasse-neige » et frayaient le chemin. En haut, près du feu, la vieille bonne femme me retirait ma culotte, mes bottes, j'enfilais une houppelande et des pantoufles que l'on me gardait en haut, et puis je passais dans la caverne d'où mon savant lama ne bougeait point. Il y avait du thé et diverses friandises du terroir. Au départ, la brave Tibétaine me rendait ma culotte et mes bottes qu'elle avait fait sécher, et je redescendais chez moi.

Bien avant, mais cela remonte déjà loin, nous avons fêté le Nouvel An tibétain. Les peuples primitifs restent bien près de l'animal ; leur plus grande joie est de manger. Pas mal de civilisés leur ressemblent. Donc, j'ai gorgé mes serviteurs et le lama m'a invitée chez lui avec mes quatre sauvageons. Il faisait beau. Le lama et moi étions assis sur des coussins dans une petite tente. On a commencé à manger à la chinoise, ce qui est de très haute distinction au Tibet, on a avalé de nombreuses choses dont une soupe très bonne. J'enverrai la recette à Sophie — puis un entr'acte — on boit du thé au beurre et au sel — puis second repas comprenant encore des tas de choses — entr'acte, thé — troisième repas. Les domestiques ont mangé de tout, absolument comme nous ; mais combien davantage ! Au cours du repas j'entends, de loin, l'un d'eux faire cette réflexion naturaliste : « Vraiment ce serait dommage, aujourd'hui, si l'on n'avait pas un grand estomac pour tout ce qu'il y a à mettre dedans ! » [...]

De-Chen Ashram, 16 mars 1916

[...] Rien de neuf ici. Les seuls êtres un peu fantaisistes du lieu sont la chienne et le chat, tous deux extrêmement drôles comme la plupart des jeunes animaux ; les autres, les humains, sont des mécaniques. Enfin, ils font mon service assez régulièrement. c'est tout ce que je leur demande Moi, je progresse en tibétain. J'en sais assez maintenant pour discuter des problèmes philosophiques avec le lama, mais il faut dire que celui-ci possède une intelligence remarquable et sait comprendre à demi-mot. Néanmoins, cela prouve tout de même un peu aussi en faveur de mon baragouin. Lire est plus difficile, mais j'avance également de ce côté et j'écris des lettres qui me rappellent mes premiers essais épistolaires en langue anglaise. C'est loin, ce temps-là ! Je possède l'anglais, maintenant, presque aussi parfaitement qu'il est possible à un étranger.

La semaine prochaine, si le temps le permet, je monterai à un col situé au-dessus de ma demeure et y resterai sept ou huit jours en *camping* comme disent les Anglais très épris de ce sport. Une toute petite tente, une peau de yacks et quelques couvertures, pas de domestiques, la solitude complète, la toilette faite à même le ruisseau, et un joli froid agrémentant le programme. Je vais m'isoler là-haut pour mettre à l'épreuve certaines théories des lamas au sujet de la production de la chaleur. Eux et leurs bouquins dissertent à l'infini à ce sujet et, de fait, certains ermites vivent nus parmi les neiges. J'ai toujours été curieuse des choses « curieuses ». Celle-ci m'intrigue depuis longtemps. Je connais bien un peu le procédé et l'ai essayé avec un quart de succès, mais il me reste une bonne part d'incrédulité. Je veux un peu voir la chose de près. [...]

De-Chen Ashram, 28 mars 1916

[...] Rien de neuf dans mon ermitage, sinon que je couve une nouvelle crise rhumatismale avec accompagnement de fièvre comme de coutume. Sale hérédité que j'ai là. Mais chez mes parents les rhumatismes ne s'accompagnaient jamais de fièvre. Il y a peu de goutte dans mon cas. Je reste heureusement ingambe et bonne marcheuse en dépit de mon mal qui n'est pas très accentué, mais c'est égal, c'est un fâcheux présage pour les années à venir

J'envoie demain, à mon ex-interprète de Gangtok devenu mon professeur, la traduction d'une poésie tibétaine. C'est mon premier essai de ce genre et j'en suis un peu fière. La traduction n'est peut-être pas extrêmement réussie, mais je ne la crois pas trop mauvaise tout de même.

Mon domestique en chef s'en va en congé pour un mois. Il est le seul avec qui je puisse parler anglais. Lui parti, je me trouverai complètement livrée à mon tibétain encore rudimentaire, mais qui s'améliore de jour en jour. Cela ne m'effraie pas d'ailleurs. L'année dernière, en pareille circonstance, je me suis tirée d'affaire et j'étais loin, alors, de pouvoir parler comme aujourd'hui.

J'espère que le garçon va me rapporter plusieurs lettres de toi en revenant de Lachen, je suis curieuse d'avoir des détails sur ton voyage à Béchar. Qu'est-ce que ce pays-là t'a dit ? Tu étais resté si longtemps sans connaître le désert, maintenant tu l'auras vu sous différents aspects Tozeur et Figuig sont bien différents. Pour moi, le Figuig et les steppes tibétaines sont, de tout ce que j'ai vu dans mes voyages, ce qui m'a le plus frappé. Du reste les deux se rassemblent, au climat près, bien entendu. [...]

De-Chen Ashram, 3 avril 1916

J'ai reçu coup sur coup la lettre dans laquelle tu me racontes ton voyage à Béchar et celle où tu m'annonces un envoi de fonds. Tout d'abord, je veux te dire ma profonde reconnaissance pour la sollicitude affectueuse que tu me témoignes. Je suis, comme l'était mon père, peu prodigue d'expansions et de phrases sentimentales : une « tout cerveau » comme lui, mais crois bien, mon cher Mouchy, que je suis très sincèrement touchée par l'amitié constante et véritable que tu me portes. Ne me crois pas ingrate et oublieuse parce que j'ai été emportée loin par le même rêve mystique qui fit oublier foyer et famille aux *Bouddhas*, aux *Jésus*... à bien d'autres dont les noms sont redits avec vénération en Asie. Sans être de leur taille, j'ai entrevu ce qu'eux ont, peut-être contemplé face à face, l'au-delà du tourbillon misérable et douloureux dans lequel s'agitent follement les êtres. Les circonstances actuelles cet effondrement des rêves pacifistes et d'une civilisation

que l'on croyait marcher vers les cimes, ce retour à la barbarie, cette tuerie, ce carnage ne sont pas faits pour ramener vers le monde un esprit qui, instinctivement, s'en éloi-
gnait dès sa petite enfance. [...]

Tu as aussi raison en ce qui concerne les fonds reçus
d'autre part, mais je ne suis pas l'unique destinataire de
ceux-ci, bien que ce soit à moi qu'ils soient confiés. Le
lama-yogui qui s'est fait mon professeur bénévole est inclus
dans ces largesses. C'est un homme âgé, il est très bon
pour moi, je ne puis pas le frustrer du peu qui lui revient,
bien que ce soit chaque fois une vraie lutte entre nous
lorsque je dois lui faire accepter la moindre chose dont
il a un urgent besoin. Ce vieux penseur, en dépit de ses
cheveux embroussaillés et de sa laideur, m'inspire un vrai
respect. J'ai publié des traductions de quelques-uns de ses
commentaires sur les doctrines contenues dans l'ouvrage
célèbre intitulé la *Prajna Pâramitâ*, et l'on serait très désireux de l'entendre lui-même à Londres après la guerre.
Je viens de recevoir, par le même courrier, deux lettres,
l'une de Paris, l'autre de Londres où l'on me convie de
revenir y conférencier sur les doctrines du *Mahâyâna*, du
Védanta et du *Lamaïsme*. [...]

De-Chen Ashram, 27 avril 1916

[...] J'ai terminé la traduction d'un texte tibétain que
je tenais fort à connaître. Malheureusement, on m'a fait
promettre de ne pas le publier. C'est à cette seule condition que j'ai obtenu le manuscrit.

Mon grand cher Mouchy, tout cela t'intéresse bien peu,
je le sens. Il y a entre nous cette différence que ce que tu
fais m'intéresse et que ce que je fais ne t'intéresse pas.
Il en a toujours été ainsi, ou presque. C'est par amitié et
affectueux dévouement que tu lisais les manuscrits de mes
livres. Le sujet lui-même t'importait fort peu. Et ainsi en
est-il encore aujourd'hui. Je te dois beaucoup et je n'ai
nulle peine à le reconnaître, mais ma vie et mes travaux
ne te disent rien. Il ne peut en être autrement. Ceux qui,
petits ou grands, *Bouddhas* ou vermiceaux, à pas de géant

ou en rampant, suivent la voie que je suis, marchent seuls. Il ne faut ni les plaindre ni les admirer ; les êtres sont ce qu'ils peuvent et tels qu'ils peuvent. Ils sont des produits confectionnés par des causes multiples et, comme tels, point libres de leurs actes et bien peu conscients de la nature des ficelles qui les font mouvoir.

28 avril 1916

Le printemps, le beau soleil me poussant, j'ai eu l'idée subite d'une excursion à la recherche d'un lac dont on m'avait parlé et qui devait percher quelque part, je ne savais trop où. J'ai emmené les deux jeunes garçons — tu sais que mon serviteur en chef est en congé — et le lama, avec un autre gamin, s'est joint à nous. Tu imagines bien que nos montagnes ne sont pas des montagnes civilisées, avec des sentiers tracés et des poteaux indicateurs du Touring Club. On grimpe où l'on peut, comme l'on peut, à travers les rochers, parmi les buissons épineux sur les pentes roides et herbeuses. Nous nous sommes hissés jusqu'à une crête rocheuse que, naïvement, je prenais pour la cime de la montagne sur laquelle je vis et j'ai pu constater, que cette cime n'était que la bordure d'immenses plateaux ondulés s'étendant jusqu'au pied d'autres monts plus gigantesques que le mien. Nous avons trouvé le lac dans un creux, entre des pentes rocheuses, dans un site farouche. Il a de belles eaux claires et froides avec un fond de rocs éboulés. Nous avons « lunché » près de l'eau, avec des œufs durs, des biscuits (c'est moi le pâtissier) et de la confiture (celle-ci venait de Londres). Le lama m'a chanté un hymne composé par un fameux chef religieux, un personnage historique, mais dont l'individualité réelle disparaît sous les légendes ; le fameux *Ladzunpa*. La poésie en est fort belle en son nihilisme philosophique. Et ce chant grave et lent s'harmonisait heureusement avec le paysage environnant. Il me faisait oublier l'étrange et comique chapeau jaune du lama. Les petits et la chienne s'en sont donné à cœur joie, déboulant comme une bande de sauvageons à travers la montagne. Nous avons marché neuf heures et demie au bord du lac. Ceci te dit que je ne suis pas encore infirme.

Il est bien que je me remue un peu de temps en temps. Etre toujours assise devant ma table, écrivant ou lisant, nuit à la santé, à la longue. Il m'est venu, ces jours derniers, une sorte de fatigue de la vue qu'il faut soigner par le repos des yeux. Et que peut-on faire de mieux quand on n'étudie pas que de se promener à travers ces admirables paysages himalayens !

J'ai eu ces jours derniers des nouvelles de Nyanatiloka, tu t'en souviens n'est-ce pas, de ce *Bhikku* allemand ? Il est dans un camp en Australie avec d'autres Boches, cueillis dans l'Inde. Il a du reste le tact de ne rien m'écrire au sujet de la guerre. Je ne sais ce qu'il peut y avoir au fond de son esprit teuton, mais c'est un érudit.

De-Chen Ashram, 10 mai 1916

J'ai eu une atteinte de grippe fort bénigne que j'ai traitée à la phénacétine et à l'eucalyptol, ce qui a très bien réussi. J'étais très étonnée de me trouver mouchottant et toussottant, il y avait longtemps que cela ne m'était arrivé. Chose bizarre, dans cette fournaise de Bénarès je ne discontinuais pas d'être enrhumée et, ici, avec un hiver rigoureux passé dans une baraque généreusement ventilée, ayant essayé la pratique des *yoguis* du Tibet qui consiste à se vêtir de mousseline pour s'asseoir dans la neige, je n'ai pas pincé un seul refroidissement jusqu'à l'autre jour. Je crois que la grande pureté de l'air à ces hautes altitudes y est pour beaucoup. [...]

Tu trouveras que le sujet est frivole, mais dans les journaux que tu m'envoies, aussi bien que dans les catalogues illustrés des magasins de Calcutta, je vois de si étranges caricatures de toilettes de femme que j'en suis très intriguée. Est-ce que, vraiment, les femmes s'habillent maintenant à la mode de 1830 ? Est-il possible qu'après avoir, pendant des années, eu le bon goût des costumes tailleurs et des robes de coupe sobre, elles soient retombées à d'aussi grotesque atours ? Et le moment est bien choisi pour une mascarade et pour jouer à la bécasse ! Je m'imagine toujours que c'est là, simple fantaisie de dessinateurs facétieux et que nulle ne se montre dans la rue en cet attirail. Dis moi un peu ce qui en est ! [...]

De-Chen Ashram, 25 mai 1916

C'est le printemps, un printemps des hautes altitudes, ce qui signifie : rhododendrons en fleur ; buissons un peu semblables aux roses des Alpes épanouies et + 15° ; grand luxe, les jours où il fait très chaud. Les garçons en allant couper du bois dans la forêt remontent vers ma cabane des bouquets et des légumes sauvages. Il semble presque étonnant de manger des soupes vertes après l'interminable suite (huit mois) de quotidiens potages de lentilles.

Je poursuis mes expériences au sujet de cette *thoumo*, méthode d'engendrer de la chaleur si fameuse au Tibet. Il y a quelque chose là-dedans. D'abord de l'auto-suggestion, cela sans aucun doute et puis l'accoutumance, l'endurcissement qui vient de la pratique, mais aussi une manière d'agir sur la respiration et la circulation du sang qui est, ma foi, fort ingénieuse pour des gens n'ayant aucune notion de vraie physiologie ni d'anatomie et ayant trouvé cette méthode empiriquement. Je n'ai pas le temps et suis aussi un peu trop paresseuse pour suivre le système d'entraînement complet, je me contente d'une demi-mesure, et les résultats m'étonnent. J'arrive à demeurer assise au-dehors, sur mon balcon, le matin avant le lever du soleil vêtue d'une mince mousseline de Bénarès, sans sentir le froid. J'ai fait cela, les deux pieds enfoncés dans la neige alors qu'il y en avait une épaisse couche. Peu à peu, j'ai éprouvé le besoin de diminuer le nombre de mes couvertures, ayant trop chaud la nuit. La différence est très grande entre ce résultat et mon état perpétuellement grelottant de l'été dernier *.

_____

* Au sujet de cet entraînement (*thoumo*) voir : *Mystique et magiciens du Tibet*, p. 229 et suivantes (Plon éditeur).

Je poursuis cette expérience avec curiosité parce que c'est une chose intéressante, mais aussi dans un but pratique que tu saisiras aisément. Ce n'est pas drôle d'avoir froid, et pas commode de s'embarrasser d'innombrables vêtements et couvertures. Lors de mon dernier séjour dans les steppes tibétaines je ressemblais plus à un gros paquet ambulant qu'à un être humain. Si je puis, cette fois, me livrer vêtue légèrement à mon sport favori, la marche, et si je ne claque plus des dents la nuit dans ma tente, ce sera un grand plaisir pour moi. [...]

De-Chen Ashram, 20 juin 1916

Je pars dans une semaine pour Chöten Nyîma et quelques « au-delà » encore imprécis dont je te parlerai après mes excursions accomplies. Je te prie, dans les lettres que tu m'écriras, de ne pas écrire le mot Tibet. Tu peux user de périphrases. Par exemple : « Le Pays des Neiges » s'applique tout aussi bien aux Himalayas, c'est même la traduction exacte du sanskrit (...) : Hima = neige, laya = demeure). Par ce temps de guerre, certaines lettres sont ouvertes par la censure et de petites excursions dans mon voisinage pourraient être interprétées comme de réels voyages d'explorations dans un pays qui reste, encore aujourd'hui, territoire fermé. Il pourrait survenir des ennuis à la suite de malentendus de cette espèce. [...]

Chöten Nyima, 2 juillet 1916

Je viens d'ariver ici et je profite de ce que les conducteurs de yacks s'en retournent à Lachen pour t'envoyer un mot.

Le vent, comme de coutume m'a brûlé la peau du visage et des lèvres. Je suis toute tuméfiée et souffre « assez bien ».

Le temps, une fois la frontière passée, a été beau. Nous sommes venus très vite en doublant les étapes, ce qui m'a un peu fatiguée, car il y avait longtemps que je n'étais

montée à cheval. Enfin tout est bien et après un jour de
repos, il n'y paraîtra plus. [...]

Chöten Nyîma date approximative, 4 août 1916

Un homme redescend à Lachen avec des chevaux qu'il
conduit, j'en profite pour t'envoyer quelques lignes en hâte
car l'homme est pressé.

J'ai été à Shigatze et t'enverrai un récit détaillé de ce
voyage. J'ai reçu le plus excellent accueil du *Tashi Lama*
qui me connaissait déjà par correspondance, et de sa
mère une vieille dame fort aimable. J'ai rendu visite à plusieurs lamas de haut rang. Bref, séjour intéressant mais
voyage passablement fatigant pour l'amazone de trop
fraîche date que je suis.

Je repars après-demain pour rendre visite à un ermite
logé dans une grotte haut perchée dans la montagne et,
ceci fait, je m'en retourne chez moi à De-Chen Ashram.

Le *Tashi-Lama* et sa mère m'ont « cadeautée » assez
joliment ce qui a excité grande admiration et considération pour ma personne. [...]

*De-Chen Ashram. Je n'ai pas
idée de la date. Août 1916*

Je suis revenue hier de ma petite expédition qui, bien
que quelque peu contrariée par le temps : orages de grêle,
pluies diluviennes, a été aussi intéressante que possible.
Elle a une suite que l'on peut aussi, si l'on veut, qualifier
d'intéressante au point de vue étude de mœurs de fonctionnaires coloniaux. Malheureusement cette étude est oné-
reuse pour moi et, en ce moment, mieux vaut consacrer
son argent à soulager nos blessés ou à fondre des canons
que de le voir tomber dans la caisse d'un trésor exotique.
Les bonnes gens ici affirment énergiquement que ladite
caisse est tout simplement la poche du résident. Je n'ose
le croire et m'efforce de les persuader que les habitudes
européennes diffèrent sur ce point de celles du Tibet, mais

ils me traitent de nigaude et conservent leur opinion. Après tout, qui de nous a raison ? C'est un point qui peut rester douteux.

Voici les faits en bloc : Le résident s'est soudain monté la tête au sujet de mon tour à Shigatzé. D'aimables clergymen, rageurs de me voir bien accueillie là où ils n'ont pas accès et donnant à leurs ouailles indigènes le mauvais exemple d'une « Blanche » en relations amicales avec le *Tashi-Lama,* ont dû chauffer la tête du monsieur. Bref, il a éclaté en coup de foudre, est tombé sur les villageois, qui, entre parenthèses, ne valent pas cher et sont les plus méchants animaux que l'on puisse rêver, mais qui, dans cette circonstance, étaient fort innocents. Il les a mitraillés d'une lourde amende collective, a tonitrué contre les lamas (des lamas de village d'ordre très inférieur) consternés. Mes domestiques seront à l'amende, et moi aussi, pour avoir contrevenu à un règlement administratif. C'est tout ce que le bilieux personnage peut faire. Il lui est heureusement interdit de nous pendre, mais il doit en griller d'envie. [...]

Mon cher, j'ai eu, dans ces derniers jours passés dans les solitudes tibétaines, au retour, l'impression quelque peu mélancolique que j'avais tourné le dernier feuillet d'une jeunesse tardive et fort prolongée, que j'avais vécu ma dernière aventure. Le Japon, ce sera un pays sage, paisible, reposant, civilisé avec des chemins de fer, des routes, des ponts sur les rivières, des hôtels, des tramways... là, seront impossibles les randonnées casse-cou des steppes et des montagnes solitaires, les nuits glacées sous la tente les soirs de neige où le feu de bouse de yack ne prend pas et où l'on dîne d'une boîte de conserve et d'un verre d'eau glacée et boueuse empruntée au torrent voisin. Cela a son charme, mais pour vieillir en un tel pays, il faut y être né, ou bien braver la raison courante. Il me semble qu'en quittant les Himalayas je m'achemine vers la petite vieille à lunettes d'or ou d'argent que tu as vue en rêve. Je ne sais si les lunettes seront d'or ou d'argent, mais il y aura bien un peu d'érudition derrière : un brin de sagesse aussi... peut-être ! [...]

De-Chen Ashram, 24 août 1916

[...] Moi, j'en suis à préparer mon départ. Après tout, comme je te l'écrivais un jour — tu t'en souviens peut-être —, je savais que le moment viendrait où je descendrais la montagne, où je regarderais ma bicoque pour la dernière fois, comme l'autre jour j'ai regardé, pour la dernière fois, les montagnes bleuissantes du transhimalaya et la terre tibétaine. Les choses sont comme le sable fin qu'on s'efforce de garder, de serrer dans sa main, comme l'eau qu'on veut saisir entre les doigts, aussi crispés qu'il soient, sable et eau coulent, coulent... Tout passe, tout fuit... « *anica !* » *impermanence* partout, a dit le *Bouddha*. Le monde est ainsi fait, *d'impermanence*, de perpétuel changement.

Croirais-tu que ce Japon futur m'effraie un peu, moi la voyageuse aguerrie. Je ne sais pas le japonais (oh ! je baragouinerai dans six mois, ce n'est pas sorcier), on est si parfaitement bête et incapable en face de gens qui ne vous entendent pas et qu'on ne comprend pas. Evidemment, si l'on voyage en touriste, la difficulté est tout de suite tranchée. On débarque, l'interprète Cook est là. On s'installe dans un grand hôtel où l'on parle plusieurs langues. Dehors, on a des guides qui vous charrient comme un colis devant les sites et les curiosités classées. C'est idiot mais peu compliqué, j'ai pratiqué ce sport jadis. Aujourd'hui c'est différent ; l'hôtel est rejeté, dès l'arrivée c'est un plongeon en plein dans la vie indigène. J'ai écrit à des amis japonais, où vont-ils me loger ? — dans une maison pour moi seule, dans une famille, dans un monastère ? — Je n'en sais encore rien. Mais je me débrouillerai, ce sera drôle et difficile, pittoresque et fatigant, mais un peu plus tard, quand je me serai retournée, aurai pris pied, il sortira de là quelque installation savoureuse d'exotisme, la maison de Mme Chrysanthème rectifiée à l'usage d'une dame d'âge plus mûr que celui de l'héroïne de Loti et de caractère très différent. J'ai un peu peur que mes yeux, habitués à la majesté des Himalayas, ne trouvent pas grand charme aux petits paysages du Japon, mais ils s'y feront, sans doute, et les études à poursuivre en ce pays sont assez captivantes pour donner du charme à un séjour, même dans un cadre petit. Les Ecritures sanskrites du *Mahâyâna* nées dans l'Inde sont mortes dans ce pays, mais florissent à l'étranger en trois modes différents, en trois interprétations issues de cerveaux différents : en Chine, au Japon, au Tibet. Il y a des rapprochements curieux à faire, des divergences intéressantes à noter. [...]

Darjeeling, 17 septembre 1916

[...] Veux-tu le croire ? tous ces mois passés à Déwa-Thang, ma maison « bâtie sur le roc », tout cela semble n'avoir jamais été. On dirait un rêve, je revois toutes ces choses comme de nébuleuses images et pourtant elles datent de la veille. J'aimais fort ce coin de montagne solitaire. Il eût fait bon vivre là, *vraiment seule*. Mais les naturels, attirés par ma présence comme une nuée de moustiques venimeux, m'ont fort gâté mon séjour. Leur dernier haut fait a été d'entrer chez moi et de me piller pendant mon voyage au Tibet. Le pillage est loin d'avoir été complet, néanmoins la perte est sensible. Le résident informe.

Visions qui passent, c'est la vie. Quelles autres visions se préparent pour demain ? [...]

Oui, j'ai envoyé un article à Elie *, je l'ai d'ailleurs signé d'un nom hindou. Mon bon ami, ma sagesse n'est pas si parfaite que j'aie renoncé à la littérature. J'ai publié différentes choses que je ne t'ai pas envoyées parce qu'elles ont paru en anglais à Londres, dans l'Inde et en Amérique : Des études orientalistes qui, réunies, formeront sans doute un livre. Je vais conférencier à Calcutta et à Rangoon. La machine mise en marche continue à fonctionner

---

* Un des frères de Philippe Néel.

par la force de la vitesse acquise. Tout cela est simple
jeu, j'ai cessé de le prendre au sérieux et de me prendre
au sérieux, voilà toute la différence. [...]

« *Taroba* », *13 janvier 1917*

J'ai visité Penang hier. C'est une coquette et pro-
prette petite ville dans un joli site entouré de montagnes.
Rien de particulier à voir en dehors du temple chinois,
dont les différents sanctuaires s'érigent en terrasse à
flanc de montagne. C'est net, bien entretenu et assez riche
en bois sculptés, en belles broderies, comme la plupart
des édifices religieux appartenant aux Chinois. Il se trouve
que le supérieur du monastère parle un peu l'anglais. De
plus il connaît des gens que je connais moi-même, la bienveillance bouddhiste et les sentiments hospitaliers dont
sont animés la majorité des Chinois font le reste. Il
m'invite à prendre le thé, des biscuits, et finalement
insiste pour que je reste pour le lunch. Il me dit de ces
jolies choses d'une philosophie si raffinée comme savent
en dire les bouddhistes lettrés, principalement ceux appartenant aux sectes *mahâyânistes*. Ce sont des pensées subtiles, détachées, fort éloignées de tout sectarisme, de tout
fanatisme. Le salut n'est pas là une affaire tragique, il a pu
l'être *avant* pour le disciple qui n'a pas encore *compris* ;
ensuite, la « délivrance » est faite d'un sourire averti et
paisible : « Quoi, ce n'était que cela ?... Les fantômes
terribles, les dieux et les démons et tout le drame du
monde, ce n'était qu'un instant de délire suscité par la
fièvre ! » D'énormes *Bouddhas* sourient autour de nous,
des brûle-parfum géants montent des fumées parfumées...
Le monde pourrait être un joli rêve si les hommes pouvaient comprendre, mais ils préfèrent s'entre-tuer là-bas
en Occident !
    D'extraordinaires choses arrivent. Il y a plus de dix ans
que je cherchais une traduction complète du fameux *Saga*
finnois : le *Kalevala*, et voici que je viens d'en trouver une
chez un libraire de Penang. Cependant, ma bonne chance

est diminuée par ma propre étourderie. Dans ma joie je me suis emparée de l'ouvrage sans remarquer qu'il est en deux volumes et, bêtement, j'ai acheté le tome second sans le premier. J'ai découvert la boulette commise une fois revenue à bord, plus moyen d'aller à terre ; je verrai si je puis trouver un tome premier ailleurs. En tout cas, j'ai l'adresse de l'éditeur à Londres et celle du libraire à Penang, donc pas de difficulté. Les *sagas* sont d'antiques poèmes épiques que chantaient les vieux bardes scandinaves, finnois, et islandais. Quelque chose comme *l'Iliade* des Grecs. J'aime cette littérature un peu chaotique se mouvant parmi les neiges et les brumes...

Et j'interromps les impressions littéraires pour t'informer que le croiseur et deux torpilleurs japonais sont partis pour donner la chasse à deux sous-marins allemands qui ont été signalés. On m'avait parlé de cela à Rangoon mais je n'y croyais guère. Le fait se vérifie. Je ne te dirai pas que je suis enchantée. Je vais aller refaire mon petit paquet (comme en venant de Calcutta) tout près à être emporté dans le canot en cas d' « accident ». Je crois qu'avec le temps qu'il fait ils ne tiendront pas longtemps, les canots. Rien à faire, pas vrai ? [...]

Paquebot Cordillère, Cap Saint-Jacques,
22 janvier 1917

[...] On a peu aperçu le gouverneur Albert Sarrault qui pioche ses discours d'arrivée dans sa cabine. Il est le chef d'une smalah curieuse à étudier : Une femme qui a dû être jolie dans sa jeunesse, peu distinguée bien qu'elle se donne des airs qu'elle croit, sans doute, fort aristocratiques, une infernale prononciation méridionale avec des *R* qui roulent comme une imitation de tonnerre. Après, une fille aînée de figure agréable et de démarche gracieuse mais qui affecte, elle aussi, des airs qui lui vont peu. Un frère d'environ seize ou dix-sept ans, un de ces exemplaires humains que mon père appelait, suivant une expression démodée aujourd'hui, des « puants ». Il ne parle que chasse, tuerie, massacres d'animaux. On sent qu'il ne serait pas loin de massacrer des « sauvages » s'il en avait la possibilité. Il y a encore deux enfants plus jeunes une institutrice russe qui est une pianiste accomplie, et un précepteur qui ferait mieux d'être dans les tranchées que de se balader ici.

Et ces gens-là dansent le « tango » le soir. Hier je me suis imposé la tâche de rester au salon avec eux pour les étudier de plus près. Pauvres êtres, pauvres cervelles ! Ce n'est guère le temps de danser, quand les Boches sont chez nous. S'ils dansent aujourd'hui le « tango » à Berlin ou ailleurs, ce doit être avec la mentalité d'un Sioux dansant la danse du scalp : « C'est ainsi qu'on trépignera sur les cadavres des vaincus, sur les ruines des villes ennemies ! » C'est affreux, mais c'est cet esprit-là qui a mené les Huns, les Wisigoths, toutes les hordes de l'Asie qui ont réduit à néant la gloire romaine. Il faut savoir où l'on va, savoir ce que l'on veut ; si l'on veut posséder le monde ou le rejeter. Quand le fils Sarrault parlait de massacres d'aigrettes, ces merveilleux oiseaux, je pensais : l'oiseau se réjouit de la mort des insectes dont il se nourrit, l'homme qui est devant moi trouve son plaisir à détruire l'oiseau, l'Allemand se réjouit en massacrant des Français. Est-ce que ces Français n'ont pas commis des atrocités dans cet Annam, ce Tonkin où nous abordons. Les pionniers belges au Congo ont acheté des petites esclaves en guise d'appât pour la chasse au tigre et les ont attachées sur des fourmilières pour que leurs cris de douleur attirent le fauve et ils ont coupé, par centaines, les mains des Noirs qui refusaient le service de portage. Aujourd'hui les Boches ont coupé les mains à des enfants belges. Les Anglais ont martyrisé les Boers, les Boers avaient martyrisé les Noirs du sud africain. C'est l'universelle horreur et l'universelle inconscience, il n'y a là ni humanité, ni bien, ni rien de ce genre, rien que le déchaînement des appétits qui sont engendrés par l'illusion de la réalité du « Moi » et qui gravitent autour de lui. Il y a l'aveugle désir « d'être », de « durer », contraire à la loi immuable qui est l'*impermanence* de tout.

Tous ces gens autour de moi me produisent l'effet d'orties irritantes, leur agitation désordonnée et folle m'est pénible. J'ai hâte de retrouver des montagnes, la solitude, la paix. [...]

Japon, Kobé, 7 février 1917

Je suis arrivée hier vers les 4 heures de l'après-midi à Kobé. Un monsieur que je ne connais pas, envoyé par d'autres personnes que je ne connais que par correspondance, est monté à bord en même temps que la « santé » pour venir me prendre, ce qui m'a été fort utile pour le débarquement et le passage à la douane de mes vingt-huit colis. Tout s'est très bien passé. Il fait froid au Japon, mais la température n'est pas à comparer avec celle que j'ai trouvée à Shangai. L'arrivée au Japon par la mer intérieure est tout simplement féerique. On navigue à travers un monde d'îlots plus pittoresques les uns que les autres. Le temps s'était mis au beau, du soleil avec juste ce qu'il fallait de brume légère pour entourer les paysages d'un peu de mystère. Ma première impression, celle que je craignais tant, a été excellente. J'espère que je ne serai pas déçue par la suite.

Je me suis un peu promenée dans Kobé aujourd'hui, c'est une populeuse cité qui n'offre rien de remarquable. Demain à midi je prendrai le train pour Kyoto où j'ai l'intention de me fixer. [...]

Atami Hotel, 18 février 1917

Je t'écris en face du Pacifique, tout ce qu'il y a de plus pacifique aujourd'hui. Je viens d'arriver ici, il y a deux heures. [...]

A Kyoto j'ai rencontré un cordial accueil de la part du professeur Sonada, directeur de l'université bouddhiste et ami de Sylvain Lévi. Il y a à Kyoto l'université impériale, l'université chrétienne et l'université bouddhiste. Il m'a trouvé un logis dans un monastère de la secte *Zen*.

Par monastère, entends un immense parc enclos de murs, dans lequel se trouvent nombre de temples, de bâtiments divers et d'habitations, elles-mêmes situées dans des jardins entourés de murs. Celle qu'on veut me céder est princière, le toit, le portique d'entrée sont imposants. Il y a une douzaine de chambres dont deux forment oratoire, les religieux se réservant le droit d'y assembler une congrégation une fois chaque mois pendant quelques heures. Ce n'est pas gênant. On attendrait de moi quelque chose comme 30 F par mois pour l'usage de la maison. C'est parfait, mais cette très belle maison est entourée de bois de bambous si épais que toute vue est interceptée. Ce n'est pas très gai. Moi, j'aimerais évidemment mieux la franche campagne, une croûte de montagne d'où l'on dominerait un beau paysage, mais je n'ai absolument rien découvert de ce genre. Les jolis sites ne manquent pas, mais ils sont dépourvus de maisons. L'avantage d'être dans un monastère serait que je pourrais y rencontrer des lettrés capables de m'aider dans mes rechercher. Après tout, ce n'est qu'une location au mois qui n'engage pas pour un long terme... J'ai un peu regardé autour du village, ici, cet après-midi, je ne vois pas grande chance de trouver une maison vacante en cette saison. [...]

19 février 1917. Ce matin je suis partie avec l'intention d'aller, tout simplement, visiter un temple dans le voisinage, puis de ce temple j'ai grimpé à un autre, puis au réservoir qui approvisionne le village en eau douce, puis plus haut, et j'ai alors rencontré un chemin de pèlerinage marqué de distance en distance par des pierres du panthéon japonais — en fait, un *Bodhisatva* travesti. Et j'ai suivi le chemin très loin, toujours plus haut vers les cimes tant qu'après plusieurs heures de marche, j'ai gagné une sorte d'autel rustique où siégeait un *Bouddha* sous un très humble toit de chaume. A proximité, deux maisons où l'on vendait des rafraîchissements. J'y ai mangé une orange et bu du thé et la patronne a réussi à me faire

comprendre, en japonais, que je devais monter encore plus haut et, de là, verrais le fameux mont Fuji. Donc, encore une longue grimpade et puis la vue très complète de ce roi des montagnes du Japon avec sa pèlerine de neige sur son dos rond. Pauvre géant pour qui a hanté les sommets himalayens ! Mais dans la direction opposée la vue des montagnes s'étageant jusqu'au bord de l'océan par progression descendante était vraiment superbe. L'excursion, aller et retour, m'a pris six heures. Le vent soufflait très violent et, ce soir, il s'est déchaîné en tempête ; le Pacifique n'a plus rien de » pacifique ».

21 février 1917. J'ai reçu hier soir une lettre de Tokyo me pressant de m'y rendre, puisque j'en suis près, pour voir quelques personnes. Je vais donc quitter Atami après-demain et aller passer trois ou quatre jours à Tokyo d'où je rentrerai directement à Kyoto pour n'en sans doute plus bouger d'ici l'été. Il est utile que j'entre tout de suite en relations avec le plus de gens possible susceptibles de m'aider à mener à bien des études philosophiques. En somme, pour l'instant, elles se réduisent à deux sujets : Comparer les doctrines de la *Shingon-Shu* du Japon avec celles des lamas tibétains — et comparer les méthodes d'entraînement spirituel : méditation, etc. de la *Zen-shu* avec celles de l'Inde. [...]

22 février 1917. Je viens de faire ma valise pour partir demain matin. Hier soir, j'ai dîné à la japonaise chez mes amis. Lui est décidément tout à fait amusant. Il y a beaucoup de montmartrisme dans ce petit Jap. C'est un peintre, comme sa femme et, comme elle, il me paraît voué à un art passablement « moderniste ». De la couleur en couche épaisse, toiles qui demandent du recul, beaucoup de recul, pour être appréciées.

Atami est ravissant ; un coin de Provence, en plus majestueux. L'océan est bleu, et le ciel tout bleu aussi. Il y a des pins sombres contrastant avec les bambous, c'est tout à fait beau. Beaucoup de très grosses oranges pendent aux arbres, les pruniers gardent encore quelques fleurs de leur neige d'il y a quelques semaines, les pêchers et les cerisiers sont tout éblouissants. Il faut voir cela à l'écart, en dehors des villages, car les villages comme partout, sont laids. [...]

Tokyo, 7 mars 1917

[...] J'ai eu la visite ce matin de l'ingénieur en chef du trafic du Chemin de Fer de l'Etat qui a habité Paris, ayant été envoyé en France par son gouvernement pour étudier le fonctionnement des chemins de fer. Un tout petit homme fort aimable, qui m'a demandé de le mettre à contribution pour m'assister dans les difficultés inhérentes aux premiers temps de séjour dans un pays inconnu. Il est disciple de l'abbé du temple de Kamakura où j'irai peut-être l'hiver prochain. Le fils aîné de Tolstoï est également ici, dans le même hôtel. Il s'en va demain, partant pour l'Amérique. Nous avons naturellement beaucoup causé, et il m'a invitée à aller le voir en Russie après la guerre. Tu sais que son père et Elysée Reclus étaient très grands amis.

Hier j'ai été, avec des amis, au Théâtre impérial. La représentation commence à 4 heures. On dîne pendant un entracte et cela se prolonge jusqu'à 10 heures. Très intéressant à voir une fois. Costumes merveilleux, jolis décors, très simples, mais extrêmement frais ; des danseurs extraordinaires et, pendant les pièces dramatiques, une espèce de chœur à l'instar des Grecs, qui accompagne l'action de ses réflexions et de glapissements, de gloussements de sanglots, de rugissements tout à fait curieux.

Bref, je suis enchantée de mon séjour à Tokyo, c'est-à-dire des gens que j'y ai rencontrés — la plupart appartenant à l'Université. Le comte Tolstoï voit les choses de façon différente et part désappointé. Il n'a pas compris les Japonais, ou les Japonais ne l'ont pas compris. Il est, lui, de ces gens qui veulent que les autres voient et pensent comme eux. Moi, je prends les Japonais pour Japonais.

Il y a nombre de choses intéressantes à étudier chez eux, mais pourquoi leur demander d'être parfaits quand nous ne le sommes pas nous-mêmes, ou vouloir qu'ils soient précisément affligés des mêmes imperfections que nous. Tolstoï fils ne sait pas s'asseoir sur ses talons et se prosterner une dizaine de fois de suite devant un hôte qui, suivant la coutume ancestrale, se confond lui-même en prosternations. Je ne dis pas que ce ne soit pas fastidieux, mais si l'intention de ceux qui me reçoivent est toute bienveillante et hospitalière, pourquoi me poserais-je en critique de leurs usages ? Cela ne me regarde pas. Ils ne me demandent pas de les adopter de façon définitive, mais il est poli de s'y conformer pour un moment.

Tout de même, s'asseoir à la façon japonaise m'est cruel. J'esquive autant que possible et m'accroupis à la mode birmane qui m'est aisée — la position hindoue n'est pas admise ici, dans le monde, elle n'est usitée que pour les exercices religieux : méditation, etc. De chaises, il n'y en a pas, donc il faut se faire une raison. [...]

Tokyo-Shimonoseki Special
Daily Train de Luxe, 12 mars 1917

Kyoto 22 mars 1917. Très cher, j'ai laissé dormir cette lettre pour pouvoir te parler de mon emménagement à Kyoto. C'est chose faite aujourd'hui, mais chose mal faite et à recommencer. Je t'ai dit que l'on m'avait trouvé une maison dans l'enceinte d'un monastère. Je t'ai dit aussi que sa situation me plaisait peu. Cependant, pour éviter les grosses dépenses du séjour à l'hôtel, je me suis décidée à aller y camper en attendant mieux. Une fois installée, j'ai encore mieux compris tous les inconvénients de cette trop vaste demeure. Elle est sombre, froide à l'excès, et nécessite d'urgence des réparations que ses propriétaires ne sont pas en mesure d'effectuer. Par contre, l'abbé du monastère, dont le rang correspondrait chez nous à quelque chose comme celui d'un évêque, s'est trouvé être le plus aimable vieillard que l'on puisse imaginer. Tu sais, si je l'assimile à un évêque, c'est uniquement pour te donner une idée de sa situation sociale, ses attributions sont fort différentes et quoique les Japonais aient une sorte de clergé hiérarchisé, l'influence du bouddhisme originel y demeure, tout de même, trop puissante pour qu'une Eglise comme celles de Rome ou des Grecs orthodoxes puisse s'y organiser. Donc, l'éminent abbé est un homme affable, très simple de manières, un lettré et un penseur. Je lui avais été chaudement recommandée par des amis communs, de sorte que ma réception a été toute cordiale. Sa maison se trouve à quelques pas de la mienne, séparée par des jardins. La maison est comme l'homme, toute simple, d'une propreté immaculée. Il y circule de jeunes religieux en robe noire, cheveux et barbes rasés, avec des figures de poupées. L'abbé, lui, s'enveloppe d'amples vêtements tantôt de couleur d'or bruni tantôt violets, il est extrêmement blanc de visage avec des yeux marron, très peu l'air japonais. De son amabilité j'ai reçu, entre autres preuves, des friandises, sucreries, etc. et des invitations à dîner que je redoute effroyablement : la cuisine japonaise est simplement abominable. Ma dernière épreuve date de quelques jours où je fus invitée en compagnie dudit abbé et de deux autres, par une des communautés résidant dans l'enceinte du même monastère. Grande chambre nue, comme partout, ici. Des nattes immaculées, des tapis rouges et un coussin pour chaque invité avec une minuscule table haute de vingt centimètres à peine. Des braseros de bronze, un par invité, qui remplissent la pièce d'acide carbonique et puis la fête commence : Un défilé de bols de soucoupes avec des choses qui ont un affreux goût d'eau de vaisselle, une odeur fade écœurante d'égout. C'est épouvantable et il faut vraiment posséder une forte maîtrise de ses nerfs pour refouler les nausées qu'encourage la demi-asphyxie dans laquelle on flotte. Comme l'on accueille avec joie les prosternations réciproques finales indiquant la fin du supplice et la possibilité de gagner le plein air ! Le lendemain, on remange toute la journée le goût du brouet nauséabond. Pénible, pénible !

Dans trois jours Mrs Suzuki sera ici et nous irons voir Nara, tout près de Kyoto, et monterons au mont Koya où, peut-être, je trouverai une habitation pour l'été. Koya, je te l'ai écrit, est un vaste monastère comprenant quelque chose comme trois cents temples situés sur un vaste plateau au sommet d'une montagne à environ 800 m d'altitude. J'ai besoin de grand air et de repos, je me sens fatiguée de mes déambulations parmi des villes depuis que j'ai quitté les Himalayas.

A vrai dire, j'ai le « mal du pays » pour un pays qui n'est pas le mien. Les steppes, les solitudes, les neiges éternelles et le grand ciel clair de « là-haut » me hantent ! Les heures difficiles, la faim, le froid, le vent qui me tailladait la figure, me laissait les lèvres, tuméfiées, énormes, sanglantes, les camps dans la neige, dormant dans la boue glacée et les haltes parmi la population crasseuse jusqu'à l'invraisemblance, la cupidité des lamas et des villageois, tout cela importe peu, ces misères passaient vite et l'on restait perpétuellement immergé dans le silence où seul le vent chantait, dans les solitudes presque vides même de vie végétale, les chaos de roches fantastiques, les pics vertigineux et les horizons de lumière aveuglante. Pays qui semble appartenir à un autre monde, pays de titans ou de dieux. Je reste ensorcelée. J'ai été voir là-haut, près des glaciers himalayens, des paysages que peu d'yeux humains ont contemplés, c'était dangereux peut-être et, comme dans les fables antiques les déités se vengent. De quoi se vengent-elles ? de mon audace d'avoir troublé leurs demeures ou de mon abandon après avoir conquis une place auprès d'eux ? Je n'en sais rien, pour le moment je ne sais que ma nostalgie. Le Japon m'a déçue, sans doute tout m'aurait déçu dans mon état d'esprit. Je ne nie pas les sites charmants, je t'ai dit ceux d'Atami et, durant mon retour ici, en chemin de fer, j'ai traversé des régions montagneuses, ravissantes. Mais on peut en voir d'à peu près semblables dans les Cévennes, les Pyrénées ou les Alpes, tandis que les Himalayas sont uniques. Et puis le Japon est infiniment trop peuplé pour moi. Dès que l'on commence par se rasséréner à la vue

d'un beau paysage, pan ! au détour du chemin on tombe
sur un village ou sur une usine, ou sur n'importe quoi four-
millant d'humains affairés et bruyants. Or selon une
opinion que je nourris depuis mon jeune âge, les hommes
gâtent la nature. Y a-t-il rien de plus laid que des champs
cultivés où s'alignent en rang des navets ou autres végétaux comestibles ? Sans culture nous ne mangerions pas
répliqueront quelques-uns. C'est certain, mais sans cuisine, aussi, pas de dîner et la cuisine peut, à ce titre,
passer pour la pièce la plus utile de la maison ; cependant
les gens qui ont le moyen d'avoir d'autres chambres ne
choisissent pas d'y passer leurs journées. Et ainsi en est-il
pour les points de vue. Que l'on m'apporte de très loin
mon riz et mes patates et que je puisse avoir devant
les yeux la jungle délicieuse et merveilleuse, pleine de
plantes libres, de fleurettes indépendantes, d'arbres aux
branches capricieuses ayant une individualité propre
« vivant *leur* vie » puisqu'eux ne sont point philosophes et
croient encore, les pauvres innocents ! que nous avons
une vie et une personne propre qui ne sont qu'à nous
mêmes. [...]

Une chose charmante, par exemple, au Japon, ce sont
les gens. J'en ai rencontré des tas, tous plus aimables les
uns que les autres dans tous les rangs de la société ! Evidemment les pauvres, les domestiques, traîneurs de
pousse-pousse, etc. aiment à recevoir des gratifications,
mais ils ne sont pas exigeants comme les hindous ou les
Tibétains et se rendent réellement utiles, même après
avoir touché leur présent. Bref, ils ne marchandent pas
leur aide comme cela se fait dans l'Inde et, plus encore
en Birmanie et au Tibet. Il y a des Européens et des
Américains qui se plaignent qu'on les regarde en riant dans
la rue. Cela tient à ce qu'ils sont généralement de taille
élevée, moi qui suis petite et ai les cheveux foncés je
n'excite pas un tel amusement sur mon passage. Parfois
les enfants me crient bonjour ou me font une révérence,
mais c'est sans méchanceté aucune et plutôt une façon
d'espièglerie gentille et, si je les appelle ou en prends un
par la main, ils se comportent tout de suite avec une gra-

vité polie de grande personne des plus comique chez les marmots.

Tofoku-ji, mon monastère, est une résidence austère ; quelque chose comme le séjour de puritains cossus. Les allées sont balayées comme des chambres, il n'y a pas un grain de poussière sur le seuil des portes... Plusieurs fois par jour on entend frapper les planches servant de cloches. Le maillet y marque un rythme spécial commun à l'Inde et au Tibet. Cela fait : —— —— —— —— —— —— —— —— —— — — — — — — — — ....-.

Les coups d'abord largement espacés se rapprochent jusqu'à produire un roulement et, ainsi, trois fois de suite, terminés par un coup sec final. Ainsi est marqué le temps de la première séance de méditation, vers 4 heures du matin, des repas, des autres séances de méditation, du coucher à 9 heures du soir. Et ce son bref dénué de la poésie de la voix des cloches, ajoute encore à la sécheresse de l'atmosphère spirituelle du lieu. La secte à laquelle le monastère appartient se targue de n'être pas mystique, mais positive. Ces adeptes prétendent être de libres chercheurs se réservant d'examiner, d'apprécier, de toucher, et de voir par eux-mêmes. Ils n'ont cure, affirment-ils, ni des Ecritures, ni des dieux, ni des démons qui peuvent ou non exister ; en fait, ils ont donné à l'aristocratie japonaise des stoïciens qui valent ceux de *Zénon*.

Pourtant, l'Orient, même le positiviste Orient-Jaune, a sa fibre mystique. Elle se manifeste pleinement, ici, dans la secte *Shingon*, celle à qui appartient Koya, mais, au Tofoku-ji il y a des oratoires parfumés d'encens précieux et, chaque nuit, la récitation des *sutras* s'accompagne de la musique solennelle des vases de bronze frappés à longs intervalles. Ces vases servent de cloches à l'intérieur des temples. Ils sont extrêmement sonores et leurs vibrations durent plusieurs minutes. Chaque minuit, dans le temple voisin de celui que j'habite, la psaldomie contenue — rien n'est bruyant ici — alterne avec les ondes graves qui enveloppent les demeures et les bosquets enténébrés de hauts bambous, elles s'élargissent, se heurtent à celles parties des autres sanctuaires. Tout est quiétude, paix, indifférence, suprême détachement... avec un rien de sensualité artiste et intellectuelle, mêlée au tout... Oui, dans les âpres balades du vent hurlant autour de la tente dans les steppes de Kampa et la musique des cuivres et des timbales au crépuscule dans les *Gömpas* perdues parmi les nuages !... Rien ne peut faire oublier cela !

Rikyoku au Temple
Tofukuji Monastery, 5 avril 1917

Me voici de retour à Kyoto. Le mont Koya est superbe et m'a fortement rappelé le Sikkim, les arbres, dans la forêt, sont extraordinairement hauts. Cette masse de géants est d'un effet superbe. Malheureusement la nature du sol engendre une boue glissante des plus désagréables dans laquelle on enfonce par-dessus la cheville. Je me suis fait voiturer jusqu'au sommet en *rikshau* (pousse-pousse) attelé de deux hommes. Dans cet équipage, le trajet du pied de la montagne à l'abbaye a pris quatre heures. J'aurais dû grimper cela, mais l'horrible boue rendait la route peu agréable et, pour tout dire, je me sens un peu patraque pour le moment. Nous avons logé, ma compagne * et moi, dans une maison superbe et bien peu confortable où nous avons littéralement gelé. Il y a quelques beaux temples dans l'immense enclos du monastère, mais le plus remarquable est le « cimetière », une antique et vaste nécropole dans la forêt formant une sorte d'antichambre énorme à la tombe du célèbre fondateur de la secte *Shingon : Kobo Daishi*. Il y a là des monuments imposants et de simples petites pierres de vingt centimètres de haut avec tous les échelons compris entre les deux. Des tombes seigneuriales et d'autres anonymes de très humbles fidèles. Certaines même n'abritent qu'une infime partie d'un dépouille humaine : un doigt, une touffe de cheveux, le transport du corps tout entier étant trop onéreux pour des bourses médiocres. De plus pauvres

* Il s'agit de la femme du professeur T.-D. Suzuki écrivain (bouddhiste Zen).

encore ne peuvent même pas payer le droit à la moindre pierre personnelle et à ceux-là est réservée une construction commune, ossuaire où se confondent les infimes débris d'os des tout à fait prolétaires. Tous ont voulu demeurer en compagnie du grand saint, dormir à ses côtés pour des siècles... lui, cependant, repose tout au bout de la nécropole dont les stèles forment sa garde d'honneur. Sa tombe est un simple tertre, haut d'environ 2 m, entouré de lanternes et de lotus en bronze, nuit et jour, dans un grand brûle-parfum, l'encens fume en son honneur. Ceci serait suffisant en sa simplicité et, volontiers, l'on resterait là, dans l'ombre et le silence de la forêt, à rêver à la vie du sage, mais ses disciples ne l'entendent pas ainsi. Devant la tombe austère, l'isolant, la reléguant dans l'humidité et la moisissure des feuilles mortes accumulées ils ont construit une baraque coûteuse avec des bois précieux et de volumineuses lanternes d'or. Là-dedans, quelques centaines de tables minuscules supportent des offrandes faites aux mânes du grand homme qui déniait non seulement la survivance, mais l'existence du « moi ». Des bonzes y vendent aussi différentes espèces d'amulettes et évoquent l'esprit du célèbre *Kobo* en faveur de quiconque leur verse 5 cens (environ 15 centimes). C'est pour rien, pas vrai ! [...]

Nous avons visité les temples de Nara et y avons vu quelques personnes parmi lesquelles une parente de l'empereur une jeune fille (dix-huit, vingt ans, au plus) abbesse d'un temple de religieuses. La campagne, par moments me rappelait le sud du Népal. Nous sommes loin de là et ce Japon trop civilisé, trop occidentalisé me plaît peu.

De Nara nous sommes allés à Ise où sont les temples trois fois sacrés dédiés à la déesse *shintoïste* solaire *Amaterasu* et à tous les autres divins ancêtres des empereurs du Japon. Le site, avec ses arbres gigantesques, fait songer aux forêts druidiques. Là, au milieu de la forêt, entourées de trois enceintes protectrices, sont les demeures des divinités. On n'en voit que les toits de chaume supportés par des poutres géantes de bois naturel partiellement couvert d'or. C'est extrêmement simple et en même

temps très grand, très imposant. Les prêtres et l'empereur ont seuls le droit de pénétrer dans les temples, la
famille impériale est admise jusqu'à leur seuil, les hauts
dignitaires ont accès derrière la première palissade intérieure, d'autres, de rang moins élevé, peuvent entrer jusqu'à la seconde enceinte ; enfin la masse ne franchit pas
la troisième enceinte. Les nombreux pèlerins se prosternent, ou plutôt s'accroupissent sur leurs talons après avoir
jeté leur offrande sur un grand drap blanc placé devant
le portique. De temps en temps, des prêtres enlèvent le
numéraire. Je les ai vus, ainsi, emporter quatre sacs pleins,
très pesants, chacun d'eux représentant la charge qu'un
homme avait même du mal à porter. Du billon pour la
plupart, sans doute, mais aussi des pièces d'argent. Pèlerinage encore ici ; le nom du Dieu varie, mais la mentalité
du dévot est éternellement la même, celle du prêtre aussi
qui vit de l'autel et, je le crois bien, continuera à en
vivre indéfiniment.

Si l'on avait pu écarter les bandes de pèlerins, le décor
eût été réellement impressionnant. Ces temples ultra-
simples, en bois pas même verni, isolés dans la forêt,
hantés par les êtres que la foi archi-séculaire de tout un
peuple a créés peuvent inspirer bien des pensées et leurs
idées peuvent, elles aussi, revêtir bien des formes, car le
Shinto n'est pas idolâtre et ses dieux n'ont point de statues
dans leurs sanctuaires. [...]

Malade ? Oui, une nouvelle demi-asphyxie. C'est la
quatrième, la première datant d'une nuit passée dans un
hôtel à Lille avec une cheminée qui tirait à l'envers — la
seconde à Londres, fuite de gaz dans ma chambre — la
troisième dans la caverne du lama tibétain, le brasero
dégageant son acide carbonique trop libéralement. Cette
fois c'est encore un, ou plutôt, plusieurs braseros. Je les
avais fait emporter de la chambre avant de me coucher,
mais la bonne de l'hôtel japonais les avait simplement
déposés de l'autre côté de la cloison à mi-hauteur, de sorte
que, par-dessus et par les interstices de ce paravent de
papier, les mauvais gaz continuaient à envahir la chambre.
Oh ! je connais cela depuis que je suis au Japon ! l'odeur

spéciale, la tête qui se prend, qui tourne, l'évanouissement, le coma qui approchent. Et me voilà avertie, sur mon matelas au ras du plancher que la mauvaise chose se prépare, mais comme j'ai déjà dormi et que l'acide carbonique a déjà opéré, je suis toute molle, je rêvasse... à quoi ?... à Zola qui est mort parce qu'il est tombé du lit et s'est trouvé au niveau des mauvais gaz tandis que sa femme restée sur le lit n'est pas morte. Je rumine que ma position est mauvaise, mais je ne bouge pas, je sens que je vais me rendormir et tout ce que j'arrive à faire est d'étendre le bras et de faire glisser la fenêtre de façon à laisser entrer un peu d'air et je me rendors. Les braseros se seront éteints et l'air frais aura compensé le mauvais air. [...]

Je songe à aller voir les montagnes de la Corée et tâcher de glaner quelques documents intéressants parmi les ermites qui y vivent. Ils sont les descendants de très antiques lignées d'anachorètes qui se sont retirés là en un temps où le bouddhisme n'était pas dégénéré comme il l'est aujourd'hui dans la majeure partie de l'Extrême-Orient et, peut-être quelques-uns, parmi eux, ont-ils gardé certains enseignements traditionnels valant la peine d'être étudiés et remis en lumière dans un ouvrage sur le *Mahâyâna*. Aller en Corée ne prend pas grand temps, on s'y transporte en quelques heures et je crois que la tranquillité et l'air des montagnes me feront du bien. La vie sera là, beaucoup moins chère qu'au Japon. Depuis la guerre, les Américains se sont tellement enrichis à nos dépens que rien n'a plus de prix avec eux. « Le seul fait de dépenser beaucoup est un plaisir pour eux. » C'est un des leurs qui l'écrivait l'autre jour dans un journal. Comme ils sont, maintenant, les seuls touristes visitant le Japon, tout renchérit de façon extraordinaire. [...]

Mrs Suzuki m'a emmenée voir la danse des *Geshas* durant le mois d'avril. C'est vraiment un charmant spectacle quoique très monotone, les danseurs ne changent pas de costume et exécutent les cinq oux six danses du programme de façon très uniforme. Elles semblent des poupées automates plutôt que des êtres vivants. Je t'en-

voie le livret programme où tu trouveras une collection
de portraits de mousmés. Les décors, tout petits, sont
ravissants, pas à comparer avec ceux de l'Opéra, naturellement. [...]

Kyoto, 7 avril 1917

[...] Ce que tu me dis de mon voyage à travers la
Chine me remet en mémoire que j'y ai renoncé par mesure d'économie et ai peut-être mal fait, quoiqu'il soit
bon aussi que je ne conserve plus d'illusions au sujet du
Japon. Le climat de ce pays ne me dit décidément rien.
Je sais que j'y suis arrivée en hiver, mais c'est l'hiver
surtout qu'il faut voir pour juger un pays, l'été est agréable partout en dehors des régions ultra tropicales et
même là, il a des charmes. Je ne doute pas qu'il y ait
de beaux jours au Japon, mais il y en a trop de pluvieux
et de froids. En somme, la température est humide et le
ciel sans lumière, on se meut dans la grisaille comme
en Angleterre ; les gens sont vêtus de couleurs neutres,
sombres, les choses à leur usage sont dans les mêmes teintes effacées, cela sent trop l'Occident septentrional pour
moi. Les gens (la plupart fort aimables) et les coutumes
sont aussi infiniment trop civilisés — trop « apprivoisés » *too tame*, comme on dit en anglais — pour quelqu'un qui s'est accoutumé à la vie de la jungle, qui en a
eu l'instinct inné. Le nombre des choses qu'on *ne doit* pas
faire est accablant. Chaque maison est une sorte d'idole
que l'on doit vénérer au lieu de s'en servir. Ici « l'homme
est fait pour la maison et non la maison pour l'homme ».
Dans l'Inde, c'est déjà chose insupportable d'avoir à ôter
ses souliers au seuil des gens que l'on va voir, mais il
fait chaud, on chemine en pantoufles et, du moins, l'on
a toute liberté de renoncer à ce cérémonial dans sa
propre demeure. Au Japon, où il pleut et où la boue
dépasse toute imagination dans les rues toutes non
pavées, il faut déboutonner ou délacer ses bottines dix
fois dans le cours d'une après-midi et s'astreindre à la
même besogne chaque fois que l'on passe de sa chambre

au jardin ou à la cuisine ou au water-closet parce que les nattes rembourrées fixées à demeure ne doivent ni être salies ni usées. Ces nattes *tatami* sont une perpétuelle malédiction. Elles ne souffrent ni une table, ni une chaise dont les pieds ne sont pas installés (*tamed* apprivoisés eux aussi) sur une sorte de large patin plat. Et puis il faut laver, frotter, brosser, rendre une sorte de culte à toutes choses durant toute la journée. Il faut un esclave pour toute cette besogne et mon jeune homme tibétain, qui se conduit très bien, n'est cependant pas d'humeur à jouer la servante hollandaise. Il veut du temps libre pour étudier et a parfaitement raison.

Bref, je ne vois pas ce qu'il y a à gagner au Japon pour un Européen épris de l'Orient. Une visite à ce pays est des plus intéressantes et je ne regrette certes pas la mienne, si peu que j'aie pu communiquer avec quelques érudits (mon ignorance de la langue est un grand obstacle), j'ai eu des coups d'œil très intéressants sur la mentalité des intellectuels japonais. Mon seul reproche au Japon est qu'il est trop semblable aux pays européens, trop « civilisé » je l'ai dit. Je crois que beaucoup de mes amis japonais qui sont, je le répète encore, les gens les plus aimables que l'on puisse rencontrer, prendront cela plutôt pour un compliment.

J'ai été interrompue par un envoyé de l'abbé qui me réclamait d'urgence pour me faire rencontrer un visiteur de marque qui se trouvait chez lui. Ledit visiteur est un moine d'une autre secte, il appartient, me répète et répète-t-on, à une famille de la très haute noblesse et est un érudit très en vue, une autorité ès-doctrines de sa secte. C'est un homme plutôt jeune, assez timide au début, qui rougit et n'ose pas trop parler, mais qui s'apprivoise ensuite et que je devine intelligent et très versé en philosophie *mahâyâniste*. Je crois que nous nous plaisons mutuellement et serions aisément bons amis si nous parlions le même langage. Pour le moment, malgré les difficultés de l'entreprise qui nécessite un troisième collaborateur érudit en la matière et connaissant parfaitement l'anglais et le japonais, nous allons essayer un travail

comparatif entre le bouddhisme du Tibet et celui de la
secte japonaise *Shingon* à laquelle appartient ma nouvelle connaissance, les deux branches étant de l'Ecole
tantrique. Je crois que M. Suzuki pourra se charger des
traductions bien qu'il soit très occupé. [...]

Rikyoku an — Tofoku-ji — Kyoto, 28 avril 1917

J'ai fait une nouvelle tentative pour trouver un asile
pour la saison des pluies en grimpant au mont Hiei.
Ascension difficile dans la partie supérieure, mais belle
vue du sommet. Là, comme ailleurs, le monastère niche
très au-dessous du sommet dans un recoin très humide
en pleine forêt. C'est la règle : les Japonais aiment à
ajouter à l'humidité déjà si grande de leur pays, ils se
délectent à la vue des pierres moussues, des mares dor-
mantes dans la pauvre clarté répandue sous les arbres
géants. Eh bien ! c'est un goût comme un autre. Il y a
quelque chose dans ce décor et il ne me déplaît pas de le
rencontrer en passant, mais quant à y vivre, c'est autre
chose ! J'ai rendu visite à un très éminent personnage religieux, chef d'une des sectes japonaises. Il habite dans une
demeure, belle à l'excès, dans le style purement japonais
avec des œuvres d'art anciennes et précieuses, elle est,
du reste, comme toutes les habitations japonaises, affreusement froide, sombre et triste. Le personnage est un
vieillard d'allures princières extrêmement aimable, il a
soixante-sept ans et je suis le premier « étranger » à qui
il parle ou qu'il reçoit ! Du seuil de sa maison on aurait
une jolie vue sur l'immense lac Biwa, mais un « joli » mur
blanc percé d'une porte monumentale intercepte toute
vue. Cela est très japonais. Ici, les gens, à grands frais,
construisent des mondes en miniature avec des lacs, des
montagnes, des rivières, des arbres nains, mais si la nature
leur offre gratuitement un beau spectacle ils s'en isolent
par un mur. Ils n'ont de goût que pour l'artificiel, c'est
tout à fait étrange. [...]

Tiens, vois-tu, j'y pense souvent, c'est grand dommage
que je ne sois pas morte dans son ermitage... J'étais arri-

vée là au summum de mon rêve, perchée seule dans ma caverne en façon d'aire d'aigle sur ce pic himalayen... Qu'est-ce qu'il reste à faire, à voir, à éprouver après cela ?... Morte là, le vieux lama serait venu un matin, aurait emporté mon corps, comme il me l'avait promis, plus haut encore sur quelque roc et l'aurait laissé là. Il n'y a pas de règlements de police sur les funérailles en ces solitudes... Voilà, c'était simple, pas banal, c'était selon moi et mes désirs. Toi, tu aurais eu un peu de mélancolie et puis cela aurait passé, comme tout passe et tu aurais été libéré de tous soucis à mon sujet. Oui, dommage, en vérité. Qu'est-ce que je fiche ici à me traîner dans des villes parmi des êtres qui rétrécissent la vie en croyant l'améliorer ? Qu'est-ce que cela me dit leurs usines, leurs champs, leurs boutiques ? Je me sens dépaysée et malheureuse, je sais que j'ai perdu ce que je ne retrouverai jamais. Je regarde les différents pays et je me demande : où aller ? partout ce seront des villes, des rues, des parcs bien dessinés, des musées... que sais-je ? des choses utiles, confortables et laides, des gens qui s'agitent, qui croient être importants.

Je broie du noir, c'est certain : effet de la fièvre, des névralgies persistantes, du ciel gris et de la pluie qui tombe, qui tombe ! Jamais je n'en avais tant vu et de si triste, depuis que j'ai quitté la Belgique. Je me raccroche à l'étude, je viens de traduire un bout de traité tibétain. Mais je n'y vois pas clair dans ma maison, je ne puis travailler que contre la fenêtre *ouverte* et quand il pleut c'est glacial.

L'aîné des Tibétains est parti hier, j'en suis ravie car il était devenu comme fou. L'autre *, qui est avec moi depuis longtemps, se conduit très bien ; pour tout dire, je ne sais pas ce que je ferais sans lui, il met la main à toutes les besognes, ne ronchonne pas ! quand il a fini de cuisiner il traduit du tibétain ou se met à du sanskrit, bref, il est vraiment très utile. [...]

---

* Il s'agit du lama Yongden, devenu, légalement en 1929 le fils adoptif d'Alexandra David-Néel.

Puisque je te parle de lui, il me faut ouvrir une parenthèse. Voici plusieurs années qu'il est avec moi. Il m'a accompagnée dans des expéditions difficiles et même dangereuses. Je ne dirai pas qu'il a toujours été parfait, nul ne l'est, mais je l'ai toujours trouvé prêt à prendre mon parti et mes intérêts même contre ceux des gens de son pays. Dans les ennuis que m'a créés mon dernier voyage au Tibet, il a très bravement tenu tête et, contre le gré de ses frères, oncles, etc. il est resté avec moi et m'a suivie sans trop savoir où je l'emmenais, sans gages, sans garanties pour son retour dans son pays. Tu me demanderas pourquoi ? Ces mœurs étrangères à l'Occident se rattachent aux vieilles traditions orientales : Un jeune homme croit pouvoir apprendre quelque chose concernant les doctrines religieuses auprès d'un maître, il s'attache à lui et ce que fait mon garçon est très peu de choses et paraît bien pâle à côté de ce qu'on lit dans les histoires, de ce qui se pratique encore tous les jours dans l'Inde et au Tibet. Il a eu plus de confiance en moi que dans les lamas de son pays, il a eu la curiosité de voir le monde et un intense désir d'apprendre et il est parti. Il est loin d'être un prodige et il n'y a en lui pas la moindre promesse de génie. Il ne sera jamais très savant, ni même très intelligent au sens occidental, mais il peut devenir une personnalité dans son pays. Je t'en ai dit assez pour te faire comprendre ma responsabilité morale. S'il m'arrive de mourir en Orient, ici ou ailleurs, c'est mon désir formel que, naturellement, il soit rapatrié et qu'une certaine somme lui soit versée pour lui permettre de se construire une maison dans son village, de se marier — ainsi qu'il est permis aux lamas de sa secte — et de s'établir comme lama. En conscience, je lui dois cela, tu seras du même avis. [...]

Je ne doute pas que tu ne m'envoies de l'argent à temps — j'en aurai besoin dans quelque chose comme six semaines — mais si, par une incompréhensible série de circonstances et de malentendus je me trouvais sans ressources, je ne voudrais pas l'être dans une ville, ni mourir là. Sur les montagnes, dans la solitude, ce ne serait pas bien difficile d'entrer en méditation et de sombrer ainsi dans l'au-delà, mais dans un endroit où il y a des gens qui s'agitent, luttent, croient à la valeur de la vie et de leur chétif « moi » cela serait pénible. Je ne suis certainement pas de ceux qui lutteraient, je ne vendrais ni une de mes bagues (bien que j'aie cessé de les porter) ni un bibelot, ni même ne songerais à négocier ma collection de monnaies d'or. On vit si l'on peut, mais se donner du mal pour cela, se débattre, lutter, c'est bon pour le vulgaire, j'ai vu trop haut pour m'y abaisser.

Laissons cela. L'été est venu et les quelques jours qui nous séparent de la saison des pluies sont agréables. Des cigales se sont mises à chanter me rappelant celles des basses vallées himalayennes et spécialement un endroit : Dikshu où j'ai passé des heures paisibles à regarder le feu d'artifice des mouches lumineuses. Lors de mon premier voyage au Sikkim je me rappelle t'avoir écrit de là mon rêve d'une demeure dans ces parages avec un jardin fleuri d'hortensias bleus. Je me souviens que je te disais : s'arrêter là dans une paisible maisonnette, ce serait sans doute la sagesse. Plus tard, je l'ai eue, la maison himalayenne, non pas dans la douceur du climat de Dikshu, mais sur les cimes froides ; plus altière et moins stable que celle de mon premier rêve qui s'entourait simplement d'hortensias couleur de ciel. Envolé tout cela, pour ne revenir jamais ! En risquant ce voyage au Tibet je me suis fermée le Sikkim, je m'en doutais avant de partir ; mais quoi, les êtres vont où le vent de l'esprit les pousse et je ne regrette pas les jours de Shigatze et les jours de voyages et les horizons de Phu-bra. Quel que soit le prix à payer, il vaut la peine d'avoir hanté l'étrange pays de là-haut. Comment aurais-je pu m'asseoir à la frontière et résister à la curiosité de voir le pays qui s'étendait devant moi, si étrange, si différent de tout. [...]

Rikyoku-an — Tofoku-ji — Kyoto, 8 juin 1917

J'ai reçu, il y a quelques jours, ta lettre contenant le duplicata de ton chèque, j'avais déjà encaissé celui-ci chez mon banquier japonais à Kyoto qui se fera payer par Cook, de cette façon je n'ai pas eu de difficulté.

Je te remercie une fois encore pour cet envoi qui n'a pas été, cependant, sans m'inspirer quelque mélancolie. Le yen qui couramment, vaut 2,50 F, monte à plus de 3 F aujourd'hui et, de nos jours, ici, un yen ne pèse pas plus au chapitre dépense qu'un franc chez nous. Tu peux supputer la valeur de ce que j'ai reçu en l'évaluant en francs, il faudrait au moins 300 yens par mois pour vivre ici, à peu près comme je vivais dans l'Inde, cela ferait 1 000 F au taux du change. Ton envoi, à Dechen Ashram, eût pu, à la rigueur, me suffire pour environ une année avec mes quatre serviteurs, le cheval et les chiens. A Kyoto j'en suis à liarder sur tout et je dois de la reconnaissance à ce sujet, à Aphur *, mon garçon tibétain, car il est vraiment économe. [...]

Je ne voudrais pas laisser inachevées les études tibétaines que j'ai commencées et pour lesquelles je me suis découverte une aptitude peu commune. J'espère pouvoir continuer à Pékin et plus tard, peut-être, pousser jusqu'au fameux monastère de Kum-Bum dont je rêve depuis plus de vingt ans. La difficulté sera, sans doute, que la plupart des lamas du nord sont Mongols et non Tibétains, quoique les hauts abbés et professeurs à Pékin soient des gradués de Lhassa. Alors la différence de langage sera encore une cause d'ennuis, mais dans le nombre il doit sans doute se trouver assez de lettrés comprenant le tibétain. N'est-ce pas que c'est drôle que j'en sois venue à parler le tibétain. [...]

Cette piètre hutte en planches mal jointes, taillées à la hache, adossées à une caverne, ce n'était certes pas un palais, mais c'était ma maison *à moi* et, là-dedans, un mobilier de bric-à-brac hétéroclite semblait, dans ce pays sau-

---

* Aphur est le premier prénom du lama Yongden.

vage, le comble du luxe. J'avais un poney noir et un âne joujou, si gentil, qui cherchait parfois à entrer dans ma chambre et y réussit un jour. Des chiens aussi, tout noirs, de féroces gardiens avec des crocs solides, qu'on lâchait quand nul étranger n'apparaissait (ce qui était le plus souvent) et qui jouaient comme des fous avec mes jeunes garçons, se détournant, de temps en temps, pour me sauter dessus et m'inviter, à leur façon, à prendre part à leurs ébats.

On n'entendait rien que le bruit de la rivière, très loin au-dessous de nous ; on ne voyait rien que les pics de rocs noirs et les neiges éternelles et des nuages géants qui se mouvaient en processions lentes parmi les vallées.

Le décor était blanc de neige ou s'émaillait de fleurs, selon la saison, on était, là, seul avec la nature, dans un pays aimanté par les légendes millénaires et les adorations de tout un peuple : Les Himalayas, demeures des dieux et des sages ! Rêve vécu que j'ai su goûter intensément, sachant, dès le premier jour, que le réveil viendrait. Mais quoique son amertume ait été prévue et savourée d'avance elle n'en est pas moins cruelle. Il faudrait réagir, chercher un autre décor intéressant. Il y a d'autres solitudes et le Gobi est à quelques jours de voyage de Kyoto. Il me faudra pousser jusqu'à Urga au printemps prochain si je puis, d'ici là, économiser de quoi racheter deux mules de selle et une de charge pour suivre la caravane de quelque marchand honorablement connu à qui l'on me recommandera. Je sais, par expérience, que la vie confortable dans le style indigène avec chevaux, etc. ne coûte pas en Asie la moitié de ce que coûte la vie à la mode occidentale. Le tout est de s'organiser quelque peu. Au Japon cela n'est plus possible car il n'y a plus de vraie vie asiatique chez les Nippons. Leur vie est un mélange hétéroclite d'éléments disparates, comme leur costume national recouvert d'un *ulster* et surmonté d'un chapeau melon.

Les pluies vont, dit-on, être terminées dans un mois. Je partirai alors pour la Corée et y resterai jusqu'à l'automne, alors je me rendrai à Pékin. Si je n'écoutais que mes goûts, je ne chercherais rien d'autre qu'une retraite quelque part dans les montagnes, mais il me reste, pour se mettre en travers de ces dispositions sages, tout un passé d'hérédité, d'atavisme, d'habitudes qui s'agite dans le fond de mon être, clamant : « Il faut agir, faire quelque chose, écrire des livres, apprendre de nouvelles choses, voir encore plus de pays et de gens ! » Ainsi, mon moi quelque peu philosophe est tenu en esclavage par ce que les hindous nomment en sanskrit *vasana*, [...] les influences physiques ou mentales venant du passé.

Il y aurait un moyen de concilier les choses, ce serait de m'en aller directement à Kum-Bum qui est dans un pays montagneux, très loin de toute civilisation, près du Koukou nor, un lac fameux. Il y a là une bibliothèque importante et certainement des lamas très érudits. Kum-Bum est ethnographiquement et géographiquement tibétain ou plutôt mongol, mais politiquement, il est en territoire régi par la Chine. Ce qui me gêne pour aller m'installer là, c'est la question de correspondance avec toi. Il doit y avoir une poste chinoise à La-Chow, le chef lieu de la province de Ize-chwan, mais c'est encore très loin de Kum-Bum ; combien ? Je n'en sais rien, mais plus de cent kilomètres vraisemblablement. Je ne pourrai élucider cette question qu'à Pékin et un séjour de quelque temps, là, s'impose, du moins c'est ce qu'il me semble ici, mais le point de vue peut changer une fois sur les lieux.

Toi, te voilà fixé pour assez longtemps encore en Algérie et la question de savoir où tu te retireras est remise à beaucoup plus tard. J'en suis heureuse pour toi et, de plus en plus, trouve que tu as bien agi. Te retirer maintenant que le monde entier est sens dessus dessous n'eût pas été agréable pour toi. Où t'installer ? Vraiment tu ne l'aurais guère su. Et avec la cherté excessive de la vie en Europe, comme ailleurs, il n'est pas agréable de voir ses revenus diminuer. D'autre part, tu as vu très juste : pour les gens de ton tempérament ou du mien, se retirer est une mauvaise chose. Tu as très bien fait, mieux vaut affronter quelque fatigue physique que de tomber dans la mélancolie née de se sentir fini.

Je songe à cela moi-même et la fin de mes pérégrinations m'apparaît comme une sorte de mise à la retraite et d'entrée dans la terne grisaille de l'antichambre funèbre. Pourquoi ? Je pourrais continuer ma vie d'écrivain, de conférencier. Sans doute, mais l'idée du « jamais plus » entrera en moi. « Jamais plus » se retrouver par les routes, « jamais plus » connaître les chevauchées à travers des pays presque inconnus du monde dit civilisé. Jamais plus parce que l'âge est là, qui raidit, ankylose, rend l'activité difficile et parce qu'aussi, sans doute, la dépense ne peut plus être supportée. Alors, à l'idée qu'une barrière impossible à jamais franchir encore s'interposera entre l'Asie et moi un frisson de terreur me saisit, je sens que ce sera la fin de tout et le cœur me manque.

J'ai vécu cela, vois-tu, après mon premier voyage en Orient. Les années qui suivirent furent hypnotisées par le souvenir de Ceylan, de l'Inde et de l'Annam. En somme, quand je récapitule : ces années de voyages, en tout une période de moins de dix ans auront composé toute ma vie car je ne compte pour *vie* que le temps où quelqu'un agit vraiment selon son désir « Marche comme ton cœur te mène et selon le regard de tes yeux », comme dit mon vieil ami l'Ecclésiaste *. [...]

Kyoto, 20 juin 1917

[...] Je lutte de toutes mes forces contre une menace de troubles neurasthéniques. Le vieil ennemi dompté pendant des années, mais pas mort qui voudrait relever la tête profitant d'un état de moindre résistance. Je suis en ce moment dans la situation de ces choristes d'opéra qui, pendant une demi-heure, chantent sur place : « Avançons ! marchons ! courons ! élançons-nous ! » et n'en bougent pas davantage. C'est risible évidemment, mais « chat échaudé craint l'eau froide », j'envisage avec crainte mon

---

* De ce verset, A. David-Néel a fait sa devise, et elle a voulu qu'elle soit gravée au verso de la médaille que l'hôtel de la Monnaie de Paris a fait frapper pour son centenaire, en 1969.

installation à Pékin. Encore une ville, encore des rues pleines de gens. Quel logis y trouverai-je ? et la vie sera-t-elle aussi chère qu'ici ? Le voyage, assez long, est coûteux aussi. Je pourrais peut-être à la rigueur séjourner dans un monastère des montagnes de la Corée pour quelque temps, mais comment s'y ravitailler et comment y régler les détails d'une installation quand on n'entend pas un mot de la langue que parlent les gens. Et puis, ce serait sans nul doute agréable de passer l'hiver là-haut, mais je n'y apprendrai rien et j'ai l'espoir de faire quelque travail intéressant à Pékin, si les lamas sont tels qu'on me les a dépeints. Il peut se faire que mes renseignements soient incorrects et que je ne récolte qu'ennui et fatigue dans la capitale des Célestes. Je n'y voudrais pas moisir et dès que je baragouinerai un peu de chinois ou de mongol pour ajouter à mon tibétain, je voudrais visiter quelques monastères plus en dehors des agglomérations et m'y établir pour quelque temps si possible. Bref, tu le vois, je n'ai pas de plan fixe. Il faudra voir comment je pourrai régler mes dépenses, le reste devra être subordonné à cela.

Je suis extrêmement lasse de traîner des bagages après moi, c'est une source de constants ennuis et un véritable esclavage. Je crois que j'arrive enfin à la vraie compréhension de la parole du *Bouddha* : « La liberté se trouve dans le renoncement, l'abandon. » Je vais laisser toutes mes caisses au Tofoku-ji. L'abbé a très aimablement consenti à les entreposer dans la salle où sont conservés les articles précieux des monastères pour un temps indéfini — plusieurs années au besoin — en principe, jusqu'à la fin de la guerre et à la reprise des communications régulières. Alors, je t'expédierai par les Messageries maritimes tout ce qui a quelque valeur comme curiosités. Voyager ou séjourner en dehors des agglomérations civilisées n'est possible et agréable que lorsqu'on peut charger tout son bagage sur un cheval. Il vaudrait même mieux, avoir moins encore. [...]

Kyoto, 6 juillet 1917

[...] Je suis toujours à Kyoto et vais même rester un mois de plus. Je me suis laissé arracher cette promesse par l'évêque du Tufoku-ji qui attend un de ses disciples, un magistrat qui doit venir ici pendant les vacances de la Cour à Tokyo. Il parle bien l'anglais et doit me traduire un tas de choses que l'évêque brûle de me communiquer et que, moi aussi, j'ai grande envie de prendre en note. La saison sera avancée alors, nous serons au 15 août et, à moins que je m'y installe pour tout l'hiver, mon séjour dans les montagnes de la Corée ne pourra être long. On m'attend à Pékin, je te l'ai dit, un aimable fonctionnaire du ministère de l'Instruction publique s'est mis en quête d'un logis pour moi et m'en a trouvé un. Mais voici la Chine sens dessus dessous une fois de plus. La restauration des Mandchous n'est pas un pas vers le progrès, au contraire. Cela ne me concerne guère car, quels que puissent être les sentiments populaires au sujet des étrangers, je me propose de ne pas être une *étrangère* en Chine. [...]

Je rêve, avant de rentrer, d'une longue randonnée à travers la Mongolie et d'une visite à tous ses monastères célèbres et historiques. Je serai certainement bien reçue. Mon séjour à Shigatze a été charmant et un Japonais, Ekaï Kawaguchi, que j'avais rencontré autrefois quand j'ai rendu visite au *Dalaï Lama* et qui vient de revenir de Lhassa ne tarit pas d'éloges sur l'hospitalité qu'il y a reçue. Ce sont les Anglais qui rendent l'entrée du Tibet difficile. Ce Japonais y est entré déguisé et, une fois la frontière franchie, a mené une vie très agréable. Les Mongols sont beaucoup plus aimables que les Tibétains et je puis effectuer dans leur pays une tournée du plus haut intérêt. [...]

Il fait très chaud maintenant à Kyoto, la température n'égale pas celle de Bénarès, mais elle est plus fatigante à cause de l'humidité excessive. J'ai 30 à 32 degrés dans

ma chambre, jour et nuit. Le temps est lourd, on ne respire pas. Cependant de l'avis général, la saison des pluies
est très bénigne cette année, laissant d'assez fréquents
intervalles de jours ensoleillés. La ville est devenue une
sorte d'éden où les « académies » s'épanouissent en entière
liberté et toute innocence. Dans les boutiques, les com-
merçants souriants siègent, en courts caleçons de bain,
derrière leurs marchandises empilées. L'autre jour, je dis-
cutais une question de photographie à reproduire (les
films ayant été perdus) avec un aimable photographe en
longue chemise blanche transparente d'une indiscrétion
candide et touchante. La « civilisation » a porté quelques
jeunes gens aux idées progressives à faire usage de caleçons pour se baigner dans la rivière, mais ils sont — ceci
doit être un genre de coquetterie masculine japonaise —
en filets à très larges mailles et soulignent plutôt ce qu'en
Europe ils ont mission de dérober aux regards. Le monde
féminin étale bustes, seins et cuisses avec la même libé-
ralité. Personne n'y fait attention, d'ailleurs. En fait, ce
sont eux qui ont raison et nous qui sommes des imbéciles sottement vicieux.

Tout cela ne me guérit pas de mes fièvres et je ne
m'acclimate décidément pas au Japon. Et dans ce milieu
puéril et artificiel à outrance je rêve des steppes de là-haut,
des chevauchées lentes parmi les monts, des horizons
infinis et des nuits étoilées, sous lesquelles se dressent
les petites tentes et danse le feu en plein air où bout le
thé du soir, enveloppés d'immensité. On a beaucoup écrit
sur ceux qu'on nomme les *m'tournis* les Arabes francisés,
cultivés, devenus fonctionnaires ou officiers au titre français et qui, un jour, quittent tout, pour retourner à la
tente, au désert. On s'étonne et je les comprends, moi qui
suis une sorte *m'tournis* aussi. N'est-ce pas un cas curieux
que le mien, cette persistance de caractère, de tendances
qui dorment pendant une ou deux générations et ressus-
citent impérieux, tyranniques chez un petit-fils, un arrière-
petit-fils. Naturellement, je ne sais pas quel homme était
mon grand-père et ce qu'il pensait, ma mère avait trois
ans à peine quand il mourut et ignore tout de lui, car sa

mère, remariée, ne lui en parlait jamais. Ma mère elle-
même adorait son beau-père qui la gâtait tout comme
ses propres enfants et n'a jamais eu la curiosité de se livrer
à des invesitgations bien profondes au sujet de la mentalité de son père. Elle toucha sa part d'héritage de ce
côté et n'en demanda pas plus long. Peut-être avait-il
hérité, lui, l'âme de sa mère asiatique, peut-être que non,
et celle-ci a-t-elle attendu, jusqu'à moi pour revivre. Mystère ! Mais rien n'y a fait ; d'être née de gens paisibles
comme mes parents, d'avoir été élevée pour être paisible
comme eux, d'avoir vécu dans les villes d'Occident si
longtemps, rien n'y a fait... mon *home* est ailleurs et
dans ce Japon trop menu, j'en ai la douloureuse nostalgie. Mais voilà encore bien du rabâchage, tu sais tout cela
et depuis longtemps. Pourquoi est-ce que je le répète ?
Parce que, sans doute, je ne cesse d'y songer. [...]

Fusan, Corée, 8 août 1917

Je suis arrivée ici hier matin après une traversée maussade pendant les premiers jours et franchement mauvaise la dernière nuit. Le bateau (*Anping Niaru-maru —
steamer en japonais*) était un affreux cargo de 1 650 ton-
neaux fort sale et très vieux. On m'y a collée dans une
sorte de boîte dénommée cabine, avec un hublot un peu
plus large qu'une pièce de 5 F pour l'aérer. En face, de
l'autre côté d'un couloir plus qu'étroit, la machine déga-
geait une chaleur torride. Pas moyen de dormir là-dedans.
Les deux premières nuits passées sur le pont ont été
assez bonnes, mais la troisième a vu se déchaîner un ouragan, avec des torrents de pluie. Il n'y avait pour tout
abri, qu'un morceau de tente d'à peu près deux mètres
de large. La pluie fouettait des deux côtés. Les couvertures
dans lesquelles je m'étais enfouie ont été promptement
trempées ainsi que mes vêtements, j'ai dormi dans une
sorte de bain, tandis que le vent faisait rage et que notre
rafiot se balançait éperdument. [...]
A Fusan, j'ai découvert que tout ce qu'on m'avait dit

et tout ce que j'avais lu dans les guides officiels sur les voies de communications menant à Kongo-san était faux. Je me suis trouvée à ne savoir que décider. [...]

Mon ignorance des langues chinoises et coréennes m'empêche de m'arranger aussi économiquement que je pourrais le faire autrement. Il me faut dépendre des hôtels ou des gens qui veulent bien s'occuper de me procurer ce dont j'ai besoin. Si je dois rester un temps assez long en Chine j'apprendrai un peu de chinois vulgaire, juste ce qu'il faut pour les besoins de la vie de tous les jours. Aphur est assez doué pour les langues. En fait il en connaît cinq : le tibétain, l'anglais, l'hindi, le népalais et le dialecte lepcha. Il baragouine un peu de japonais maintenant, il se mettra vite au chinois.

Je suis très fatiguée. Il me paraît que tout est fini pour moi depuis que j'ai quitté ces cimes himalayennes et les steppes tibétaines qui s'étendent derrière elles. J'ai perdu tout intérêt pour toutes choses, je ne désire plus rien voir, tout me semble petit, affreusement banal et mesquin. J'ai atteint, là-haut, dans la contemplation de ces paysages extraordinaires, le summum de mes rêves et même ce summum a été dépassé. Malgré les gens, peu agréables en majorité, avec lesquels j'avais à faire la magie des sites m'a grisée, ensorcelée ; je me traîne comme un corps sans âme. Je me demande ce que celui qui a vu un tel pays reste à faire se traînant dans les rues, parmi des champs cultivés ou des montagnes taupinières. Oui, quand on a été là-haut, il ne reste absolument plus rien à voir ni à faire, la vie — une vie comme la mienne qui n'était qu'un long désir de voyage — est finie, a atteint son ultime objet. Cela peut paraître folie ce que je dis et, peut-être cela l'est-il vraiment, mais il n'y a rien à faire, l'obsession est là, tenace, de ces pics neigeux, de ces étendues sans limite, de ce pays dont la description défie toutes les langues humaines.

Je m'étendrais là-dessus pendant des pages, c'est inutile, mieux vaut faire un livre avec mes souvenirs et c'est ce que je ferai si je puis m'installer quelque part pour un temps suffisant. [...]

Ho-Kyu-an (Monastery), Kongo-San,
25 août 1917

J'ai reçu hier, dans la montagne, ta lettre datée du 8 juin dernier! Les communications postales deviennent de plus en plus mauvaises. La lettre avait été ouverte par la censure française (tes lettres sont très souvent ouvertes par elle) est recollée, mais l'autre côté de l'enveloppe s'était fendu et l'on aurait pu aisément en extraire le contenu. Bien que recommandée, elle m'est arrivée sans qu'on me demande ma signature. Je pense que les gens du tourist bureau à Séoul qui sont des employés du gouvernement japonais (service des Chemins de Fer de l'Etat) auront signé pour moi. L'important est que le chèque était resté dans la lettre.

Merci pour cet envoi. [...]

Après ce que tu m'as écrit, j'en suis à me demander si je ne devrais pas passer l'hiver dans un des grands monastères de Kongo-San où je pourrais avoir un logement particulier pour un prix très modéré. La montagne diamant (Kongo-San) est très belle. Les Coréens paraissent des gens simples et cordiaux. Notre ambassadeur à Tokyo m'a donné une lettre d'introduction pour le gouvernement japonais en Corée qui m'a, à son tour, munie d'une autre lettre pour les chefs des monastères me recommandant à eux comme un hôte à bien traiter et, de plus, des ordres ont été donnés, par l'administration centrale, aux chefs de gendarmerie de veiller à ce qu'il ne m'arrive rien de fâcheux, ce qui est très superflu, mais aimable de la part des autorités japonaises. Le chef de la gendarmerie d'Onseiri voulait mettre un de ses hommes à mon service comme escorte-ordonnance, je l'en ai remercié et n'accepterai que pour ma prochaine excursion à Yuten-ji qui est un peu plus longue. Il n'est pas mauvais d'avoir un homme avec soi pour diriger les porteurs, surtout quand on ne parle pas la langue du pays.

Yuten-ji est un grand monastère, j'en connais déjà l'abbé avec qui j'ai voyagé sur le petit *steamer* qui m'a

amenée de Gensan au pied de la montagne. Nul doute
qu'il ne soit content de me garder tout l'hiver, mais la
question de nourriture est des plus difficiles. Mon estomac ne pourrait supporter longtemps la cuisine coréenne
ultra spartiate du monastère. On pourrait bien faire venir
des provisions de Séoul, mais les communications sont
fort difficiles. Pas plus que quand j'habitais De-chen
Ashram, mais là je parlais les langues du pays. Cela pourrait s'arranger tout de même ; mais, voilà, j'avais en tête
de poursuivre certaines études en Chine et en Mongolie.
Un hiver passé ici me paraît un peu du temps perdu et,
comme tu le remarquais justement dans ta lettre, je ne
suis plus jeune ; ce que je tiens à faire, il faut me hâter
de le faire. Je n'ai pas l'intention d'apprendre le coréen
et il est fort désagréable de demeurer dans un pays où
l'on ne peut parler à personne ni comprendre personne.
D'autre part, Pékin — à part l'intérêt d'érudition que j'y
pourrais trouver — me sourit peu. Recommencer un
séjour dans une grande ville m'effraie, je m'en suis très
mal trouvée à Kyoto ! Ma santé se remettrait au grand air,
tandis que j'ai peur qu'elle ne devienne tout à fait mauvaise
si je me renferme de nouveau. Et puis, Pékin serait, je
crois, même vivant dans un monastère, très coûteux.
Enfin, je vais y songer. Pour le moment, je dois passer
un mois dans la montagne, la chaleur est trop forte pour
gagner Pékin. Je viens de passer quelques jours dans un
tout petit temple, occupé par un seul moine et son jeune
disciple. Vie rustique en plein. Je couchais sur l'unique
couverture que j'avais emportée, l'étendant sur les dalles
de ma cellule, c'était encore plus dur que des planches et
je me baignais à même le ruisseau derrière des nattes formant paravent. Le réveil est à 3 heures du matin, en pleine
nuit. A 5 heures on sonne la cloche dans tous les ermitages
disséminés dans la montagne et l'on s'assied au-dehors
sous la véranda pour continuer la méditation commencée
à 3 heures dans sa chambrette. Ce programme s'observe
l'hiver comme l'été. C'était le mien aussi à De-chen, dans
la neige. Etrange de voir combien les gestes matériels
sont plus tenaces que les idées. Entre les diverses sectes

bouddhistes, les différences de doctrines sont énormes mais cette discipline du lever très matinal qu'ils ont empruntée aux *brahmines* de l'Inde antique survit indéracinable tout comme le vêtement flottant, sorte de châle que l'on passe sous le bras droit en signe de respect suivant une coutume millénaire fort antérieure au *Bouddha* et qui se continue immuable du Japon à Ceylan, à travers toute l'Asie. Les puérilités sont plus adéquates aux puérils cerveaux que les hautes idées philosophiques. [...]

Choang-ji Monastère, Kongo-San, Corée, ? septembre 1917

J'ai quitté l'hôtel d'Onseiri et suis venue ici à travers la montagne. Environ trente-trois kilomètres de chemin assez rude à la montée mais très bon à la descente, après avoir traversé le col. Choang-ji est situé plus au cœur de la montagne dans un décor sauvage de pics aigus ; c'est un grand monastère qui a dû être splendide il y a quelques siècles. Il reste quelques beaux temples avec des peintures murales signées de maîtres chinois qui sont très belles. On m'a logée dans un bâtiment remis à neuf dans lequel j'occupe une chambre de dimensions moyennes (où je couche) et deux petites pièces (l'une débarras, l'autre pour mon serviteur). Sur le devant, une petite véranda vitrée où je me tiens d'ordinaire. Il y a une salle de bains très propre dans un couloir près de mon logement. Le reste du bâtiment, qui est très spacieux, est vide. Les moines n'ont que très rarement des visiteurs à y loger. Tout est ultra propre. Les murs sont tapissés de papier blanc uni, il n'y a aucun meuble, naturellement, selon la coutume du pays, mais les meubles ne sont vraiment pas si nécessaires qu'on le croit en Occident. Bref, je me trouve bien ; le pays est beau et l'air plus pur que celui de Kyoto. La nourriture fournie par les religieux est, malheureusement, tout aussi rudimentaire que le mobilier. [...]

Notre ambassadeur à Tokyo, M. Regnault, a eu l'amabilité de me donner une lettre pour le gouvernement colonial japonais en Corée. Il en résulte que je suis l'objet d'attentions spéciales. Ici, les fonctionnaires sont d'ordre très humble, un simple chef gendarme avec deux hommes et un maître de poste ; ces braves gens font tout ce qu'ils peuvent pour m'être utiles, suivant les ordres qui ont été donnés de Séoul à cet effet. Nous arrivons difficilement à échanger quelques paroles à l'aide de dictionnaires et, quelquefois, leur zèle se manifeste de façon intempestive comme l'autre soir où les garçons avaient reçu d'ordre de chauffer mon appartement bien que la température fût plutôt élevée, comme d'ordinaire au mois d'août. Il y a quatre jours, j'ai grimpé à un pic sur lequel perche un petit ermitage. C'était une escalade ardue, sans sentier, à travers les rocs roulés par le torrent descendant en cascades successives. Tout au début, le jeune policeman qui servait de guide et moi, nous avons pris un bain à mi-corps en glissant d'un rocher où il voulait m'aider à poser le pied pour traverser la rivière. J'ai tordu ma robe et mon jupon, mais les souliers étaient imbibés. Vers le milieu de la grimpée, très difficile, une averse, un vrai déluge, nous est tombé dessus, nous étions ruisselants. En haut le moine (un jeune homme) habitant seul le petit temple ne possédait même pas de thé et notre boisson réconfortante s'est réduite à de l'eau chaude. Un bon repas après ces quatre heures de marche aurait été le bienvenu. Je comptais, depuis le moment où l'averse s'était mise à tomber, coucher à l'ermitage pour éviter de traverser (il faut traverser vingt et une fois — quarante-deux, en tout, aller et retour) le torrent que la pluie avait dû grossir, mais, trempés comme nous l'étions, sans couvertures, sans vivres, la perspective d'une nuit à passer étendus sur les dalles n'était guère souriante, donc, j'ai invité le policeman et Aphur à rassembler leur courage et à descendre. Le déluge avait recommencé. Comme il était prévu, la rivière avait fortement monté, les blocs sur lesquels nous avions passé à l'aller étaient submergés. Il ne restait qu'à se mettre résolument à l'eau jusqu'à la ceinture et à se hâter car, avant de gagner le bas du pic, plusieurs affluents étaient en train de déverser leurs eaux enflées dans le cours d'eau principal. L'eau, du reste, était d'une température agréable, mais l'ennui de se déshabiller restait. C'est dans ces cas qu'il est utile d'avoir un sauvageon du genre de mon garçon avec soi. Ce petit courtaud (il est de ma taille, peut-être un peu plus petit encore) est très fort et m'a chargée sur son dos nombre de fois en des occasions semblables. Il m'a donc transportée les vingt et une fois, non sans que je me sois quelque peu trempée dans l'eau profonde, mais nous sommes arrivés à bon port. Le lendemain, j'ai été visiter quelques monastères pas très éloignés : environ huit kilomètres aller et retour, et depuis ce jour la pluie s'est mise à tomber continuellement me confinant dans mon logis où, d'ailleurs, je ne chôme pas, lisant et traduisant du tibétain et du sanskrit avec le même serviteur à tout faire devenu, momentanément, secrétaire et collaborateur. [...]

7 septembre. Voici quelques jours que j'ai laissé traîner cette lettre, rien de neuf. Le temps est abominable. Hier matin, comme il ne pleuvait pas, j'ai poussé jusqu'à une gorge magnifique, j'ai dû rebrousser chemin parce que la rivière descendant là en cataractes était trop grosse. Il eût fallu recommencer les baignades de l'autre jour, je préfère attendre, mais ce mauvais temps n'a pas l'air de cesser. Avant-hier, tu aurais pu me voir, profitant d'une courte éclaircie, lavant mon linge à la rivière. Que j'ai donc appris à faire de choses auxquelles mon éducation ne m'avait pas préparée ! Tu comprends qu'il n'y a pas de blanchisseurs ici, pas plus que de boulangers et Aphur cuit des galettes sur une pierre chauffée. Cela ne vaut pas les « croissants » parisiens mais on ne peut pas tout avoir. [...]

Monastère de Choang-ji, Corée, 16 septembre 1917
Montagne Diamant (Kongo-San)

Le temps ne m'a pas favorisée durant mon séjour sur la « montagne diamant ». Il a plu presque continuellement pendant trois semaines. Enfin, voici quatre jours qu'il fait à peu près beau. J'en ai profité pour grimper jusqu'au monastère de Makaen, une autre excursion casse-cou dans le genre de celle de Reiken-an, avec cette différence qu'au lieu d'avoir à traverser des torrents en se mettant à l'eau on peut faire de l'acrobatie sur de très étroites poutres branlantes jetées sur des chutes d'eau qui n'ont pas l'ampleur de celle du Niagara, mais dans lesquelles il ne ferait tout de même pas bon de choir. On ne s'y noierait pas, mais on s'y fracasserait très probablement la tête sur leur lit de roc. Tout en marchant, je me livrais, suivant mon habitude, à quelques réflexions et constatais un fait étrange, c'est que l'entraînement se montrait plus puissant que l'âge et triomphait de lui. Je suis infiniment plus agile à tous ces exercices de grimpade que je ne l'étais quand j'avais vingt ans, et combien plus dure à la fatigue aussi. Je me rappelle qu'à cette époque, accompagnant mon père à la chasse, mes pieds se meurtrissaient pour un rien. Aujourd'hui, les souliers trempés ou les pieds nus dans des sandales de rude paille je franchis des kilomètres. Et cette impossibilité de me mouvoir de grand matin sans être gênée, comme j'en ris aujourd'hui où je suis debout chaque jour avant 4 heures. Ce serait vraiment parfait, n'étaient les rhumatismes, la goutte sournoise qui s'insinue. La piperazine n'est plus à trouver en aucune pharmacie, à cause de la guerre dit-on. La lithine me trouble l'estomac, l'urodonal est hors de prix. J'avale tout de même un peu de l'un et de l'autre, et puis il y a le coup de fouet des marches difficiles qui, bon gré mal gré, remuent les articulations. J'y crois beaucoup comme remède à la plupart des maladies : le grand air et la marche... Tout de même, la nuit les reins sont pénibles... sale chose !

Je pars demain pour Yuten-ji, un autre grand monastère situé à une vingtaine de kilomètres d'ici. Je compte y passer une semaine. Mes bagages demeurent à Choang-ji, remisés chez les gendarmes. Je les reprendrai en passant et rentrerai à Séoul. Peut-être réussirai-je à avoir l'auto qui fait un service public très intermittent d'ici à la station du chemin de fer ; sinon ce seront trois jours de voyage en *rikshaw*. Du moins les guides officiels parlent de trois jours, mais, comme il faudrait dans ce cas parcourir quarante-cinq kilomètres chaque jour, je doute que cela soit faisable en pousse-pousse. L'auto, elle, naturellement, avale la distance dans la journée et l'on prend le train pour aller coucher à Séoul.

Je ne resterai à Séoul que le temps de faire renouveler nos passeports — ce qui doit être fait après un an écoulé —, le mien chez le consul de France, celui d'Aphur chez le *British* Consul. Cela va encore coûter une dizaine de yens, mais on ne peut échapper à cette formalité. Tout de suite, je partirai pour Moukden passant une nuit en route, sur le bord du Yalu qui fut célèbre au temps de la guerre russo-japonaise, une guerre bien mesquine comparée à celle d'aujourd'hui, dont je ne sais plus rien dans ma « montagne diamant ». A Moukden, je passerai deux ou trois jours. Te rapppelles-tu que j'ai écrit quelques pages sur l'histoire de la capitale mandchoue au temps de la guerre russo-japonaise ? Je ne pensais pas la voir jamais, dans ce temps-là ! De là, directement à Pékin, avec un jour d'arrêt à Shan-hai-Kuan pour voir la « Grande muraille de Chine » à son terminus dans la mer. [...]

Moukden, 4 octobre 1917

Je suis arrivée à Moukden hier soir. Aujourd'hui, j'ai visité l'un des tombeaux impériaux, passé très longtemps à copier une inscription tibétaine, peu lisible en maints endroits, qui a un intérêt historique. Aphur écrivait et je dictais, ma vue étant meilleure que la sienne. J'ai vu le consul de France qui s'est trouvé être un homme charmant. Il a mis un employé du consulat, lettré chinois, à ma disposition comme guide et interprète. Cela m'a permis de rendre visite à des lamas mongols qui m'ont paru aimables et très insignifiants, mais combien plus « propres » que leurs confrères du Tibet ! Ils m'ont montré une bibliothèque bien fournie. Demain je visiterai les palais impériaux, la ville chinoise et encore quelques temples et je partirai après-demain pour Pékin m'arrêtant pour une nuit à Shan-hai-Kuan. [...]

J'ai beaucoup aimé mon séjour à Kongo-San, surtout dans la dernière partie, les quelques jours que j'ai passés au petit monastère de Panya. Il n'y avait là que huit ou neuf bonzes, qui pratiquent ce que l'on appelait autrefois les trois huit : c'est-à-dire qu'ils partagent la journée en trois parties de huit heures consacrées respectivement, à la méditation, au travail, au sommeil. Mais ils rognent la part du sommeil de plus d'une heure et le réveil à 3 h 30 du matin doit paraître cruel à un débutant parmi eux. Quittant Kongo-San j'ai gagné le chemin de fer en deux jours et demi (107 km). Le premier jour nous avons marché quinze heures durant avec un repos de moins d'une heure au milieu du jour. Le lendemain, mes hommes conduisant les bagages ont paressé le matin et, voyant que nous n'arriverions pas à temps pour le passage du train, je les ai arrêtés et ai passé la nuit dans un village où il y avait une bonne auberge.

Le pays est très beau ; on franchit plusieurs chaînes de montagnes. Le paysage rappelle fortement le Tibet. Ce ne sont plus les horizons étriqués du Japon où il semble que la nature réduise les proportions de toutes choses pour mettre beaucoup d'objets divers dans un espace restreint. Je te raconterai tout cela en détail. Les paysages de Mandchourie m'ont aussi beaucoup plu et j'ai eu un frisson de plaisir ce matin en parcourant des routes poudreuses, affreusement défoncées, où passaient des carrioles chinoises attelées de nombreuses mules. Une fois de plus, mon âme mongole humait l'air natal des lointains ancêtres. Je crois que j'aimerai la Chine du Nord, encore plus que j'ai, autrefois, aimé celle du Sud. [...]

Pékin, 12 octobre 1917

Je suis arrivée à Pékin il y a quatre jours. J'ai immensément goûté mon passage à travers la Mandchourie et ma visite à la Grande Muraille de Chine à Shan-hai-kuan. Pékin en lui-même n'a rien de spécialement attirant en dehors de son beau ciel clair intensément lumineux qui contraste avec l'humidité et la couleur terne dans lesquelles on se meut la plupart du temps au Japon. A part cela, Pékin est une grande cité, très bien tenue, pas sale du tout, quoiqu'en disent les livres-guides, avec des maisons dont la majorité est sans étages et qui, les boutiques exceptées, s'entourent de murs. Dans les rues étroites dont le dédale compliqué se cache en arrière des grandes artères, j'ai eu l'impression de Pompéi : Une porte s'ouvre dans un mur et ne laisse voir qu'un autre mur construit juste en face comme un écran pour masquer l'intérieur. On entre latéralement, des deux côtés de cet écran, dans une courette qui se pare de pots de fleurs ou de corbeilles en pleine terre. Une autre porte dans un autre mur, un écran encore... L'habitation du maître peut être au fond de la troisième ou quatrième enceinte dans les maisons riches. C'est calme. intime, cela sent un peu la prison et fleure pleinement l'esprit répandu dans les ouvrages de Confucius, celui qui, affirment certains de mes amis chinois, a été néfaste à la Chine. Moi, j'habite dans un monastère, un endroit historique, jadis résidence d'un empereur avant son accession au trône. Les cours, ici, sont larges, les murs hauts, les portes gardées par des lions fantastiques, les toits ornementés. Mon logis est immense, garni de meubles en ébène sculpté, grands comme des maisons. C'est très beau selon le canon chinois et absolument inconfortable selon celui de l'Occident. La maison est très bien exposée et le beau soleil la chauffe pendant le jour, mais, dès qu'il disparaît, le froid se fait sentir. Je crois que l'endroit serait intenable en hiver, même avec un grand feu. Mais serais-je ici pendant l'hiver ? Il se pourrait que non. Tu connais mon projet d'aller en Mongolie. Je suis fortement engagée à ne pas attendre le printemps pour le mettre à exécution. Un représentant du *Tashi Lama*, qui paraît un homme intelligent et instruit et a voyagé, m'assure que mes études pourront être poursuivies avec beaucoup plus de fruits en Mongolie où se trouvent de grandes universités religieuses, tout comme à Lhassa, et où je retrouverai le bon accueil et les facilités dont j'ai joui à Shigatze et autres endroits. Il paraît que je pourrais effectuer le trajet en automobile, ce qui réduit le voyage à peu de choses. C'est tentant car il résulte de mon enquête sur place, à Pékin, que les lamas lettrés du Tibet qui séjourneraient ici ont émigré lors des hostilités entre la Chine et le Tibet. Ce qui reste est, intellectuellement parlant, du menu fretin en dépit de somptueuses robes de soie et d'airs importants. [...]

Pékin me plaît mieux que Kyoto et que Tokyo. La façon d'être, du moins extérieure, des Chinois est aussi plus sympathique. Le perpétuel ricanement des Japonais devient à la longue horripilant. Je n'ai pas à me plaindre d'eux, bien au contraire. Tous ceux du monde officiel ou semi-officiel, ont été des plus aimables pour moi. Mais ce que l'on devine derrière tous ces fronts que l'on croise dans la rue rend l'atmosphère pénible. Les petits « Jap » sont les Boches de l'Extrême-Orient. Le même esprit qui a dicté le refrain *Deutschland über alles* pénètre tout le Japon, du monde de la cour jusqu'au dernier des balayeurs de rue. Ce sont des microbes très laids et très dangereux. Ils veulent tout avaler. Il faut voir les gestes des gens du peuple, qui ne savent pas si bien se contenir, vous décrivant qu'ils ont *pris* la Mandchourie, la Corée, qu'ils *prendront* la Chine. Et, à bord du paquebot, en vue de l'Indo-Chine, un officier de marine japonaise ne se gênait pas pour me dire : « Nous avons besoin de ce pays, vous nous le donnerez. » La politesse l'empêchait de dire : « Nous le prendrons. » Ils se sont immixés partout en Extrême-Orient et, comme les Allemands faiseurs de *Baedeker*, sous prétexte de composer des guides, sont allés enquêter partout, l'Indo-Chine comprise. Leur *Guide de l'Indo-Chine* a paru récemment. Nos bons administrateurs au Tonkin et ailleurs n'y voient que du feu. Ils ont des instructions militaires au Kham (Tibet), la province proche du Yünan et touchant la Birmanie au nord. Ce ne peut être avec l'intention de s'emparer du Tibet auquel ils ne peuvent avoir accès qu'en passant par un autre pays. Ne serait-ce pas qu'ils cherchent à créer des difficultés de frontières aux Etats de l'Indo-Chine et à mettre la situation à profit ? En tout cas, ils doivent avoir un plan car plusieurs soi-disant bonzes (j'en connais personnellement trois) ont fait d'assez longs séjours au Tibet pour des raisons mystérieuses. Ce n'était certes pas pour y étudier les sectes religieuses, car, devant ma compétence en cette matière, ils ont dû confesser leur ignorance et se retrancher derrière le prétexte qu'ils ont poursuivi des études de grammaire et d'histoire.

Dans un article que j'ai lu dernièrement, un auteur japonais avouait qu'après la guerre l'attention des pays occidentaux se tournerait sur le Japon de façon peu sympathique et qu'ils regarderaient les Japonais comme les émules des Allemands. Celui-là comprenait bien ce qu'étaient ses compatriotes, mais a-t-il raison en pensant que les Occidentaux le comprennent aussi bien ?

Quant aux Chinois, ils sont lamentables à voir. On en pleurerait ! Ils font penser à quelque majestueux éléphant harcelé par des essaims de mouches et qui ne saurait que faire de ses gros membres pour s'en débarrasser. Ils sont sucés jusqu'à la moelle par les étrangers et ces grands imbéciles choisissent ce temps pour se disputer entre eux. On voit des soldats partout. Les voies ferrées sont gardées dans toute la traversée de la Mandchourie. Il y a même des soldats en faction dans le train lui-même. Ils n'ont pas grand air, ces pauvres soldats, dans leurs uniformes de coupe européenne trop large ou trop étroite mal taillés à leur mesure, et l'on devine que l'âme qui habite cette défroque étrangère est encore plus mal à l'aise en elle que le corps qui en est affublé. Des clairons sonnent une musique discordante au passage du train et les soldats présentent les armes. Pourquoi ?... C'est grotesque et pénible en face de ces grandes steppes d'où partirent les hordes de *Gengis Khan* allant épouvanter l'Europe... retour des choses !

Je vais beaucoup mieux depuis mon séjour en Corée, j'ai eu, là, une vilaine attaque de rhumatisme mais les fièvres s'en sont allées.

Malgré tout, depuis quelque temps je vis avec l'idée de la fin présente, étrangement présente à l'esprit. C'est comme si j'avais à me hâter de finir ce que je veux faire le temps m'étant, désormais, parcimonieusement mesuré.

Qu'y a-t-il au fond de cela ? Mes parents et ceux de ma famille ont vécu très vieux... mais cela n'est pas une raison. Il faut une volonté pour vivre... la volonté, le désir de vivre, ils sont bien usés chez moi ! Les villes et le spectacle d'agitation qu'elles offrent sont affligeants et fatigants. A quoi bon tout le tourment que prennent les hommes ? Ils semblent un tas de fous recherchant les moyens de se torturer eux-mêmes. Je souris devant les peintures naïves de l'Enfer que l'on voit dans les temples des diverses religions. Comme elles sont enfantines, en dessous de la réalité ! Sans passer en aucun « autre monde » on voit bien mieux en fait de torture tout autour de soi !

Le drame de l'existence s'enveloppe d'une sorte de sérénité et s'empreint de grandeur, contemplé parmi la Nature ; dans les villes on n'en voit que le détail mesquin et hideux. [...]

Je me demande parfois, sans rire, si je ne pourrais pas faire un Français d'Aphur pour, au moins, laisser une unité me remplaçant à ma mort. Il y a des Français plus bêtes que ce garçon-là. Mais, il est comme moi, Aphur, il a une âme jaune. Il restera quelque temps émerveillé par Paris ou par Londres, admirera tout son saoul et puis, peu à peu, se remettra à songer aux monts de là-haut, au son des conques et des cloches descendant du haut des *Gömpas* vers les villages des vallées, aux nuits dans la steppe où brillent « tant de planètes », comme dit le berger de l'Arlésienne.

16 octobre. Il y a décidément peu de chance pour que j'aille en Mongolie à présent. Le prix du trajet en auto, par le service public, est très élevé, le trajet en caravane très long et me fait voyager à l'époque des froids qui sont proches. Quant à rester à Pékin, m'y déciderai-je ?... Il paraît peu possible d'y vivre à l'écart des Occidentaux. Les Chinois éprouvent encore plus de difficultés que les hindous à comprendre qu'un Occidental soit épris de calme, de simplicité. Ici, dans une grande ville, ils ne connaissent qu'une sorte d'Occidentaux, le monde piaffant

des ambassades et le monde agité des missionnaires, l'un et l'autre intimement liés. Un artiste, un penseur qui s'en va à pied, flânant, s'asseyant une heure pour rêver dans l'enceinte d'un palais en ruine, ou scrutant l'intérieur des boutiques, regardant les visages défilant parmi la cohue dans la rue, s'intéressant aux gestes de la vie du pays, aux côtés caractéristiques de la mentalité, de la race, ce sont des personnages inconnus presque partout en Orient. Il n'est point question de vie sauvage, ici, nous sommes en pleine civilisation et si j'y demeure, la force des choses me poussera aux « thés » de quelques aimables dames des missions américaines ou anglaises ou à ceux de non moins charmants compatriotes du monde de la légation. Eh bien, je ne suis pas en Orient pour savourer des gâteaux rappelant ceux que je puis avoir chez nous et jouir de conversations dont l'équivalent, aussi, m'attendrait chez nous. Je suis au bout du rouleau d'une longue et patiente étude. Je l'ai menée à ma façon, très différente de celles qu'ont employées les érudits orientalistes. Sans dénier l'incontestable mérite de certains d'entre eux, je crois que j'ai vu autre chose qu'eux et puis, si le public lettré s'en soucie après la guerre, apporter du nouveau sur le sujet. Maintenant, il reste à achever mon travail, c'est peut-être le plus difficile, mais il doit être fait et c'est pour cela que je n'ai pas une heure à perdre en papotages mondains et pas un dollar à gaspiller pour des toilettes ou autres choses indispensables de ce genre.

Pékin, 31 octobre 1917

J'ai trouvé, hier, à la poste deux lettres de toi, datées du 1ᵉʳ et du 8 juillet, que le professeur Suzuki me renvoie du Japon. Merci pour toutes deux, elles sont bonnes et affectueuses et intelligentes au-delà de toute expression. J'ai été vraiment émue en les lisant. L'être passablement singulier que je suis ne pouvait rêver un mari plus *adéquat*, en sa complète dissemblance avec moi, que tu l'es. Ne te fâche pas, Mouchy, si je te le dis ! Combien tu es changé ! Tu as fait comme les vins qui s'améliorent en

vieillissant. De penser que tant de bonté et de sentiments délicats se trouvaient à l'état latent en ton « soi »
des jours de Khérédine me confond. Mais il est inutile de
ratiociner sur cela et je t'envoie tout bonnement et tout
simplement mes aimantes pensées.

Comme tu l'as su, j'ai reçu ton chèque *quatre mois*
après que tu as eu versé les fonds à Marseille. Mais il est
bien arrivé. Il était temps, je te l'assure ! [...]

Je t'ai dit mon désir d'aller en Mongolie et aussi que
j'avais renoncé à me rendre maintenant à Urga, mais voici
que du nouveau s'est produit. C'est une histoire un peu
longue que j'abrège : J'ai rendu visite à notre ministre par
intérim, le comte de Martel, qui s'est montré fort aimable
mais n'entend rien au sujet de mes recherches, il a écrit au
ministre des Affaires étrangères chinois de me mettre en
relation avec un certain prince Koung, haut fonctionnaire
à la tête du bureau spécial des Affaires tibétaines et mon-
goles. Et ledit ministre m'a, à son tour, envoyé une lettre
pour ce prince. Notre entrevue a été aussi courtoise que
possible, mais le fonctionnaire est tombé de son haut
d'entendre que je m'occupais du lamaïsme et parlais
tibétain. Cela lui a paru énorme, extravagant ! Il n'avait
jamais rien rêvé de pareil. Quoi qu'il en soit, le soir même
de notre entrevue, il envoyait à un de ses subordonnés
l'ordre de venir me voir afin d'élucider ce qu'il y aurait
à faire pour moi. Celui-ci se trouve avoir été au service
du *Dalaï Lama* en qualité d'interlocuteur des requêtes.
Il parle parfaitement tibétain et nous avons pu nous entretenir sans interprète. Le résultat de cette entrevue a été
de me confirmer, ce que je savais déjà, qu'il n'y avait plus,
pour le moment à Pékin, le moindre lama érudit.

Voilà mes projets encore une fois bouleversés ! Qu'on
est donc sot d'en faire ! [...]

Le fonctionnaire qui avait été délégué auprès de moi
par le prince Koung m'a fait faire la connaissance d'un
lama de haut rang : un *Khoubilgan* c'est-à-dire un lama
supposé être la réincarnation d'un saint personnage. Celui-
ci paraît être un homme d'un commerce des plus agréables, sans être, peut-être, absolument un grand lettré, son

érudition, j'ai pu m'en convaincre en causant avec lui, dépasse le niveau moyen. Il est l'auteur de plusieurs ouvrages concernant la grammaire tibétaine. C'est un homme riche, chef d'un monastère situé dans un pays fameux en tant que partie de l'illustre *Tsong-Kappa* et où se trouve Kum-Bum que j'ai désiré visiter depuis mon enfance. Tu peux voir la région sur une carte en cherchant vers le sud-est de la Mongolie, un immense lac qui s'appelle Koko-nor (prononcer Koukoou nor = lac bleu en langue mongole). Le lama retourne dans son pays dans une quinzaine de jours accompagné par ses huit serviteurs et, si je le souhaite, je puis me joindre à la partie. [...]

Après, eh bien ! je songerai au retour. Si j'étais seule, je ne l'envisagerais même pas, mais j'ai une trop grande affection pour toi pour renoncer à te revoir. Donc, je reviendrai, si je suis toujours de ce monde. Il se pourrait — *mais de cela tu ne dois en parler à personne, même en Algérie ou en France* car une indiscrétion pourrait me causer les plus grands ennuis et même me faire courir des dangers — donc, je songe à me rendre un jour dans l'Inde par voie de terre à travers le Tibet. Oui, cela a l'air fantastique sur la carte, mais ce n'est pas bien terrible en réalité. J'ai souvent songé aux récits d'explorateurs en déambulant par les steppes ou en franchissant les hauts cols dans la neige. Tout apparaît grand dans les livres, mais c'est bien simple en réalité. Marcher sur l'asphalte des boulevards ou dans les solitudes du Tibet, ce n'est toujours que mouvoir ses jambes et poser un pied devant l'autre. Les dangers ?... peuh ! N'y en a-t-il pas à traverser la place de la Concorde où croisent des autos lancées en façon de bolides ?... Donc, si je regagne l'Inde par cette route ce sera long, très long, mais très possible. Je suivrai des routes connues, visiterai des villes, m'arrêterai dans des villages. Tout m'est permis, même de mendier avec succès. Les gens feront, comme autrefois, bon accueil à une *Yoguini* qui a visité tant de lieux de pèlerinage. L'écueil, le seul, c'est — dans le sud — l'administration anglaise de l'Inde qui, si elle avait vent de la chose, ennuyerait comme elle l'a déjà fait — les braves Tibétains qui me traitent amicalement. La politique britannique est de ne laisser entrer au Tibet que des soldats ou des marchands anglais ou sujets anglais autorisés par les autorités anglaises. J'ai dû quitter le Sikkim à la suite de mon dernier voyage à Shigatze. N'ayant pu s'en prendre à moi, le résident a très lâchement imposé de fortes amendes à des gens de la frontière (côté Sikkim) qui ne se doutaient même pas que j'avais été à Shigatze. Il a terrorisé le vieux lama, mon voisin. Je n'ai pu t'écrire tout cela à l'époque, craignant que mes lettres ne fussent ouvertes. Evidemment, entrant au Tibet de l'autre côté il n'est plus question de rien de ce genre et il se peut que je descende au Yunan au lieu de gagner l'Inde, néanmoins, ne parle de ce projet à personne et, même, ne *m'écris rien* à ce sujet ou bien ne mentionne pas le nom du *Tibet* et appelle-le la Chine. « *La traversée de la Chine jusqu'en Indo-Chine* », sers-toi de cette expression, je comprendrai. Ce n'est, d'ailleurs, qu'un vague projet qui ne se réalisera peut-être jamais et, en tout cas, ne se réalisera pas de si tôt. Je désire étudier en paix et terminer les livres que j'ai sur le métier dans ma nouvelle retraite en Mongolie. Au moment de m'embarquer dans un grand voyage loin des voies de communication avec l'étranger, il me faudra, naturellement, être pourvue d'argent pour un terme assez long, de quoi faire face à l'imprévu. Pour cette raison et pour d'autres que je t'ai énumérées dans mes lettres précédentes, je serais heureuse d'avoir un dépôt de quelque importance à portée de la main. Maintenant ne va pas écouter les conseils d'une prudence mal avisée et croire que je pourrais renoncer à mon entreprise par pénurie d'argent. Non pas, je pèserai les choses et si, un jour, je décide le voyage, je le ferai, dussé-je mendier de monastère en monastère. Toute la différence serait de me faire effectuer la route dans des conditions difficiles. Nous n'en sommes pas là ; mais, comme je vais partir et que mes lettres passeront à l'avenir par la poste chinoise, je ne t'écrirai jamais plus à ce sujet, pas même pour te demander l'argent nécessaire ; un jour, je t'écrirai que je vais « traverser la Chine » et tu comprendras. Evidemment, il ne faudra pas t'étonner, alors, si tu ne reçois plus de mes nouvelles. Mais, dans ce cas, silence équivaudra à tout va bien, parce que si je mourais, comme il n'y aurait plus de secret à garder, Aphur t'écrirait. Il y a la poste à Lhassa et aussi au Ladak et en certains autres endroits ; même si tu recevais, à cette époque, des lettres ambiguës d'Aphur parlant de moi comme si je devais être rentrée auprès de toi et adressées à moi-même et demandant de l'aide ou donnant des détails sur *sa* santé, tu devrais comprendre que ce qu'il dit de lui s'applique en réalité à moi-même. Son nom religieux est *Nindji Gyatso* — on prononce *Gnindji*, le *gn* en diphtongue, comme dans le mot auvergnat — ce qui veut dire « Océan de Compassion », tu dois le noter, son nom civil est *Aphur Yongden ou Zangden*.

Mon nom religieux tibétain est *Yishé Tön-mé* (lampe de sagesse). Excuse, ce n'est pas moi, c'est mon lama-parrain qui l'a choisi ; je n'aurais point osé cette grandiloquence orientale. Enfin, prends tous ces détails en note sur un carnet, ils peuvent servir.

Maintenant, venons-en à ce que tu me dis au sujet de mon retour. J'ai bien pesé les choses, je n'ai jamais eu l'intention de ne plus revenir. Quant à me reprendre de goût pour la vie de luttes, d'ambitions, etc. que tu me dépeins, grand cher, il n'y faut pas compter. Ta lettre m'a remis en mémoire des vers pâlis du *Dhammapada* : « Regardez cet homme habile, intelligent ; délié il retourne à ses liens, échappé du brasier, il retourne s'y jeter... » Je ne m'attirerai certainement pas semblable ironie. Je sais le prix de la délivrance, tout incomplète qu'elle soit, à laquelle je suis parvenue et n'y renoncerai pas. Les ambitions dont tu parles me sont comme si à toi, homme d'âge mûr et de savoir, l'on montrait un cheval de bois ou une toupie avec l'espoir d'exciter tes désirs. Non « l'opium asiatique », comme tu dis, a fait œuvre définitive. Que n'a-t-il opéré chez ceux qui sont à s'entre-tuer, en Europe, parce que la vie et les objets de la vie leur tiennent trop à cœur. Je me souviens d'avoir écrit, dans les environs d'Hyères, au bord de la « grande bleue », un opuscule qui a eu quelque succès puisqu'il a été traduit

en trois ou quatre langues et imprimé jusqu'en Argentine.
Tu l'as vu, sinon lu. Il s'appelait *Pour la Vie* *. Je ne renie
rien de ce que j'ai dit là. Non sans raison, ceux qui m'ont
fait l'honneur de conférencier sur ma brochure, et ils ont
été nombreux, ou de la traduire, y ont vu un guide à
l'usage de ceux qui veulent vivre, réellement vivre. Je ne
les méprise pas du haut de ma tour d'ivoire. Ceux-là, les
acharnés, les passionnés de leur « moi », qui en veulent le
complet épanouissement et qui l'obtiennent sont les
recrues nées pour le grand renoncement. Il est bon d'avoir
vécu *sa* vie. C'est la meilleure chose, la seule raisonnable
à faire dans *la vie*. « C'est pour l'amour du « soi » que
toutes choses sont chères », dit un vieux sage dans une
des *Upanishads*. Il faut le savoir, percer à jour toutes les
illusions, les façades de sacrifice, d'altruisme, d'héroïsme
et tutti quanti et comprendre que même le martyr n'aime
que lui-même et ne poursuit que sa satisfaction. Quand
l'on a, une fois, bien vu cela, que l'on a cessé de se duper
soi-même et que l'on a analysé la jouissance retirée de
l'épanouissement du moi, quand l'on a disséqué le moi
lui-même et qu'on l'a vu reculer insaisissable et finalement
s'évanouir comme un mirage, alors, vois-tu, mon bon ami,
l'idée de lutter, d'avoir de l'ambition, d'avoir... quoi que
ce soit paraît bien saugrenue. Si des éditeurs se soucient
d'imprimer, après la guerre, ce que j'aurai écrit, ce sera
bien, si ce genre de littérature ne les tente pas, ce
sera tout aussi bien. Irai-je me passionner pour ce qui
n'est que jeu d'ombre sur la toile d'un cinématographe ?
Et si je me passionnais, qu'y aurait-il là de plus que les
gestes d'une autre ombre sur la même toile blanche ?
Donc, vois-tu, mon grand Mouchy, tu retrouveras en moi
un compagnon manquant d'entrain. Tu es assez sage pour
le supporter. Si tu ne tiens pas à t'établir dans une

---

* Cette brochure écrite par A. D.-Néel, alors qu'elle avait vingt-
cinq ans environ, sous le pseudonyme d'Alexandra Myrial, est préfa-
cée par Elisée Reclus et a été publiée par la Bibliothèque des « Temps
Nouveaux », 51, rue des Eperonniers à Bruxelles. Elle a été rééditée
en 1970. Voir : *En Chine* (les Maîtres Mo-Tsé et Yang-Tchou) Plon,
éditeur.

grande ville pour toute l'année, l'arrangement ne sera pas bien difficile entre nous... Il y a de beaux sites en France dans les Alpes, les Cévennes, les Pyrénées ou les bords de la Méditerranée et de très beaux endroits, aussi, en Algérie. Ce à quoi je tiendrai, ce sera à un appartement particulier où je pourrai me lever à 3 heures du matin et me coucher à 9 heures et m'enfermer pendant une semaine ou deux quand l'envie m'en prendra, sans te déranger, ni être dérangée par toi. Cela n'est pas très difficile. Tu verras les gens qu'il te plaira, mais tu ne m'obligeras pas à les voir, à m'habiller, à présider des dîners ou à accepter des invitations. Comprends bien, Mouchy, je reviendrai pour toi, pour toi seul, parce que je t'aime sincèrement et serai heureuse d'avoir ta compagnie et de te donner la mienne, si elle peut t'être bonne ; mais, si j'ai rejeté l'ambition, je me suis libérée aussi des corvées mondaines, domestiques et autres et n'en veux reprendre aucune. Ce qui rend la vie en commun odieuse, c'est que les gens se gênent mutuellement. Il faut se voir lorsqu'on le désire et s'isoler quand on le souhaite, mais non s'imposer la corvée de faire, l'un et l'autre, exactement la même chose à la même heure dite. Mais nous avons du temps devant nous pour parler de tout cela. Pour l'instant, la guerre ne finit pas. J'ai appris hier le désastre qui a frappé l'Italie. Tout le terrain gagné, perdu, et un corps d'armée fait prisonnier. C'est à se demander si les Boches sont des êtres humains ou des démons jouissant de pouvoirs surnaturels. Ils ont reculé chez nous, mais, on peut se demander s'ils ne reviendront pas. Et quel orgueil va leur donner leur victoire sur les Italiens ! On n'en finira jamais !

Je suis heureuse de savoir que tu es satisfait de ta nouvelle situation. [...] Eh ! il ne faut pas crier misère. Que ferais-tu donc si tu avais à équilibrer mon maigre budget dans un pays où l'on compte en dollars, lesquels valent aujourd'hui presque 5 F. Je ne sais ce que ta cuisinière te confectionne, mais tu peux être assuré que cela vaut mieux que le brouet spartiate servi par Aphur. A propos de cuisinière, ton Algérienne s'en tire-t-elle bien ?

Qui as-tu avec elle ? Est-ce que son mari dort chez toi ?
C'est bon et prudent d'être plusieurs dans une maison. Et
Sophie, as-tu de ses nouvelles ? Que fait Tahar à l'armée ?
Il doit se faire vieux. Aies-en soin. Il n'a pas eu une vie
de chien bien gaie, qu'il ait au moins une vieillesse paisible. Il ne faudrait plus lui laisser donner des arêtes
comme autrefois, un vieil estomac ne digère plus comme
un jeune et le pauvre toutou pourrait souffrir. Il faut
être bon, c'est encore la meilleure des choses. L'océan
de douleur submerge les créatures et elles s'efforcent
encore de s'entredéchirer entre elles. Je songe beaucoup à
mon père tous ces temps-ci. Triste vieillesse que la sienne !
Comme ma mère a été dure pour lui jusqu'à ses derniers
jours. Pauvre papa ! Il aurait peut-être voulu que quelqu'un l'aimât.... Il n'était pas bouddhiste, lui, il croyait
à la réalité de la vie. Tant de choses de lui me reviennent
en mémoire : tristesse, tristesse ! Et ma mère, sa misérable vieillesse de paralytique inconsciente ! tristesse
navrante ! Et tout le reste... toute la chaîne des jours qui
font la vie, je me revois, je revois les autres, les gens, les
bêtes, jusqu'à mes chiens que j'ai laissés au Sikkim ; la
souffrance enveloppe tout. Et tu parles de rentrer dans
cette géhenne lorsqu'on a déjà un pied au-dehors, lorsqu'on a déjà aspiré les premières bouffées de la brise fraîche qui calme la fièvre et entrevu un horizon serein que ne
trouble pas la fatigante danse des ombres torturées...

Tiens, je ne veux pas terminer ma lettre sur cette note
sombre. Laisse-moi te dépeindre le lama qui va, selon
toutes probabilités, devenir mon compagnon de voyage
pour un mois. C'est un homme de très haute taille, assez
fort, sans être gros, d'imposante allure quoique franchement laid de visage. Age, quelque chose comme quarante-
cinq ans, je présume. Je l'avais invité, hier, à venir prendre
le thé. Il est arrivé précédé de trois domestiques et
entouré de deux compagnons dont l'un était le fonctionnaire qui m'avait présentée à lui. En dépit des toits chinois, ma cour entourée de galeries en genre de cloître
m'a, à cet instant, rappelé telles scènes rapidement entre-

vues au Vatican. Le lama s'avance lentement, il porte une longue robe de soie jaune couleur d'or rouge et une veste de velours pourpre. On dirait un cardinal issu de noble famille, comme on en voit sur les tableaux et je m'oublie, un moment, à goûter le jeu des couleurs et des attitudes sous le ciel très bleu et les pins vert sombre qui décorent mon premier portique. Nous sommes en Chine, mais je vois la Rome d'antan, peut-être celle d'avant le christianisme, car mon lama pourrait jouer les pro-consuls. Le voilà entré ; assis à la place d'honneur, il regarde les quelques objets tibétains que j'ai ici — bien peu, tout attend au Japon, le moment d'être expédié. Il a saisi mon grand tambourin et s'est mis à chanter cette étrange psalmodie des *Yoguis* tibétains parce qu'il a été étonné d'en trouver un vieil exemplaire en ma possession et que je lui en ai montré ma traduction française. Alors, vois-tu, le charme opère, les serviteurs sont médusés et l'ensorcellement me ressaisit moi-même... Là-bas, les horizons immenses, les monts géants, mais plus subtils que tout cela, des visions, une atmosphère d'on ne sait quel autre monde que crée la musique monotone et sorcière. Je me rappelle avoir entendu cela pour la première fois une nuit au Sikkim : dans ce temps-là, je ne comprenais pas les paroles terrifiantes du texte... il serait bien intéressant d'en tracer l'origine. Pour l'instant, je ne songe à aucune recherche érudite, je me demande où gît le mystère de l'enchantement, dans le rythme ou dans le son ?... Le lama va, va. Il s'ensorcelle lui-même. Ce n'est ni du Massenet ni du Wagner, c'est une simple psalmodie d'un pays sans art, mais, prenante comme tout l'est au Pays des Neiges.

Nous prenons le thé, ensuite, et mangeons des gâteaux ; le lama n'a rien d'un sorcier. C'est une figure de prélat docte, aux manières élégantes, un homme bien né, certainement, mais qui subit l'attirance des doctrines et des rites tantriques chers à mon ami et collègue en orientalisme, Sir Woodroffe. A propos de musique tibétaine, j'ai entendu celle du temple des lamas à Pékin. C'était extrêmement beau. Tu n'aurais pas goûté cette monotonie, mais comme elle est bien l'expression de ce pays où tout est démesuré, l'expression de sa philosophie démesurée, elle aussi, et de son sens extra aigu de l'universelle douleur. Heureusement les bonnes gens du Tibet n'y entendent pas malice car, comme il est hors de leur portée de devenir des *Bouddhas*, ils n'auraient d'autre alternative que le suicide en masse. Ce dont ils se gardent, étant d'humeur plutôt joviale en dépit des ondes mélodiques et mélancoliques que leurs lamas déversent sur eux du haut de leurs monastères juchés en aires d'aigles.

Seras-tu content d'apprendre que j'ai quitté Pékin ? Tu ne paraissais pas enchanté de m'y savoir. En fait, il y a ici, par-dessus toutes choses, une atmosphère d'insécurité énervante. A 9 heures du soir, chacun se calfeutre chez soi, pas un chat dans les rues, elles ne sont pas sûres, dit-on. Mieux vaut franchement le bled.

J'ai visité, l'autre jour, le célèbre « Palais d'Eté ». C'est certainement joli, mais dépourvu de majesté, les bâtiments sont fragiles et ont un peu l'air de sortir d'une boîte de joujoux. En somme, il n'y a rien de très impressionnant à Pékin à part les portes de la ville dans l'énorme mur d'enceinte. Cela, c'est très bien et vaut la peine d'être vu. [...]

Pékin, 26 novembre 1917

Le froid s'accentue à Pékin et fait pressentir la température qui nous attend d'ici un mois, mais le ciel est beau, le soleil brille et cela console. Une des meilleures choses de la Chine du Nord est son admirable ciel bleu et la lumière éclatante dans laquelle tout baigne. Ce qui me change bien agréablement du Japon brumeux. J'avais, l'autre jour, une conversation à ce sujet avec une religieuse de l'hôpital français depuis longtemps en Chine. Je craignais une année exceptionnelle et lui demandais si le temps était toujours tel qu'à présent: « Toujours, me dit-elle. Beau perpétuel, coupé de tempêtes de sable, mais qui durent peu. Et la pluie, ma sœur ? Quelque peu en juin, mais bien peu et cela passe vite. Tous les champs que vous voyez ne subsistent que par les irrigations. La pluie ne

ferait pas pousser un radis, mais l'eau des rivières diri-
gées en canaux multiples suffit à tout, même à tout inon-
der comme le mois dernier. »

Pour qu'il y ait tant d'eau dans les rivières, il semble
qu'il doive pleuvoir quelque part. J'interrogeai le lama
avec qui je vais faire route et dont le pays est proche des
sources du Fleuve Jaune, le grand terrible qui inonde tout.
« De la pluie, me dit-il, ah ! il en tombe bien peu chez
nous. Le ciel est toujours bleu, tout est sec, sec. Mais
nous avons des rivières, mon principal monastère est situé
à l'intersection de neuf d'entre elles qui se jettent dans le
Fleuve Jaune. L'eau ne manque pas, nous pouvons nous
passer de pluie. » Voilà qui est étrange, d'où vient toute
cette eau descendant d'un pays archi-sec et inondant un
pays qui l'est pour autant ?

Le départ de ce lama tarde et cela m'ennuie car, d'une
part c'est un plus grand froid à subir en route et, de l'autre, c'est continuer, à Pékin, des dépenses inutiles, mais,
qu'y faire ? Le lama ne reste pas ici pour son plaisir. J'ai
découvert qu'il est, non seulement administrateur des
biens des lamas de la secte rouge dans la région du Koukou-nor, mais aussi une sorte de juge et fonctionnaire recevant un traitement du gouvernement chinois. C'est même
le paiement de ce traitement qu'il attend pour partir.
Il en va en Chine, comme en Espagne, les fonctionnaires
sont payés sans régularité et souvent ne le sont qu'en
offrant des présents en monnaie à ceux qui tiennent les
clefs du coffre national.

Ce que je vois de lui dans les quelques visites qu'il m'a
faites, m'a confirmée dans l'opinion favorable que j'en
avais. C'est un homme intelligent et lettré. Par malheur,
dans son désir de s'assimiler des connaissances scientifiques occidentales et d'en gratifier ceux qui l'entourent,
il s'est mis en tête d'user de moi comme d'un professeur.
Et professeur de quoi, justes dieux ! d'astronomie, d'anatomie, et d'arithmétique ! L'arithmétique, soit mais, l'astronomie et l'anatomie ! vois-tu cela ?... Le bonhomme,
du reste, m'a sorti un tas de petits livres et entend quel-

que chose au sujet, mais il a l'ambition d'écrire un opuscule en tibétain sur le mouvement de la terre, les marées,
les planètes, etc. et réclame ma collaboration. A quoi n'est-
on pas exposé dans ce monde !

Nous étions, d'ailleurs, prédestinés à faire de la péda-
gogie au pays des Mongols. Ecoute ceci : Sachant que mes
ressources se faisaient modestes, Aphur m'a entretenu
d'une géniale idée à lui. « Voici, m'a-t-il dit, je vais prendre
des élèves là-bas ; de jeunes garçons de parents riches à
qui j'enseignerai l'anglais. Je vous montrerai la veille ce que
je leur enseignerai le lendemain pour que vous le corrigiez ;
ils me feront des présents, comme c'est l'usage, tantôt
en nature — beurre, farine, riz — tantôt en argent et cela
nous fera bien vivre puisque nous conserverons votre
argent pour d'autres dépenses. » Qu'en dis-tu ? Cela m'a
rappelé les prix de vertu : « Le domestique qui soutient
son maître dans le besoin. » Je n'ai pu m'empêcher de
rire, mais le garçon a son idée qui, du reste, pourrait devenir utile.

La situation a l'air de s'embrouiller une fois de plus en
Chine. [...]

Quelle misère de se débattre dans ces difficultés ! Je
pense que tu comprendras et m'enverras le nécessaire
pour les éviter. [...]

Je compte qu'il en sera autrement au Koukou-nor,
sans quoi, il n'y aura qu'à faire un plongeon dans le dit
Lac Bleu. Tout fait prévoir qu'il en sera là comme à De-
Chen Ashram. Il y aura des frais de premier établissement
et puis ensuite, en vivant des produits du pays, la dépense
est minime. Le lama-juge qui est aussi propriétaire terrien
m'a spontanément remis une promesse écrite dûment
signée, s'engageant à me fournir tout mon bois de chauf-
fage et à mener l'eau (on fait cela avec des conduits en
bois ou des rigoles) à l'endroit où j'habiterai. La main-
d'œuvre ne lui coûte rien et le bois non plus, mais ces
deux simples choses sont appréciables pour un étranger.
Il a aussi un grand jardin et m'a promis de faire cultiver
les graines que j'emporte, ce qui me permettra de manger

des légumes tout à mon saoul. En fait, cet homme tient énormément à me garder — ainsi qu'Aphur qu'il a pris en amitié — à proximité de chez lui, plein du désir d'apprendre des bribes de science occidentale et de faire apprendre l'anglais à son fils qui est ici maintenant. Celui-ci est un fort joli garçon de onze ans — cela promet de rencontrer une jolie maman par là, car le papa est des plus laids et son fils ne tient guère de lui — très gentil et intelligent. Le rusé gamin a mis sa petite patte noire dans ma main et m'a déclaré : « Nous irons nous promener ensemble, je vous montrerai le pays et vous m'apprendrez l'anglais ; moi, je vous apprendrai à parler chinois et mongol. » Ce bambin est aussi ambitieux que son père. Ledit père, du reste, a des principes dignes d'un *Brutus*. « Si mon fils, dit-il, est intelligent, apprend bien, devient instruit, il sera mon héritier — cela signifie, héritier de ses titres lamaïques, les propriétés suivant ceux-ci —, sinon je ne le regarderai pas, il ne sera pas mon fils, qu'il devienne un paysan ! »

Et voilà comme, sous toutes les latitudes, les gens s'agitent, s'efforcent d'être quelque chose, espèrent, craignent, luttent pour sombrer dans la mort après peu d'années. Les royaumes de fourmis aussi s'agitent ; le pied d'un passant, inconscient du cataclysme dont il est l'auteur, engloutit le royaume sous le sable, écrase les ouvrières, les corps d'armée, les orateurs tous ensemble...

Ah ! que le repos serait bon, s'il était quelque part ; mais, les déserts eux-mêmes ne le renferment pas. Il faut l'aller chercher là où les *Bouddhas* l'ont découvert, en son propre esprit devenu clair et vide comme l'espace sans nuages.

Je confesse humblement que le mien est encore trop souvent obscurci par des préoccupations telles que celles qui me tiennent depuis que j'ai quitté l'Inde. Tu admettras qu'elles sont sérieuses. Vois : pour le moment, je comptais partir immédiatement de Pékin ; les mille francs (235 dollars) de la traite que j'ai tirée sur toi devaient me servir à vivre là, en attendant ton envoi, mais le lama

retarde son départ ; ici, je continue à écorner fortement
mon avoir et pour peu que ce lama tarde trop, comment
pourrai-je faire face aux frais du voyage ? [...]

Pékin, 9 décembre 1917

On patine, nous avons été gratifiés de deux jours de
tempête et la température s'achemine vers les 20° sous
zéro qui constitue la normale de l'hiver dans la Chine
septentrionale. Je résiste autant que je le peux au gel,
j'y réussi pas mal du reste. Dans ma maison cathédrale,
tout en papier, sans murs, tu devines qu'il ne doit pas
faire chaud. Je n'ai pas de feu ou du moins presque pas ;
simplement deux pots en terre dans lesquels on allume
des boulets, terre et charbon mêlés, comme l'on en
fabrique en France. On promène ces deux récipients d'un
endroit à l'autre suivant que l'on cuisine, que je prends
mon bain ou reste dans ma chambre. Je devrais avoir un
grand poêle, mais devant partir bientôt, j'ai reculé devant
les frais d'installation. Le poêle, il faudra que je me décide
à l'acheter pour l'emporter en Mongolie. Je ne peux pas
me passer de feu tout l'hiver, du reste, un four est nécessaire pour cuire du pain.

J'ai eu la très agréable surprise d'apprendre que le
lama était pourvu de papiers pour réquisitionner chevaux
et véhicules et transporter ainsi ses bagages sans bourse
délier. Très aimablement, il me fait profiter de l'aubaine
et transportera mes colis avec les siens ; une belle économie ! Je n'aurai, vraisemblablement, qu'à payer ma voiture. J'ai aussi rencontré le gouverneur du Koukou-nor, un
Chinois du Sud qui se trouve être un condisciple d'un de
mes amis et un érudit en littérature bouddhiste. Il est ici
depuis huit jours et a diverses questions à régler avec le
gouvernement. Il compte s'en retourner à son poste au
printemps et m'a offert les mêmes facilités pour transporter quelques autres bagages si j'ai besoin d'en faire
venir du Japon.

Mon lama ne part toujours pas. Ses caisses sont clouées, il attend de jour en jour l'argent que le Trésor ne se décide pas à lui verser. Mœurs chinoises ! Le gouverneur du Koukou-nor m'a dit que je ne pouvais tomber mieux que de m'en aller avec ce lama qui est un personnage considérable dans son pays. En tout cas, ce que je vois de lui me montre qu'il est riche et, ce qui m'intéresse davantage, érudit et enclin à apprendre aux autres ce qu'il sait, un fait rare chez les lamas. [...]

La situation politique n'a pas l'air de s'améliorer en Chine, loin de là, même les naturels de la lointaine Mongolie paraissent devenir belliqueux. A propos de terres que le gouvernement veut faire défricher — lui appartiennent-elles ou non, je n'ai pas bien saisi —, le lama disait : « Nous n'avons pas de soldats, c'est vrai, mais n'importe, attendez vous verrez. » Je ne demande qu'à ne *pas* voir. Ce serait trop stupide s'il me fallait assister à des batailles au Koukou-nor ! J'ai eu par un témoin oculaire, des détails sur la guerre sino-tibétaine qui continue toujours. C'est épouvantable... Les soldats chinois mangeaient le cœur des Tibétains en ragoût avec leur riz. On n'en est pas encore tout à fait là en Europe, mais c'est tout juste. [...]

A propos de littérature, j'ai publié divers articles ces derniers temps, je vais t'en envoyer un en français. Les autres sont en anglais et paraissent à Londres. Il y en a un aussi en *chinois* traduit pour le Bulletin de l'Université de Pékin sur une question d'orientalisme. Le directeur de l'Université qui sait bien le français en est le traducteur. Ah ! il y a aussi un article qui effleure la politique au sujet de la guerre sino-tibétaine. [...]

Pei-Ling-sse, Pékin, 27 décembre 1917

« ... Après avoir savouré le breuvage de l'isolement et celui de la quiétude on ne craint plus rien... »
Tout à fait de circonstance ces vers du *Dhammapada* ; Le « breuvage de la quiétude » coule-t-il à flots abondants ? Je veux me garder d'une affirmation présomptueuse et

me bornerai à signaler un nombre de tasses assez respectable. Quant à celui de l'isolement, il se répand à la façon du Hogan-ho qui, bouleversant canaux et rivières, passant par dessus tout, a ravagé tout le nord du Chili et enseveli Tien-Tsin sous presque deux mètres d'eau. Je viens de passer le Noël le plus solitaire que l'on puisse imaginer. [...]

Nous voici au plus creux — ou presque — de l'hiver. Il gèle terriblement mais le soleil brille tous les jours. Des tempêtes parcourent Pékin apportant des nuages de sable ramassés dans le Gobi. C'est le simoun, on se croirait dans le Sahara et je songe à Nefta, la palmeraie du Souf et aux dattes du Djerid dont je croquerais volontiers quelques-unes si j'en avais à ma portée.

Le lama ne peut arriver à arracher au Trésor chinois les 3.000 dollars qui lui sont dus. Il a la promesse et une lettre écrite du président de la République, mais l'argent ne sort tout de même pas des caisses. Donc, il ne part pas et, maintenant, il est peu probable qu'il quitte Pékin avant deux mois d'ici ! Le trajet en cette saison doit être effroyablement dur, cela ne me peine pas d'échapper à cette épreuve. En mars, il ne fera pas chaud, certes, mais il ne gèlera plus, ou presque plus, et seulement la nuit. Maintenant, la température oscille entre 15 et 22° sous zéro. J'ai dû procéder à des arrangements d'hivernage. On a collé à neuf du papier sur toutes les parois extérieures servant de murs. Ma maison est une boîte, une sorte de serre avec du papier en guise de verre à vitres. La seule différence avec une serre est que j'ai un toit en tuiles et au-dessous de celui-ci un plafond en papier. Les chambres ont 5 m de hauteur et la pièce principale 15 m de long. J'ai abandonné cette dernière et vis dans une pièce moyenne, contiguë, où j'ai monté une de mes tentes. Ce qui constitue une sorte d'alcôve dans laquelle j'ai installé mon *futon* (matelas japonais) sur des tabourets chinois pour former un lit. J'ai aussi arrangé une sorte d'estrade couverte de mes carpettes tibétaines pour m'y accroupir à l'orientale et lire, écrire ou même manger. J'évite ainsi d'avoir les pieds sur les pierres car toutes les chambres sont carrelées et par le froid qu'il fait, il est très pénible d'être en contact avec ces pierres glacées. J'ai des engelures, des crevasses, toute la lyre ! Toutefois je ne suis pas malade comme au Japon. [...]

Je t'ai envoyé une coupure de journal, un article que j'ai écrit ici, j'en joins un autre à cette lettre. Tu me diras si mon style n'a pas baissé à force de ne plus pratiquer notre langue. Ici, j'ai reçu force compliments à son sujet... mais les compliments !... on sait ce que cela vaut ! [...]

PETIT LEXIQUE DES NOMS HINDOUS

NOTES

1. *Matham* : monastère Indou ; à ne pas confondre avec Ashram, groupe de disciples mis autour d'un instructeur.

2. *Bhagavad Gîtâ* : l'un des plus connus des textes inspirés de la religion indoue, consacré au Yoga.
Episode de l'épopée de « la grande Inde » (le Mahâbharata).

3. *Védas* : les plus anciens textes de la religion indoue.

4 et 5. Yajnâvalka et Arthabaya : deux héros de l'épopée du Mahâbharata.

6. *Mantram* : courte invocation considérée comme véhicule d'un pouvoir spirituel.

7. *Chutram* : sanctuaire des temples indous.

8. *Raja-Yoga* : la plus connue des formes du Yoga, exposée par Patanjali dans ses Yoga-Sutra.

9. *Upanishad* : résumé authentique de l'enseignement d'un maître spirituel.

10. *Shankarâcharva* : « Le maître Shankara », fondateur de la philosophie Védanta (accomplissement du Véda) au IXe siècle.

11. *Sannyasins* ou *Sannyasi* : celui qui a renoncé au monde en devenant un religieux errant.

12. *Vishnou* : l'une des trois divinités majeures de l'indouisme exprimant le principe de l'évolution créatrice universelle.

13. *Samadhi* : état de concentration profonde avec perte de conscience du monde extérieur.

14. *Swami* : religieux.

15. *Yogui* : celui qui pratique un Yoga.

16. *Vishnouïte* : membre d'une communauté d'adorateurs de Vishnou.

17. *Védanta* : « L'accomplissement du Véda », doctrine prêchée par le maître Shankara.

18. *Moksha* : état de libération de tous les liens de la manifestation cosmique.

19. *Krishna* : roi du Nord de l'Inde, une des incarnations de Vishnou.

20. *Rama* : héros de l'épopée du Ramayana, également une incarnation de Vishnou.

21. *Mahâbharata* : « La Grande Inde », épopée semi-légendaire qui donne les bases de la société indoue et de son histoire ; son épisode le plus connu est la Bhagavad-Gîta (Le chant du Bienheureux).

22. *Sankarâcharya* : voir note 10.

23. *Vivekananda* : principal disciple de Sri Ramakrishna, fondateur de l'ordre religieux de ce nom, dont le programme se réclame du Védanta.

24. *Bhikkhu* : moine bouddhiste.

25. *Sri Ramakrishna Paramahamsa* : saint et yogui bengali de renommée mondiale ainsi que son disciple Vivekananda.

26. *Ghats* : quais du Gange à Bénarès.

27. *Shiva* : une des personnes de la divinité indoue, destructeur et rénovateur, patron des ascètes et des yoguis.

28. *Kali* : aspect terrible de la Mère universelle, victorieuse des démons, protectrice de ceux qui aspirent à la libération.

29. *Vaishnaya* : dévot de Vishnou.

30. *Parabrahm* : Le Divin, neutre, suprême, inexplicable.

31. *Hinâyana et Mahâyâna* : littéralement : « Petit Véhicule » et « Grand Véhicule » : deux des trois aspects du bouddhisme, le troisième étant le véhicule tantrique.

Le Hinâyana donne les règles à suivre pour obtenir la libération individuelle, le Mahâyâna les étend à la création tout entière, à l'exemple des Bodhisattva.

32. *Arya Mârga* : la voie des Aryens, c'est-à-dire des Nobles, par opposition à ceux qui ne participent pas à la Sagesse indoue.

33. *La maya* : maya est l'illusion qui fait croire réellement séparés les objets que seule notre ignorance distingue dans l'unité universelle.

34. *Mahadéva* : « Le Grand Dieu », nom de Shiva.

35. *Sallasutta* : prière pour les morts.

36. *Paranirvana* : perfection du nirvana, obtenue après la mort du corps.

37. *Sidddhipurusha* : homme ayant acquis par le Yoga des pouvoirs supranormaux.

38. *Dhammapada* : fait partie de la littérature canonique sacrée de l'école bouddhiste du Sud que l'on peut regarder comme représentant la doctrine bouddhiste originelle. Note extraite des *Enseignements secrets des bouddhistes tibétains*, p. 93. A. David-Néel, Adyar.

39. *Chenrési-Avalokiteshvara* : Chenrési est le nom tibétain du Bodhisattva Avalokiteshvara, le Seigneur qui est en nous.

40. *Gopis* : bergères des troupeaux de vaches, compagnes des jeux de Sri Krishna, symbole des rayonnantes beautés de la nature.

41. *Mahavira* : littéralement « Grand Héros ».

42. *Mantras* : formule qui est supposée avoir des effets quasi magiques sur l'esprit ou sur la matière.

43. *Mandalas* : figures géométriques.

44. *Çakra* : cercle (voir *l'Inde où j'ai vécu*, p. 175 et suiv., A. David-Néel, Plon).

45. *Tantras* : ouvrages sanskrits traitant de doctrines mystiques et de cérémonies rituelles.

46. *Vétalas* : goules qui hantent les cimetières et se nourrissent de cadavres (voir *l'Inde où j'ai vécu*, p. 290, A. David-Néel, Plon).

Achevé d'imprimer le 12 juin 1986
dans les ateliers de Normandie Impression S.A. à Alençon (Orne)
N° d'imprimeur : 86-0628
N° d'éditeur : 11527
Dépôt légal : juin 1986